추천사

"세상을 바꾸었다고 할 수 있는 책은 드물다. 『넛지』가 세상을 바꾸었다면, 『넛지: 파이널 에디션』은 그야말로 경이롭다!"

— 대니얼 카너먼 • 프린스턴대학교 심리학 명예교수 · 『생각에 관한 생각』 저자

『넛지』를 읽고 그 개념과 용도를 완전히 이해했다고 생각한다면 착각이다. 이 책이야말로 한층 깊은 깨달음을 안겨준다. 반드시 읽어야 할 책이다.

— 로버트 치알디니 • 애리조나주립대학교 심리마케팅학 교수 · 『설득의 심리학』 저자

초판을 뛰어넘는 걸작. 나라를 이끌거나, 회사를 운영하거나, 아이를 키우거나 혹은 어떤 선택을 해야 하는 사람이라면 누구나 이 책이 필요하다.

— 애덤 그랜트 • 펜실베이니아대학교 와튼경영대학원 교수 · 『싱크 어게인』 저자

『넛지』는 기업과 사회가 맞닥뜨리는 여러 커다란 문제를 바라보는 우리의 생각을 완전히 바꿔놓았다. 심지어 파이널 에디션은 새로운 통찰로 가득 차 있다.

— 에릭 슈미트 • 前 구글 CEO

우리는 NBA 경기를 이어갈 로드맵을 설계할 때 『넛지』의 핵심 원리들을 구사했다. 『넛지: 파이널 에디션』은 영리를 추구하는 의사 결정에 영향을 미치는 실용적인 개념과 전략을 제공한다.

— 애덤 실버 • NBA 커미셔너

팬데믹이 시작된 뒤로 전 세계 정부와 기업은 사람들이 사회적 거리를 유지하며 백신을 맞도록 넛지할 방법을 생각해내야만 했다. 그리고 지금, 우리는 『넛지』가 소개한 전략을 채택한 수많은 창의적 방법을 목격하고 있다.

— 미국 공영 라디오방송국 NPR 〈플래닛 머니〉

탈러와 선스타인은 사람들이 온갖 편견과 '확률론적 혜로움'을 극복하고 최선의 선택을 할 수 있도록 치열한 주장을 펼친다. 정치, 경제, 그리고 다른 많은 분야의 학생들이라면 이 도발적인 토론에 기쁜 마음으로 빠져들 것이다.

— 〈커커스 리뷰〉

의사 결정자로서의 인간의 불완전함에 대한 논의는 오래전부터 있어왔으며, 경제학 교과서의 한 부분을 차지할 정도로 중요하게 다뤄지기 시작했다. 문제는 "그래서 어떻게 하자는 건가?"라는 질문에 답하는 것이다. 『넛지』는 바로 이에 대한 답이다. 인간의 불완전함을 치유하려고 노력하는 게 아니라, 그 불완전함이 어쩔 수 없는 것이라면 이를 이용해 세상을 더 좋게 만들어보자는 착한 시도다. 이번 『넛지: 파이널 에디션』에서는 초판이 출간된 이래 여러 분야에서 시도되어온 넛지를 기반으로 한 공공 정책을 되짚어본다. 넛지를 둘러싼 오해에 하나하나 답변하고, 그간의 시도들을 평가하면서 환경문제 같은 새로운 분야로 넛지의 적용 범위를 넓혀나갈 방도를 모색하고 있다. 책을 읽으며 나도 모르게 인간에 대해 깊이 생각하게 되고, 더 나은 세상을 그려보게 된다.

— 최정규 ● 『넛지: 파이널 에디션』 감수, 경북대학교 경제통상학부 교수

선택의 자유를 존중하면서도 행동 변화를 부드럽게 유도하고자 한다면 『넛지: 파이널 에디션』은 필독서다. 시간이 지나도 이 책의 생명력은 퇴색하지 않고 무한할 것이며 넛지에 대한 상상력은 독자의 몫이다. — 최승주 ● 서울대학교 경제학부 교수

기업을 경영하며 넛지가 불러오는 놀라운 변화를 경험하곤 한다. 이 책이 들려주는 조언은 기업의 성장은 물론 정부와 공공 기관의 정책 추진에도 큰 도움이 되며, 우리 삶을 더 나은 방향으로 이끄는 데 기여할 것이다. 많은 독자들이 넛지의 새로운 매력에 빠져보길 바란다. — 한수희 ● 한국능률협회컨설팅 대표이사

인간은 다른 인간에게 쉽게 넛지된다. 자신과 닮았거나 자신이 신뢰하는 사람을 보며 그 사람처럼 행동하게 된다. 이 책은 넛지가 우리의 의사 결정 과정은 물론, 사회 전체를 바람직한 방향으로 바꿔나갈 수 있음을 분명하게 보여준다.

— 정김경숙 ● 구글 글로벌커뮤니케이션 디렉터

몇 해 전 서울에서 만난 탈러 교수는 "인간은 스스로 도움이 되지 않는 행동을 하도록 기본 설정이 돼 있을지 모른다"고 했다. 뉴노멀의 시대, 넛지도 진화했다. 쉽게 또는 어렵게 설계함으로서 달라진 제품과 서비스, 정책의 운명을 다시 한번 목격할 시간이다. 유쾌한 통찰과 풍부한 사례로 지루할 틈이 없는 이 책에서 '선한 넛지Nudge for good'를 바라는 필자들의 소망에 귀 기울여보자. — 김현진 ● 《동아비즈니스리뷰》 편집장

『넛지』 초판을 향한 찬사

『넛지』는 우리에게 행동경제학의 최전선에서 보내온 최고의 아이디어를 보여준다. 인간의 사고방식과 사회의 작동 원리를 알고 싶은 사람이라면 반드시 이 책을 읽어야 한다. 당신의 의사 결정 능력을 향상시키고 세상을 좀 더 살기 좋은 곳으로 만들어줄 것이다. 재미 있으면서도 중요하고, 실용적이면서도 깊이 있다.

　　　　－대니얼 카너먼 • 프린스턴대학교 심리학 명예교수, 『생각에 관한 생각』 저자

행동경제학의 발명가와 미국 법률 정책의 최고 권위자가 힘을 합쳐 정책과 실용 양면에서 혁명적인 선언문을 발표했다. 이 책은 당신을 쿡쿡 찌르지 않는다. 대신 당신을 녹다운시킬 것이다.　　　－대니얼 길버트 • 하버드대학교 심리학 교수, 『행복에 걸려 비틀거리다』 저자

나는 이 책을 사랑한다. 내가 세상을 보는 방식을 근본적으로 바꾼 몇 안 되는 책 중 하나다. 더 놀라운 사실은 '읽는 재미'가 있다는 것이다. 변기 설계부터 퇴직연금 설계, 장기 기증 그리고 결혼에 이르기까지 신선한 예시로 가득하다. 학자들이 이렇게까지 글을 잘 쓰면 안 되는데….　　　　　　　　－스티븐 레빗 • 『괴짜경제학』 저자

천재적이다. 이 책은 당신이 생각하는 방식을 바꿀 것이다. 당신을 둘러싼 세상과 그것이 지닌 문제들뿐만 아니라, 스스로를 생각하는 법도 바꿀 것이다.

　　　　　　　　　　－마이클 루이스 • 『생각에 관한 생각 프로젝트』, 『머니볼』 저자

환상적인 책. 나름의 존재 이유를 지닌 어떤 책보다 재미있을뿐더러 정말 중요하다.

　　　　　　　　　　　　　－로저 로웬스타인 • 『탐욕의 도둑들』 저자

『넛지』는 내가 20년 동안 읽은 가장 중요한 책 중 하나다. 인간의 자유와 복지 증진에 관심 있는 사람이라면 무조건 읽어야 할 책이다.　　　　－〈아메리칸 프로스펙트〉

Nudge
The Final Edition

복잡한 세상에서 똑똑한 선택을 이끄는 힘

넛지

파이널
에디션

리처드 탈러 · 캐스 선스타인 지음
최정규 감수 | 이경식 옮김

리더스북

일러두기

- 이 책은 2020년 미국에서 출간된 『Nudge: The Final Edition』의 한국어판으로, 『넛지(2009)』의 전면 개정판이다. 두 저자는 시대의 변화를 반영해 본문 절반가량을 새로 썼다.

- 이 책은 국립국어원 표준국어대사전의 표기법을 따랐으며 주요 용어의 원어는 첨자로 병기했다.

- 독자의 이해를 돕기 위한 저자 주는 ●을 달아 본문 하단에 각주로, 옮긴이의 설명은 괄호 안에 '-옮긴이'로 표기했다.

- 본문에 인용된 책은 『 』을 사용해 표기하되 국내에 번역 출간된 경우 한국어판 제목으로 표기하고 원어를 병기했다. 이외에 논문은 「 」, 신문·잡지는 《 》, 영화·노래 제목은 〈 〉로 표기했다.

- 초판에서는 'libertarian paternalism'을 '자유주의적 개입주의'라고 번역했으나, 감수자의 의견을 반영해 이번 책에서는 '자유지상주의적 간섭주의'로 번역했다. 먼저 'libertarianism'은 현재 학계에서 통용되는 대로 '자유지상주의'로 번역했다. 한편 'paternalism'은 '개입주의' 혹은 '온정주의' 등으로 번역되어왔는데, 여기서는 개입의 의미가 드러나면서도 그 범위가 미시적 부분까지 이른다는 점을 고려해 '간섭주의'로 번역했다. '온정주의'로 번역하지 않은 이유는 그것이 교과서적인 번역이기는 하지만 개입과 간섭의 의미가 드러나지 않는다고 판단했기 때문이다. 더불어 저자 리처드 탈러의 이름 역시 원어 발음에 가까운 '세일러' 대신 국내에 널리 통용되고 있는 '탈러'로 표기했다.

우리가 『넛지』 초판 원고를 쓸 때만 하더라도, 사람들이 이 책에 관심을 기울이리라고는 출판사를 포함해 그 누구도 예상하지 못했다. 그런데 예상외로 많은 독자가 이 책을 찾았다. 특히 미국과 영국에서 그랬는데, 이는 매우 놀랍고 기쁜 일이었다. 더욱 만족스럽고 고마운 점은, 이 책에 담긴 여러 발상이 세계 각국 정부와 비정부 기구, 그리고 기업이 '선한 넛지'를 수행하게끔 만들고 있다는 사실이다.

그러던 중 『넛지』가 한국에서 뜨거운 호응을 얻었다는 사실을 알고 우리는 그저 놀라기만 한 게 아니라 그야말로 충격을 받았다. 한국어판이 출간되자마자 곧바로 베스트셀러가 되어 지금까지 무려 70만 부가 팔렸다고 들었다. 우리 저자들은 한국을 몇 차례 방문하며 그 성원에 보답하려고 노력했지만 아직 충분하지 않은 것 같다.

독자들이 우리가 얼마나 깊이 감사하고 있는지 알아주면 좋겠다. 초판을 읽은 독자라면 이번 『넛지: 파이널 에디션』이 얼마나 많이 바뀌었는지 알고 깜짝 놀랄 것이며, 무척 즐거워할 것이다.

2022년 6월
리처드 탈러 · 캐스 선스타인

차 례

1부 인간과 이콘
우리는 천재인 동시에 바보다

2부 선택 설계자의 도구들

무엇이 최적의 선택을 이끌어내는가

3부 돈
넛지가 우리를 부유하게 한다

4부 사회

더 나은 세상을 만드는 법

5부 고충 처리
넛지를 향한 비판과 반박

『넛지: 파이널 에디션』에 부쳐

이 책의 초판본 『넛지Nudge』는 2008년 봄에 출간되었다. 우리 두 저자가 『넛지』를 쓸 무렵에는 둘 가운데 한 명인 탈러가 처음으로 아이폰을 사서 들고 다녔고 다른 한 명인 선스타인은 처음으로 블랙베리를 사서 들고 다녔다. 또 그 무렵, 우리와는 시카고대학교에서 함께 강단에 선 동료이기도 했던 버락 오바마가 상원 의원 첫 번째 임기 때, 힐러리 클린턴에게 맞서 민주당 대통령 후보 지명전에 나서기로 결정했다. 지금은 대통령이 된 조 바이든 상원 의원도 별로 승산이 없긴 했지만 대통령 후보로 나섰다. 그리고 부동산 개발업자이자 텔레비전 리얼리티 프로그램의 인기 스타이던 도널드 트럼프는 클린턴이야말로 '환상적으로 멋진' 후보이며 '위대한 대통령이 될 것'이라고 말했다.[1] 또 머지않아 터질 경제 위기가 서서히 모습을 드러내고 있었다. 장차 팝 스타가 될 테일러 스위프트는 열아홉 살이었고(그러니 당연히 아직 그래미상을 받지 못했다) 장차 세상 사람들에게 경종을 울리며 트럼프 대통령을 매섭게 쏘아볼 스웨덴의 환경 운동가 그레타 툰베리는 겨우 다섯 살이었다.

2008년 봄 이후 지금까지 일어난 중요한 일은 아무리 적게 잡아도 셀

수 없이 많다. 그러나 『넛지』는 그동안, 그리고 지금까지도 여전히 사람들의 관심을 받고 있어서 굳이 이 책의 원고를 새로 손봐야겠다는 생각은 들지 않았다. 그 때문에 우리는 개정판을 낼 필요를 느끼지 못했는데, 본문에서 설명하듯 '현상 유지 편향status quo bias'이 강력하게 작동했기 때문이다.

그렇지만 우리는 『넛지』가 말하고자 하는 정신을 따랐다. 그랬기에 달콤한 잠에서 깨어날 수 있었다. 겉으로만 보자면 사소한 일이 계기가 되었다. 미국과 영국 두 곳의 페이퍼백 출판 계약이 만료되어, 우리는 새로 계약을 체결했다. 새로 만난 편집자들은 장을 추가하거나 원고를 수정하고 싶은지 물었다. 그때 우리 두 사람은 그럴 마음이 전혀 없다고 곧바로 대답했다. 사실 탈러는 세상 사람들이 다 알 정도로 게으르다. 그러니 선스타인으로서는 이런 탈러를 붙들고 원고 수정에 대한 의견을 모아가느니 차라리 그 시간에 혼자 책을 한 권 새로 쓰는 편이 더 빠를 테니까 말이다. 게다가 우리는 『넛지』를 무척 자랑스럽게 여기던 터라, 굳이 그 좋은 책에 다시 손을 대서 엉망진창으로 만들고 싶지 않았다.

하지만 우리는 어느새 예전 원고를 뒤적였고, 마침 그때 코로나19 팬데믹이 진행되고 있었다. 『넛지』 1장은 당시에는 무척 세련되었지만 지금은 완전히 구닥다리가 되고 만 아이팟을 다루는데… 이럴 수가, 다시 그 원고를 보니 옛날도 너무 먼 옛날 이야기가 아닌가. 그런데 전체 내용은 동성 커플의 결혼을 가능하게 해주는, 지금 봐도 훌륭한 해결책을 찾아낸다. 그때 이후 많은 국가는 바로 그 문제를, 우리가 정치적으로 가능하리라고 상상도 하지 못했던 방식으로 해결했다. 동성 결혼을 합법화하는 법률을 제정해 그 문제를 해결한 것이다. 이런 여러 사항을 보면서 우리는 『넛지』의 몇몇 부분을 정리할 필요가 있을지도 모르겠다는 생각을 했다.

그렇게 해서 2020년 여름에(그해 여름은 우리 생애에서 두 번 다시 경험하지 않을 것 같은 여름이었다) 둘은 예전 원고를 뒤져서 우리가 정말 원고를 수정하길 바라는지 살펴보기로 했다. 그리고 탈러는 우리가 '국제판'이라고 부른 MS 워드 파일들을 찾아냈다. 그것들은 거의 사용할 수 없을 정도였다. 그렇지만 솔직히 이 파일들이 없었다면 『넛지: 파이널 에디션』은 나오지 못했을 것이다. 처음부터 완전히 새로 시작해야 했다면 우리도 두 손을 들었을 테니까 말이다. 물론 당시 우리가 어떤 함정에 빠져 있었음을 솔직히 인정한다. 우리가 인간의 의사 결정과 관련된 편견이라는 주제에 대해 자타 공인 전문가이긴 하지만, 아무리 전문가라 하더라도 온갖 편견과 편향에 완벽한 항체를 가지고 있다는 뜻은 아니니까 말이다. 오히려 정반대로, 우리는 그런 편견과 편향에 더 쉽게 사로잡힌다.

우리가 사로잡혔던 함정에 어떤 이름이 붙어 있는지 확실히는 모르지만, 이 함정은 누구에게나 낯익은 것이다. 이를 '우리가 무언가를 하고 있을 때while we are at it' 편향이라고 부르자. 주택을 개·보수할 때 종종 이런 편향이 나타난다. 어떤 가족이 20년 동안 쓰던 주방을 뜯어내고 인테리어 공사를 새로 한다고 치자. 이때 맨 먼저 할 일이 냉장고나 식기세척기 같은 가전제품을 새로 장만하는 것이다. 그런데 20년 동안 바꾸지 않은 주방 인테리어를 새로 한다면 바닥이 망가질 게 뻔하므로 그 참에 바닥 공사도 새로 하는 게 좋다. 또 벽을 조금 뒤로 밀어내기만 하면 창문을 새로 낼 수 있고, 그러면 창문을 통해 안뜰을 볼 수 있을 텐데….

그런데 과연 그렇게까지 해서 안뜰을 보고 싶어 할 사람이 있을까? 군사 용어로는 이를 '(계획에 없던) 임무의 확장-변경mission creep'이라고 부른다. 결국 우리는 개정판을 내기로 했다. 그리고 개정판 원고를 여름한 계절 동안 뚝딱 해치우자고 계획했다. 그러나 웬걸, 완성된 원고는 같은 해 11월 말이 되어서야 출판사로 넘어갔다.

집을 뜯어고친다는 비유를 계속 이어가자면, 비록 진도가 느리긴 했지만 우리가 한 작업은 결코 '전면적 개조'가 아니다. 새롭게 내놓는 이 책은 예전 책과 매우 똑같이 느껴진다. 기둥은 모두 예전 그대로 남아 있다. 우리의 발자국은 조금도 멀리 나아가지 않았다. 먼지가 소복하게 앉아 있던 낡은 가전제품은 모두 버리고 신상 제품으로 채워 넣은 게 달라졌다면 달라진 점이다.

1장부터 4장까지는 그다지 많이 바뀌지 않았다. 이 4개 장은 우리 접근법의 기본 틀이다. 우리 두 사람이(우리 두 사람만!) 무척 흡족하게 여기는 '자유지상주의적 간섭주의libertarian paternalism'라는 용어도 바뀌지 않은 여러 틀 가운데 하나다. 다만 사례와 참고 문헌은 업데이트했다. 이 책을 음반에 비유한다면, 애초에 수록한 노래들을 그대로 담았지만 음질을 개선하기 위해 몇몇 부분은 마스터 테이프를 새로 만들었다고 할 수 있다. 『넛지』를 읽은 독자라면 이 부분을 설렁설렁 무척 빠르게 넘어갈 수도 있다. 그러나 그다음부터는 예전 책을 읽은 독자라도 새로운 주제를 꽤 많이 만날 것이고, 어쩌면 깜짝 놀랄지도 모른다.

이 책에서는 중요한 소재 두 가지를 각각 독자적인 장으로 다룬다. 그 가운데 하나는 우리가 '스마트 공개smart disclosure'라 부르는 것이다. 이는 정부가 중요한 정보를 공개(공시)하는 방식에 대해서는 적어도 최신 방식을 도입해야 한다는 발상이다. 물론 음식 포장 용기에 그 음식에 사용한 성분을 표시하는 현재의 방식은 유용하다. 특히 시력이 매우 좋은 사람들에게 분명히 그렇다. 그러나 예를 들어 선스타인은 조개가 들어간 음식을 먹기만 하면 배탈이 나는데, 그가 이런 음식을 온라인에서 확인할 수 있도록 해야 하지 않을까? 인터넷은 정확히 말하면 최첨단 기술은 아니다. 스마트 공개가 광범위하게 사용되면 우리가 '선택 엔진choice engine'이라 부르는 온라인 의사 결정 도구를 만드는 게 가능해질 것이고, 그러면 많은 과제를 수행하는 일이 쉬워질 것이다. 마치 새로 문을 연 식당으로 가는 최적의 경로를 찾는 일이 길 찾기 앱 덕분에 쉬워진 것만큼이나 말이다.

우리는 또한 '슬러지sludge(쓰레기)'라 이름 붙인 것을 다루는 새로운 장을 추가했다. 슬러지는 현명한 선택을 한층 더 어렵게 만드는 아주 고약한 것이다(슬러지는 어디에나 있다. 나중에 보면 안다.)('넛지nudge'에서 'n'을 빼고 'sl'을 넣은 '슬러지'는 넛지의 반대 개념으로 『넛지』 초판에는 나오지 않았던 용어다. 초판에서 '너지'가 아니라 '넛지'로 표기했으므로 '슬러지'가 아니라 '슬넛지'로 해야 하겠지만, '슬러지'라는 용어가 일반적이므로 여기서도 '슬러지'로 표기한다. ─옮긴이). 스마트 공개를 사용하는 것도 슬러지를 줄이는 방법 중 하나다. 전체 내용이 기입되어 있으며 단 한 번의 클릭만으로 소득 신고 절차를 끝낼 수 있는 서식을 발송하는 것도 슬러지를 줄여준다. 면허증, 허가증, 비자, 의료보험, 재정 지원, 출장비 환급 등의 발급이나 신청에 필요한 끝없이 이어지는 빈칸을 모두 채워야 하는 슬러지도 마찬가지다. 기관 및 조직은 불필요한 쓰레기를 찾아서 치워버려야 한다.

이 책의 나머지 부분도 대폭 바뀌었는데, 우리가 기대하는 것은 참신한 발상이다. 우리는 '슬러지' 외에도 다양한 선택 설계choice architecture 개념을 이 책에서 새로이 소개한다. '맞춤형 기본 설정personalized default', '재미있게 만들기make it fun', '큐레이션curation(인터넷에서 원하는 콘텐츠를 수집해 공유하고 가치를 부여해 다른 사람이 소비할 수 있도록 도와주는 서비스-옮긴이)' 등이 그런 개념들이다. 이 개념들은 금융 관련 의사 결정을 다루는 장에서 커다란 역할을 한다. 또 우리는 기후변화와 환경 관련 분량을 늘렸다. 선택 설계의 한계(미리 말하자면, 넛지만으로는 문제를 해결할 수 없으므로 이런 한계는 필연적이다), 그리고 가능한 한 모든 도구를 동원할 것을 요구하는 프로젝트를 성공적으로 수행하는 데 넛지가 도움을 주는 여러 방법을 동시에 강조한다. 그리고 코로나19 팬데믹에 대해서도 제법 많은 이야기를 한다.

또 예전 책에서 다룬 몇몇 주제를 참신한 시각으로 다시 바라보았다는 점도 일러둔다. 긴 세월이 흐른 만큼 이런저런 정책이 어떻게 작동하는지 평가할 수 있게 되었기 때문이다. 스웨덴이 2000년에 도입한 국민 퇴직연금제도가 좋은 사례인데, 이 제도는 투자자들이 자기만의 투자 포트폴리오를 구성할 수 있게 허용했다. 『넛지』에서는 이 계획의 초기 설계 내용을 두고 이야기했지만, 이 제도가 시행된 지 20년이 지난 지금은 넛지 효과가 얼마나 오래 지속될 것인가 하는 문제와 관련해 몇 가지 통찰을 제시한다(미리 말해두자면, 몇몇 넛지의 효과는 영원히 지속된다). 또 장기 기증에 관련된 장을 새로 썼다. 우리 둘은 어떤 정책에 반대하는데, 모든 사람이 우리가 그 정책을 지지한다고 생각하기 때문이다. 예전 책에서 우리는 우리가 바람직하다고 생각하는 정책에 대해 독자가 쉽게 이해할 수 있도록 쓰겠다는 생각으로 서술했고, 페이퍼백 판본에서는 조금이라도 더 확실하게 설명하려고 노력했다. 그러나 우리가 전하고 자 한 메시지가 독자에게 제대로 전달되지 못했다. 그래서 이번에 다시 한번 시도했다. 이 책에서 분명하게 말하지만, 우리는 '추정 동의presumed consent' 정책을 지지하지 않는다. 그 이유를 알고 싶다면 곧바로 건너뛰 어서 확인해도 된다. 우리는 선택의 자유를 믿는다.

새로운 관점으로 바라보는 다른 주제들은 소비자가 자신의 돈으로 더 나은 선택을 하도록 돕는 데 초점을 맞춘다. 사람들은 엄청난 규모의 신용카드 부채를 쌓아왔는데, 그 부담스러운 부채를 유지하는 데 소요 되는 비용을 줄여줄 몇 가지 간단한 조치를 취하지 못한다. 소비자는 또 한 담보대출, 보험, 의료보험 등에 가입해 이런저런 조건을 선택할 때 누 가 봐도 명백하게 나쁜 선택을 한다. 당신도 이런 선택을 통해 많은 돈을 절약할 수 있지만 실제로는 그렇게 하지 못하는 수많은 사람 가운데 한 명일 가능성이 높다. 그러나 더욱 중요한 점이 있다. 이런 문제를 다루는 우리의 논의가, 우리가 미처 다루지 못한 영역에서도 사람들이 올바른 정책 변화를 자극하고 유도하길 바란다는 점이다. 이것은 우리가 이 책 을 쓴 의도이기도 하다. 이 책에서 논의한 개념과 접근법이 민간 부문에 도 충분히 적용될 수 있다는 사실을 우리가 특히 강조한다는 점을 주목 하길 바란다. 기업은 직원과 고객, 그리고 경쟁 기업이 인간적인 존재임 을 분명히 인식해야 하며, 이런 인식을 토대로 정책과 전략을 설계해야 마땅하다. 이 책은 그렇게 하는 방법과 관련된 구체적인 아이디어를 제 공할 것이다.

그리고 우리가 이 책에서 하지 않은 것도 강조해야 할 것 같다. 우리 는 독자들에게 최근 몇 년 동안 나타난 주목할 만한 넛지 관련 활동과 개혁, 그리고 연구에 대한 최신 정보를 제공하려는 시도는 아예 하지 않았다. 전 세계 정부들은 넛지를 줄곧 사용해왔고, 민간 부문에서도 유례가 없을 정도로 창의적으로 넛지를 활용했다. 학문적 차원의 연구도 비약적으로 발전했다. 이런 발전을 온전히 담으려면 책을 또 한 권 써야 한다. 아닌 게 아니라 이런 책들은 이미 많이 나와 있고, 심지어 몇몇 책은 선스타인이 직접 쓰기도 했다. 그는 이 주제를 다룬 네 권 분량의 논문 모음집을 공동으로 편집했다(넛지라는 주제를 다루는 이 논문 모음집 편집 작업을 선스타인은 재미있다고 생각한다. 그런데 탈러는 그것보다는 숫자 1,000만을 거꾸로 세는 것이 차라리 더 재미있다고 여긴다.),

넛지에 반대하는 주장이 있다. 여기에 대해서는 몇 가지 할 말이 있는데, 그 내용은 책 전체에 걸쳐 틈틈이 제시한다. 그러나 반대자들에 대해 전면적이고 체계적으로 비판하지는 않았음을 미리 일러둔다. 『넛지: 파이널 에디션』에 부치는 글을 쓰는 지금, 우리는 이 책의 초판을 읽지 않은 사람뿐 아니라 읽은 사람에게도 (우리가 지난 몇 달 동안 이 원고를 만지면서 느낀) 한층 더 신선하고 재미있고 현대적인 느낌의 『넛지: 파이널 에디션』을 안겨주면 좋겠다는 마음뿐이다.

마지막으로, 제목에서도 드러나듯 우리는 이 책을 최종판이라고 생각하는데, 여기에 대한 설명을 짧게 하겠다. 행동경제학자들이 가장 먼저 연구한 주제 가운데 하나는 자제력이다. 왜 사람들은 자기가 보기에도 바보 같은 짓이라고 (나중에 돌이켜 볼 때뿐만 아니라 그런 사실을 잘 알고 있을 때조차도) 생각하는 행동을 계속할까? 예컨대 신용카드로 과소비하는 것, 누가 봐도 통통한 수준을 훌쩍 넘어설 정도로 몸무게를 늘리는 것, 흡연 습관을 유지하는 것 등을 말이다. 이런 문제를 해결하려고 사람들이 사용하는 전략 중 하나는 '자기결박 전략commitment strategy'이다. 이 전략을 채택하면 아무리 솔깃한 (그러나 잘못된) 것이라고 해도 그 선택을 아예 할 수 없게 된다. 예를 들면 도박을 하는 사람들이 카지노 출입 금지 명단에 자기 이름을 스스로 올려 두 번 다시 카지노에 발을 들여놓지 못하게 만드는 것이 그렇다. 우리가 이 책에 '파이널'이라는 단어를 넣은 것도 똑같다. 다시는 이 책에 손을 대지 않겠다는 나름의 자기결박 전략이다. 지금까지 우리는 이 책 작업을 무척이나 좋아했고, 어쩌면 이 일에 중독되었을 수도 있다. 그러나 지금 우리는 '넛지, 최종판 이후'라는 제목을 단 책을 쓰지 않겠다고 스스로 못을 박는 셈이다. 우리 두 사람 가운데 한 명은 이 자기결박을 충실하게 믿고 있다.

리처드 탈러 · 캐스 선스타인

넛지가 당신의 모든 행동을 결정한다

학교 구내식당

이런 상상을 해보자. 당신 친구 가운데 캐롤린이라는 사람이 있다. 캐롤린은 대도시 교육 당국의 급식 책임자다. 그녀는 수백 개 학교의 수십만 명 어린이가 학교급식을 하는 구내식당을 관리·감독한다. 그녀는 주립대학교에서 영양학을 공부했고, 석사 학위를 가지고 있으며 전통에 얽매이지 않는 새로운 방식을 탐구하는 창의적인 사람이다.

그런데 어느 날 저녁에 캐롤린은 친구 애덤과 함께(애덤은 슈퍼마켓 체인점을 지원하는 경영 컨설턴트인데 통계 지향적 사고방식을 지니고 있다) 좋은 와인을 마시며 이런저런 이야기를 나누다 재미있는 발상을 떠올린다. 학생들을 상대로 일련의 실험을 진행해볼까 하는 생각이다. 급식 메뉴는 바꾸지 않고 음식 배열만 바꾸면 학생들의 음식 선택에 과연 어떤 변화가 일어날까?

캐롤린은 수십 개 구내식당 책임자에게 학생들이 자유롭게 덜어 갈 음식을 각기 특정한 순서에 따라 배열하라는 지침을 보낸다. 그 순서는 무작위로 묶은 몇 개 학교 집단마다 다르게 설정했다. 그래서 어떤 학교에서는 디저트를 맨 앞에 놓고, 어떤 학교에서는 맨 뒤에 놓으며, 또 어떤 학교에서는 아예 다른 줄에 놓는다. 그 밖의 음식 위치도 학교마다 다르다. 예를 들어 어떤 학교에서는 프렌치프라이를 학생들 눈높이 위치에 놓고, 어떤 학교에서는 당근을 눈에 가장 잘 띄고 손이 쉽게 가는 위치에 놓는다.

애덤은 슈퍼마켓 매대에 상품을 진열하는 다양한 설계 방식을 잘 알고 있었기에 이 실험 결과가 매우 놀라울 것이라고 짐작했는데, 아니나 다를까 그의 예상이 맞았다. 음식 배열 순서를 살짝 바꾸는 것만으로도 학생들의 특정 음식 소비를 늘리거나 줄일 수 있었다. 이 실험으로 캐롤린은 커다란 교훈을 얻는다. 작은 변화만으로도 성인에게 그렇듯 어린아이들에게도 커다란 영향을 줄 수 있다는 사실이다. 이 영향은 좋은 쪽으로 발휘될 수도 있고 나쁜 쪽으로 발휘될 수도 있는데, 예컨대 음식 배열 순서를 바꿈으로써 건강에 좋은 음식 소비를 늘리고 건강에 좋지 않은 음식 소비를 줄일 수 있다. 정말 중요하고도 멋진 교훈이 아닌가!

캐롤린은 수백 개 학교를 대상으로 실험을 했고 대학원생 자원봉사자들의 도움을 받아 이 실험 자료를 수집하고 분석한 끝에, 자신이 아이들의 식습관에 엄청난 영향력을 행사할 수 있음을 깨닫는다. 그녀는 전혀 깨닫지 못했던 자신의 영향력을 어떻게 행사하면 좋을지 고민한다. 그러자 친구들이나 동료들이 몇 가지 제안을 한다. 기본적으로 성실하지만 때로는 장난기가 넘치는 이 사람들이 내놓은 제안을 정리하면 다음과 같다.

- 첫째, 모든 것을 고려해 학생들의 건강에 가장 바람직하도록 음식

을 배열한다.

- 둘째, 음식 배열 순서를 무작위로 정한다.
- 셋째, 학생들이 스스로 판단해 자기가 좋아하는 음식을 선택할 때와 동일한 순서로 음식을 배열한다.
- 넷째, 뇌물을 가장 많이 줄 용의가 있는 식자재 공급업체가 제공하는 음식의 매출을 극대화하는 방향으로 배열한다.
- 다섯째, 오로지 구내식당의 수익을 극대화하는 방향으로 음식을 배열한다.

첫 번째 방안은 확실히 바람직해 보인다. 그러나 어쩐지 참견이라는 차원을 넘어 강요처럼 보인다. 그러나 다른 방안들보다는 확실히 낫다. 무작위 배열이라는 두 번째 방안은 공정하고 원칙적일 수 있으며, 어떤 점에서는 중립적일 수도 있다. 그러나 학교 구내식당에서 무작위 배열을 한다는 것은 말도 안 되는 소리다. 효율성이라는 측면에서도 그렇다. 샐러드 소스를 샐러드 옆에 놓는 게 맞지 디저트 옆에 놓을 수는 없을 테니 말이다. 또 모든 학교에서 이런 무작위 배열이 이루어진다면 어떤 학교 학생들은 건강한 음식을 많이 먹고 어떤 학교 학생들은 건강하지 않은 음식을 많이 먹게 되는데, 과연 이것이 바람직할까? 대부분 학생의 건강을 조금이라도 개선하는 일이 그다지 어렵지도 않은데 굳이 이런 종류의 중립성을 선택하는 게 과연 옳을까?

세 번째 방안은 강제성을 피하는 고결한 시도로 보일 수 있다. 학생들의 선택을 존중하는 방안이니까 말이다. 어쩌면 이 방안이 정말로 중립적일지도 모른다. 그리고 어쩌면 캐롤린으로서는 사람들의 바람을 (적어도 교직원의 말을 잘 듣지 않는 고학년 학생들과의 마찰을 최소화한다는 차원에서 는) 중립적으로 따르는 것이 옳을지도 모른다. 그러나 조금만 더 생각해 보면 이 방안은 실제 현실에서 실행하기 어렵다는 게 드러난다. 캐롤린 이 애덤과 함께 진행한 실험을 통해 아이들이 선택하는 음식은 배열 순 서에 따라 결정된다는 사실이 밝혀졌으니까 말이다. 그렇다면 아이들의 '진정한 선호'라는 게 도대체 무엇일까? '학생들이 스스로' 선택할 음식 을 캐롤린이 알아내야 한다는 말은 무슨 뜻일까? 학교 구내식당에서 여 러 음식 가운데 특정한 음식을 선정하고 이것을 배열하는 과정은 어쩔 수 없이 받아들여야 하는 조건이다. 그리고 만일 캐롤린이 어린아이가 아니라 성인을 상대로 음식을 제공한다면 그런 고려 가운데 많은 것을 적용할 수 있을 것이다.

네 번째 방안은 급식 관련 분야 종사자 가운데서도 부정부패가 몸에 밴 사람이라면 무척 반길 것이다. 자기에게 주어진 권한을 사적으로 이 용하려는 사람에게는 음식 배열 순서 조작은 또 하나의 무기가 될 수 있 다. 그러나 캐롤린은 상식적인 사람이라서 이 방안은 거들떠보지도 않 는다(그러나 안타깝게도 모든 사람이 캐롤린처럼 상식적이고 원칙적이지는 않다).

다섯 번째 방안은 두 번째 및 세 번째와 마찬가지로 캐롤린이 돈을 많 이 벌어다주는 구내식당이 최고라고 생각한다면 매력적으로 보일 것이 다. 그러나 과연 교육계 중 한 분야에 종사하는 사람이 아이들의 건강에 악영향을 끼치면서까지 수익을 극대화하려고 할까?

캐롤린 같은 사람을 우리는 '선택 설계자choice architect'라고 부른다. 선 택 설계자는 사람들이 결정을 내리는 전반적인 맥락을 조직하는 사람이 다. 비록 캐롤린이 가상의 인물이긴 하지만, 현실에서도 알고 보면 많은 사람이 선택 설계자이며, 또 이런 사실을 정작 본인은 모른다. 이 사람들 가운데 일부는 정말로 구내식당을 운영하기도 한다. 어떤 의사가 자기 환자에게 선택할 수 있는 여러 치료법을 제시한다면, 그 또한 선택 설계자다. 회사에서 신입 직원이 다양한 직원 복지 혜택을 선택해서 기입하는 서식지나 웹페이지를 만드는 사람도 선택 설계자다. 투표 때 사용하는 기표지를 디자인하는 사람도 선택 설계자다. 편의점이나 식품점에서 매대에 상품을 배열하는 사람도 (캐롤린이 맞닥뜨리는 그 많은 질문에 똑같이 맞닥뜨리는) 마찬가지다. 자녀에게 교육과 관련된 다양한 선택을 설명하는 부모 역시 선택 설계자다. 영업 사원도 선택 설계자다(그런데 영업 사원들은 자기가 선택 설계자임을 알고 있다).

선택 설계와 원래 의미의 설계는 비슷한 점이 많다. 그런데 그 가운데서도 '중립적인' 설계라는 것은 있을 수 없다는 점이 결정적인 유사점이다. 새로운 사무실 건물을 설계하는 일을 놓고 생각해보자. 이 설계 작업을 수행할 건축가는 몇 가지 요구 사항을 전달받는다. 로비가 있어야 하고, 사무실이 120개 있어야 하고, 크고 작은 회의실이 13개 있어야 하고, 모든 직원이 한자리에 모일 수 있는 커다란 공간이 있어야 하고… 등등. 또 있다. 이 건물은 특정한 주소지에 들어서야 한다. 설계자는 이것 말고도 수백 가지나 되는 제약을 고려해야 한다. 법률적 제약도 있고 심미적 제약도 있으며 실용적 제약도 있다. 설계자는 이 모든 것을 고려해 문과 계단, 창문, 복도가 있는 실제 건물을 만들어야 한다. 유능한 설계자라면 화장실 위치처럼 얼른 봐서는 별다른 의미가 없을 것 같은 의사 결정이 그 건물을 사용하는 사람들의 상호작용에 미묘한 영향을 준다는 사실을 잘 안다. 어떤 직원이든 화장실에 갈 때마다 동료를 만나기 때문이다. 이런 만남의 기회는 당사자에게 좋은 것이든 나쁜 것이든 간에 필연적이다. 그리고 좋은 건물은 단순히 매력적이기만 한 게 아니라, 어떤 식으로든 '사람들에게 영향력을 행사한다'.

뒤에서 자세히 살펴보겠지만, 사소하고 별것 아닌 것처럼 보이는 일이 사람의 행동에 중대한 영향을 줄 수 있다. 모든 것이 중요하다고 생각하면 쉽다. 많은 경우 이런 사소한 세부 사항이 발휘하는 힘은 사람들의 주의력을 특정 방향으로 집중하게 만드는 데서 비롯된다. 이런 원리가 적용된 멋진 사례가 바로 암스테르담 스키폴공항의 남자 화장실이다. 이곳 남자 소변기의 특정 위치에 검은색 파리 한 마리가 그려져 있다. 남자는 대개 자기가 누는 소변의 낙하지점이 어디인지 별로 신경을 쓰지 않는데, 그 바람에 소변이 소변기 주변으로 마구 튄다. 그런데 소변을 누는 사람이 소변기의 특정 위치에 있는 표적을 발견하면 주의력은 높아지고 소변의 낙하지점이 그 표적과 한층 더 일치해서, 소변이 변기 밖으로 튀어나가는 것을 최소화한다. 이 발상을 맨 처음 떠올린 애드 키붐Aad Kieboom의 말에 따르면 이 검은색 파리 이미지가 발휘한 효과는 대단하다.

"조준의 정확도를 높여줍니다. 남자는 파리를 보면, 정확하게 그것을 조준하려고 하거든요."

경제 전문가인 그는 스키폴공항의 건물 확장 공사를 지휘했는데, 파리 이미지 덕분에 소변기 바깥으로 튀는 소변 양이 80퍼센트나 줄어들었다고 말한다. 비록 이 수치를 우리가 새삼스럽게 입증할 수 없지만, 적어도 우리가 이 사례를 초판에서 소개한 뒤로 전 세계 다른 공항들의 남자 화장실 소변기에서도 파리 이미지를 볼 수 있게 되었다는 말은 할 수 있다. 그리고 우리는 가용성 간편 추론법availability heuristic(맨 처음 머리에 떠오르는 인상과 정보를 사용해 판단해버리는 인지 오류—옮긴이)을 잘 알고 있다. 여기에 대해서는 뒤에서 살펴보자.

모든 것이 중요하다는 통찰은 우리를 압도하기도 하지만 우리에게 힘을 불어넣기도 한다. 훌륭한 설계자는 비록 완벽한 건물을 짓지는 못하더라도 유익한 효과를 발휘하는 몇 가지 선택을 설계에 반영할 수는 있다. 예를 들어 커피 머신을 놓는 위치는 사무실에 있는 직원들 사이에서 이루어지는 소통에 영향을 줄 수 있다. 어떤 정책이든 그것을 만드는 사람들은 남자 소변기에 파리 이미지를 그려 넣는 것과 비슷한 조치를 자주 취한다. 신용카드 청구서에 기한 내에 대금을 결제하지 않으면 연체료를 물어야 한다는 안내 문구를 적어두는 게 그렇다.

또 팬데믹 상황에서 일상적으로 접한 풍경이지만, 슈퍼마켓에 들어갈 차례를 기다리는 곳에 페인트로 길게 줄을 그어놓는 것만으로도 사람들에게 사회적 거리 두기를 유도할 수 있다. 건축 설계자가 건물을 짓는 계획을 세우는 것과 마찬가지로, 캐롤린과 같은 선택 설계자는 구내식당의 음식 배열을 선택해야 한다. 이렇게 함으로써 캐롤린은 학생들이 먹을 음식에 영향력을 행사할 수 있다. 넛지를 행사한다는 말이다.●

● 넛지nudge와 눗지noodge를 혼동하지 말 것. 윌리엄 새파이어William Safire가 《뉴욕 타임스 매거진New York Times Magazine》 2000년 10월 8일 자에 쓴 칼럼 '언어에 관하여On Language'에서 설명하듯 "이디시어 특유의 단어인 'noodge'는 '성가신 사람, 골칫거리, 끊임없이 불평하는 사람'을 뜻하는 명사다. 'nudge'는 '(특히 팔꿈치로) 옆구리를 슬쩍 찌르기'라는 뜻이다. '주의를 환기하거나 부드럽게 경고하기 위해' 상대에게 'nudge'를 행하는 사람과 끊임없이 불평을 늘어놓는 'noodge'는 전혀 다른 뜻이다." 'nudge'는 'judge'와 각운이 같으며, 'noodge'의 'oo'는 'book'의 경우처럼 '우'로 발음된다(이디시어는 중앙 및 동부 유럽에서 쓰던 유대인 언어다.—옮긴이).

자유지상주의적 간섭주의

당신이 모든 점을 고려할 때 학생들이 건강한 음식을 선택하도록 넛지 하려면 캐롤린이 첫 번째 방안을 선택하는 게 옳다고 생각한다고 치자. 이때 당신은 우리 저자들이 주장하는 '자유지상주의적 간섭주의'를 받아들이는 셈이다. 이 용어는 독자가 처음부터 곧바로 호감을 가질 법한 용어가 아니라는 것은 잘 안다. '자유지상주의'나 '간섭주의'라는 단어 모두 정이 가지 않고, 어쩐지 대중문화나 정치에 관련된 고정관념으로 닳고 닳았다는 느낌이 든다. 게다가 이 두 단어의 조합은 모순되는 것 같기도 하다. 왜 굳이 모순되는 이 두 단어를 조합했을까?

우리는 이 두 단어의 뜻을 제대로 이해하기만 한다면 이 두 단어에 좋은 의미가 담겨 있으며 각기 떨어져 있을 때보다 결합했을 때 훨씬 더 매력적이라고 주장한다. 이 두 단어와 관련된 문제는 교조주의자들이 지금까지 이 단어들을 볼모로 삼아왔다는 데 있다.

우리가 구사하는 전략의 자유지상주의적 측면은 많은 시간, 그리고 다른 사람들에게 해를 끼치지 않는 한 자기가 좋아하는 것은 무엇이든 자유롭게 해야 한다는 주장, 또 원한다면 바람직하지 않다고 여겨지는 제도 밖으로 나올 수 있어야 한다는 직설적 주장에서 드러난다. 지금은 고인이 된 경제학자 밀턴 프리드먼Milton Friedman의 표현을 빌리자면, 자유지상주의적 간섭주의자들은 사람들이 '무엇이든 자유롭게 선택'할 수 있도록 하는 것이 옳다고 주장한다. 우리는 선택의 자유를 유지하거나 드높이는 정책을 만들려고 노력한다. '자유지상주의적'이라는 단어를 '간섭주의'를 수식하는 말로 사용할 때 우리는 이 단어를 그저 자유를 보존한다는 뜻으로만 쓴다. 자유를 보존한다는 말의 뜻은 액면 그대로다.

자유지상주의적 간섭주의자는 사람들이 자기만의 방식을 쉽게 선택하도록 만들고 싶어 한다. 즉 자신의 자유를 행사하고자 하는 사람들이 부담감을 느끼지 않도록 하고 싶어 한다는 말이다(우리 두 저자는 사람들이 다른 사람에게 피해를 줄 때는 선택의 자유가 최선이 아님을 강조한다. 그러나 이런 경우에도 넛지는 중요한 역할을 할 수 있다. 여기에 대해서는 조금 뒤에 설명하겠다. 다만, 만약 사람들이 정말 끔찍한 선택을 하고 미래의 자기 자신을 해친다면, 이를 방지하는 데는 넛지만으로는 충분하지 않을 수도 있음을 인정한다. 여기에 대해서도 뒤에서 설명하겠다.).

한편 간섭주의의 핵심은 선택 설계자들이 사람들로 하여금 한층 더 오래 건강하고 나은 삶을 살아가도록 유도하려 노력한다는 것이다. 이런저런 민간 기관이나 정부가 사람들이 자기 삶을 개선하는 데 도움을 주는 선택지를 선택하도록 유도하는 등의 의식적인 노력을 기울이는 것이 옳다고 우리 저자들은 주장한다. 철학자를 포함해 많은 사람이 '간섭주의'라는 용어를 정의하려 하고 이것의 옳은 점과 잘못된 점을 규명하려고 노력해왔음을 잘 안다. 우리가 지지하는 간섭주의적 정책은 해당 정책을 선택하는 사람들의 삶을 한층 더 낫게 만들어주는 방식으로(이때 '더 낫다'는 판단은 해당 선택을 하는 사람들이 내린다) 영향력을 행사하는 것을 목표로 삼는다.

수십 년 동안 축적된 행동과학 분야 연구 결과를 바탕으로 할 때, 심리학 실험에 참가한 사람들은 종종 잘못된 의사 결정을 내린다. 실제 현실에서도 사람들은 실수를 많이 저지른다. 바로 이런 모습은 비틀스가 노래한 '우리는 친구들의 작은 도움을 받아서 잘해낼 거야(〈With a Little Help from My Friends〉의 가사—옮긴이〉'라는 가사로도 확인할 수 있다. 요컨대 이 책에서 우리 저자들이 생각하는 목표는 사람들이 정신을 집중하고 완벽한 정보와 무제한의 인지 역량, 그리고 완벽한 자제력을 갖춘 상태에서나 할 법한 결정을 내릴 수 있도록 돕는 것이다(하지만 그렇다고 해서 사람들이 가끔이라도 지각하거나 과식을 해선 안 되고 재미만으로 일을 해선 안 된다고 말하는 것은 아니다. 누군가가 말했듯 "지금 이 순간의 인생을 즐겨야 한다. 이 순간은 리허설이 아니니까 말이다.").

자유지상주의적 간섭주의는 간섭주의 가운데서도 상대적으로 허약하고 무르며 비非강제적이다. 선택을 가로막지 않고 차단하지도 않으며 어떤 선택에 커다란 부담을 지우지도 않기 때문이다. 사람들이 담배를 끊지 않는다든가 단 음식만 찾는다든가, 의료보험에 가입할 때 적절하지 않은 보험 상품을 고른다든가, 노후를 대비하는 저축을 하지 않는다든가 할 때 자유지상주의적 간섭주의는 그 사람들에게 다른 대안을 강요하지 않는다. 심지어 그런 행위 자체를 어렵게 만들지도 않는다. 그럼에도 우리가 추천하는 접근법은 간섭주의적일 수밖에 없다. 몇 가지 중요한 맥락에서 공공 부문과 민간 부문의 선택 설계자들은 사람들이 선택할 것이라고 예상되는 선택지를 단순히 추적하거나 보완하려고 노력하는 데 그치지 않고 그 사람들이 자신의 삶을 개선하는 방향으로 나아가도록 만들려 하기 때문이다.

뒤에서 살펴보겠지만 '넛지'라는 용어는 어떤 선택지를 금지한다든가 선택지에 따른 경제적 보상을 크게 바꾼다든가 하지 않고 사람들의 행동을 예측 가능한 방식으로 이끄는 선택 설계의 특정한 측면이다. 어떤 개입이 단순한 넛지가 되려면 쉬워야 하고 비용도 적게 들어야 한다. 넛지는 세금도 아니고 벌금도 아니고 보조금도 아니고 금지명령도 아니고 강제적 지시도 아니다. 사람들의 눈높이에 과일을 두는 것은 넛지지만, 정크푸드를 금지하는 것은 넛지가 아니다.

우리가 추천하는 많은 정책은 (정부 차원에서 실행되는 넛지의 도움을 받거나, 혹은 그런 도움 없이) 민간 부문에서 실행될 수 있고 또 실행되어왔다. 예를 들어 고용주는 이 책에서 다루는 많은 사례에서 중요한 선택 설계자다. 의료보험이나 퇴직연금 영역에서 고용주는 직원들에게 (예컨대 합당한 선택지를 줄 때 기본 설정값default rules을 다르게 하거나 명쾌한 정보 제시 혹은 유익한 도움말 등을 통해) 훨씬 많은 도움이 되는 넛지를 실행할 수 있다고 우리는 생각한다. 돈을 벌면서도 사회에 공헌하길 바라는 민간 기업은 환경 친화적인 넛지를 만들어내거나 대기오염 및 온실가스 배출량을 줄이는 데 기여함으로써 수익을 창출할 수 있다. 그러나 기업들이 좋지 못한 온갖 방법으로 매출을 늘리려고 우리가 제시할 개념을 사용할 수도 있다. 이런 기업들은 슬러지를 잔뜩 만들어낼 것이다. 우리 저자들은 공공과 민간 부문에서 생성되는 이런 슬러지를 줄이려 노력한다는 사실을 밝혀둔다. 이에 관해서는 8장을 참조하라.

'이콘'과 '인간' : 넛지가 도움이 되는 이유

간섭주의에 반대하는 사람들은 흔히 인간이 멋진 선택을 한다고 주장한다. 설령 그 선택이 정말 멋지다고 할 정도까지는 아니라고 하더라도 다른 어떤 사람이 (이 사람이 정부를 위해 일할 때는 특히 더 그렇다) 할 수 있는 것보다는 확실히 더 낫다고 주장한다. 경제학을 공부한 사람이든 아닌 사람이든 많은 사람이 호모 이코노미쿠스Homo economicus, 즉 경제적 인간이라는 발상에 동의하는 것 같다. 다시 말해서 사람은 누구나 늘 합리적으로 생각하고 선택한다고 생각하는데, 이런 발상은 경제학자들이 제시하는 통상적인 인간 유형에 딱 들어맞는다는 발상이다.

호모 이코노미쿠스는 알베르트 아인슈타인처럼 생각하고 구글 클라우드처럼 많은 기억을 저장하며 마하트마 간디처럼 강력한 의지력을 행사한다고 경제학 교과서는 가르친다. 물론 이런 사람도 더러는 있을 것이다. 그러나 저자들 주변 사람들은 그렇지 않다. 교과서가 아닌 현실 세상에 사는 사람들은 계산기가 없으면 나눗셈을 제대로 하지 못하며, 때로는 아내나 남편의 생일도 기억하지 못하고, 툭하면 숙취로 머릿속이 온통 흐리멍덩해진다. 이 사람들은 호모 이코노미쿠스가 아니다. 그저 호모 사피엔스일 뿐이다. 지금부터는 이 둘을 부르기 쉽도록 각각 '이콘'과 '인간'이라고 하자.

비만이라는 문제를 놓고 생각해보자. 미국에서 성인 비만율은 40퍼센트가 넘는다.[1] 성인 미국인 가운데서는 비만이나 과체중 인구가 70퍼센트 이상이다.[2] 전 세계적으로 보면 성인 과체중 인구는 10억 명이 넘고, 이 가운데 3억 명이 비만이다. 한국과 일본, 그리고 몇몇 아프리카 국가는 비만율이 6퍼센트 미만인 데 비해 미국령 사모아는 75퍼센트를 넘어선다.[3] 세계보건기구WHO에 따르면 1980년대 이후로 북아메리카의 몇몇 지역, 영국, 동유럽, 중동, 태평양제도, 호주, 중국 등에서 비만율은 3배로 늘어났다. 비만이 심장병과 당뇨병 발병 위험을 높이며 젊은 나이에 사망하는 조기 사망으로 이어진다는 증거는 널려 있다. 상황이 이러니만큼 넛지가 제시하는 것보다 더 적합한 식습관을 선택하고 있다는 주장은 터무니없지 않은가?

물론 합리적인 사람은 건강만 생각하지 않고 음식 맛에도 신경을 쓴다. 식도락은 그 자체로 즐거움의 원천이니까 말이다. 과체중인 사람이 모두 합리적으로 행동하지 못한다는 말도 아니다. 우리는 다만 모든 사람 혹은 거의 모든 사람이 현재 최적의 식단을 선택한다는 주장을 받아들이지 않을 뿐이다. 식습관뿐 아니라, 해마다 미국에서만 수십만 명을 조기 사망으로 이끄는 흡연과 음주 및 그 밖의 위험 행동에 대해서도 마찬가지다. 식습관과 흡연, 음주와 관련해 사람들이 현재 취하는 선택이 언제나 그 사람들의 (단순하게 말하자면) 복지를 증진하는 최고의 길이라고는 할 수 없다. 많은 흡연자와 음주자와 대식가는 자기가 보다 나은 의사 결정을 하는 데 도움을 주겠다는 사람이나 기업에 기꺼이 돈을 지불하는 게 현실이니 말이다.

이런 발견들은 지난 50년 동안 축적된 광범위한 연구 결과로 구성된 이른바 선택의 과학이 찾아낸 발견들을 보완한다. 이 분야의 초기 연구 대부분은 실험실 실험을 통해 이루어졌지만, 지금은 현실 세상에서 이루어지는 인간 행동을 대상으로 한 여러 연구에서(여기에는 자연 실험 및 무작위 통제 집단에서의 선택이라는 주제를 다룬 다양한 연구도 포함된다) 얻은 성과가 빠른 속도로 늘어나고 있다. 이런 연구는 사람들이 내리는 많은 판단 및 의사 결정이 과연 건전하고 지혜로운지 심각하게 의문을 제기해왔다. 사람들이 이콘으로서 자격을 갖추려면 완벽한 예측을 해야 할 필요는 없지만(완벽한 예측을 하려면 전지적인 능력을 갖추어야 한다) 적어도 **편향되지 않은** 예측을 해야 한다. 예측은 얼마든지 틀릴 수 있어도, 빗나가는 예측이 예측 가능할 정도로 일정한 편향을 보여서는 안 된다는 말이다. 예를 들어 계획 오류planning fallacy를 놓고 생각해보자. 이 오류는 어떤 일을 마치는 데 드는 시간을 지나치게 낙관하는 편향이다. 어떤 일을 돈을 주고 계약해서 누군가에게 맡겼는데, 그 일이 예상보다 더 오래 걸렸던 경험은 누구나 가지고 있을 것이다. 설령 계획 오류라는 개념을 알고 있어도 그렇다.•

수천 건의 연구 저작물을 통해 인간의 예측은 늘 흠이 많고 편향되어 있음을 확인했다. 인간의 의사 결정도 마찬가지로 썩 훌륭하지 않다. 한 가지 예로, 타성이라는 멋진 별칭이 붙은 현상 유지 편향을 놓고 생각해 보자. 뒤에서 우리가 살펴볼 수많은 이유로 사람들은 현재의 상태나 조건을 계속 유지하려는 경향성을 강하게 지니고 있다. 예를 들어 스마트폰을 새로 구입했을 때 배경 화면부터 벨 소리나 음성 메시지가 수신될 때 벨이 울리는 횟수에 이르기까지 온갖 것을 새로 설정할 수 있는 선택권이 구매자에게 주어진다. 스마트폰 제조업체는 그 각각의 경우에 대해 한 가지 선택지를 기본 설정값으로 설정해둔다. 그런데 연구 조사 결과에 따르면, 사람들은 이 기본 설정이 무엇이든 그대로 두는 경향이 있다. 심지어 기본값으로 설정된 벨 소리를 자기 마음에 드는 걸로 바꾸는 편이 훨씬 더 좋을 때도 그렇다.

우리는 이 책에서 기본값을 설정하는 것과 관련된 사례를 여럿 제공하면서, 이런 기본 설정값이 상당히 강력한 힘을 발휘한다는 사실을 보여줄 것이다. 만약 민간 기업이나 공직에서 책임 있는 자리에 있는 사람이 특정한 선택지를 선호하면 그 선택지를 기본값으로 선택하곤 하는데, 이런 설정이 사람들에게 큰 영향을 미친다. 설계상의 기본 설정을

• 계획 오류가 어떤 것인지 안다고 해도 이 오류에서 벗어나지는 못한다. 우리도 그랬다. 파이널 에디션이 나오기까지 예측하고 계획한 것보다 훨씬 더 오랜 시간이 걸렸으니 말이다.

옵트인opt-in(사전에 일괄적으로 적용하지 않고 이후 선택하는 사람에게만 적용하는 방식-옮긴이)에서 옵트아웃opt-out(사전에 일괄적으로 적용한 후 원하는 사람은 빠질 수 있도록 하는 방식-옮긴이)으로 변경하는 것만으로도 응답률을 25퍼센트까지 혹은 그보다 훨씬 더 높일 수 있다. 뒤에서 살펴보겠지만 기본 설정값을 변경하는 것, 그리고 다른 것과 비슷할 뿐만 아니라 겉으로 사소해 보이는 초기화면 메뉴를 변경하는 것만으로도 저축액 증가부터 기후변화와의 싸움이나 의료보험 가입 조건 개선 및 빈곤율 감소에 이르기까지 여러 문제에 커다란 영향력을 행사할 수 있다. 동시에 우리는 사람들이 자기에게 주어진 자유를 행사하고 누군가가 기본으로 설정한 선택지를 거부하는 중요한 상황이 있음을 보여줄 것이다. 예를 들어 어떤 사람이 무언가에 강력한 매력을 느낄 때 그는 자기에게 작용하는 타성의 힘과 연상의 힘을(기본값으로 설정된 선택지는 흔히 가장 바람직하다고 추천받은 선택지라는 암시를 사람들에게 준다. 이것이 연상의 힘이다) 극복할 수 있다. 기본 설정값을 바꾸는 것이 효과적인 넛지가 될 수 있다. 물론 이것이 모든 문제를 해결하는 만능열쇠는 아니다.

모든 것을 잘 고려해서 마련한 기본 설정이 일반적으로 발휘하는 커다란 효과는 넛지가 어떻게 해서 부드러우면서도 강력한 힘을 행사하는지 보여준다. 우리가 내린 넛지의 정의에 따르면 넛지에는 인간의 행동을 높은 수준으로 바꾸어놓는 (그러나 물론 이콘은 당연히 무시하는) 여러 장치나 설정이 포함된다. 인간이 아닌 이콘이라면 기본적으로 인센티브에 반응한다. 만일 정부가 사탕에 세금을 부과하면 이콘은 사탕을 덜 살 것이다. 그러나 이들은 여러 선택지가 나열된 순서처럼 '관련성이 없는 무의미한' 요인에는 영향을 받지 않는다. 인간은 인센티브에 반응하기도 하지만 넛지의 영향을 받기도 한다.[*] 그러므로 인센티브와 넛지를 적절하게 동원하면 사람들의 삶을 개선하고 중요한 사회문제를 해결할 사람들의 역량을 높일 수 있다. 아울러 모든 사람이 선택의 자유를 누리게 하면서 그렇게 할 수 있다.

잘못된 가정과 두 가지 오해

선택의 자유를 옹호하는 사람 중 많은 이들이 간섭주의라면 무조건 반대한다. 이 사람들은 모든 시민이 어떤 것이든 스스로 선택하도록 정부가 내버려두길 바란다. 이런 사고방식에서 비롯된 표준적인 정책 조언은 사람들에게 최대한 많은 선택지를 제시한 다음 그 가운데 마음에 드는 것을 선택하게 하는 것이다. 즉 정부의 개입이나 넛지의 여지를 최소한으로 줄이는 것이다. 이런 사고방식의 강점은 복잡한 문제에 아주 단순한 해결책을 제시한다는 것이다. 그 해결책이란 바로 이것이다. 긴말은 필요 없고, 그저 선택지를 최대한 늘릴 것!

이 정책은 교육, 의료보험, 퇴직연금 등 많은 영역에서 채택되어왔다. 몇몇 집단에서는 '선택지를 최대한 늘릴 것!'이라는 조언이 정책과 관련해 아예 하나의 주문呪文이 되어버렸다. 때로 사람들은 이 주문을 대신할

---

[*] 눈치 빠른 독자라면 인센티브가 다양한 형태로 나타날 수 있음을 알아차릴 것이다. 만일 과일을 사람들 눈높이에 두고 사탕은 눈에 잘 띄지 않는 곳에 둔다든가 하는 식으로 사람들의 인지 노력을 늘리는 조치를 취할 때, 사탕을 선택하는 데 소요되는 '비용'이 늘어난다고 말하는 사람이 있을 수 있다. 우리가 제시하는 넛지는 어떤 의미에서 보면 사람들에게 인지 비용이나 정서 비용을 추가로 부과하는 셈이며, 이런 점에서 인센티브의 종류를 바꾸어놓는다. 어떤 종류든 비용이 낮아야만 넛지는 자유지상주의적 간섭주의라는 성격 규정을 충족할 수 있다. 그런데 그 비용이 얼마나 낮아야 할까? 이 판단은 개개인이 내려야 한다.

수 있는 유일한 대안은, 모든 것에 통하는 것이라고 비웃음을 받는 정부의 명령이라고 여긴다. '선택지를 최대한 늘릴 것!'이라는 주문을 지지하는 사람들은 자기가 선호하는 정책과 단 하나의 명령이라는 양극단 사이에 드넓은 공간이 있음을 깨닫지 못한다. 그들은 간섭주의에 반대하거나 그렇게 생각하며, 넛지를 시큰둥하게 바라본다. 그런데 우리는 그들의 회의적인 태도 밑바닥에는 하나의 잘못된 가정과 두 가지 오해가 놓여 있다고 생각한다.

잘못된 가정은 이렇다. 거의 모든 사람은 거의 대부분의 시간에 자신에게 가장 큰 이익을 가져다주는 선택을 한다는 것, 또는 적어도 다른 누군가가 하는 선택보다 더 나은 선택을 한다는 것이다. 그렇지만 우리는 이 가정이 잘못되었다고, 아주 분명히 잘못되었다고 주장한다. 사실 우리는 그 누구도 그 가정을 곰곰이 생각한 끝에 진실이라고 믿게 되었다고는 생각하지 않는다.

초보자와 고수가 체스를 둔다고 치자. 아마도 초보자가 질 것이다. 초보자는 나쁜 수를 계속 선택하는데, 이는 또 다른 체스 고수의 훈수를 받았더라면 결코 선택하지 않을 나쁜 수다. 구매자는 보통 많은 영역에서 일종의 초보자인데, 자기 물건을 팔려고 혈안이 된 노련한 판매 전문가들이 진을 친 세상에서 이런 초보자들이 거래를 한다. 일반적으로 말하면, 사람들은 경험이 많고 정보를 많이 가지고 있으며 즉각적인 피드백을 주는 구조를 갖춘 분야에서는 좋은 선택을 한다. 예를 들어 여러 맛이 나는 아이스크림 가운데 하나를 선택할 때 사람들은 자기가 초콜릿 맛, 바나나 맛, 커피 맛 혹은 그 밖의 다른 어떤 맛을 좋아하는지 잘 알기에 나쁜 선택을 하지 않는다.

그런데 경험이나 정보가 없고 피드백도 느리거나 별로 없는 분야에서는 좋은 선택을 할 수 없다. 예컨대 퇴직연금저축에 가입할 때 이런저런 조건을 선택한다든가 의사가 제시하는 다양한 치료법 가운데 하나를 선택한다든가 혹은 투자 조건 가운데 하나를 선택할 때 그렇다. 쉰 가지나 되는 서로 다른 보험 조건 중에서 선택할 수 있다면 비교할 게 없는 상황에 비해 조금은 나은 선택을 할 수도 있다. 사람들이 완벽한 선택을 할 수 없다고 전제할 때, 선택 설계에서 약간의 변화를 주는 것만으로 사람들의 삶은 (정부 관료의 판단이 아니라 본인의 판단으로) 조금이라도 더 나아질 수 있다. 나중에 살펴보겠지만 사람들을 지금보다 더 나은 상태로 만드는 선택 설계는 가능할 뿐만 아니라 어렵지도 않다.

이어서 오해를 살펴보자. 두 가지 오해 가운데 첫 번째는 사람들이 어떤 선택을 할 때 외부의 영향을 차단할 수 있다고 믿는 것이다. 어떤 기관이나 대행자는 몇몇 다른 사람들의 행동에 영향을 주는 선택을 필연적으로 하게 된다. 수많은 상황에서 그렇다. 이런 상황에서는 어떤 방향으로 작용하는 것이든 넛지가 있을 수밖에 없다. 이런 넛지들이 사람들의 선택에 영향을 준다는 말이다. 결국 선택 설계는 피할 수 없는 것이다. 캐롤린의 구내식당 사례에서 보았듯 사람들이 하는 선택은 선택 설계자가 고른 설계 요소의 영향을 피하지 못한다. 웹사이트든 편의점 매대든 설계가 되어 있지 않은 곳이 없다. 물론 몇몇 넛지는 의도적이지 않다. 예컨대 고용주는 넛지를 행사할 의도가 없는 상태에서 직원 봉급을 2주 단위로 줄 수도 있고 한 달 단위로 줄 수도 있다. 그러나 이 고용주는 봉급을 2주 단위로 지급할 때 직원의 저축률이 상대적으로 높다는 사실을 알고 나면 아마도 깜짝 놀랄 것이다. 직원 입장에서는 청구서는 다달이 받지만 1년에 두 번은 한 달에 세 번 봉급을 받기 때문에 그만큼 저축을 더 많이 하게 된다.

민간 기업이든 공공 기관이든 어떤 식으로든 중립성을 유지하려고 애쓰는 건 사실이다. 사람들이 무언가를 선택해야 할 때 무작위 선택 방식을 제시한다든가, 대부분의 사람이 무엇을 원하는지 알려고 애쓴다든가 하니까 말이다. 그러나 의도하지 않았던 넛지가 중요한 영향을 줄 수 있다. 또 몇몇 상황에서는 이런 유형의 중립성이 바람직하지 않다. 나중에 본문에서 이런 사례를 많이 만날 것이다. 선택 설계가 능동적인 선택을 강요할 수 있다는 점도 사실이다. 예컨대 공무원으로 일하고 싶은 사람이라면 자기가 선호하는 의료보험 선택지 가운데 하나를 선택해야 하니까 말이다. 그러나 능동적인 선택은 그 자체로 선택 설계의 한 가지 형식이며, 이는 모든 사람이 선호하는 방식이 아니다. 선택지가 매우 많고 판단을 내리기 어려울 때는 특히 더 그렇다. 프랑스의 어떤 식당에서는 손님이 음식을 주문하려면 우선 카트에 가득 실린 수백 가지 치즈 가운데 자신이 원하는 것을 골라야 하는데, 이런 상황에서 종업원에게 어떤 것을 선택하면 좋을지 물어볼 수 있는 선택지가 있다면 그야말로 축복일 것이다. 사람들은 선택하라는 말을 언제나 좋아하지는 않으며, 무언가를 선택해야 하는 상황이 언제나 행복하지만은 않다.

어떤 사람들은 민간 기업의 이런 접근법을 기꺼이 받아들이면서도 정부가 사람들의 삶을 개선하겠다는 목적 아래 선택에 영향력을 행사하려는 시도에는 강력하게 반대한다. 그들은 정부가 유능하다거나 선한 의도를 가졌다고 생각하지 않는다. 그들은 선출직 공무원이나 관료는 무지하거나 자기 잇속만 챙기거나 이런저런 이익단체의 협소한 목표에만 관심을 가질 것이라고 우려한다. 우리 저자들도 같은 걱정을 한다. 특히 정부가 실수를 하거나 편견에 사로잡혀 있거나 과도하게 개입하는 등의 위험이 실질적으로 존재하며 때로는 이런 위험이 심각하게 커질 수 있다는 사실에 우리 저자들은 전적으로 동의한다. 우리가 명령이나 강제적 요구나 금지보다 넛지를 선호하는 이유도 바로 이 때문이다. 물론 어떤 사람이 다른 사람에게 해를 끼칠 때는 예외이긴 하지만 말이다. 그러나 정부는 구내식당 못지않게 (정부 기관도 구내식당을 운영하는 경우가 많다) 어떤 형태로든 출발점, 즉 기본 설정인 최초의 선택지를 제공한다. 이는 불가피한 일이다. 나중에 강조하겠지만 정부는 자기가 만든 정책을 통해 날마다 그렇게 하고 있으며, 그렇게 함으로써 사람들이 하는 선택 및 사람들이 나중에 얻을 결과에 필연적으로 영향을 준다. 이런 점에서 넛지에 반대하는 주장은 논리적인 모순에 빠지고 만다.

두 번째 오해는 간섭주의에는 언제나 강제성이 동반된다는 것이다. 구내식당 사례에서 특정한 음식 배열 순서를 선택하는 것은 특정한 식단을 강요하는 게 아니다. 그러나 캐롤린이나 그녀와 같은 위치에 있는 사람들은 우리 저자들이 사용하는 의미에서의 간섭주의적 방식으로 몇 가지 음식 배열을 선택할 수 있다. 초등학교 구내식당에서 아이들이 과자보다 사과를 더 많이 먹게 유도하기 위해 과일과 샐러드를 디저트 앞에 놓는 데 반대하는 사람이 있을까? 식당에서 음식을 먹는 사람이 성인이라면 이 질문이 성립하지 않을까? 어떤 사람이 자동차를 타고 목적지까지 가려고 할 때 GPS 장치가 최적 경로를 일러준다면, 이 장치가 그 사람의 자유를 침해한다고 할 수 있을까? 그 어떤 강요도 동반되지 않는다면 몇몇 유형의 간섭주의를 용인하는 게 옳다. 선택의 자유를 가장 소

44

중한 덕목으로 여기는 사람조차 이런 간섭주의를 용인해야 한다고 우리
는 생각한다.

저축, 보건, 소비자 보호, 장기 기증, 기후변화, 보험 등 다양한 영역에
서 우리 저자들은 우리가 제시하는 일반적인 접근법을 기반으로 한 구
체적인 제안을 할 것이다. 또 우리는 선택에 제한을 두지 않음으로써 부
적절하거나 부패하기까지 한 설계에서 비롯되는 위험을 줄일 수 있다
고 생각한다. 선택의 자유는 나쁜 선택 설계를 막아주는 최선의 안전장
치다.

행동에서의 선택 설계

선택 설계자는 사용자 친화적인 환경을 설계함으로써 사람들의 생활과
인생을 상당한 수준으로 개선할 수 있다. 많은 기업이 시장에서 크게 성
공한 것도 바로 이런 일을 한 덕분이다. 때로 어떤 선택 설계가 쉽게 눈
에 띄어서, 소비자나 직원은 이것이 가져다주는 가치를 높이 평가하기
도 한다. 애플의 아이폰이 매우 큰 경제적 성과를 거둔 것은 우아한 스타
일 덕분이기도 하지만, 무엇보다 사용자들이 자신이 원하는 것을 하도
록 기기를 조작하기 쉽다고 생각했다는 게 성공의 주된 이유다. 때로 선
택 설계는 눈에 잘 띄지 않아서 세심한 주의를 기울여야만 선택 설계로
인한 이익이 실현되기도 한다.

미국의 직장을 예로 들어 살펴보자(미국이 아닌 다른 나라에 사는 독자라
면, 양해하길 바란다). 대기업은 대개 의료보험이나 퇴직연금 등을 포함해
서 다양한 복지 혜택을 직원에게 보장한다. 직원들은 1년에 한 번 늦가

을 무렵으로 정해진 공개 가입 기간open enrollment period에 전년도에 선택했던 의료보험 관련 사항을 수정할 수 있으며, 이 작업은 온라인으로 하게 되어 있다. 이들은 보통 자기가 했던 선택을 설명하는 자료와 수정하는 방법을 일러주는 자료를 이메일로 받는다. 또 잊지 않고 선택 작업을 해야 한다고 알려주는 알림도 여러 차례 받는다.

그러나 직원들도 사람인지라 깜박 잊어버리기 일쑤다. 그러므로 바쁘고 정신없이 살아가는 사람들, 그리고 무엇을 어떻게 해야 할지 모르는 사람들에게는 기본값 즉 기본 설정이 매우 중요하다. 보통 이 기본 설정은 전년도와 동일하게 유지하거나 '제로' 상태로 돌아가는 두 가지 선택지 가운데 하나다. 이 둘을 각각 '현상 유지status quo'와 '원점 회귀back-to-zero'라고 부르자. 그렇다면 선택 설계자는 이 두 가지 가운데 하나를 어떻게 선택해야 할까?

자유지상주의적 간섭주의를 지지하는 사람이라면 관련 정보를 충분히 가지고 있으며 생각이 깊은 직원들이 어느 쪽을 원하는지 물어본 다음에 기본 설정을 무엇으로 정할지 결정할 것이다. 비록 이 원칙이 언제나 분명한 선택으로 이어지지는 않겠지만, 무작위 방식의 선택이나 현상 유지 혹은 원점 회귀 방식보다는 더 나을 게 분명하다. 예를 하나 들어보자. 직원 중 대부분은 두둑한 보험금을 지급받을 수 있는 의료보험을 취소하려 하지는 않을 것이다. 그러므로 의료보험에 관한 한 사람들은 전년도와 조건을 동일하게 하는 현상 유지 방식을 의료보험 해지 상태에서 시작하는 원점 회귀 방식보다 선호할 것이라고 볼 수 있다.

이것을 직원용 '선택적 지출 계좌Flexible Spending Account, FSA'와 비교해보자. 이는 오로지 미국에만 있는 제도인데, 독특하고 잔인한 방식으로 '이익'을 안겨준다. 이 계좌를 마련하면 직원은 매달 특정한 용도의 지출에 대비한 금액(보험 혜택을 받지 못하는 의료비나 육아 관련 비용)을 이 계좌에 넣어둘 수 있고, 계좌에 입금된 금액만큼은 세금 공제 혜택을 받는다. 그런데 이 제도가 잔인한 것은, 이 계좌에 입금된 예금을 다음 해 3월 31일까지 모두 쓰지 않을 경우 잔액이 국고로 귀속되기 때문이다. 그런데 가계에서는 예상 지출액이 해마다 상당한 폭으로 변동될 수 있으므로(예를 들어 아이가 태어난다든가 하면 의료비 지출이 대폭 늘지만, 아이가 학교에 입학하면 육아 비용이 대폭 줄어든다) 어느 정도의 금액을 계좌에 넣어두는 게 유리할지는 해마다 다르다. 따라서 이 경우에는 원점 회귀 방식이 현상 유지 방식보다 유리하다.

이런 문제는 단지 이론적인 차원의 문제만은 아니다. 여러 해 전에 탈러는 이와 비슷한 문제를 논의하려고 시카고대학교 고위 경영진 세 사람을 만났는데, 마침 그날이 공개 가입 기간의 마지막 날이어서 탈러는 그들에게 수정 가입을 했는지 물었다. 그러자 한 사람은 그렇지 않아도 오후 늦게 할 생각이었다며 상기시켜줘서 고맙다며 어색하게 웃었고(어색하게 웃은 걸 보면 어쩌면 깜빡 잊고 있었을 수도 있었다), 한 사람은 까맣게 잊고 있었다고 했으며, 마지막 사람은 아내가 잘 기억하고 있다가 자기 대신 했다면 무척 다행이겠다고 대답했다. 그런 다음에 네 사람은 안건을 놓고 의견을 나누었다. 그런데 그날의 안건은 바로 '추가 급여 차감 제도 supplementary salary reduction program'와 관련된(이 제도는 급여를 실제로 깎는 게 아니라 소득세를 줄일 목적으로 급여 가운데 일정액을 다른 곳에 투자하는 것으로, 선택적 지출 계좌의 한 형태다) 기본 설정을 어떻게 할 것인가 하는 것이었다. 당시에 이 제도의 기본 설정은 원점 회귀였는데, 탈러는 그 설정값을 '전년도와 동일하게'로 바꾸는 게 옳다는 판단 아래 고위 경영진 세 사람을 설득해야겠다고 생각하며 그 자리에 참석했다. 멍하니 있다가 공개 가입 기간을 그냥 지나쳐버릴 수도 있었다는 것을 생생하게 경험한 세 사람은 탈러에게 쉽게 설득되었다. 그 덕분에 시카고대학교의 많은 교직원이 안락한 은퇴 생활을 할 수 있으리라고 우리 저자들은 확신한다.

이 사례는 좋은 선택 설계의 몇 가지 기본 원칙을 일러준다. 선택하는 주체는 사람이므로 선택 설계자는 사람들의 삶을 최대한 쉽게 만들어야 한다. 또 사람들에게 선택해야 한다는 사실을 반드시 상기시켜야 한다(그러나 너무 자주 하지는 말 것!). 그런 다음에는 선택 설계자뿐 아니라 당사자도 나름대로 노력하지만 멍하니 있다가 선택의 기회를 놓쳐버리는 사람들이 반드시 있게 마련인데, 이런 사람들이 부담하게 될 비용을 최소한으로 줄이려고 노력해야 한다. 뒤에서 살펴보겠지만, 원칙은 이것 말고도 많다. 이런 원칙들은 민간과 공공 부문에 모두 적용될 수 있으며, 지금보다 훨씬 나은 방향으로 개선될 여지가 매우 크다. 대기업과 정부는 이런 점을 메모해두기 바란다(물론 대학과 중소기업도 마찬가지다).

새로운 경로

본문에서 우리는 민간 기업의 넛지에 대해 많은 이야기를 할 것이다. 그러나 자유지상주의적 간섭주의의 가장 중요한 적용 가운데 많은 부분이 정부와 관련된 것으로 우리는 공공 정책과 법률에 대해서도 여러 권고안을 제시할 것이다. 애초에 이 책을 쓸 때 우리는 이런 권고들이 좌우 진영에서 모두 환영받길 바랐다. 우리 저자들은 자유지상주의적 간섭주의에서 제안한 정책을 보수와 진보 진영이 모두 받아들일 것이라고 믿긴 했지만, 이런 믿음이 예상보다 훨씬 더 확실하게 입증되었다. 우리는 이런 말을 『넛지』의 성과를 보고하는 차원에서 할 수 있어서 솔직히 무척 기쁘다.

영국에서 보수당 지도자이자 전직 수상 데이비드 캐머런이 넛지 개념을 받아들여서 세계 최초로 오로지 넛지만 연구하는 팀을 만들었다. 이 팀의 공식적인 명칭은 행동 통찰 팀Behavioural Insights Team이지만 보통은 넛지 유닛Nudge Unit이라는 별칭으로 불렀다.[•] 미국에서도 민주당원이자 진보주의자인 전직 대통령 버락 오바마는 넛지 개념을 받아들여서 정부 부처들에 수많은 넛지를 채택하도록 지시했고, 자기만의 넛지 팀을 만들었다(이 팀의 원래 명칭은 사회과학·행동과학 팀Social and Behavioral Sciences Team이었지만 지금은 평가과학연구소Office of Evaluation Sciences라 불린다.) 미국의 해외 원조 기관인 국제개발처Agency for International Development는 행동과학 관련 통찰을 활용하는 여러 프로그램을 갖추고 있다. 『넛지』 초판이 출간된 이후 세계 각국의 정부는 정치적 성향을 떠나 자국이 추진하는 정책을 한층 더 효율적이고 효과적으로 만들기 위해 넛지 및 이와 관련된 발상을 채택해왔다. 호주, 뉴질랜드, 독일, 캐나다, 핀란드, 싱가포르, 네덜란드, 프랑스, 일본, 인도, 카타르, 사우디아라비아 등 수많은 나라에 넛지를 연구하는 다양한 유형의 연구소나 실행 기관이 생겨났다. 그리고 세계은행, 유엔, 유럽연합 집행위원회 등에서도 넛지 관련 작업이 상당히 많이 이루어지고 있다. 2020년에 세계보건기구는 팬데믹, 백신 접종, 청년의

• 이 팀은 여전히 존재하지만, 지금은 정부와 정부에서 고용한 직원들, 그리고 민간인의 창업을 지원하는 정부 기구인 네스타Nesta가 공동으로 소유권을 가진 '사회적 목적 회사' 형태로 존재한다. 2020년까지 200명이 넘는 직원이 전 세계 서른 곳이 넘는 국가에서 일했다.

위험 감수 행동 등 공중 보건과 관련된 수많은 쟁점을 집중적으로 다루는 행동통찰연구소Behavioral Insights Initiative를 만들었다.

비록 전 세계는 지금 점점 더 깊은 양극화로 치닫는 양상을 보이지만, 자유지상주의적 간섭주의가 양당주의 및 단순한 문제 해결법의 유망한 토대가 될 수 있다고 여전히 우리 저자들은 믿는다. 한층 더 나은 통치는 정부 차원의 강압(강제성)이 줄어들고 선택의 자유가 늘어나는 것을 전제로 한다. 강제적인 명령이나 금지 조치가 필요한 곳도 있는데, 그것이 어떤 부분인지 찾아내는 데는 행동과학이 도움을 준다. 그러나 인센티브와 넛지가 그런 명령과 금지 조치를 대신할 때 정부의 규모는 한층 더 작아지고 수수해질 것이다. 이런 맥락에서 다시 한번 분명히 말하자면, 이 책은 관료주의 체제를 강화하자거나 정부의 역할을 늘리자는 주장을 하는 게 아니다. 우리는 그저 좀 더 나은 거버넌스를 추구할 뿐이다. 자유지상주의적 간섭주의는 좌파 진영을 지지하는 것도 아니고 우파 진영을 지지하는 것도 아니다. 서로 전혀 다른 정치적 신념을 지닌 사람들이 그 모든 차이에도 부드러운 넛지를 지지하는 방향으로 기꺼이 하나가 될 수 있기를 우리 저자들은 진정으로 바란다.

1부

인간과 이콘

우리는 천재인 동시에 바보다

1장

편향과 실수

다음과 같이 탁자가 2개 있다.

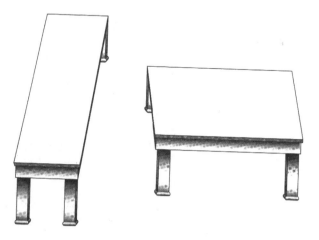

[그림 1-1] 2개의 탁자(출처: Shepard[1990])

당신이 이 둘 가운데 하나를 선택해 거실에서 커피 탁자로 쓰려고 한다고 치자. 당신이 보기에는 어느 쪽이 더 나은가? 이 둘의 형태는 각각 어떤가? 이 둘의 길이와 폭이 얼마일지 대충 눈으로만 짐작해보라.

사람들은 보통 왼쪽이 오른쪽보다 길이가 훨씬 더 길고 폭은 좁다고 생각한다. 그리고 길이와 폭의 비율을 각각 3:1과 1.5:1로 추정한다. 그렇다면 자를 꺼내 들고 각 탁자의 길이와 폭을 직접 재어보라. 그러면 이 두 탁자의 길이나 폭이 같다는 사실을 알 수 있을 것이다. 정 믿지 못하겠다면, 믿을 때까지 재봐도 된다(탈러가 선스타인에게 이 사례를 제시할 때 두 사람은 단골 식당에서 점심을 먹고 있었는데, 선스타인은 자기 젓가락을 자처럼 사용해서 쟀다).

이 사례에서 우리는 어떤 결론을 내려야 할까? 만일 왼쪽 탁자가 오른쪽 탁자보다 길고 좁다고 여긴다면, 당신은 분명 로봇이 아니라 사람이다. 당신에게는 아무런 문제가 없다. 적어도 이 테스트로 가려낼 수 있는 문제에 대해서는 그렇다. 그렇지만 이 과제를 수행하는 과정에서는 당신의 판단이 편향되어 있으며, 이런 사실은 충분히 예측할 수 있다. 그 누구도 오른쪽 탁자의 폭이 왼쪽 탁자의 폭보다 좁다고 생각하지 않는다! 당신만 틀린 게 아니다. 당신은 분명 자기 판단이 옳다고 확신했을 것이다. 이 그림을 가지고 다른 사람과 술집 같은 데서 내기를 해도 백 퍼센트 당신이 이길 것이다. 단, 내기 상대가 사람이어야 한다는 조건이 붙는다.

자, 그럼 [그림 1-2]를 보자. 이 둘의 길이와 폭이 같아 보이는가, 달라 보이는가? 이번에도 당신이 사람이고 시력이 매우 나쁘지 않다면 이둘의 모양이 같다고 말할 것이다. 맞다, 똑같다. 사실 이 둘은 앞에서 소

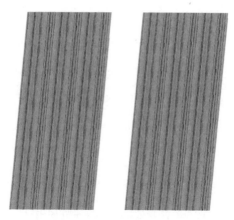

[그림 1-2] 2개의 탁자 상판(출처: Shepard[1990])

개한 두 탁자의 상판이다. 다리를 떼어내고 방향을 똑같이 했을 뿐이다. [그림 1-1]에서는 탁자의 다리와 방향이 두 탁자의 상판이 다르다는 착각을 유발한다. 그러므로 주의를 분산시키는 요소를 제거하고 나면 시각 체계는 놀랍도록 정확한 평소 수준으로 돌아온다.* [그림 1-1]과 [그림 1-2]는 행동경제학자들이 심리학자들에게서 빌려온 핵심적인 통찰이 무엇인지 드러낸다. 통상적인 상황에서는 인간의 정신이 놀랍도록 잘 작동한다. 여러 해 동안 만나지 못한 사람을 만나더라도 금방 알아보고, 모국어의 복잡한 구조와 의미를 이해하며, 계단을 뛰어서 내려갈 수도 있다. 12개국 언어를 구사하는 사람도 있고, 최신 컴퓨터의 성능을 개선하는 사람도 있으며, 상대성이론을 고안해내는 사람도 있다. 그러나 아무리 알베르트 아인슈타인이나 빌 게이츠나 스티브 잡스라 하더라도 앞의 2개 탁자 테스트에서는 정답을 맞히지 못할 것이다.

• 이 그림에서 사용한 속임수 가운데 하나는 세로선이 가로선보다 길어 보인다는 점이다. 세인트루이스에 있는 게이트웨이 아치Gateway Arch가 높이나 폭이 같음에도 높이가 폭보다 더 길어 보이는 이유도 바로 이 때문이다.

하지만 이것은 우리 인간에게 어떤 문제가 있다는 뜻이 아니라, 인간 행동을 이해하는 능력은 사람들이 시스템 차원에서 언제 어떻게 잘못되는지 이해함으로써 더욱 발달할 수 있다는 뜻이다. 심리학자이자 화가인 로저 셰퍼드Roger Shepard는 시각 체계에 대한 지식을 어느 정도 가지고 있었기에 앞에서 인용한 탁자처럼 사람들에게 착각을 유도하는 그림을 그릴 수 있었다.[1]

이런 인식을 토대로 1장에서 우리 저자들은 인간의 판단과 의사 결정이 최적화를 기반으로 한 모델들의 예측에서 벗어나도록 유도하는 가장 중요한 몇 가지 방식을 자세히 설명할 것이다. 그 전에 우선 우리는 사람들이 비이성적이라고 주장하려는 게 아님을 강조하고 싶다. 우리는 별로 도움이 되지 않고 불친절하기만 한 용어는 될 수 있으면 쓰지 않을 생각이며, 사람들이 멍청하다고 생각하지 않는다는 것을 미리 밝혀둔다. 문제는 오히려 우리 인간은 쉽게 실수를 하고 인생이 쉽지만은 않다는 데 있다. 만약 어떤 사람이 슈퍼마켓에 가서 음식을 살 때마다 최상의 조합을 구성할 음식을 선택하려고 애쓴다면, 아마도 그는 슈퍼마켓이 문을 닫을 때까지 거기에 부합하는 음식을 사지 못할 것이다. 그러나 인간은 이런 상황에서 그럴듯해 보이는 지름길을 활용한다. 그렇기에 너무 오랜 시간 고민하지 않고 적당한 음식을 얼른 사서 집으로 돌아간다. 우리는 기계가 아니라 인간이기 때문이다.

어림짐작: 유용하지만 체계적으로 편향된
하루하루 살아가면서 우리는 어림짐작을 사용한다. 어림짐작은 간편하

게 활용할 수 있으며 유용하다. 톰 파커Tom Parker가 1983년에 출간한 저서 『어림짐작Rules of Thumb』은 온갖 어림짐작의 사례를 소개한다. 파커는 주변 친구들에게 각자가 생각하는 어림짐작의 사례를 보내달라고 부탁한 다음에 그 내용을 모아 이 책을 썼다. 친구들이 보내준 어림짐작으로는 다음과 같은 것들이 있었다.

- 타조 알 하나면 24인분의 브런치를 만들 수 있을 것이다.
- 사람 10명이 평균 크기의 방에 함께 있으면 이 방의 실내 온도는 1시간에 1도씩 올라갈 것이다.
- 대학교 디너파티에 참석한 사람의 25퍼센트 이상이 경제학과 소속일 경우, 그 파티에서는 대화가 제대로 진행되지 않을 것이다(이것은 뒤에서 우리가 한 번 더 언급할 사례다).

어림짐작은 매우 유용할 수 있지만 자칫하면 여러 체계적 편향systematic bias으로 이어질 수 있다. 우리 두 저자의 영웅인 심리학자 대니얼 카너먼Daniel Kahneman과 아모스 트버스키Amos Tversky가 20년 전에 처음 밝힌 이 통찰은 심리학자들이(심리학자뿐만 아니라 나중에는 경제학자, 변호사, 정책 입안자, 그리고 그 밖에 많은 사람들이) 생각에 대해 생각하는 방식을 근본적으로 바꾸어놓았다. 두 사람은 초기 저작에서 상식적인 어림짐작 혹은 간편 추론법heuristic이라고 알려진 세 가지 추론 방식 및 이들 각각과 연관되는 편향을 확인했다. 그 세 가지 간편 추론법은 기준점 효과anchoring와 가용성availability, 대표성representativeness이다. 두 사람의 연구 프로그램은 인간이 내리는 판단 관련 연구에 대한 '간편 추론법 및 편향을 중심으로 한 접근법'으로 알려져 있다. 이 접근법은 행동경제학 전반에 영향을 주었으며, 특히 이 책에도 큰 영향을 주었다.

기준점 효과

누가 당신에게 혹은 우리 저자들에게 밀워키의 인구를 추정하라고 했다고 치자. 시카고에서 북쪽의 도시 밀워키는 자동차로 약 2시간 거리에 있는데, 『넛지』 초판 원고를 쓰던 당시에 우리 두 사람 모두 거기 살았다. 둘 다 밀워키에 대해 아는 게 별로 없지만, 밀워키가 위스콘신주에서 가장 큰 도시라고 믿는다. 그렇다면 어떤 식으로 추정해나가야 할까? 우선은 자기가 알고 있는 것에서 시작하는 것이 좋다. 예를 들어 시카고 인구는 알고 있다. 약 300만 명이다. 그리고 밀워키는 프로 농구 팀 및 프로 야구 팀의 연고지일 정도로 큰 도시라는 것도 안다. 밀워키가 시카고의 3분의 1쯤 된다고 보면, 밀워키의 인구는 100만 명쯤 되지 않을까? 그렇다면 이번에는 역시 위스콘신주에 속하는 그린베이 출신인 사람이 밀워키의 인구를 추정한다고 치자. 이 사람도 정답은 모르지만, 그린베이 인구가 10만 명쯤 되고 밀워키는 그린베이에 비해 3배 정도 크다고 생각한다면, 이 사람은 밀워키의 인구가 30만 명이라고 추정한다.

이런 과정을 '기준점과 조정anchoring and adjustment'이라고 부른다. 그러니까 기준이 되는 닻을 내리고, 즉 자기가 알고 있는 숫자를 기준으로 삼아, 최초로 추정했던 내용을 자기가 생각하기에 적당한 방향으로 조정해나간다는 말이다. 여기까지는 아무런 문제가 없다. 그런데 이 조정 작업이 대개는 충분히 이루어지지 않기 때문에 편향이 나타난다. 일련의 실험이 반복해서 보여주는 사실은, 우리가 방금 살펴본 것과 비슷한 문제에서 시카고 출신 사람들은 (자기가 설정한 높은 기준점을 토대로 해서) 상대적으로 높게 추정하고, 그린베이 출신 사람들은 (자기가 설정한 낮은 기준점을 토대로 해서) 상대적으로 낮게 추정한다는 점이다. 참고로 밀워키 인구는 약 59만 명이다.

심지어 명백하게 잘못 설정된 기준점이 의사 결정 과정에 개입하기도 한다. 당신도 직접 시도해보기 바란다. 자신의 휴대폰 전화번호 마지막 세 자리 숫자를 종이에 적어라. 이번에는 훈족의 왕 아틸라가 유럽으로 쳐들어간 연도를 추정해보아라. 이 시점은 당신 전화번호의 세 자리 숫자를 연도라고 할 때 그 연도보다 앞선다고 생각하는가 아니면 뒤라고 생각하는가? 당신이 최대한의 노력을 기울여서 추정한 연도는 언제인가? 아무리 유럽 역사에 대해 아는 게 없다고 하더라도 아틸라가 유럽을 침공한 때가 언제이고 아틸라가 무슨 짓을 했든 그 연도는 당신의 휴대폰 번호와 아무런 관련이 없다는 것은 당신도 잘 안다. 우리 저자들이 학생들을 대상으로 이 실험을 해보았는데, 기준점을 상대적으로 높게 설정하고 시작한 학생들 가운데는 300년 이상 늦은 연도를 제시한 사람이 적지 않았다. 참고로 정답은 서기 452년이다.

기준점은 자신의 삶을 평가하는 데도 영향을 줄 수 있다. 어떤 실험에서 대학생들에게 다음 두 가지 질문을 했다.

(1) 당신은 얼마나 행복합니까?
(2) 당신은 연인과 데이트를 얼마나 자주 합니까?

그런데 이 두 질문을 이 순서로 제시했을 때 두 질문 사이의 상관성은 11퍼센트로 매우 낮았다. 그러나 질문의 순서를 바꾸자 상관성은 무려 62퍼센트로 높아졌다. 연인과의 데이트를 묻는 질문을 받고 감정적으로 자극받은 학생은 행복도를 묻는 그다음 질문에 대답할 때 '데이트 간편 추론법'이라 부를 수 있는 어림짐작을 사용한 것이다. 그래서 "이런! 마지막으로 데이트를 한 게 언제인지도 모르겠네. 나는 정말 비참하게 살고 있군"이라고 생각한다. 결혼한 사람을 대상으로 해서 '데이트'를 '섹스'로 바꾼 다음에 앞의 질문을 해도 비슷한 결과가 나온다.[2]

이 책에서 말하고자 하는 표현을 빌려서 이야기하자면, 이런 기준점들이 넛지 역할을 한다. 택시를 탄 후 팁을 주는 행동에서도 이런 사례를 찾아볼 수 있다. 택시 기사들은 손님이 신용카드로 계산하는 것을 처음에는 달가워하지 않았다. 신용카드 회사가 약 3퍼센트의 수수료를 떼기 때문이다. 그러나 신용카드 결제 기술을 채택한 택시 기사들은 나중에 자기가 받는 팁이 예전보다 늘어났다는 사실을 알고는 깜짝 놀랐다. 이런 일이 일어나게 된 이유 중 하나는 기준점 때문이었다. 승객이 운임 지불 수단으로 신용카드를 사용하기로 할 때 이들은 흔히 작은 화면에 뜬 다음과 같은 팁 제공 선택지를 보게 된다.

- 15퍼센트를 준다.
- 20퍼센트를 준다.
- 25퍼센트를 준다.
- 본인이 직접 결정한다.

운임 화면에 뜨는 이 선택지들은 이런 비율로 시작하는 미리 계산된 금액을 제시함으로써 택시 승객이 예전보다 더 많은 팁을 주도록 넛지한다(그리고 사람들은 어떤 것을 선택해야 할지 미심쩍을 때는 보통 중간에 있는 선택지를 선택한다. 이 경우에는 중간 선택지가 20퍼센트인데, 이 금액은 이런 개입이 없을 때 많은 고객이 선택했던 15퍼센트보다 5퍼센트포인트 많은 금액이다.). 또 '본인이 직접 결정한다'는 선택지를 선택해 자기가 줄 팁의 금액을 스스로 결정하기란 쉽지 않은 일이다. 운임 화면은 택시가 목적지에 도착했을 때 비로소 나타나기 때문이다. 이 상황에서 승객은 택시에서 내려야 한다는 생각에 마음이 바쁘고 또 다른 승객이 그 택시를 타려고 기다릴 수 있다. 그리고 본인이 직접 팁 금액을 결정하려면 약간의 계산 및 추가 단계를 거쳐야 한다. 이에 비해 미리 설정된 선택지는 클릭 한 번이면 되니 얼마나 간편한가!

그럼에도 택시 기사 관점에서 어느 것이 최고의 기본 설정인지 알아내기는 쉬운 일이 아니다. 이런 사실은 행동경제학자 카림 해개그Kareem Haggag가 진행했던 용의주도한 연구 실험에서도 입증되었다. 해개그는 택시 회사 두 곳의 팁을 비교했는데, 한 곳은 15퍼센트, 20퍼센트, 25퍼센트의 팁을 제시한 반면에 다른 곳은 20퍼센트, 25퍼센트, 30퍼센트의 팁을 제시했다. 그런데 기준점이 상대적으로 높은 회사의 택시 기사들이 받은 팁이 많았다. 그러나 흥미롭게도 이 회사의 택시를 탄 승객 가운데서 팁을 주지 않겠다고 한 사람의 비율이 높았다. 몇몇 승객은 회사의 공격적인 기준점 설정을 불쾌하게 여기며 한 푼도 주지 않겠다고 한 것이다.[3] 이것은 '반발reactance'이라는 행동 현상과 관계가 있다. 반발은 사람들이 남에게 명령을 받거나 강요당한다고 느낄 때 화가 나서 지시받은 내용과(혹은 심지어 넌지시 암시를 받을 때조차도 그 암시 내용과) 반대로 행동하는 것을 가리키는 심리학 용어다.

그런데 연구 실험 증거에 따르면, 합리적인 범위를 벗어나지 않는 한 많은 금액을 요구할수록 더 많이 받아낼 수 있다. 해개그 연구 결과의 핵심은 운임 화면에 상대적으로 많은 금액이 기본 설정값으로 뜨기 때문에 택시 기사의 연간 소득이 상당한 수준으로 늘어났다는 점이다. 기업을 상대로 소송을 제기한 변호사들이 때로는 천문학적인 배상금을 받아내곤 하는데, 여기에는 배심원들이 수백만 달러(예를 들면 해당 기업의 연 수익)를 기준점으로 생각하도록 유도한 전략이 통했다는 이유도 부분적으로 작용한다. 영리한 협상가들은 종종 엄청나게 큰 금액을 일차 협상액으로 제시해 상대방을 깜짝 놀라게 한 다음에 그 금액의 절반을 받아내는 작전으로 만족스러운 결과를 이끌어낸다. 그러나 반발이라는 개념을 명심해야 한다. 욕심을 부리다가는 아무것도 얻지 못할 수 있다. 단한 푼의 팁도 주지 않겠다는 승객 같은 협상 상대는 어디에나 있으니까 말이다.

가용성

여기에서 돌발 퀴즈 하나. 미국에서 총기로 인한 살인 사건이 많을까, 아니면 총기로 인한 자살 사건이 많을까?

이런 유형의 질문에 대답할 때 사람들은 대부분이 '가용성 간편 추론법availability heuristic'을 사용한다. 비슷한 사례가 머리에 얼마나 금방 떠오르는지 따져서 위험 가능성을 평가한다는 말이다. 살인 사건은 뉴스 매체에서 훨씬 더 심각하게 보도되는 만큼 가용성이 자살 사건보다 높고, 따라서 사람들은 총기로 인한 살인 사건이 총기로 인한 자살 사건보다 더 많다고 믿는다. 그러나 사실은 총기로 인한 자살 사건이 총기로 인한 살인 사건의 2배나 된다. 여기에서 중요한 교훈을 얻을 수 있다. 사람들은 자기 가족을 보호하겠다는 생각으로 총기를 사서 보관하지만, 사실은 그 바람에 식구 가운데 누군가가 총기로 자살할 가능성이 예전보다 훨씬 더 높아진다.

접근성accessibility과 현저성salience은 가용성과 밀접한 관계이며, 이 둘 역시 중요하다. 만일 어떤 사람이 개인적으로 심각한 지진을 직접 경험했다면 이런 일을 주간지를 통해서만 경험했을 때보다 홍수나 지진이 일어날 가능성을 훨씬 높게 예상한다. 마찬가지로 토네이도처럼 사람들이 쉽게 상상할 수 있는 죽음의 원인은 발생 가능성이 실제보다 훨씬 부풀려지는 경우가 흔하다. 반면 천식 발작처럼 상상할 수 있는 생생함의 정도가 상대적으로 낮은 죽음의 원인은 실제로 훨씬 많은 사망 사건으로 이어지는데도 발생 가능성은 낮게 평가된다. 또 최근에 일어난 사건일수록 사람들이 하는 행동과 느끼는 공포에 한층 더 큰 충격을 안겨준다.

가용성 간편 추론법은 민간과 공공 부문에서의 (예방 조치 결정을 포함해서) 위험과 관련된 행동을 설명하는 데 도움이 된다. 사람들이 자연재해에 대비하는 보험에 가입할지 여부는 최근에 그 사람들이 경험한 것에 영향을 받는다.[4] 대규모 홍수가 나면 홍수에 대비하는 보험 상품이 불티나게 팔린다. 그러나 그 시점부터 이 보험에 가입하는 사람은 점차 줄어든다. 홍수에 관련된 기억이 희미해지기 때문이다. 그리고 자신이 아는 사람이 홍수 피해를 당했을 때는 자기가 실제로 홍수 피해를 당할 가능성과 관계없이 홍수에 대비하는 보험에 가입할 확률이 상대적으로

높아진다.[5]

위험을 편향되게 평가하는 것은 각종 위기에 대비하고 대응하는 방식과 기업의 의사 결정, 그리고 정치적 절차에 잘못된 영향을 줄 수 있다. 체르노빌과 후쿠시마에서 일어난 원전 사고는 널리 알려졌다. 그래서 사람들은 원전 사고 같은 몇몇 위험을 과대평가한다. 반면 언론의 관심을 별로 받지 못한다는 이유만으로 뇌졸중 발병 같은 몇몇 위험을 과소평가한다. 이런 오해가 정책에 영향을 미칠 수 있는데, 어떤 정부는 발생 가능성이 가장 높은 위험에 대응하기보다는 사람들이 느끼는 공포의 크기에 대응해서 관련 자원을 할당할 것이기 때문이다.

가용성 편향이 작동할 때는 해당 위험의 진정한 발생 가능성을 따지는 판단을 하도록 넛지가 이루어져야 한다. 이럴 때 민간과 공공 부문에서의 의사 결정이 한층 더 개선될 것이다. 사람들이 잠재적 위험에 적절하게 대비하도록 유도하는 좋은 방법은 크게 잘못되었던 관련 사건을 상기시키는 것이다. 또 사람들에게 자신감을 심어주는 좋은 방법은 모든 것이 최상으로 돌아갔던 비슷한 상황을 상기시키는 것이다.

대표성

간편 추론법의 세 번째는 대표성이라는 매우 까다로운 것이다. 이는 유사성similarity이라고 생각해도 된다. 대표성의 기본적 개념은 A가 B라는 범주에 속하는지 판단하라고 요구받을 때 사람들은 대체로 A가 B의 이미지나 고정관념(전형)과 얼마나 닮았는지, 즉 A가 B를 얼마나 '대표'하는지 따져서 답을 찾는 경향이 있다는 것이다. 앞에서 살펴본 기준점이나 가용성과 마찬가지로 대표성도 종종 잘 통하는 어림짐작 방법이라

1부. 인간과 이콘ㅣ우리는 천재인 동시에 바보다

서 자주 사용된다. 고정관념이 때로는 잘 맞기도 하니까 말이다!

그러나 여기에서도 유사성과 빈도가 엇갈릴 때는 편향이 슬슬 나타난다. 이런 편향을 드러낸 가장 유명한 실험에는 린다라는 가상의 여성이 등장한다. 이 실험에서 연구자들은 실험 참가자에게 다음과 같이 일러준다.

"린다는 서른한 살에 미혼이며 활달하고 매우 똑똑하다. 철학을 전공했는데, 학생 때는 인종차별 문제와 사회정의 같은 문제에 깊은 관심을 가졌고 핵무기 반대 시위에도 참가했다."

그런 다음 린다의 현재 모습을 여덟 가지로 제시하고는 가능성이 가장 높은 순서대로 나열하라고 했다. 그런데 이 실험에서 연구자들이 여덟 가지 가운데 설정한 결정적인 대답 두 가지는 '은행원'과 '페미니즘 운동에 적극적인 은행원'이었다. 이 실험에서 실험 참가자 대부분이 린다는 은행원일 가능성보다는 페미니즘 운동에 적극적인 은행원일 가능성이 높다고 응답했다.[6]

이는 명백한 논리적 오류다. 두 사건이 동시에 일어날 가능성이 그 가운데 하나의 사건만 일어날 가능성보다 높지 않다는 것은 논리적으로 당연한 일이기 때문이다. 린다는 페미니즘 운동에 적극적인 은행원이기보다 은행원일 가능성이 더 높다. 페미니즘 운동에 적극적인 은행원은 모두 은행원이기 때문이다. 이런 오류는 바로 대표성 간편 추론법에서 비롯된다. 린다의 학창 시절을 묘사한 내용에 따르면 '은행원'보다는 '페미니즘 운동에 적극적인 은행원'이 훨씬 더 잘 맞을 것 같기 때문이다. 생물학자인 스티븐 제이 굴드Stephen Jay Gould는 다음과 같이 말했다.

"나도 (정답을) 안다. 그러나 내 머릿속에서 난쟁이가 계속 팔짝팔짝

뛰면서 '그렇지만 그녀는 은행원이 될 수 없어. 그녀를 묘사한 내용을 읽어보란 말이야!'라고 외쳐댄다."[7]

대표성 간편 추론법도 가용성 간편 추론법과 마찬가지로 가끔은 잘 맞아떨어지지만 중대한 오류로 이어질 수 있다.

낙관주의와 과신: 인간은 어떻게 비현실적으로 낙관하는가

탈러는 학기가 새로 시작될 때마다 '경영 의사 결정' 첫 강의를 시작하기 전에 강좌 웹사이트를 통해 학생들을 상대로 무기명 설문 조사를 한다. 이 설문지의 질문 가운데 하나가 '이 강의에서 당신이 받을 점수가 어느 십분위수에 속할 것이라고 예상하는가?'다. 학생들은 상위 10퍼센트부터 하위 10퍼센트에 이르기까지 10개 구간 가운데 하나를 선택해 응답할 수 있다. 그런데 이 강의를 듣는 MBA 과정 학생들은 똑똑했을 것이므로, 어떤 경우든 절반은 상위 50퍼센트에 속할 것이고 나머지 절반은 하위 50퍼센트에 속할 것임을 당연히 안다고 볼 수 있다. 그리고 수강생의 10퍼센트만 상위 10퍼센트에 들 수 있다는 것도 마찬가지다.

그런데 설문 조사 결과는 학생들이 자기가 받을 성적을 비현실적으로 낙관하는 것으로 나타난다. 자기 성적이 중간값 이하일 것이라고 예상한 학생의 비율은 5퍼센트도 되지 않고, 절반 이상은 자기 성적이 상위 20퍼센트에 속할 것이라고 예상한다. 그리고 매 학기 변함없이, 가장 많은 학생이 상위 11~20퍼센트에 속할 것이라고 예상한다. 우리는 이것조차도 겸손함에서 비롯된 결과라고 생각한다. 즉 학생들이 실제로는 자기가 상위 10퍼센트에 속하리라고 예상하지만 겸손함을 발휘해 한 단계 낮추어 응답하는 것으로 본다는 말이다.

MBA 과정 학생들만 자기 능력을 과신하는 게 아니다. 이 '평균 이상' 효과는 어느 곳에서든 찾아볼 수 있다. 몇몇 연구 결과에 따르면 운전자 중 90퍼센트는 자신의 운전 실력이 평균 이상이라고 생각한다. 그리고 거의 모든 사람은 자신이 평균 이상의 유머 감각을 지녔다고 생각하는데, 남에게 웃는 얼굴을 거의 보여주지 않는 사람조차 단지 유머가 무엇인지 안다는 이유만으로 자신의 유머 감각을 과신한다. 교수들도 마찬가지다. 어떤 연구는 규모 큰 어느 대학교의 교수들 가운데 약 94퍼센트가 자신이 평균적인 교수보다 낫다고 믿는다는 사실을 확인했는데, 이런 믿음을 교수 일반에 적용할 수 있는 근거는 충분하다[8](우리 저자들도 교수지만, 이 사실만큼은 솔직하게 인정하겠다).

사람들은 큰 이익이나 손해가 걸려 있을 때조차 비현실적으로 낙관적이다. 미국에서 전체 결혼 가운데 약 40~50퍼센트는 이혼으로 이어지는데, 사람들은 대부분 이런 통계 수치를 한 번쯤은 들어서 잘 알고 있다. 물론 그 비율이 얼마인지 정확한 수치를 따지기는 어렵지만 말이다. 그런데 결혼식장에 들어선 신랑이나 신부는 자기 결혼이 이혼으로 이어질 일은 없을 것이라고 확신했다. 심지어 이혼을 경험했던 사람들조차 그랬다[9](하긴, 새뮤얼 존슨이 했던 재담처럼 '두 번째 결혼은 희망이 경험을 이기고 넘어선 승리'니까). 창업에 나서는 기업가도 마찬가지다. 창업해서 실패할 확률이 적어도 50퍼센트는 되는데 말이다. 창업하는 사람들을 대상으로 한 설문 조사에서(이 조사에서 창업 업종은 도급업체나 식당 혹은 술집과 같은 소규모 자영업이었다) 응답자에게 두 가지 질문을 했다.

(1) 당신이 뛰어드는 업종에서 일반적인 성공 가능성은 얼마나 된다
고 생각하는가?

(2) 당신이 성공할 가능성은 얼마나 된다고 생각하는가?

이 설문 조사에서 가장 많은 응답은 각각 50퍼센트와 90퍼센트였으며, (2)번 질문에서 100퍼센트라고 대답한 사람도 적지 않았다.[10]

비현실적인 낙관주의를 통해 수많은 개인적 위험 감수를, 특히 생명이나 건강과 관련된 위험 감수를 설명할 수 있다. 학생들에게 자기 미래를 상상하라고 하면 전형적인 대답이 돌아온다. 학생들의 대답에서는 해고된다든가 심장병이나 암에 걸린다든가 결혼해서 몇 년 살다가 이혼한다든가 알코올의존증 환자가 된다든가 하는 일이 일어날 가능성은 매우 낮다. 나이 든 응답자들도 자신이 교통사고를 당한다거나 큰 질병에 걸린다든가 할 가능성을 매우 낮게 평가한다. 흡연자는 흡연이 불러오는 통계적 위험을 잘 알고 있고 그런 위험을 과장해서 말하기도 하지만, 대부분은 자신이 폐암이나 심장병 진단을 받을 가능성이 다른 흡연자에 비해 낮다고 믿는다. 복권 사업이 잘되는 것도 부분적으로는 이런 비현실적인 낙관주의 덕분이다.[11]

비현실적인 낙관주의는 인간의 삶 곳곳에 스며 있다. 이는 대부분의 사회적 범주에 속하는 사람이 지닌 특성이다. 그러나 자신은 그 어떤 위험이나 해로움도 겪지 않는다고 과신하는 사람들은 당연히 합리적인 예방 조치를 제대로 하지 못한다. 2020년과 2021년 코로나 팬데믹 때 몇몇 사람들은 자신이 확진될 가능성이 별로 없다고 지나치게 낙관한 나머지 마스크를 착용한다든가 하는 예방 조치를 취하지 않았다. 넛지는

비현실적인 낙관주의에 사로잡혀 위험을 무릅쓰는 사람들에게 도움을 줄 수 있다. 우리 저자들은 앞에서 한 가지 가능성을 언급했다. 그 가능성을 놓고 말하면 다음과 같이 정리할 수 있다. 사람들에게 나쁜 사건이 일어날 수 있음을 상기시키면, 그 사람들은 비현실적인 낙관주의를 벗어던질 것이다.

이득과 손실: 손에 쥔 것을 놓지 않겠다는 강력한 바람

사람들은 손실을 싫어한다. 전문용어로 말하면 '손실 회피loss averse' 성향을 지니고 있다. 그래서 사람들이 어떤 것을 잃었을 때 느끼는 쓰라림의 강도는 그것과 똑같은 것을 얻었을 때 느끼는 행복감의 2배다. 이를 어떻게 알 수 있을까?

단순한 실험 하나를 통해 살펴보자.[12] 실험 진행자는 강의를 듣는 학생 가운데 절반에게 머그잔을 하나씩 나누어준다. 자신이 소속된 대학교의 로고 이미지가 인쇄된 머그잔이다. 그리고 머그잔을 받지 못한 학생들에게는 옆 자리 학생이 받은 잔을 살펴보라고 한다. 그런 다음 머그잔을 가진 학생들과 머그잔을 가지지 않은 학생들 사이에 머그잔을 매매하게 한다. 이때 실험 진행자는 학생들에게 이렇게 묻는다.

"당신은 제시된 몇 가지 가격 가운데 어떤 가격이면 기꺼이 그 머그잔을 사겠는가/팔겠는가?"

실험 결과, 머그잔을 가진 학생들이 팔겠다고 제시한 가격은 머그잔을 가지지 않은 학생들이 사겠다고 제시한 가격의 2배에 가까웠다. 연구자들은 수천 개의 머그잔을 가지고 똑같은 실험을 수십 번이나 했지만 결과는 거의 같았다. 일단 머그잔을 가지게 되면 쉽게 포기하고 싶지 않게 된다는 말이다. 반대로 머그잔을 가지고 있지 않은 사람으로서는 그것을 반드시, 그리고 긴급하게 가져야겠다는 마음이 들지 않는다는 말이다. 이는 사람들이 어떤 물건에 고정된 가치를 매기는 게 아니라, 그 물건을 파느냐 아니면 사느냐에 따라 가치를 다르게 평가한다는 뜻이다.

도박을 가지고 손실 회피를 설명할 수도 있다. 이런 가정을 해보자. 나는 당신에게 내기를 하자고 제안한다. 동전을 던져 앞면이 나오면 내가 당신에게 ○○달러를 주고 뒷면이 나오면 당신이 나에게 100달러를 준다고 하자. 이때 ○○달러가 몇 달러면 내 제안을 받아들이겠는가? 많은 사람에게 물어보면 200달러쯤이라 답한다. 이는 200달러를 딸 가능성이 있어야 100달러를 잃을 위험을 감소하겠다는 뜻이다. 즉 크기만 놓고 보자면 200달러를 딸 때 느끼는 행복감이 100달러를 잃을 때의 쓰라림과 동일하다는 뜻이다.

손실 회피는 타성 즉 현재 소유한 것을 놓지 않겠다는 강력한 바람을 조장한다. 손실이 발생하는 것을 원하지 않아 자신이 가진 것을 포기하길 꺼리는 마음은, 그것을 포기해야만 할 수 있는 거래를 거부한다. 또 다른 실험에서 연구자들은 학생 절반에게는 머그잔을 나눠주고 나머지 절반에게는 초콜릿 바를 나눠주었다. 머그잔과 초콜릿 바의 가격은 거의 비슷했고, 사전 테스트 결과로도 이 둘에 대한 학생들의 선호도가 비슷했다. 그런데 머그잔과 초콜릿 바를 각각 가진 학생들에게 머그잔을 초콜릿 바와 혹은 초콜릿 바를 머그잔과 바꾸겠느냐고 했을 때 10명 가운데 1명꼴로만 그렇게 하겠다고 했다.

손실 회피 성향은 공공 정책을 마련하는 데 활용할 수 있다. 예컨대 비닐봉지 사용을 억제하고 싶다면 재활용 가능한 비닐봉지를 가져오는 사람에게 소정의 금액을 주는 게 좋을까, 아니면 그 비닐봉지에 소정의 가격을 매겨서 파는 게 좋을까? 실험 결과에 따르면 전자는 전혀 효과가 없지만, 후자는 효과가 있어서 비닐봉지 사용량이 대폭 줄어들었다. 사람들은 자기 돈을 잃고 싶어 하지 않는다. 아무리 적은 금액이라고 하더라도 말이다[13] (환경주의자들이여, 제발 이 사실을 꼭 기억하라).

현상 유지 편향: 아무렴, 어때!

많은 이유로 사람들은 자신의 현재 상황을 유지하려고 한다. 그 이유 가운데 한 가지는 손실 회피 성향이다. 자신이 가진 것을 포기하는 것이 쓰라림을 안겨주기 때문이다. 그러나 이 편향 현상은 여러 원인에서 비롯된다. 경제학자인 윌리엄 새뮤얼슨William Samuelson과 리처드 제크하우저 Richard Zeckhauser가 이 행동에 '현상 유지 편향'이라고 이름 붙였는데, 이 행동은 수많은 상황에서 나타났고 입증되었다.[14] 대부분의 교사는 학생들이 교실에서 개인 자리가 따로 정해져 있지 않음에도 자기가 늘 앉던 자리에만 앉는 경향이 있음을 잘 안다. 이러한 현상 유지 편향은 이익과 손해가 크게 갈리는 상황에서도 나타날 수 있으며, 사람들에게 엄청난 금전적인 손실을 안겨주기도 한다.

예를 들어보자. 퇴직연금제도에서 대부분의 가입자는 처음 가입할 때 자산 배분과 관련된 선택을 한다. 그런데 그 뒤에는 거기에 대해 까맣게 잊어버린다. 1980년대 후반에 진행한 어떤 연구에서 미국 전역의 대학교수가 가입하는 퇴직연금에서 가입자들이 했던 의사 결정을 조사했는데, 대부분의 가입자가 평생에 걸쳐 자산 배분을 수정한 횟수의 중간 값은 0이었다.[15] 믿을 수 없겠지만 엄연한 사실이다. 즉 가입자 중 절반 이상이 교수로 재직하는 동안 단 한 번도 자신이 적립하는 자산의 투자 대상을 조정하지 않았다는 말이다. 심지어 이 제도에 가입할 때 미혼이 었던 사람이 수혜자를 자기 어머니로 등록해놓고 결혼한 뒤에도 이 내 용을 수정하지 않은 경우도 수없이 많았다. 10장에서도 살펴보겠지만 투자 행동에서의 타성이 스웨덴에서는 생생하게 살아 있다.

현상 유지 편향은 남에게 쉽게 이용당할 여지를 만든다. 다음은 실제 로 있었던 일이다. 아주 오래전 선스타인은 아메리칸익스프레스에서 반 가운 편지를 받았다. 석 달 치 구독료를 무료로 해줄 테니 다섯 가지 잡 지 가운데 하나를 선택하라는 것이었다. 이게 웬 횡재인가! 석 달 치 구 독료가 무료라니 잡지를 거의 읽지 않는다고 하더라도 수지맞는 거래로 보였다. 그래서 선스타인은 즐거운 마음으로 잡지 하나를 선택했다. 그 런데 그가 깨닫지 못한 게 하나 있었다. 그 석 달이라는 기간이 지난 뒤 구독을 취소하지 않으면 그다음부터는 구독료가 자동으로 통장에서 빠 져나간다는 사실이었다. 이렇게 해서 그는 10년 넘게 그 잡지를 구독했 다. 거의 읽지도 않고 경멸했던 그 잡지를 말이다. 잡지들은 집 안 여기 저기에 쌓이곤 했다. 그는 늘 구독을 취소해야겠다고 마음먹었지만 어 쩐 일인지 실제 행동으로 옮기지는 못했다. 그러다 이 책의 초판 원고를 쓰기 시작할 무렵에야 구독을 취소했다.

현상 유지 편향이 나타나는 이유 가운데 하나는 주의력 부족이다. 많 은 사람이 이른바 '아무렴 어때yeah, whatever' 식의 간편 추론법을 자주 채 택한다. 좋은 예가 사람들이 텔레비전 드라마 몰아 보기(정주행)를 시작

1부. 인간과 이콘 | 우리는 천재인 동시에 바보다

할 때 나타나는 이월 효과carryover effect다. 대부분의 스트리밍 채널에서는
프로그램의 한 회가 끝났을 때 따로 작동하지 않으면 곧바로 다음 회가
이어서 방영된다. 바로 그 시점에 많은 시청자는 (마음속으로) "아무렴 어
때"라고 말하고는 계속 그 프로그램을 시청한다. 이렇게 해서 저녁에 잠
깐만 시청하려고 했지만 결국 밤늦은 시각까지 텔레비전 앞에 붙들려
있게 된다. 극적인 상황에서 한 회가 끝나고 다음 회로 이어질 때는 특
히 더 텔레비전을 끄지 못한다. 잡지 구독 자동 갱신 제도의 희생자는 선
스타인뿐만이 아닌데, 이 제도는 현재 사실상 모든 온라인 서비스 분야
로 확대되어 시행되고 있다. 잡지 판매를 담당하는 사람들은 구독 연장
이 자동으로 이루어지고 특히 구독 취소를 전화로만 할 수 있도록 설정
하면 구독을 자동 갱신할 가능성이 훨씬 더 높음을, 즉 구독자를 훨씬 더
많이 붙잡아둘 수 있음을 잘 안다(여기에 대해서는 8장에서 슬러지와 관련해
다시 살펴보기로 하자). 어떤 선택지가 기본값으로 설정되어 있으면 통상
적으로(늘 그렇지만은 않다는 말이다!) 그 선택지의 시장점유율이 크게 높아
지는데, 손실 회피와 무의식적 선택이 동시에 작동하기 때문이다. 기본
설정값은 이런 식으로 강력한 넛지 기능을 한다. 이것과 그 밖의 다른 여
러 이유로, 어떻게 하면 최상의 기본 설정값을 마련할 수 있을까 하는 것
은 이 책에서 우리가 자주 파고드는 주제다.

프레이밍 : 짜여진 틀은 어떻게 판단을 좌우할까

이런 가정을 해보자. 당신은 지금 심한 심장병을 앓고 있고 의사가 수술
을 권한다. 그런데 이 수술은 엄청나게 어렵고 힘들다. 이런 상황이라면

이 수술의 생존 가능성이 얼마나 되는지 궁금할 수밖에 없다. 그래서 당신은 의사에게 묻고, 의사는 "이 수술을 받은 사람 100명 가운데 90명은 5년 뒤까지 생존합니다"라고 말한다. 자, 그렇다면 당신은 어떻게 하겠는가? 의사가 한 말에 위안받아 당신은 두려움 없이 그 수술을 받을 것이다.

그런데 그 의사가 하는 답변의 틀을 다소 다르게 짠다고 생각해보자. 예를 들어 의사가 "이 수술을 받은 사람 100명 가운데 10명은 5년을 넘기지 못하고 사망합니다"라고 말한다면 어떨까? 이 경우 당신은 사람들이 대부분 그렇듯 두려움을 느끼고 수술을 받지 않을 것이다. 당신은 본능적으로 '꽤 많은 사람이 죽었는데, 나도 그렇게 될 수 있겠지!'라고 생각할 것이다. 사람들은 '100명 가운데 90명이 생존한다'는 정보와 '100명 가운데 10명이 사망한다'는 정보가 내용상 동일함에도 두 가지에 완전히 다르게 반응하는데, 이런 사실은 수많은 실험에서 확인되었다. 전문가들조차 질문이나 문제를 제시하는 틀에 따라 사람들의 선택이나 판단이 달라지는 현상인 프레이밍 효과에 휘둘린다. 의사들은 '100명 가운데 10명이 사망한다'는 말을 들을 때보다 '100명 가운데 90명이 생존한다'는 말을 들을 때 해당 수술을 더 많이 추천하는 것으로 드러났다.[16]

프레이밍은 많은 영역에서 중요한 역할을 한다. 1970년대에 신용카드가 인기 높은 지불 수단으로 자리 잡기 시작할 때 소매 유통업에 종사하던 몇몇 상인이 현금 결제 가격과 신용카드 결제 가격을 다르게 매기려고 했다. 그러자 신용카드 회사들은 이런 행태를 금지하는 규정을 만들었다. 그러자 의회에서는 이런 신용카드 회사들의 행위를 금지하는

1부. 인간과 이콘 | 우리는 천재인 동시에 바보다

법안을 논의했고, 이 것이 통과될 가능성이 높아 보였다. 신용카드 회사들은 언어 표현에 로비를 집중했다. 이들이 선호하는 방식은 만일 어떤 소매점에서 현금 결제 가격과 신용카드 결제 가격을 다르게 매긴다면 후자를 '정상(기본) 가격'으로 하고 현금 결제 가격을 '할인 가격'으로 표현해야 한다는 것이었다. 즉 현금 결제 가격을 정상 가격으로 해서, 신용카드 결제 가격을 정상 가격에 수수료를 추가하는 가격으로 보이지 않게 만들겠다는 것이었다.

이 신용카드 회사들은 나중에 심리학자들이 '프레이밍'이라고 부르게 될 개념과 발상을 그때 이미 직관적으로 파악했던 셈이다. 해결해야 할 문제를 묘사하는 방식에 따라 선택이 부분적으로 달라질 수 있다는 게 바로 그 발상이다. 이 점은 공공 정책에서 매우 중요하게 작용한다. 에너지 절약은 현재 많은 사람이 관심을 기울이는 주제인데, 이와 관련해 다음 두 가지 표어를 살펴보자.

(1) 에너지 절약을 실천한다면 당신은 1년에 350달러를 절약할 수 있을 것이다.
(2) 에너지 절약을 실천하지 않는다면 당신은 1년에 350달러를 손해 볼 것이다.

이 경우 손실에 초점을 맞춘 (2)번 표어가 (1)번 표어보다 훨씬 더 큰 효과를 발휘한다는 증거가 있다. 그러므로 만약 정부가 에너지 절약을 장려하려면 (2)번 표어가 훨씬 더 강력한 넛지라고 할 수 있다.

현상 유지 편향과 매우 비슷하게도 프레이밍 효과는 때때로 다소 멍하고 수동적인 의사 결정자가 되곤 하는 인간의 성향 때문에 한층 악화된다. 자신이 직면한 과제의 틀을 새로 짤 때 전혀 다른 해결책이 나오는지 따로 살피는 번거로운 확인 과정을 군이 거치는 사람은 거의 없다. 사람들이 앞뒤가 맞아떨어지는 일관성을 확인하지 않는 이유 중 하나는 현실에 존재하는 앞뒤가 다른 모순을 어떻게 이해할지 알려고 하지 않기 때문이다. 이런 사실은 짜여진 틀 자체가 강력한 넛지가 될 수 있으므로 주의를 기울여 가장 적절한 틀을 선택해야 함을 암시한다.

생각하는 방식: 자동 시스템과 숙고 시스템

이 장에서 지금까지 묘사한 여러 편향이 모든 사람에게 동일하게 적용되는 것이 아니라는 사실은 설명할 필요도 없다. 사람은 대부분 자기 능력을 과신하며 낙관하지만, 모든 사람이 그렇지는 않다. 우리 저자들에게는 전혀 다른 특성을 지닌 멋진 친구가 있다. 이 친구는 절대로 자기 능력을 과신하지 않으며 언제나 특정한 것에 대해 혹은 여러 가지 것에 대해 걱정한다. 이 친구는 바로 대니얼 카너먼인데, 우리 둘 모두 카너먼과 공저자가 되는 영광을 누렸다. 카너먼의 눈에는 일주일 전만 하더라도 완벽하게 보였던 논문이나 책의 원고가 갑자기 형편없어 보이기도 한다. 그때마다 그는 모든 것을 끊임없이 다시 생각한다. 특히 연구 작업에서는 더욱 그렇다.

이런 성격적 특성 덕분에 그는 2002년에 노벨경제학상을 받는 영광을 누리기도 했다. 노벨상 수상자들은 스톡홀름에 머무는 동안 강연을 하게 되어 있다. 또 수상자 대부분은 자기에게 노벨상을 안겨준 저작을 소재로 삼아 평범한 청중들에게도 잘 전달될 수 있도록 쉽게 강연을 한다. 카너먼도 그렇게 하긴 했지만, 자기만의 독특한 방식을 적용했다. 아모스 트버스키와 함께 한 (만일 트버스키가 그때까지 살아 있었다면 그도 노벨상을 함께 받았을 것이다) 연구를 완전히 새로운 방식으로 제시했는데, 해당 연구를 진행하는 과정에서 아무런 역할도 하지 않았던 인지심리학의 개념을 사용한 것이었다. 노벨상 수상자 발표와 시상식 사이 두 달이라는 기간에 자기 인생의 업적을 완전히 새롭게 생각하는 데 미친 듯이 몰두한 사람은 노벨상 수상자 가운데 카너먼 한 사람뿐이지 싶다. 이런 그의 '다시 생각하기' 내용은 나중에 한층 더 정교하게 다듬어지고 확장되어 베스트셀러인 『생각에 관한 생각Thinking, Fast and Slow』으로 탄생했다.

'생각에 관한 생각'이라는 책 제목은 주제를 영리하게 드러내는데, 우리 저자들은 이 주제를 1장의 마지막 탐구 대상으로 삼고자 한다. 뇌의 작동이 2개의 요소 혹은 2개의 시스템으로 구성되어 있다고 상상하면 논의를 이해하기 쉽다. 하나는 빠르고 직관적으로 생각하고, 다른 하나는 느리고 깊이 생각한다. 카너먼은 이 둘을 '시스템 1'과 '시스템 2'라고 불렀다. 그런데 우리 저자 둘 가운데 한 명은 2개의 시스템 가운데 어느 것이 빠른지 늘 헷갈렸다(시스템 1이 빠른 것이다). 그래서 우리는 이 둘에 이름을 붙여 독자가 쉽게 알아듣도록 하는 게 좋겠다고 생각해 그 둘을 각각 '자동 시스템'과 '숙고 시스템'이라 부른다.

이 틀을 사용하면 인간의 생각과 관련된 수수께끼를 이해하는 데 도움이 된다. 사람은 왜 어떤 일을 할 때는 그토록 천재적이다가도 어떤 일을 할 때는 그토록 멍청할까? 베토벤은 청각을 잃은 뒤 9번 교향곡 〈운명〉을 작곡했다. 정말 놀라운 위업이다. 그런데 이렇게 위대한 베토벤은

[표 1-1] 두 가지 인식 체계(시스템)

자동 시스템	숙고 시스템
통제되지 않는다	통제된다
노력이 필요 없다	노력이 필요하다
연상적이다	연역적이다
빠르다	느리다
무의식적이다	의식적이다
숙련되어 있다	규칙을 따른다

집 열쇠를 어디에 두었는지 툭하면 잊어버리곤 했다. 그는 천재일까, 멍청이일까? 정답은 '천재면서 멍청이'다.

카너먼이 의존했던 저작을 쓴 심리학자와 신경과학자의 작업은 뇌의 기능을 묘사하는 것, 즉 모순적으로 보이는 것들을 이해하는 데 도움을 주는 것이다. 이 접근법에는 두 가지 유형의 생각을 구분하는 것도 포함된다.[17]

이 두 시스템이 어떻게 작동하는지 보여주는 이야기를 하나 소개하겠다. 선스타인에게는 디클랜이라는 아들이 있는데, 이 아이는 아홉 살 무렵에 장난감 가게를 그냥 지나치지 못했다. 부자가 장난감 가게 앞을 함께 지나갈 때마다 아이는 장난감을 사달라고 큰 소리로 소동을 벌였고, 그럴 때마다 아버지는 아들에게 장난감을 사주지 않고서는 무사히 집으로 돌아갈 수 없었다. 하지만 아이는 그렇게 산 장난감을 하루나 이틀 만에 싫증을 내곤 했다. 선스타인은 이 문제를 뇌의 두 가지 시스템을 아이에게 간략하게 설명함으로써 해결하려 했다. 디클랜의 시스템 2는 장난감이 충분하다는 사실을 잘 알고 있는데도 시스템 1은 장난감 가게 안으로 들어가고 싶어서 안달한다고 말이다. 몇 주 동안 그 설명이 제대로 통했다. 디클랜은 장난감 가게 앞을 지나가도 떼를 쓰지 않았다. 그런데 어느 날, 아이는 심각한 얼굴로 아버지를 바라보며 물었다.

"아빠, 내가 시스템 2를 가지고 있는 거 맞나요?"

디클랜도 지금은 알고 있지만 자동 시스템은 빠르고 본능적이며 우리가 **생각**이라는 단어로 보통 연상하는 것에는 전혀 의지하지 않고도 행동할 수 있다. 공이 갑자기 얼굴로 날아와 고개를 숙여서 피할 때나 타고 가던 비행기가 갑자기 난기류를 만나 출렁거리는 순간 몸을 움츠릴 때, 혹은 귀여운 강아지를 보고 미소 지을 때는 자동 시스템이 작동한다. 비록 이와 관련된 신경과학이 복잡하긴 하지만, 자동 시스템의 여러 활동은 뇌 부위 가운데서도 가장 오래된 부분, 즉 도마뱀에게도(그리고 강아지에게도) 있는 뇌 부위들과 관련이 있다고 뇌 과학자들은 말한다.[18]

숙고 시스템은 한층 더 정교해서 여러 가지로 신경을 쓴다. "411 곱하기 37은 얼마인가?"라는 질문을 받을 때 우리는 이 시스템을 사용한다. 사람들은 낯선 곳을 여행할 때나 로스쿨에 갈지 비즈니스스쿨에 갈지 결정할 때 숙고 시스템을 사용하는 경향이 있다. 우리가 이 책의 원고를 쓸 때도 (거의 대부분은) 숙고 시스템을 사용했다. 그러나 때로는 샤워를 하거나 산책을 할 때, 그리고 이 책과 관련된 생각을 전혀 하지 않을 때 갑자기 이런저런 아이디어가 불쑥불쑥 튀어나오곤 한다. 이런 생각은 자동 시스템에서 나오는 게 분명하다(그런데 많은 유권자는 투표할 때 자동 시스템에 많이 의존하는 것 같다.[19] 첫인상이 나쁜 후보자나 복잡한 주장 혹은 통계 수치를 가지고 표를 얻으려는 후보자가 곧잘 낙선하니까 말이다).[20]

전 세계 사람 대부분은 섭씨로 표시되는 온도에 자동 시스템으로 반응한다. 그러나 화씨로 표시되는 온도에 대해서는 숙고 시스템을 사용해 한 차례 처리 과정을 거쳐야 한다. 화씨를 표준으로 사용하는 미국인에게는 정반대지만 말이다. 사람들은 자동 시스템을 사용해 모국어를 구사하지만, 외국어로 말할 때는 숙고 시스템을 사용하느라 애쓰기도 한다. 2개 국어를 구사할 때 모두 자동 시스템을 사용하는 사람이라면 그 2개의 언어를 능통하게 구사한다고 할 수 있다. 노련한 체스 기사는 상당한 수준의 직관을 지니고 있다. 체스 기사의 자동 시스템은 복잡한 수 계산을 빠르게 할 수 있게 해주며 놀랍도록 정확하고 신속하게 묘수를 찾아낸다.

이 모든 것을 한마디로 정리하면, 자동 시스템은 직감에 따른 반응이고 숙고 시스템은 의식적인 사고 과정이다. 직감이 상당히 정확할 수도 있다. 그러나 사람들은 직감에 지나치게 의존했다가 흔히 실수하기도 한다. 자동 시스템이 "비행기가 심하게 흔들린다, 나는 곧 죽을 거야!"라고 말할 때 숙고 시스템은 "비행기 추락 사고는 정말 드물게만 일어나는 거야!"라고 대꾸한다. 자동 시스템이 "저 큰 개가 나를 물 거야!"라고 말할 때 숙고 시스템은 "반려견은 대부분 온순하지"라고 대꾸한다. 자동 시스템은 공을 어떻게 해야 정확하게 찰지 혹은 멀리 떨어진 곳에 있는 링에 공을 어떻게 던져야 정확하게 들어갈지 전혀 계산하지 않고 행동을 시작한다. 그러나 꼭 알아둘 게 있다. 일류 선수들은 수없이 많은 시간 훈련해온 덕분에 군이 숙고할 필요 없이 자동 시스템을 믿고 의존해도 된다. 훌륭한 운동선수들은 생각을 너무 많이 하면 오히려 잘못될 수 있음을 알고 '감을 믿거나' '그냥 한다.'

자동 시스템은 수많은 반복으로 훈련할 수 있다. 그러나 이런 훈련에는 많은 시간과 노력이 든다. 10대 청소년이 위험한 운전자가 될 수밖에 없는 이유 가운데 하나는 그들의 자동 시스템은 아직 훈련이 부족한데, 숙고 시스템은 이보다 훨씬 더 느리게 작동한다는 점이다. 선스타인은 디클랜이 운전면허증을 딸 나이가 되기 전에 우선 온전하게 작동하는 숙고 시스템이 발달하기를 바라고 있다.

직관적인 생각이 어떻게 작동하는지 알아보기 위해 다음과 같은 간단한 테스트를 해보자. 세 가지 질문 각각에 대해 머리에 가장 먼저 떠오르는 답을 적어라. 그런 다음에 잠시 숙고하면서 그 문제의 답을 다시 한번 생각해봐라.

- 야구방망이와 야구공을 합친 가격은 1달러 10센트다. 야구방망이의 가격이 야구공의 가격보다 1달러 더 비싸다. 그렇다면 야구공의 가격은 얼마인가?
- 당신을 포함해 3명이 경주를 벌인다. 마지막에 당신은 2등으로 가던 선수를 앞질렀다. 당신의 최종 성적은 몇 등인가?
- 메리의 어머니에게는 자녀가 4명 있다. 어린 3명의 이름은 봄, 여름, 가을이다. 나이가 가장 많은 아이의 이름은 무엇인가?

어떤 답이 맨 처음 머리에 떠올랐는가? 많은 사람이 10센트, 1등, 겨울이라고 대답한다. 그러나 모두 정답이 아니다. 왜 그런지는 1분만 생각해보면 안다. 만일 야구공의 가격이 10센트라면, 야구방망이의 가격은 야구공보다 1달러 더 비싸니까 1달러 10센트가 되고, 이 둘을 합친 가격은 1달러 20센트가 된다. 10센트라는 처음 떠올린 답이 과연 정답인지 곰곰이 따지지 않은 사람은 10센트가 자기가 생각하는 정답이라고 제시한다. 그러나 셰인 프레데릭Shane Frederick은(그는 이와 같은 일련의 질문을 인지 반응 검사Cognitive Reflection Test라고 부른다) 정말 똑똑한 대학생들도 그런 오답을 낸다는 사실을 확인했다.[21]

정답은 5센트, 2등, 메리다. 당신도 이미 알고 있었을지도 모르지만, 적어도 숙고 시스템을 동원했다면 확실히 알았을 것이다. 인간이 아닌 이콘은 숙고 시스템을 동원해 확인하는 과정을 거치지 않고서는 절대로 중요한 의사 결정을 내리지 않는다(물론 그런 시간이 주어져야 하겠지만 말이다). 그러나 현실의 인간은 때로 깊이 생각하지 않고 자기 뇌 속 도마뱀이 제시하는 답을 정답인 양 당당하게 들고 나선다. 텔레비전 드라마 〈스타트렉Star Trek〉을 아는가? 그렇다면 숙고 시스템을 통제하는 이성적인 캐릭터 스팍을 생각해보라(커크 선장이 "미스타 스팍, 자네는 좋은 컴퓨터가 되겠다고 마음만 먹으면 정말 훌륭한 컴퓨터가 될 수 있을 거야"라고 말하자, 스팍은 "그렇게 말씀하시다니 정말 친절하시군요, 선장님"이라고 대답한다). 이와는 대조적으로 〈심슨 가족The Simpsons〉의 가장 호머 심슨은 자기의 숙고 시스템을 어디에 뒀는지 잊어버린 것처럼 행동한다(호머는 가족을 지켜야겠다는 생각으로 총을 사러 총기상에 갔는데, 점원이 총기 관련 규정상 총기를 사려면 닷새를 기다려야 한다고 말하자 "닷새? 나는 지금 미치겠단 말이야, 그러니 잔말 말고 내놔!"라며 당장 총을 내놓으라고 '진상'을 부린다).

이 책에서 우리가 설정한 주요 목표 가운데 하나는, 어떻게 하면 이 세상이 우리 가운데 존재하는 수많은 호머 심슨이, 그리고 각 개인의 마음속에 웅크리고 있는 호머 심슨이 한층 편안하고 안전해질지 살피는 것이다. 만일 사람들이 자동 시스템에 한층 더 많이 의존하면서도 끔찍한 문제에 휘말리지 않을 수 있다면, 사람들의 삶은 한층 더 쉽고 낫고 또 길어질 것이다. 다른 방법으로 호머 심슨과 같은 사람들Homer economicus을 위한 정책을 설계해보자.

자, 그렇다면 어떻게?

이 장에서 우리가 설정한 목표는 쉽게 오류를 저지르는 인간의 성향을 간략하게 살피는 것이었다. 현대사회를 떠올릴 때 맨 먼저 등장하는 이미지는 개개인이 모두 복잡하기 짝이 없는 세상에서 어떻게든 세파를 헤치고 나아가려고 바쁘게 움직이는 모습이다. 현대사회에서는 사람들이 끊임없이 선택하면서도 그 선택 하나하나를 깊고 오래 생각할 여유가 없다. 그래서 사람들은 그럴듯해 보이는 어림짐작 방법을 구사한다. 그런데 이 어림짐작이 때로는 잘 통하지만 때로는 형편없이 빗나간다. 특히 까다롭거나 낯선 상황에서는 더 잘 빗나간다. 사람들은 워낙 바쁘기도 하고 각자 동원할 수 있는 주의력이 제한되어 있기도 하다. 그래서 사람들은 자기에게 어떤 질문이 제기될 때 그것을 곧이곧대로 받아들인다. 그 질문을 변형할 때 자기가 내놓을 수 있는 답이 달라질지 어떨지 따져보지 않는다는 말이다. 1장의 내용을 우리 관점으로 요약하자면, 넛지로 얼마든지 사람들을 바꾸어놓을 수 있다는 것이다. 오늘날 사람들이 내리는 선택은 설령 그것이 인생에서 가장 중요한 의사 결정이라고 하더라도, 여러 편향에 이리저리 휘둘린다. 그래서 기존의 표준적인 경제학 틀로는 도저히 설명할 수 없는 엉뚱한 방향으로 흘러가기 일쑤다.

[그림 1-3] 시카고의 레이크 쇼어 도로(시카고 시청)

마지막으로 한 가지 사례만 더 살펴보자.

　시카고의 레이크 쇼어 도로Lake Shore Drive의 동쪽 경계선은 미시간호를 끼고 이어지는데, 이 도심 간선도로는 경치가 좋기로 세계적으로도 손꼽힌다. 이 도로를 달리다 보면 시카고의 장엄한 스카이라인을 즐길 수 있다. 그런데 이 도로 중 S자로 굽은 길이 연달아 나오는 구간은 무척 위험하다. 그래서 오랜 세월 동안 많은 운전자가 시속 25마일(약 40킬로미터)이라는 속도제한을 지키지 못한 채 사고를 내고 사망했다. 그러자 시

　1부. 인간과 이콘 | 우리는 천재인 동시에 바보다

카고 당국은 운전자가 스스로 속도를 줄이게 만드는 독특한 방법을 도입했다.

위험한 곡선 도로가 시작되는 지점에서 운전자는 도로 위에 적힌 감속 표시를 보게 되고, 이어서 도로에 가로로 그어진 일련의 흰색 줄을 만난다([그림 1-3] 참조). 이 줄은 과속방지턱도 아니며 자동차에 물리적인 충격을 주지도 않는다. 그저 운전자에게 시각적인 신호를 보낼 뿐이다. 그런데 이 가로줄의 간격이 처음 등장할 때는 고르지만 굽은 길에서는 점점 좁아져 주행 속도가 빨라지는 듯한 느낌을 준다. 그래서 운전자는 본능적으로 브레이크 페달을 밟게 된다. 그 흰색 가로줄은 그곳을 지나가는 운전자에게 말한다. 굽은 길에 들어서기 전에 브레이크 페달을 살짝 밟으라고. 이렇게 사람들은 넛지를 당한다.

2장

유혹에 저항하기

오래전 탈러가 대학원생이던 시절에 있었던 일이다. 탈러는 손님들을 맞아 저녁을 대접했는데(그때 그 손님들은 젊은 경제학도들이었다), 음식을 내놓기 전에 우선 술을 한 잔씩 하면서 먹을 수 있는 안주로 커다란 그릇에 캐슈너트를 담아서 내놓았다. 그런데 캐슈너트 그릇이 금방 비워질 것 같았고, 그렇게 되면 그 뒤에 이어질 음식을 즐길 만큼 식욕이 남아 있을 것 같지 않았다. 그래서 탈러는 캐슈너트 그릇을 집어 들어 (자기가 먹을 것을 조금 따로 챙긴 다음) 주방 즉 사람들 눈에 띄지 않는 곳으로 치워 버렸다.

그러자 손님들은 캐슈너트 그릇을 치워줘서 고맙다고 말했다. 이렇게 해서 화제는 자연스럽게 자기 앞에 캐슈너트가 더는 놓여 있지 않다는 사실에 사람들이 그토록 흡족해한 이유를 밝히는 이론적인 문제로 옮아갔다(1장에서 디너파티 자리에 경제학을 전공하는 사람의 비율이 25퍼센트 이상 넘어가면 디너파티고 뭐고 엉망이 되어버린다고 한 애기를 기억하는지 모르겠다). 경제학에서(경제학뿐만 아니라 일상생활에서) 기본 원리로 통하는 게 하나 있다. 선택지가 현재보다 더 많이 주어질 때 상황이 현재보다 나빠질 일은 절대로 없다는 것이다. 어떤 선택지든 당사자는 자신의 의지로 얼마든지 거부할 수 있기 때문이다. 그런데 현실에서는 어떨까? 탈러가 캐슈너트 그릇을 치워버리기 전에는 거기에 있던 사람들에게 캐슈너트를 먹을 것인가 혹은 먹지 않을 것인가 하는 두 가지 선택지가 주어져 있었다. 그런데 캐슈너트 그릇이 없어지고 나자 선택지가 하나밖에 남지 않았다. 그런데도 사람들은 오히려 흡족해했다. 선택지가 사라졌는데 오히려 예전보다 더 행복해졌다? 인간이 아닌 이콘이 살아가는 세상에서 이런 상황은 행복의 법칙에 어긋난다!

이 사례를 온전하게 이해하기 위해 시간이 흐름에 따라 탈러의 집에 모인 사람들의 선호가 어떻게 진화하는지 살펴보자. 탈러가 캐슈너트 그릇을 치우기 직전이던 7시 15분에 손님들에게는 세 가지 선택지가 주어졌다. (1)캐슈너트를 조금만 먹는다. (2)캐슈너트를 다 먹어치운다. (3)캐슈너트는 하나도 먹지 않는다. 최선의 선택지는 몇 개만 먹는 것이고 그다음이 아예 하나도 먹지 않는 것이다. 캐슈너트를 하나도 남기지 않고 다 먹어치우는 것이 최악의 선택지다. 배가 불러서 식사를 맛있게 할 수 없기 때문이다. 즉 그 사람들의 선호는 (1) > (3) > (2)가 된다. 그러나 7시 30분까지 캐슈너트 그릇이 놓여 있었다면 그 사람들은 캐슈너트를 모두 먹어치웠을 것이다. 다시 말해 최악의 선택을 하고 말았을 것이다. 그런데 어째서 그 사람들은 단 15분 만에 마음을 바꾸었을까? 혹은 그 사람들이 자발적으로 마음을 바꾸었다고 우리가 말하고 싶은 것은 아닐까?

경제학적으로 말한다면 그 집단은 동태적으로 일관성 없는 행동을 한 셈이다. 처음에 그 사람들은 (2)보다 (1)을 선호했지만, 나중에는 (1)보다 (2)를 택했으니 말이다. 이런 시간의 흐름에 따른 비일관성은 많은 곳에서 나타난다. 토요일 아침에 사람들은 오후에 바깥으로 나가 조깅이나 해야겠다고 마음 먹는다. 그러나 막상 오후가 되면 소파에 엉덩이를 붙이고 스포츠 중계를 보거나 드라마 시리즈 전편을 '정주행'한다.

이런 행동을 어떻게 이해해야 할까? 여기에는 유혹과 마음 놓침mindlessness이라는 두 가지 요인이 작동한다. 인간은 적어도 아담과 이브 시절 이후로 유혹이라는 개념을 인식해왔다. 그러나 넛지의 가치를 온전하게 이해하려면 그 개념을 한층 정교하게 다듬을 필요가 있다. 자, 어떤 것이 '유혹적'이라고 할 때 이는 무슨 뜻일까?

미국의 대법관 포터 스튜어트가 자기는 포르노를 비록 정의는 할 수 없어도 "보면 안다"는 유명한 말을 했다. 유혹도 마찬가지다. 유혹은 정의하기는 어려워도 알아보기는 쉽다. 유혹은 매우 개인적이다. 탈러는 좋은 와인이라면 사족을 못 쓴다. 그래서 딱 한 잔의 유혹에 저항하지 못하고 쉽게 무너진다. 반면 선스타인은 술을 매우 싫어한다. 대신 그는 다이어트 콜라는 대량으로 마셔댄다. 그런데 우리 저자들이 보기에 유혹과 관련된 결정적 사실은 사람들의 흥분 상태가 시간이 흐름에 따라 바뀐다는 점이다.

이 문제를 단순하게 살펴보기 위해 흥분한 상태와 냉정한 상태라는 양극단을 놓고 비교해보자. 샐리는 지금 배가 몹시 고프다. 그런데 주방에서 맛있는 냄새가 나는 것을 감지한다. 이때 우리는 샐리가 흥분 상태에 있다고 말할 수 있다. 그런데 지난 화요일에 그녀가 돌아오는 토요일 저녁에 음식을 얼마나 먹을지 생각했다면, 당시에 그녀는 냉정한 상태였다고 볼 수 있다. 그런데 토요일 늦은 오후, 저녁 식사로 그녀가 먹겠다고 화요일에 계획한 샐러드가 이제 보니 양에 차지 않을 것 같고 아무래도 피자를 추가해야만 할 것 같다고 치자. 이런 경우처럼 흥분했을 때 어떤 것을 보다 더 많이 소비한다면 우리는 그것을 '유혹적'이라고 부른다. 그런데 이는 냉정한 상태에서 내린 의사 결정이 언제나 더 낫다는 뜻이 아니다. 예를 들어보자. 우리는 새로운 것을 시도할 때 두려움을 느끼지만, 때로 이 두려움을 극복하려면 흥분한 상태여야 한다. 때때로 우리는 디저트가 너무나 맛있어서 그것을 먹으려 최선을 다하고 다음 날에는 운동을 하러 나간다. 때로는 사랑에 빠지는 것이 최선이다. 그러나 흥분 상태에 있을 때 문제를 일으키거나 좋지 않은 일에 쉽게 휘말린다는 것은 누가 봐도 분명한 사실이다.

　사람들은 대부분 유혹이 존재함을 깨닫고는 그것을 극복할 조치를 취한다. 그리스신화 속 율리시스가 보여주는 행동이야말로 이런 현상의 고전적인 사례라고 할 수 있다. 율리시스는 너무 아름다워서 저항할 수 없는 노랫소리로 선원들을 홀려 바다에 빠뜨리는 요정 세이렌에게 유혹당하지 않도록 하기 위해 밀랍으로 귀를 막으라고 부하들에게 지시했다. 또 자기를 돛대에 묶으라고도 지시했다. 자신이 노랫소리를 듣고 흥분 상태에 빠지더라도 배를 절벽 가까이 몰아서 난파시키지 않도록 하기 위함이었다.

　탈러가 캐슈너트 그릇을 치워버린 것이나 율리시스가 자기를 돛대에 묶으라고 한 것은 일종의 자기결박 전략이다(앞에서 이 책 제목에 '파이널'이라는 단어를 넣은 것도 자기결박 전략의 일환이라고 했는데, 기억하는가?). 이런 전략은 유혹에 넘어갈 위험이 매우 높고 그 유혹을 없애는 일이 가능해 보일 때 잘 통한다. 그러나 많은 상황에서 사람들은 조만간 닥칠 자제력의 문제를 정확하게 예측하지 못한다. 흥분이 유발하는 효과를 과소평가하기 때문이다. 행동경제학자 조지 로웬스타인George Loewenstein은 이를 '흥분과 냉정 사이의 감정적 간극'이라 부르는데, 우리 저자들이 이 주제를 파고들 때 로웬스타인의 개념이 커다란 영향을 주었다. 사람들은 흥분하면 평소와 다르게 행동한다는 것을 잘 알면서도 이 흥분의 효과를 과소평가한다는 사실이 로웬스타인이 했던 통찰의 핵심이다. 냉정한 상태일 때 사람들은 자기가 '흥분의 영향을 받고 있을 때' 욕망과 행동이 얼마나 다르게 바뀔지 제대로 알지 못한다. 그 결과 우리는 특정한 정황이 선택에 미칠 수 있는 효과에 대해 순진하게만 생각하고, 결국 이런 생각은 순진한 행동으로 이어진다.

예를 들어보자. 루크는 다이어트를 하는 중이지만 사업상 저녁 식사 약속을 잡는다. 그러고는 칵테일을 딱 한 잔만 마시고 디저트도 먹지 않겠다고 마음먹는다. 그리고 이 다짐을 어렵지 않게 지킬 수 있으리라 생각한다. 그런데 상대방이 와인을 한 병 더 주문하고 웨이터가 디저트를 가지고 온 순간 모든 것이 물거품이 되고 만다. 이런 식으로 다짐을 무너뜨리는 사람은 또 있다. 백화점에 가는 재닛이다. 백화점에서 대규모 할인 행사를 하자 재닛은 자기에게 꼭 필요한 물건 가운데 할인 행사 상품이 있는지 살펴보겠다는 생각으로 백화점에 발을 들여놓는다. 그러나 결국 재닛은 보기에만 예쁠 뿐 실용성은 전혀 없고 발이 아프기까지 한 신발을 70퍼센트 할인된 가격으로 사고 만다. 이와 비슷한 문제는 흡연, 음주, 강박적인 운동, '문제 해결 방편'으로서의 쇼핑 등으로 어려움을 겪는 사람들에게도 나타난다.

자제력과 관련된 문제는 개인이 2개의 자아를 가지고 있다는 발상으로 설명할 수 있다. 2개의 자아는 원시안적인 '계획하는 자아planner'와 근시안적인 '행동하는 자아doer'다. '계획하는 자아'는 숙고 시스템이나 사람들의 내면에 웅크리고 있는 미스터 스팍을 대변하고, '행동하는 자아'는 자동 시스템 혹은 모든 사람의 마음속에 도사린 호머 심슨에게 강한 영향을 받는다고 생각하면 된다. '계획하는 자아'는 장기적인 차원의 복지 수준을 높이려고 노력하지만, 이 목적을 이루려면 흥분에 동반되는 유혹에 노출된 '행동하는 자아'의 감정과 장난스러움, 강한 충동을 이겨내야 한다. 신경경제학 분야의 연구에 따르면 자제력과 관련된 이 이중 체계가 실제로 존재한다는 증거가 드러났다. 뇌의 몇몇 부위는 유혹에 넘어가지만 다른 몇몇 부위는 그 유혹에 어떻게 대응해야 할지 평가함으로써 사람들이 유혹에 저항하게 만든다.[1] 때로 이 두 가지 유형의 뇌 부위가 어느 한쪽이 이기고 다른 쪽이 질 때만 끝나는 심각한 대결 관계에 놓이기도 한다(그렇다고 해서 우리 두 저자가 뇌 과학과 관련해서 논쟁적인 주장을 할 생각은 없다. 인간의 뇌는 너무도 복잡하니까 말이다).

자제력 전략: 계획하는 자아 vs 행동하는 자아

사람은 자기 약점을 부분적으로나마 알기 때문에 외부에 도움을 청하기도 한다. 예를 들어 장을 보러 갈 때 무엇을 사야 할지 (그리고 사지 말아야 할지) 기억하려고 메모를 하고, 늦잠을 자지 않으려고 알람 시계를 사며, '폭풍 흡입'을 막아달라고 혹은 금연 의지를 북돋아달라고 친구에게 부탁하고, 운전 중 위험한 상황에 놓이지 않도록 모든 종류의 넛지를 제공하는 자동차를 산다. 이런 것들은 모두 '계획하는 자아'가 '행동하는 자아'의 행동을 통제하는 조치이며, 이 조치의 실질적인 내용은 흔히 '행동하는 자아'를 유혹하는 인센티브를 바꾸어놓는 것이다.

그러나 안타깝게도 '행동하는 자아'를 통제하기는 어렵다(호머 심슨을 통제한다고 상상해보라!). 그래서 '계획하는 자아'의 노력은 쉽게 물거품이 되고 만다. 알람 시계만 봐도 그렇다. 스마트폰에 내장된 알람 시계도 마찬가지다. 낙관적인 '계획하는 자아'는 다음 날을 알차게 보내려고 오전 6시 15분에 알람을 맞춰놓지만 '행동하는 자아'는 졸음을 참지 못해서 알람을 끄고 3시간이나 더 잔 후 9시에 일어난다. 이것은 '계획하는 자아'와 '행동하는 자아' 사이의 치열한 싸움으로 이어지기도 한다. 그래서 어떤 '계획하는 자아'는 알람 시계를 일부러 먼 곳에 둔다. '행동하는 자아'가 알람을 끄려면 자리에서 일어난 다음에 조금이라도 멀리 이동하도록 만들기 위해서다. 그러나 이렇게 하더라도 만일 '행동하는 자아'가 알람을 끄고 다시 침대로 기어 들어가면 말짱 도루묵이다. 그런데 다행스럽게도 가끔씩 진취적인 기업들이 '계획하는 자아'에 도움을 주기도 한다.

[그림 2-1]의 클록키Clocky 알람 시계를 보자. 이 시계는 '당신이 침대에서 일어나지 않으면 여기저기 달아나며 숨는' 알람 시계다. 이 시계가 있으면 '계획하는 자아'는 스누즈 기능을 이용해 몇 분이나 더 잘 수 있을지 설정한다. 적어도 이 시간만큼은 '행동하는 자아'가 잠을 더 잘 수

clocky™

PRODUCT

클록키는 당신이 침대에서 일어나지 않으면 여기저기 달아나며 숨는 알람 시계다. 알람이 울린 다음에 스누즈 버튼을 누르면 협탁에서 바닥으로 뛰어내려 더는 갈 수 없을 때까지 닥치는 대로 굴러다니면서 여기저기 부딪힌다. 알람이 다시 울리면 당신은 클록키를 찾아내지 않고는 못 배길 것이다. 클록키는 마치 숨바꼭질을 하듯 날마다 새로운 공간을 찾아서 숨는다.

클록키는 통상적인 알람 시계처럼 짜증을 유발하는 것이 아니라 인간과 기술의 조화를 추구하며 유쾌하고 한층 더 실용적으로 설계되었다.

[그림 2-1] 클록키 시계 광고

있게 해준다. 그러나 그 시간이 지나고 나면 클록키는 바닥으로 뛰어 내려가 시끄러운 소리를 내면서 방을 여기저기 굴러다닌다. 이 소리가 들리지 않게 하는 유일한 방법은 침대에서 일어나 시계를 찾아서 끄는 것이다. 그러다 보면 아무리 잠이 덜 깬 '행동하는 자아'라도 어느새 잠이 깰 수밖에 없다.*

'계획하는 자아'는 제멋대로 구는 '행동하는 자아'를 통제하는 전략을

---

* 우리는 『넛지』 초판 원고를 쓸 때 클록키를 처음 보았다. 당시 선스타인의 딸 엘린은 고등학생이었는데, 늦잠 자는 버릇 때문에 자주 지각했다. 그래서 선스타인은 클록키가 훌륭한 해결책이 될 것이라고 생각했다. 그러나 엘린은 얼마 뒤 이 성가신 클록키를 사랑하는 아버지에게 던져버렸다.

많이 가지고 있지만, 때로는 외부의 도움을 받아 '행동하는 자아'를 통제하기도 한다. 우리는 민간과 공공 부문의 기관들이 이런 도움을 어떻게 제공할 수 있을지 살펴보려 한다. 오래전 일인데, 탈러는 바로 이 전략을 사용해 젊은 동료에게 귀중한 도움을 주었다. 그 동료는(편의상 그의 이름을 데이비드라고 하자) 아무리 늦어도 교수로 부임하기 전까지는 혹은 늦어도 부임한 첫해에는 박사 학위를 받는 데 필요한 조건을 모두 마무리한다는 조건으로 교수로 채용되었다. 데이비드가 박사과정을 끝낼 경우 그가 누릴 인센티브는 무척 많았다. 그 가운데는 상당한 수준의 금전적인 인센티브도 포함되어 있었다. 박사 학위를 따기만 하면 강사가 아니라 조교수 대우를 받을 수 있었으며, 따라서 강사는 받지 못하는 퇴직연금 보조금을 받을 수 있었는데, 이 보조금 액수가 봉급의 10퍼센트나 되었다. 그런데도 데이비드는 미적댔다. 데이비드의 '계획하는 자아'는 더는 미적대지 말고 논문을 끝내야 한다는 사실을 잘 알고 있었다. 그러나 그의 '행동하는 자아'는 논문 작업 외의 여러 재미있는 일에 정신이 팔렸고, 그러다 보니 논문 작업은 뒷전으로 밀리기 일쑤였다(사실 새로운 발상으로 새로운 작업을 하는 것이 예전에 하던 작업을 마무리하는 것보다 보통은 더 재미있긴 하다).

바로 그때 데이비드의 논문 지도교수이던 탈러가 나섰다. 데이비드에게 100달러짜리 수표 여러 장을 쓰게 해서 자기에게 달라고 했고, 수표의 만기일을 그 뒤로 이어질 여러 달의 첫날로 정하라고 했다. 그리고 만일 데이비드가 정한 날 자정까지 논문의 새로운 장章을 제출하지 않으면 탈러가 그 수표를 곧바로 현금화하겠다고 했다. 또 그 돈으로 파티를 열 텐데 이 파티에 데이비드는 초대하지 않을 것이라고 했다(그때만 하더

1부. 인간과 이콘 | 우리는 천재인 동시에 바보다

라도 100달러는 제법 큰돈이었다). 그러자 데이비드는 넉 달 뒤 예정대로 논문을 완성했고, 그동안 단 한 차례도 원고 제출 시한을 어기지 않았다. 대학교 당국이 지급하는 퇴직연금 보조금이 한 달에 100달러가 넘었는데, 이 보조금이 해내지 못한 것을 탈러가 100달러짜리 수표를 동원해서 제시한 금전적 인센티브가 해냈다. 이 사실이 암시하는 내용은 분명하고도 중요하다.

거기에는 이유가 있었다. 탈러가 수표를 현금화해서 자기만 빼고 다른 사람들과 파티를 열 때 느낄 고통이, 왠지 추상적일 뿐만 아니라 금방 와닿지 않는 먼 미래의 퇴직연금 손실에 따른 고통에 비해 데이비드에게 훨씬 더 크게 느껴졌기 때문이다. 그리고 뒷이야기 하나. 그 소문이 퍼지자 다른 교수들도 이 방식을 써야겠다고 했는데, 탈러는 만일 이 '참신한 사업'에 뛰어들 마음이 있다면 학위 과정을 밟는 학생들에게 받은 100달러짜리 수표를 눈 하나 깜박하지 않고 현금화하는 두둑한 배짱이 있어야만 성공할 것이라고 조언했다고 한다.

때로 친구들 사이에서 이런 내기 전략을 사용할 수도 있다. 존 로멀리스John Romalis와 딘 칼란Dean Karlan은 독창적인 다이어트 계획을 세웠다. 대학원에서 경제학을 전공하던 두 사람은 언제부터인가 몸무게가 부쩍 늘었음을 깨달았으며, 이런 과체중 상태가 취직에 감점 요인이 된다고 생각했기 때문이다. 그래서 둘은 9개월 동안 14킬로그램을 감량하되, 실패하면 상대방에게 1만 달러를 지급하기로 하고 계약서까지 썼다. 두 사람에게 그 돈은 엄청나게 큰돈이었고, 결국 그 전략은 성공해서 두 사람은 살을 빼는 데 성공했다.

그런데 둘은 여기에 그치지 않았다. 몸무게를 계속해서 줄여나가기로 한 것이다. 그들은 누구든 하루 전에 몸무게 측정을 요구하면 그 요구를 들어줘야 한다는 규칙을 정했다. 그리고 만약 목표 몸무게를 달성하지 못한 사람은 미리 합의했던 벌금을 상대방에게 줘야 한다는 것이었다. 그 뒤 4년 동안 두 사람은 여러 차례 함께 몸무게를 쟀는데, 둘 모두 딱 한 번씩만 벌금을 물었다(물론 그 벌금은 즉시 전액 지급되었다). 데이비드가 논문 작성을 놓고 내기를 한 것도 마찬가지지만, 만약 서로에게 구속과 격려를 하는 내기를 하지 않았더라면 두 사람은 살을 빼고 싶다는 마음을 가지고 있으면서도 체중은 계속 늘었을 것이다. 그리고 어느 시점에 두 사람은 합의하에 계약서를 찢었다. 그러나 칼란은 자기들이 했던 것과 비슷한 우호적인 내기를 하도록 사람들을 돕는 스틱닷컴Stickk.com이라는 회사를 만들었다. 이 회사의 웹사이트에 따르면, 지금까지 50만 건 이상의 우호적인 내기를 진행했고, 현재 걸려 있는 내기의 벌금을 모두 합하면 약 5,000만 달러나 된다.

사람들은 몇몇 상황에서는 정부가 나서서 자신의 자제력 문제를 해결하는 데 도움을 주길 바란다. 마약, 매춘, 음주운전 등과 같은 것은 법률로 엄격하게 금지된다. 사람들이 이런 것들의 유혹에 저항하기가 쉽지 않다는 증거다. 또 안전벨트 착용이나 퇴직연금 가입, 운전 중 휴대폰 사용 금지 등을 규정하는 법률이 있다. 이런 유형의 강제적 규정은 자유지상주의적 간섭주의라기보다는 순수한 온정주의의 결과다. 때로는 다른 사람에게 피해를 주지 않을 수도 있는데, 제3자의 이익에 영향을 주지 않는다면 사람들은 정부의 강제적인 개입을 달가워하지 않는다. 예를 들어 흡연자는 담뱃세라는 장치를 통해 이익을 누릴 수도 있는데, 담뱃세는 흡연을 금지하지 않으면서도 담배 소비를 억제하기 때문이다.

식품에 포함된 설탕의 양을 기준으로 해당 식품에 세금을 매기는 제도에 사람들이 가지는 관심도 같은 맥락에서 설명할 수 있다. 이런 조세 제도는 우리가 자신의 미래에 해악을 끼치는 것으로 볼 수 있는 '내부성'을 상대로 싸움을 벌이는 것이라고 할 수 있다. 몇몇 국가의 정부는 도박 중독자를 돕는 차원에서 누구든 자기 이름을 카지노 출입 금지 명단에 올릴 수 있게 했다. 자기 이름을 의무적으로 올려야 하는 것도 아니고 이름을 올리지 않는다고 해서 비용이 드는 것도 아니므로, 이 접근법은 우리가 이해하는 용어 그대로 자유지상주의적이라고 볼 수 있다.

정부가 부과하는 자제력 전략의 흥미로운 사례 중 하나로 이른바 '서머타임(일광 절약 시간) 제도'를 들 수 있다. 연구 조사에 따르면 많은 사람이(모든 사람은 확실하게 아니다) 여름철 저녁을 '추가로' 즐길 수 있다는 이유로 이 제도가 멋진 아이디어라고 생각한다. 물론 하루 동안의 일광 시간은 물리적으로 고정되어 있으므로 시간을 1시간 앞당긴다고 해서 일조량이 늘어나지는 않는다. 하지만 1시간 앞당기는 것, 즉 6시를 7시라고 부르는 아주 단순한 변화가 사람들을 1시간 일찍 일어나도록 넛지한다. 저녁 산책을 즐길 시간이 늘어남에 따라 에너지도 절약하게 된다.

많은 경우 다양한 시장이 자제력 서비스를 제공하며, 정부의 역할은 별로 필요하지 않다. 스틱닷컴 같은 기업이 사람들 내면의 '계획하는 자아'가 '행동하는 자아'와 맞서 싸우는 걸 도우면서 돈을 번다. 유명한 금융기관이 제공했던 이와 유사한 흥미로운 제도가 있다. 이 제도는 인기가 무척 많았으며 지금도 이와 비슷한 것들이 남아 있다. 바로 크리스마스 저축 클럽Christmas Savings Club이라는 이름의 적금이다. 이 적금의 운영 방식은 다음과 같다. 11월에(미국에서는 이 무렵에 추수감사절이 있다) 고객이 자기 동네에 있는 은행에서 계좌를 개설하고는 이듬해 한 해 동안 매주 특정한 금액을(예를 들면 10달러) 저축하겠다고 약속한다. 이 예금은 계좌를 개설한 지 1년이 지나기 전까지는 뺄낼 수 없는데, 그 기간이 지나면 크리스마스 쇼핑 시즌이 된다. 이 예금에 적용되는 금리는 제로에 가까웠다. 지금과 다르게 예금 이자가 두둑하던 시절에도 그랬다.

이 적금 제도를 경제학적 관점에서 살펴보자. 이 적금은 유동성이 빵점이다. 만기가 되기 전에는 돈을 뺄낼 수 없기 때문이다. 또 거래 비용도 매우 많이 든다. 매주 납입해야 하기 때문이다. 게다가 이자는 제로에 가깝다. 이런 조건의 저축 상품이 존재할 수 없는 이유를 대라는 경제학 과목의 숙제가 있다면 너무 쉽다고 할 수 있다. 그러나 여러 해 동안 많은 사람이 이 적금에 들었다. 이때 가입한 예금액을 모두 합하면 수십억 달러나 되었다. 게다가 지금도 이와 비슷한 저축 상품이 소규모 동네 은행과 공동체를 기반으로 한 신용협동조합에서 인기가 높다.[2]

어떻게 이럴 수 있을까? 그런데 우리가 다루는 대상이 이콘이 아니라 인간임을 깨닫기만 한다면, 이런 적금이 사람들에게 인기를 끌 수밖에 없는 이유를 어렵지 않게 댈 수 있다. 크리스마스 선물을 마련할 경제적 여유가 없는 가정에서는 이 적금에 가입함으로써 그런 걱정을 덜 수 있다. 매주 한 번씩 납입하는 불편함이나 이자가 거의 붙지 않는다는 불이익은 크리스마스 때 선물을 살 돈을 확실하게 마련할 수 있다는 편익에 비하면 아무것도 아니다. 앞에서 언급한 율리시스를 생각해보라. 그는 부하들에게 자신을 돛대에 묶으라고 지시하지 않았던가. 돈을 인출할 수 없다는 조건은 이 적금 가입자들에게는 손해가 아니라 오히려 이익인 셈이다. 그러니까 크리스마스 저축 클럽은 어린이용 돼지 저금통의 성인 버전인 셈이다. 도중에 해지해서 돈을 빼낼 수 없다는 것이 이 제도의 핵심이니까 말이다.

그런데 지금은 대부분이 현금 대신 신용카드를 결제 수단으로 쓰기 때문에 크리스마스 저축 클럽을 찾아보기 어렵다.* 신용카드 덕분에 크리스마스 선물을 살 돈을 충분히 돌려쓸 수 있으니, 미리 돈을 저축해둘 필요가 없다. 그러나 신용카드 결제라는 새로운 체제가 모든 점에서 더 낫다는 말은 아니다. 도중에 해약해서 돈을 인출할 수 없고 금리도 제로에 가까운 저축 상품에 가입하는 행위가 바보처럼 보일 수 있다. 이자가 붙는 저축 상품에 가입하는 편이 훨씬 유리하니까 말이다. 그렇지만 신용카드로 대출을 받아 18퍼센트가 넘는 이자를 지불하기보다는 차라리 이자를 한 푼도 받지 않는 쪽이 낫다.

신용카드와 크리스마스 저축 클럽이 시장을 놓고 벌이는 전투는 한 층 더 일반적인 관점을 생생하게 보여주는데, 여기에 대해 잠깐 살펴보자. 시장은 소비자의 요구에 부응하려고 기업에 강력한 동기를 제공하고, 기업은 그런 요구를 (그런 요구가 가장 현명한 선택이든 아니든 상관없이) 충족하려고 경쟁한다. 어떤 기업이 크리스마스 저축 클럽 같은 영리한 자제력 장치를 더한 상품을 만들 수 있지만, 이 기업은 다른 기업이 사람들에게 나중에 받을 걸 예상하고 자금을 빌려주는 것을 막을 수는 없다.

---

* 크리스마스 클럽의 인기는 떨어졌지만 대부분의 미국인은 부활절 계좌Easter Account라는 또 다른 무이자 저축 상품을 여전히 많이 이용한다. 또 미국 국민의 약 4분의 3이 연말 소득신고 제도를 통해 세금 정산을 한 다음 환급금을 받는데, 이 환급금은 평균 3,000달러가 넘는다. 이 돈을 정부에 무이자로 빌려주는 돈으로 해석한다면 이 제도는 사람들에게 그다지 큰 인기를 끌지 못할 것이다. 납세자들은 원천징수율을 조정해 환급금 규모를 줄일 수 있다. 그러면 이 자 없이 묵히는 돈에 이자를 붙일 수 있다. 그러나 대다수는 그렇게 하지 않고 일종의 강제 저 축 제도를 통해 환급금을 받는 것을 선호한다. 환급금을 받으면 마치 하늘에서 돈이 떨어진 것 같은 기분이 들기 때문이다.

그래서 신용카드와 크리스마스 저축 클럽이 경쟁을 벌인다. 그런데 사실 이 둘은 은행이라는 동일한 기관이 제공하는 상품이다. 보통은 경쟁이 가격을 내려놓지만, 그렇다고 해서 경쟁이 늘 소비자에게 가장 유리한 결과로만 이어지지는 않는다. 설령 그렇다 하더라도 현재 많은 앱은 사람들이 유혹에 저항하는 것을 돕도록 특별하게 설계되어 있다. 데일리 버짓Daily Budget(가계부 앱-옮긴이), 루즈 잇!Lose It!(섭취 열량 계산 앱-옮긴이), 플립드Flipd(휴대폰 사용 차단 앱의 일종-옮긴이), 뮤트Mute(휴대폰 사용 차단 앱의 일종-옮긴이) 등이 그런 앱이다.

그러나 사람들이 좋은 선택을 하려 할 때조차 경쟁이 난무하는 시장이 개입한다. 그래서 잘못된 선택에 저항하는 마지막 퍼즐 조각을 찾으려는 사람들의 노력을 무력화한다. 시카고에 있는 오하라공항에서는 통로를 사이에 두고 두 곳의 식품점이 경쟁을 벌인다. 한 곳에서는 과일과 요구르트 등 건강에 좋은 식품을 팔고, 다른 곳에서는 열량이 880킬로칼로리이고 지방이 37그램임을 자랑하는 계피빵을 판다. 이 통로를 걸어가는 사람의 '계획하는 자아'는 요구르트와 과일을 파는 곳으로 발걸음을 정하지만, 빵집은 빵을 구울 때 나는 맛있는 냄새가 통로로 곧바로 나가도록 해둬서 '행동하는 자아'를 자극한다. 자, 그렇다면 이 두 곳 가운데 어느 쪽에 늘어선 사람들이 더 많을까?

심리적 회계: '내면의 통제 시스템' 동원하기

알람 시계나 크리스마스 저축 클럽은 사람들이 자기가 안고 있는 자제력 문제를 해결하는 수단으로 삼는 외부 장치다. 이 문제를 해결하는 또 다른 접근법이 있는데, 이것은 '심리적 회계mental accounting'로 일컬어지는 내면의 통제 시스템을 동원하는 방식이다. 심리적 회계는 사람들이 가계의 예산을 평가하고 조정하고 처리하는 데 사용하는 (때로는 암묵적인) 시스템이다. 사람은 누구나 심리적 회계를 사용한다. 정작 본인은 이런 사실을 모를 수도 있지만 말이다.

진 해크먼과 더스틴 호프먼이 나누는 대화가 심리적 회계의 개념을 훌륭하게 설명해준다.[3] 두 사람은 궁핍하던 무명 배우 시절부터 친구였는데, 해크먼은 호프먼이 살던 아파트에 찾아갔을 때 호프먼이 자기에게 돈을 빌려달라고 했던 일화를 들려준다. 그때 해크먼은 돈을 빌려주겠다고 했는데, 얼마 뒤 호프만의 주방 조리대에 돈 통이 여러 개 나란히 놓여 있는 것을 보았다. 돈 통마다 '집세'나 '문화비' 등의 이름표가 붙어 있었다. 해크먼은 통에 돈을 그렇게 많이 넣어두고는 왜 돈을 빌려달라고 하느냐고 묻자 호프먼은 '식료품'이라는 이름표가 붙은 통을 가리켰다. 그런데 그 통은 텅 비어 있었다.[•]

경제 이론에 (그리고 단순한 논리에) 따르면 돈은 대체 가능한 지불수단이다. 즉 호프먼은 자기가 가진 돈을 각각의 통에 적어놓은 용도로 한정해서 쓰지 않아도 된다는 말이다. '집세' 통에 들어 있는 20달러로 식료품을 20달러어치 살 수 있다는 말이다. 그러나 가계는 기관이나 조직이 소비를 억제하기 위해 대체 가능성을 파괴하는 것과 같은 목적으로 심

• 다음에서 그 동영상을 확인할 수 있다. https://youtu.be/t96LNX6tk0U

리적 회계 방식을 채택하곤 한다. 기관이나 조직은 대부분 자기가 수행하는 유형별 활동에 사용할 예산을 미리 정해둔다. 이런 조직에서 일해본 사람이라면 중요한 물품을 구입해야 하지만 해당 항목의 예산이 고갈되어서 구입하지 못해 발을 구른 적이 있을 것이다. 다른 항목에 아직 사용하지 않은 예산이 남아 있다고 하더라도 그 예산을 전용할 수 없는 것이나, 더스틴 호프먼이 주방에 있던 '집세' 통에 있는 돈을 꺼내 식료품을 살 수 없었던 것이나 마찬가지인 셈이다.

가계 차원에서 보자면 돈의 대체 가능성을 파괴할 방법은 도처에 널려 있다. 그 가운데서도 특히 우리 두 저자가 아는 재무학 교수가 고안해서 사용한 접근법이 심리적 회계의 가장 창의적인 사례가 아닐까 싶다. 이 교수는 해마다 연초에 일정 금액을 지역 자선단체인 유나이티드 웨이United Way에 기부할 돈으로 정해둔다. 그런 다음에 그해에 좋지 않은 일이(예를 들면 속도위반 범칙금을 낸다든가 하는 일이다) 일어나면, 따로 떼어놓았던 기부금에서 범칙금 액수를 마음속으로 뺀다. 그 교수에게는 이런 심리적 회계가 자기에게 닥칠 수 있는 사소한 금융 사고에 대한 일종의 '정신적 보험'인 셈이다.•

도박이 벌어지는 카지노에서도 심리적 회계가 작동하는 것을 볼 수 있다. 운이 좋아서 초저녁에 제법 많은 돈을 딴 사람이 어떻게 행동하는지 자세히 살펴보라. 그는 자기가 들고 왔던 본전과 딴 돈을 각각 다른 주머니에 넣어둔다. 그 두 가지 돈을 심리적 회계의 제각기 다른 항목으로 설정한다는 말이다. 가장 최근에 딴 돈을 가리키는 '하우스 머니house

---

• 혹시 당신은 이런 행위가 유나이티드 웨이에 들어갈 기부금을 빼앗는 것이라고 생각하는가? 그렇지 않다. 그 교수는 자기에게 일어날 수 있는 모든 사소한 금융 사고를 해결하고도 충분히 남을 정도로 기부금 예산을 넉넉하게 잡아두니까 말이다.

1부. 인간과 이콘 | 우리는 천재인 동시에 바보다

money'라는 그들만의 전문용어도 있다. '하우스'라는 말이 들어간 것은 도박장을 '하우스'라고 부르기 때문이다. 카지노에서 딴 돈으로 베팅하는 것을 '하우스 머니로 도박한다'라고 말한다. 그 돈이 원래 가지고 있던 돈과 완전히 다른 종류의 돈이라도 되는 것처럼 말이다. 연구자들이 진행한 실험에 따르면, 사람들은 하우스 머니가 있을 때 도박에 참여할 의사가 높아진다.[4]

이런 심리적 성향은 도박을 하지 않는 사람에게도 영향을 준다. 예를 들어 주식에 투자해서 수익을 올렸을 때 사람들은 평소라면 하지 않을 커다란 모험을 '딴 돈'으로 기꺼이 감행한다. 예를 들어 심리적 회계는 1990년대의 주식시장 호황에 크게 기여했는데, 당시에 수많은 사람이 최근 몇 년 동안 주식으로 벌어들인 돈으로만 투자를 할 뿐이라는 식으로 합리화하면서 상대적으로 높은 위험을 기꺼이 감수하는 투자 행동을 보였기 때문이다. 이런 행태는 몇 년 뒤 광풍이 분 투기적인 부동산 투자에도 그대로 반복되어 나타났다. 마찬가지 맥락에서, 사람들은 오랜 세월에 걸쳐 조금씩 모은 돈을 가지고 있을 때보다 뜻밖의 횡재로 커다란 돈이 생겼을 때 충동적으로 사치품을 구매할 확률이 높다. 저축으로 조금씩 모은 돈도 얼마든지 쓸 수 있는 돈인데도 그렇다.

심리적 회계는 중요하다. 이것이 중요한 이유는 각각의 항목이 대체 불가능한 것으로 인식되기 때문이다. 더스틴 호프먼이 (그리고 그의 부모가) 사용하던 돈 통은 오늘날의 경제 현실에서 대부분 사라졌다(물론 몇몇 가난한 나라에서는 여전히 남아 있다). 그러나 많은 가정에서는 지금도 여전히 자녀 교육비, 휴가비, 비상금, 노후 대비 자금 등 다양한 용도의 회계 계정을 따로 나누어두고 있다. 많은 경우 이것들은 단지 심리적으로

만이 아니라 말 그대로 전혀 다른 계정들이다. 이 계정들의 신성불가침
성은 겉으로 보기에는 도저히 이해할 수 없는 행동으로 나타나기도 한
다. 예를 들면 제각기 다른 금리로 돈을 빌리는 동시에 돈을 빌려준다.
이것과 관련해서는 11장에서 자세하게 살펴볼 것이다.

　물론 많은 사람은 저축을 할 수 없는 상태 때문에 고통스러워하지 않
는다. 반면 어떤 사람들은 돈을 쓰는 게 힘들고 고통스러워서 돈을 쓰지
못한다. 이런 정도가 심한 사람을 우리는 '지독한 구두쇠'라고 부른다.
그런데 그 정도까지는 아닌데도 인생을 즐기는 데 필요한 것들을 충분
히 사지 못하는 사람들이 있다. 우리 저자들이 알고 있는 데니스라는 사
람이 그렇다. 데니스는 이 문제를 해결하려고 영리한 심리적 회계 전략
을 구사하기로 했다. 그래서 그는 어떤 시점부터 자기와 아내 모두 전업
직으로 일하고 있었음에도 사회보장연금 지급액을 모으기 시작했다. 그
리고 그는 오랜 세월 착실하게 저축을 했으므로(부분적으로는 그의 고용주
가 의무적이긴 하지만 관대한 퇴직연금 제도에 가입해 있었기 때문이다), 몸이 건
강하고 경제적 여유가 있을 때 병약해지기 전에 자신이 좋아하는 것들
을(특히 파리에 가서 맛있는 음식을 많이 먹어보는 것을) 하고 싶었다. 그래서
그는 특별 계정을 만들어 사회보장연금 지급액을 모았다. 그리고 이 계
정에 '즐거움'이라는 이름을 붙였다. 그가 우리 두 사람에게 들려준 가장
최근 소식은 그 계정에 있는 돈으로 멋진 전기 자전거를 샀다는 것이다.

　데니스뿐 아니라 우리 모두에게 심리적 회계는 어마어마하게 가치
있는 일이 될 수 있다. 삶이 한층 더 즐겁고 안전해지기 때문이다. 많은
사람이 신성불가침의 '비상금' 계좌와 '오락과 즐거움' 계좌에서 편익을
얻을 수 있다. 심리적 회계를 이해하면 공공 정책도 개선할 수 있다. 정

부는 심리적 회계라는 개념을 온전하게 이해함으로써 한층 더 많은 성과를 올릴 수 있다. 뒤에서 살펴보겠지만, 사람들에게 저축을 장려하고 싶다면, 저축 증가분을 심리적인 (혹은 실제 현실의) 계좌에 따로 마련하게 하는 것이 중요하다. 그 계좌에 돈을 넣어두면 그 돈을 쓰고 싶은 유혹을 억누를 수 있을 테니 말이다.

3장

인간은 떼 지어 몰려다닌다

인간이 아닌 이콘은 (그리고 우리 저자들이 아는 몇몇 경제 전문가는) 사회성이 상당히 부족하다. 이 사람들은 사회적인 관계를 통해 무언가를 얻을 수 있을 때만 소통하고, 늘 자기 평판에 신경 쓰며(좋은 평판을 얻어야 자신의 가치가 높아진다고 생각하기 때문이다), 다른 사람에게서 실질적인 정보를 얻을 수 있다면 기꺼이 그 사람에게서 무언가를 배우려고 한다. 그러나 이들은 유행을 좇지는 않는다. 이들이 입는 치마나 바지 단이 올라가고 내려가는 건 오로지 실용적인 이유가 있을 때다. 이들은 넥타이도 매지 않는다. 설령 넥타이를 맨다고 하더라도 맵시를 낼 목적으로 넥타이 폭을 좁히거나 넓히지도 않는다(참고로, 애초에 넥타이는 냅킨으로 사용되었다. 넥타이가 실용적인 차원의 기능을 갖추고 있었다는 말이다). 이콘과 달리 인간은 다른 인간에게 자주 영향을 받는다. 심지어 영향을 받지 말아야 할 때조

1부. 인간과 이콘 | 우리는 천재인 동시에 바보다

차 영향을 받는다.

시장에서든 정치에서든 거대한 사회적 변화는 때때로 아주 작고 우연처럼 보이는 사회적 넛지에서 시작된다. 저명인사가 어떤 의견을 제기하거나 행동에 나서면, 이것이 그 의견을 가지거나 행동을 해도 된다는 신호로 작용해 다른 사람들도 그의 의견이나 행동을 따르게 된다. 혹은 별로 유명하지는 않았어도 워낙 헌신적이어서 대중의 관심을 끌며 나중에 기업이나 문화를 바꾸게 되는 경우도 있다. 어떤 쟁점이 책으로, 하나의 아이디어로, 선거에 나서는 정치인의 입으로 퍼져나간다. 그리고 소셜 미디어를 통해 작은 물방울 하나가 거대한 홍수가 될 수도 있다.

이 장에서 우리는 사회적인 영향이 어떻게, 그리고 왜 작동하는지 살펴볼 것이다. 선택 설계자에게는 사회적 영향을 이해하는 것이 중요한데, 여기에는 두 가지 이유가 있다. 첫째, 사람들은 대부분 다른 사람들에게서 무언가를 배운다. 물론 이는 보통 좋은 현상이다. 다른 사람을 통한 학습이 개인과 사회를 발전시킨다. 그러나 사람들이 겪는 커다란 오해 가운데 많은 부분이 바로 다른 사람들에게서 비롯된다. 즉 사람들이 타인과의 상호작용을 통해 배우는 내용이 실제로는 진실이 아닐 수 있다는 게 문제다. 사회적 영향 때문에 사람들이 잘못되거나 편향된 믿음을 가질 때 약간의 넛지가 도움을 줄 수 있다. 사회적 영향을 이해하는 것이 선택 설계자에게 중요한 두 번째 이유는 넛지를 수행하는 가장 효과적인(이 효과가 선한 것이든 악한 것이든 간에) 방법 가운데 하나가 사회적 영향을 매개로 하기 때문이다.

2020년 봄과 여름 동안 우리 저자들이 각각 거주하는 지역(노던 캘리포니아와 보스턴)에서는 코로나19 팬데믹에 대응해 사람들이 대부분 마스크를 착용했다. 그러나 미국의 다른 지역에서는 많은 사람이 (여기에는 저명한 정치 지도자도 포함되어 있었다) 마스크를 착용하지 않았다. 사회적 영향이 마스크 착용을 촉진하기도 했고 저지하기도 했던 것이다. 바로 이 지점에 꼭 기억해야 할 사항이 존재한다. 사람들에게 (지속 가능성이라는 영역에서) '새로운 규범이 형성되고 있다'고 말하는 것은 자기 충족적 예언이 될 수 있다.[1] 많은 사람이 역사의 잘못된 편에 서길 바라지 않는다. 그래서 그들은 세상 사람들이 어떤 일을 점점 더 많이 한다는 걸 알면 어렵거나 도저히 이룰 수 없는 듯 보이는 것도 얼마든지 이룰 수 있고, 반드시 이루어진다고 생각할 수 있다.

사회적 영향은 2개의 기본적인 범주로 나눌 수 있다. 첫 번째 범주는 정보와 관련된다. 만일 많은 사람이 어떤 것을 행동하거나 생각한다면 '나'는 어떤 행동이나 생각을 하는 것이 가장 좋을까 하는 문제에 대한 정보를 그들의 행동과 생각에서 얻는다. 사람들이 반려견을 산책시킬 때 목줄을 채운다든가, 자동차에서 안전벨트를 맨다든가, 속도제한 규정을 지킨다든가, 노후에 대비해 저축을 한다든가, 모든 사람을 평등하게 대한다든가, 마스크를 착용한다든가 하는 모습을 당신이 본다고 치자. 이때 당신은 이런 모습에 영향을 받아서 그렇게 하는 것이 올바른 행동이라고 생각할 수 있다. 두 번째 범주는 또래 압력peer pressure과 관련된다. 어떤 사람이 다른 사람들이 자기를 어떻게 생각하고 평가할지 무척 신경 쓴다고 치자(어쩌면 다른 사람들이 '나'가 행동하는 것을 지켜본다는 착각 때문에 그럴 수 있다. 다음을 참조하라.). 이 경우 그는 다른 사람들의 분노를 회피하거나 그들의 환심을 사려고 사람들이 하는 행동이나 생각을 따를 수 있다. 코로나19 팬데믹이 이어지는 동안 몇몇 지역에서는 마스크를 착용하지 않은 사람은 차가운 시선이나 적대적인 시선을 받는다. 반면 다른 지역에서는 거꾸로 마스크를 착용했다는 이유로 차갑고 적대적인 시선을 받는다.

사회적 넛지의 힘을 간략하게 살펴보기 위해서 연구자들이 확인한 다음 몇 가지 사실을 놓고 생각해보자.

- 자기 또래 아이들이 임신한 모습을 본 10대 소녀가 임신하게 될 가능성은 상대적으로 높다.[*2]

- 어떤 조직에서 직원이 고용주를 상대로 소송하는 모습을 가까이에서 본 직원이 그 고용주를 상대로 소송할 가능성은 상대적으로 높다.[3]

- 방송사들은 서로를 모방한다. 그 결과, 그렇게 하지 않았더라면 나타나지 않았을 방송 편성상의 유행이 생겨난다[4](리얼리티 프로그램, 게임 프로그램, 춤과 노래로 경쟁하는 경연 프로그램, 공상과학물 등이 한꺼번에 나타났다가 사라지는 현상을 생각해보라).

- 대학생들의 학문 추구 노력은 또래의 영향을 받는다. 그래서 신입생 때 무작위로 배정받는 기숙사나 룸메이트가 그 학생이 받을 학점 및 그 학생의 미래에 커다란 영향을 줄 수 있다[5](그러니 학부모는 자녀가 진학하는 대학 이름보다는 자녀와 함께 지낼 룸메이트가 어떤 학생일지 더 염려해야 한다).

- 미국의 사법제도에서 3인 재판부의 연방 판사는 동료 판사의 판

- 이 사례를 포함한 모든 사례에서 '다른 모든 조건이 동일할 때'라는 조건을 생략한다. 따라서 이 항목은 10대 소녀의 임신을 예측하는 다른 위험 요인을 통제한다는 조건에서 그렇다는 말이다.

단에 영향을 받는다. 공화당이 지명한 판사는 민주당이 지명한 판사 2명과 함께 재판부를 구성할 때 상당히 진보적인 모습을 보이는 반면, 민주당이 지명한 판사는 공화당이 지명한 판사 2명과 함께 재판부를 구성할 때 상당히 보수적인 모습을 보인다. 이는 두 정당에서 각각 지명한 판사들이 다른 정당에서 지명한 판사 1명이나 2명과 함께 재판부를 구성할 때는 한층 더 중도적인 판단 성향을 보인다는 뜻이다.[6]

즉 이콘과 다르게 인간은 다른 인간에게 쉽게 넛지된다는 말이다. 왜 그럴까? 사람들은 기본적으로 대세를 따르는 것을 좋아한다는 것이 이유 중 한 가지다.

남들 하는 대로 따라 하기

이런 상상을 해보자. 당신은 6명으로 구성된 어떤 집단의 구성원이고, 지금 시각 인지 테스트를 받고 있다. 그런데 당신에게 주어진 문제가 터무니없이 단순하다. 커다란 흰색 카드에 선 하나가 그어져 있는데, 이 선을 다른 3개의 선과 비교해서 길이가 같은 것을 찾는 문제다.

처음 세 번의 테스트에서는 모든 것이 매끄럽게 진행된다. 6명이 차례대로 자기가 생각하는 답을 큰 소리로 말하는데, 모든 사람이 똑같은 답을 말한다. 사실 이 문제는 전혀 어렵지 않다. 그런데 네 번째 테스트에서는 약간 이상한 일이 일어난다. 당신을 제외한 5명이 모두 동일한 답을 말하는데, 당신이 보기에는 그 답이 명백하게 잘못되었다. 5명이

1부. 인간과 이콘 | 우리는 천재인 동시에 바보다

모두 터무니없는 오답을 말하는 것이다! 자, 이제 당신이 대답할 차례다. 당신이라면 어떻게 하겠는가?

당신이 보통 사람과 다르지 않다면 이 테스트에서 당신이 보일 행동을 예측하는 것이 어렵지 않다고 생각할 것이다. 즉 자기가 정답이라고 여기는 답을 당당하게 말하리라고 생각할 것이다. 또 자신은 독립적으로 생각하는 사람이므로 진실을 말하리라고 생각할 것이다. 그러나 당신이 이콘이 아니라 인간이라면, 또 당신이 정말로 그 실험에 피실험자로 참가했다면, 아마도 당신보다 먼저 명백한 오답을 말한 5명이 한 선택을 그대로 따를 것이다. 자신이 지각한 명백한 증거를 부인할 것이라는 말이다.

1950년대에 뛰어난 사회심리학자 솔로몬 애시Solomon Asch는 바로 이런 맥락의 여러 실험을 했다.[7] 실험 참가자들에게는 다른 사람이 말하는 답에 신경 쓰지 말고 자기가 생각하는 정답만 말하면 된다고 했다. 실험 참가자들은 거의 틀리지 않았다. 문제가 워낙 쉬웠기 때문이다. 그런데 함께 참가한 다른 사람이 모두 오답을 말할 때는 달랐다. 3분의 1이넘는 사람이 오답을 말했다. 실제로 12개 문제에서 실험 참가자 가운데 3분의 1에 가까운 사람들이 적어도 한 번은 자기가 인지한 명백한 사실을 부정하면서까지 다른 사람들이 말하는 오답을 말했다. 이 실험에서 참가자들이 한 번도 본 적 없는 낯선 사람들의 판단에 반응한다는 사실에 주목하길 바란다. 그 낯선 사람들이 자기를 좋아하게 만들어야 할 특별한 이유도 없는데도 그런 일이 일어났다는 사실을 말이다.

애시가 발견한 사실은 인간성에 보편적으로 존재하는 특성을 포착하는 것 같다. 이런 동조 실험은 그 뒤로 자이르, 독일, 프랑스, 일본, 레바

논, 쿠웨이트 등을 포함한 총 17개국에서 130건 이상 진행되었다.[8] 그런데 오류의 전반적 양상은 국가별로 흥미로운 차이를 보여주지만(명백하게 잘못된 판단에 동조하는 사람의 비율이 최소 20퍼센트에서 최대 40퍼센트였다) 모든 나라에서 동조의 수준은 상당히 높은 편이다. 그런데 20~40퍼센트라는 수치가 그다지 크지 않게 보일 수도 있지만, 제시된 문제에서 정답은 누가 봐도 명백한 것이었음을 염두에 둬야 한다. 즉 다른 사람들이 모두 개를 놓고 고양이라고 말하자 자기도 개가 아니라 고양이라고 말하게 될 정도로 넛지되었다는 뜻이다.

그렇다면 사람들이 자기가 감각적으로 인지한 명백한 증거를 무시한 채 다른 사람의 의견에 동조하게 되는 이유는 무엇일까? 앞에서 우리는 이미 2개의 대답을 간략하게 설명했다. 하나는 다른 사람들이 제시하는 대답이 담고 있는 정보이고, 다른 하나는 또래 압력 및 집단 전체를 부인하는 상황에 맞닥뜨리고 싶지 않은 욕망이다. 애시의 연구 실험에서 다른 사람의 잘못된 의견에 동조했던 사람들은 연구자와의 개별 면담 과정에서 자기가 했던 초기 인지 내용이 잘못되었던 게 틀림없다고 말했다. 만일 어떤 사람이 같은 공간에 있는 모든 사람이 어떤 제안을 받아들이거나 어떤 상황 혹은 사물을 특정한 방식으로 바라본다면, 이 사람은 자기가 아니라 다른 사람들이 옳은 판단을 한다고 결론을 내릴 수 있다. 뇌 영상 촬영 연구에 따르면, 애시의 실험과 같은 설정에서 누군가가 다른 사람들에게 동조할 때 이 사람은 실제로 그 상황을 다른 사람들이 바라보는 내용 그대로 바라본다.[9]

한편 사회과학자들은 애시의 실험과 기본적으로 동일한 조건에서 참가자에게 익명으로 답을 제시하라고 할 때는 동조 경향이 낮아진다는 사실을 확인했다. 자기가 말하는 것을 다른 사람들이 지켜본다는 사실을 알고 있을 때 동조 경향이 높아진다는 뜻이다. 다른 사람들이 모두 틀렸다고 생각하거나 그런 사실을 알 때조차 사람들은 그 집단에 동조한다. 만장일치로 한목소리를 내는 집단은 가장 강력한 넛지를 제공할 수 있다. 심지어 문제가 너무 쉬워서 다른 답을 말하는 자기 이외의 모든 사람이 틀렸음을 명백하게 알고 있을 때도 그렇다.[10]

애시가 한 일련의 실험에는 꽤 명백한 답이 나올 수 있는 평가 문제도 포함되어 있었다. 예컨대 선의 길이가 얼마나 되는지 평가하는 건 전혀 어렵지 않은 일이다. 그런데 문제를 조금 더 어렵게 하면 어떻게 될까? 이 실험에서 하는 질문은 우리 저자들이 설정한 목적을 놓고 보자면 특히 중요하다. 우리는 어렵기도 하고 낯설기도 한 문제를 풀 때 사람들이 어떻게 집단의 영향을 받을까 혹은 받을 수 있을까 하는 점에 관심을 가지기 때문이다. 이와 관련된 몇몇 핵심적인 연구는 심리학자 무자퍼 셰리프Muzafer Sherif가 이미 1930년대에 했다.[11] 셰리프가 진행한 일련의 실험에서 참가자는 어두운 방에 있었다. 그리고 그들이 있는 곳에서 조금 떨어진 장소에 작은 불빛이 동전처럼 놓여 있었다. 이 불빛은 실제로 고정되어 있었지만, 자동운동 효과autokinetic effect의 착시 때문에 움직이는 것처럼 보인다. 이 실험을 여러 번 진행하면서 셰리프는 참가자에게 불빛이 움직인 거리를 추정해보라고 했다. 실험 참가자들은 개별적으로 질문을 받았을 때 제각기 다른 답을 내놓았다. 그뿐 아니라 동일한 실험 참가자도 같은 테스트를 할 때마다 다른 답을 내놓았다. 하지만 이는 놀라운 일이 아니다. 빛은 움직이지 않았고 빛이 움직인 거리에 대한 판단은 아무런 근거도 없는 추측이었으니까 말이다.

그러나 셰리프가 실험 참가자를 소집단으로 묶어 실험을 진행하면서 각각의 참가자에게 자기가 생각하는 답을 공개적으로 말하라고 했을 때 동조 효과가 크게 나타났다. 개개인의 판단이 하나로 수렴해, 거리에 대한 합의가 소집단 내에서 신속하게 이루어져 집단 규범이 형성된 것이다. 시간이 흐르자 그 규범은 소집단 내에서 안정적으로 유지되었으며, 나중에는 각각의 소집단이 자기가 내린 판단을 강력하게 고수하게 되었다. 겉으로만 보면 비슷한 집단과 도시, 그리고 국가가 처음에는 아주 사소한 차이에서 출발했지만 결국 각자 전혀 다른 믿음과 행동으로 수렴하는 과정을 보여주는 중요한 단서가 바로 여기에 있다.

셰리프는 넛지도 시도했다. 몇몇 실험에서 그는 미리 공모한 사람을 다른 참가자들 몰래 포함시켰다. 그러자 실험 결과가 완전히 달라졌다. 사전 공모자가 자기 주장을 강력하고 자신 있게 말했을 때 그의 의견이 집단 전체의 판단에 커다란 영향을 미쳤다. 먼저 발표한 사람들의 추정치에 비해 공모자가 말한 추정치가 훨씬 더 높을 때 집단의 판단 내용은 크게 부풀려졌다. 반대로 공모자가 말한 추정치가 훨씬 더 낮을 때는 집단의 판단 내용도 낮아졌다. 아주 작은 넛지라 하더라도 자신감이 담겨 있기만 하다면 해당 집단이 내리는 결론에 큰 영향을 줄 수 있다. 셰리프가 이 일련의 실험을 한 지 수십 년이 지난 뒤 사회학자들은 자신감 간편 추론법confidence heuristic의 존재를 밝혀냈다. 자신감 간편 추론법은 어림짐작의 한 방식으로, 자신 있게 말하는 사람의 주장이 틀릴 리 없다고 여기는 것이다. 여기에서 우리는 민간 부문이든 공공 부문이든 자기 의견을 흔들림 없이 일관되게 주장하는 사람이 집단이나 기존 업무 관행을 자신이 선호하는 쪽으로 움직여나간다는 확실한 교훈을 얻을 수 있다. 그리고 여기에서 확인할 수 있는 중요한 암시는, 만약 어떤 소집단에서 나이 많은 구성원들이 젊은 구성원들의 신뢰를 얻고자 한다면 그들은 그런 신뢰를 독립적으로 요청할 것이고(그래야 동료들이 서로에게 영향을 주지 않는다), 무엇보다 젊은 구성원들이 자기 의견을 밝히기 전에 그렇게 할 것이라는 점이다.

그런데 이보다 더 놀라운 사실은 소집단의 판단이 집단 구성원들에게 철저하게 내면화되어 구성원들이 자기 의견을 밝힐 때조차 집단의 판단을 고수하곤 한다는 점이다. 1년이라는 시간이 지난 뒤에도 그랬으며, 집단의 구성원이 다른 집단으로 가서 그 집단의 구성원이 모두 아니라고 할 때도 기존 판단을 바꾸지 않았다. 또 두드러진 사실은 이 초기 판단이 '세대'를 초월해 계속 영향력을 행사하기도 한다는 점이다. 새로운 실험 참가자들이 해당 소집단에 추가되고 다른 구성원들이 물러나 모든 실험 참가자가 완전히 새로운 상황에 놓일 때조차 애초에 형성되었던 집단의 의견은 처음 의견을 제시한 사람이 없음에도 계속 유지되었다.[12] 셰리프가 썼던 기본적인 방법을 활용한 일련의 실험을 통해 연구자들은 임의의 '전통', 여기서는 거리에 대한 판단이 시간이 흐르는 과정에서 한층 더 단단해질 수 있음을 보여왔다. 이는 많은 사람이 임의로 형성된 그 전통 혹은 믿음을 아무 근거도 없이 지켜나간다는 뜻이다.[13]

바로 여기에서 우리는 많은 전통이 실제로는 아무런 의미도 없고 그 어떤 목적에도 기여하지 않는 임의적인 것임에도 수십 년 혹은 수백 년이라는 세월 속에서 단단해지는 이유를 알 수 있다. 우리는 또한 새로운 필요성이 대두되어도 기존 패턴을 고수하는 이른바 '집단 보수주의collective conservatism'가 어떻게 해서 많은 집단을 집어삼키는지도 알 수 있다. 예컨대 넥타이를 매는 것과 같은 특정 관습이 정착되고 나면, 이 관습이 존재할 이유가 사라졌다 하더라도 지속될 수 있다. 물론 많은 전통은 거기에 기대서 사는 사람들에게 도움이 되기 때문에 지속된다. 그러나 때로 어떤 전통은 몇몇 사람 혹은 한 사람이 시도한 작은 넛지의 산물인데도, 많은 사람의 지지를 받거나 적어도 그들로부터 암묵적인 승인을 받았기 때문에 오랫동안 전통으로 지속된다. 물론 그 전통이 심각한 문제를 일으킨다는 증거가 나왔을 때는 해당 집단이 그것을 바꿀 수도 있다. 그러나 만약 그런 증거의 근거가 약하다면 사람들은 늘 해오던 것을 계속 이어간다. 전통이라는 이름으로 말이다.

그 뒤로도 연구자들은 애시의 기본적인 방법론을 발전시킨 다수의 실험을 했고, 그 결과 많은 유형의 판단에서 커다란 동조 효과가 나타난다는 사실을 발견했다.[14] 예를 들어 다음과 같은 내용을 살펴보자. 연구자는 실험 참가자에게 "다음 가운데 우리나라가 당면한 가장 중요한 문제가 무엇이라고 생각합니까?"라는 질문과 함께 다섯 가지 선택지를 제시했다. 그 다섯 가지는 경기 침체, 교육 시설, 반정부 활동, 정신 건강, 그리고 범죄 및 부패였다. 그런데 연구자가 개인적으로 물었을 때 반정부 활동이라고 대답한 사람은 12퍼센트밖에 되지 않았지만, 그 집단의 다른 사람들이 모두 한목소리로 반정부 활동이라고 대답했을 때는 48퍼센트가 반정부 활동이라고 대답했다.[15]

이와 비슷한 결과를 확인한 실험은 또 있었다. 연구자는 실험 참가자들에게 다음 진술을 놓고 곰곰이 생각해보라고 했다. "언론의 자유는 권리라기보다는 특권이므로, 어떤 사회가 위협을 느낄 때는 언론의 자유를 유보하는 것이 맞다."

개인적 차원에서 질문을 받을 때는 통제 집단의 19퍼센트만 그 진술에 동의했다. 그러나 실험 참가자를 집단 속에 두고, 집단 가운데 겨우 네 사람이 그 진술에 동의하는 것을 보게 했더니, 그 진술에 동의하는 사람의 비율이 58퍼센트나 되었다. 이런 결과는 애시가 기본적으로 관심을 가진 의문 즉 나치주의가 득세한 이유와 밀접한 연관이 있다. 동조는 매우 강력한 넛지를 낳고, 그때나 지금이나 도저히 상상조차 할 수 없을 홀로코스트 같은 끔찍한 행동을 유발하는 것으로 이어졌다고 애시는 믿었다.

애시의 연구가 파시즘 혹은 그 밖의 놀라운 현상을 적절하게 설명하는지 여부와 무관하게 사회적 압력이 사람들로 하여금 매우 특이한 결론을 수용하도록 넛지하고, 그 결론이 사람들의 행동에 영향을 준다는 것은 분명하다. 여기에서 제기되는 의문은 선택 설계자가 과연 이런 점을 이용해 사람들을 보다 더 나은 방향으로 유도할 수 있을까 하는 것이다. 이는 이제부터 독자와 함께 해답을 찾아갈 문제다.

문화적 변화와 정치적 변화, 그리고 예측 불가능성

어떤 행위나 춤 혹은 구호가 어느 날 갑자기 인기를 끄는 이유가 무엇인지 생각해본 적이 있는가? 대개 우연성과 사회적 영향이 강력하게 결합할 때 이런 일들이 일어날 수 있다. 사회학자들이던 던컨 와츠Duncan Watts와 피터 도즈Peter Dodds, 그리고 매슈 살가닉Matthew Salganik이 음악 다운로드라는 장치를 동원한 탁월한 실험을 통해 이 사실을 입증했다. 이 연구자들은 실험을 위해 젊은 사람들이 좋아할 만한 '뮤직랩Music Lab'이라는 음악 사이트를 만들고 여기에 접속한 수천 명을 대상으로 실험을 진행했다.[16] 실험 참가자에게 노래 48곡을 소개했는데, 이 노래들은 모두 무명 밴드가 부른 전혀 유명하지 않은 것들이었다. 그리고 연구자들은 실험 참가자들에게 그 노래들을 들어보고 어떤 노래에 관심이 가는지, 그리고 다운로드를 하겠다면 어떤 것을 선택하겠느냐고 물었다. 실험 참가자 가운데 약 절반에게는 밴드의 이름과 노래 제목, 그리고 노래의 품질에 대한 자신의 판단을 기초로 각자 스스로 결정하도록 했고, 나머지 절반에게는 다른 사람들이 어떤 노래를 얼마나 많이 다운로드하는지 본 다음 결정하게 했다. 이때 연구자들이 관심을 가진 질문은 다른 사람들이 어떤 노래를 얼마나 많이 다운로드하는지가 과연 실험 참가자가 다운로드할 노래를 선택하는 데 영향을 줄 것인가 하는 것이었다.

두 번째 집단에 속한 각각의 실험 참가자는 또한 8개의 '월드' 가운데 하나에 무작위로 배정되었고, 각각의 월드는 독립적으로 전개되었다. 그리고 참가자는 자기가 속한 월드의 다운로드 상황만 볼 수 있도록 실험을 설계했다. 아마도 당신은 사회적 영향이 그다지 크지 않고 (통제 집단의 결과와 마찬가지로) 오로지 노래의 품질이 다운로드 순위를 결정할 것이라고 생각할지도 모른다. 그런데 살가닉과 그의 동료들은 다음과 같은 의문을 품었다. 사람들은 타인의 선택에 영향을 받을까? 제각기 다른 '월드'에서 제각기 다른 노래가 가장 인기가 좋은 노래로 선정될까? 사람들은 타인의 행동에 넛지될까?

실험 결과를 놓고 보자면, 단 한 점의 의심도 끼어들 여지가 없었다. 8개의 '월드'에서 모두 다른 사람들이 많이 다운로드한 노래를 다운로드하는 확률이 압도적으로 높았으며, 다른 사람들이 적게 다운로드한 노래는 압도적으로 인기가 없었다. 그래서 최초에 얼마나 인기가 좋은 가 하는 점이 가장 중요했고, 바로 이 점이 해당 노래의 성공과 실패를 좌우했다. 통제 집단에서 초기에 인기가 별로 없던 노래들이 최상위로 올라선 경우나 가장 인기가 높던 노래가 최하위로 떨어진 경우는 한 번 도 없었지만, 그 밖에는 거의 모든 일이 일어날 수 있었다. 실험 참가자가 다른 사람의 선택을 볼 수 없게 설정된 통제 집단에서 인기가 있었거나 없었던 노래가 '사회적 영향이 작동하는 세상'인 8개의 '월드'에서는 전 혀 다른 모습을 보여주었다. 이들 '월드'에서는 성공과 실패를 가르는 궁 극적 변수는 초기에 얼마나 많은 인기를 끄느냐 하는 것이었다. 똑같은 노래라 하더라도 초기에 이 노래를 들은 사람이 어떻게 평가하느냐에 따라 성공과 실패가 갈렸다. 이런 이유로 노래의 성공은 전혀 예측할 수 없었으며 8개 '월드'의 성공과 실패 양상은 제각기 다르게 나타났다.

살가닉과 그의 동료들이 발견한 것은 '정보의 폭포informational cascade'(어떤 현상이 폭포처럼 순차적으로 증가하는 것—옮긴이) 현상이었는데, 이 현상은 사람들이 타인이 내린 판단을 보고 정보를 받아들일 때 나타 난다. 다음과 같이 가정해보자. 어떤 집단이 있고 이 집단의 구성원은 8명이다. 그런데 이 집단이 작은 사업부의 새로운 직책을 맡아서 일할 사람 1명을 채용하는 결정을 내려야 한다. 후보자는 3명이다. 편의상 애 덤과 바버라와 찰스라고 하자. 이때 8명 가운데 가장 먼저 발언하는 사 람이 애덤이 적격자라고 말하면, 두 번째 사람은 여기에 동의하게 된다. 그런데 이렇게 동의하는 이유는 그 사람이 애덤을 선호하기 때문이 아 니라 첫 번째 발언자를 신뢰하고 그 사람의 판단이 틀렸다고 볼 이유가 확실하지 않기 때문이다. 이렇게 처음 두 사람이 애덤을 지지하고 나서면, 이 두 사람이 다른 사람들에게 강력한 넛지를 한 셈이 되고, 세 번째 사람은 그냥 따라가게 된다. 그리고 네 번째와 그다음 사람들 역시 애덤에 대해 강력한 반대 의견을 가지고 있지 않는 한 마찬가지다. 이 사람들은 정보의 폭포에 휩싸여 있다고 볼 수 있다. 노래의 (영화나 책도 마찬가지다) 인기는 흔히 이와 같은 폭포 효과의 결과일 뿐이다. 물론 정보 폭포 현상에는 '평판 폭포' 현상이 동반되기도 하는데, 이 경우 사람들이 다른 이들과 의견을 함께하는 것은 그들에게서 정보를 받아서가 아니라 그들의 분노나 반감을 사고 싶지 않아서다.

노래 다운로드 실험은 기업이나 정치와 같은 다른 많은 영역에서 나타나는 예측할 수 없는 변화를 설명해주기도 한다. 코넬대학교의 사회학자 마이클 메이시Michael Macy와 그의 동료들은 다른 사람들이 어떤 의견을 가졌는지 알 때 이런 사실 때문에 특정한 정치적 입장이 민주당원들 사이에서는 인기를 끌고 공화당원들 사이에서는 인기가 없을 수 있을까(혹은 그 반대도 가능할까) 하는 의문을 품었다.[17]

이 실험을 진행한 과정은 다음과 같았다. 연구자들은 우선 수천 명 규모였던 실험 참가자에게 민주당 지지자인지 공화당 지지자인지 물었다. 그런 다음 참가자를 10개 집단으로 나누었는데, 그 가운데 둘은 '독립적으로 판단하는' 집단으로 설정했고 8개는 '영향을 받아서 판단하는' 집단으로 설정했다. '독립' 집단에 속한 실험 참가자에게는 스무 가지의 개별적인 쟁점에 대해 어떻게 생각하는지 물었다. 민주당과 공화당을 각각 지지하는 다른 사람들이 어떤 의견을 밝히는지 전혀 모르는 환경에서 오로지 자신만의 판단으로 대답하게 한 것이다. 한편 8개의 '영향' 집단에 속한 실험 참가자는 민주당이나 공화당 지지자가 몇몇 정치적 쟁점에 다른 사람들이 얼마나 많이 지지 혹은 반대하는지 알 수 있게 했다. 연구자들은 실험 참가자들에게 제시할 쟁점을 선정할 때 특정 진영에 속한 사람들이 명백하게 찬성하거나 반대할 만한 쟁점은 제외하도록 특별히 주의를 기울였다. 그래서 '기업은 수익을 창출하는 나라가 아니라 본사가 위치한 나라에 세금을 내게 해야 한다' 같은 쟁점을 실험 참가자들에게 제시했다.

연구자들은 영향을 받는 조건에서는 공화당 지지자와 민주당 지지자가 최종적으로 어떤 판단을 내릴지 예측하기 어려울 것이라는 가설을 사전에 설정했다. 만일 어떤 집단 내에서 먼저 응답한 공화당 지지자가 특정 쟁점에 찬성할 경우 그 뒤에 응답한 다른 공화당 지지자 역시 찬성할 (그리고 민주당 지지자는 반대할) 가능성이 높겠지만, 반대로 같은 조건에서 먼저 응답한 공화당 지지자가 그 쟁점에 반대할 경우에는 그 뒤에 응답한 다른 공화당 지지자 역시 반대할 (그리고 민주당 지지자는 찬성할) 가능성이 높다고 본 것이다. 이 예측은 정확하게 맞아떨어졌다. 모든 집단에서 민주당 지지자와 공화당 지지자의 의견은 먼저 답변한 사람들의 의견에 따라 여러 번 뒤집어졌다. 연구자들이 했던 표현을 빌려서 말하면 '소수가 초기에 표명한 의견'이 대규모 개체군의 의견을 좌우하는 데 중대한 영향력을 행사할 수 있고, 공화당 지지자와 민주당 지지자 모두 실제로는 그 정당의 정치적 입장과는 아무런 관련이 없는 일련의 의견을 받아들이도록 하는 데 중대한 영향력을 행사할 수 있다. 이런 발견들은 두 당의 지지자가 짧은 기간에 서로 입장이 뒤집어지는 과정 및 정치적 쟁점이 갑작스럽게 극단적으로 양극화되는 과정을 설명하는 데 도움을 준다.

많은 영역에서 사람들은 어떤 뮤지션, 배우, 작가, 정치인 등이 거둔 성공이 그 사람의 기량이나 특성에 따른 필연적 결과라고 생각하도록 유혹받고 또 그렇게 유도된다. 바로 이 유혹을 조심해야 한다. 핵심적인 단계에서 발생한 사소한 개입이나 우연한 일이 결과에 커다란 차이를 빚을 수 있다. 지금 뜨거운 인기를 누리는 가수라 하더라도 무명 가수 수십 명 혹은 수백 명과 비교할 때 재능의 차이는 별로 없을지도 모른다. 이런 추정을 다른 영역으로도 확장할 수 있다. 현재의 정치 지도자 대부분은 기억에서 사라져버린 수많은 낙선자와 비교해서 재능이라는 점에서 별 차이가 없을 수도 있다. 교수나 기업, 그리고 제품에 대해서도 똑같은 말을 할 수 있다. 사회적 영향이 그만큼 중요하며, 행운 역시 중요하다.

사회적 영향의 효과는 특정한 사람이 의도적으로 조장한 것일 수도 있고 아닐 수도 있다. 그 누구도 의도를 가지고 조장하지 않았음에도 사회적 영향이 어떤 '믿음'에 영향을 준 생생하고도 재미있는 사례가 있다. 시애틀에서 일어난 이른바 '자동차 앞 유리창 흠집 전염병'이다.[18] 1954년 3월 말, 미국 워싱턴주의 도시 벨링햄에서 여러 자동차 앞 유리창에 작은 흠집이 나는 사건이 일어났다. 경찰은 이를 비비탄이나 산탄총을 동원한 기물 파손 행위라고 보았다. 그런데 얼마 뒤 벨링햄 남쪽에 있는 몇몇 도시에서도 이와 비슷한 일이 일어났다. 그리고 2주 사이에 이런 일은 더 남쪽으로 확산되었고, 피해 차량이 2,000대 넘게 신고되었다. 그렇다면 이는 단순한 기물 파손 행위라고 볼 수 없었다. 이 위협은 시애틀까지 접근하고 있었다. 그러자 4월 중순에 시애틀의 신문들은 이 파괴 행위의 위험을 보도했고, 피해 차량이 나타나면서 해당 지역 경찰이 수사에 나섰다.

얼마 지나지 않아 이런 차량 피해가 전염병 확산에 비유될 정도로 널리 퍼졌고, 사람들은 이와 관련해 온갖 가능성을 추측했다. 방사능 검사기까지 동원했지만 방사능은 발견되지 않았다. 대기상에서 특이한 일이 벌어졌다고 생각하는 사람들도 있었고, 음파나 지구자장의 변화 때문이라고 생각하는 사람들도 있었으며, 우주에서 날아온 태양 광선 때문이라고 생각하는 사람들도 있었다. 4월 16일까지 시애틀 전역에서 최소 3,000건이나 되는 자동차 앞 유리창 파손 사건이 발생하자, 시애틀 시장은 즉시 주지사와 아이젠하워 대통령에게 편지를 썼다.

"워싱턴주 북부에서만 국지적으로 발생하던 자동차 앞 유리창 파손 행위가 이제는 퓨젓사운드 전역으로 확산되었습니다. (…) 연방 정부 및 주 정부 기관이 신속하게 지역 당국과 협력하도록 조치해주십시오."

그러자 주지사는 과학자들을 소집해 이 불길하고 무서운 현상을 조사하게 했다.

과학자들은 어떤 결론을 내렸을까? '그 파손 피해는 아마도 통상적인 운행 과정에서 작은 물체가 자동차의 앞 유리창을 때려서 나타난 것이 아닐까 싶다'는 게 그들이 내린 결론이었다. 나중에 이루어진 추가 조사도 과학자들이 내린 결론을 뒷받침했는데, 새로 출시된 자동차에서는 그런 피해가 나타나지 않았다는 사실이 드러났다. 최종적인 결론은 그 흠집들이 사실은 예전부터 있었지만 아무도 알아보지 못하다가 최근에 사람들이 떠들어대면서 새삼스럽게 발견된 것뿐이라는 것이었다(아마 당신도 잠시 뒤에 당신 차 앞 유리를 살펴볼 것이다. 그러면 분명 흠집을 한두 개 혹은 그보다 더 많이 발견할 것이다. 그렇지만 분명히 말하는데, 그 흠집은 우주에서 온

외계인의 장난 탓은 아니다.).

　사회적 영향을 입증하는 더 최근 사례를 하나 더 소개하겠다. 2012년
에 콜롬비아 보건 당국은 HPV(인유두종 바이러스)를 예방할 학교 기반의
예방주사 프로그램을 도입했는데, 첫해에 해당 인구의 90퍼센트가 예
방주사를 맞았다. 여기까지는 좋았다. 그런데 2014년에 한 학교의 몇몇
여학생이 이 예방주사를 맞고 부작용을 호소하며 병원에 입원했다. 그
리고 얼마 뒤에는 근육 경련, 기절, 의식불명 등 온갖 증상을 보이는 여
학생들의 동영상이 소셜 미디어에 올라왔으며, 이런 사실은 전국 신문
을 통해서 보도되었다. 부작용으로 보도된 사례는 600건이 넘었다. 그
런데 보건 당국에서는 HPV 예방주사가 그 현상의 원인이 아니고 집단
심인성 반응의 결과일 뿐이라고 발표했다. 그러나 대중의 공포는 잦아
들지 않았다. 공포는 해당 집단을 중심으로 빠르게 확산되었고, 2016년
까지 HPV 예방주사 접종률은 1차 14퍼센트 및 완료 5퍼센트 수준으로
각각 떨어졌다. 2012년의 98퍼센트와 88퍼센트와 비교하면 터무니없
을 정도로 낮은 수준이었다.[19]

　시애틀의 자동차 앞 유리창 전염병과 콜롬비아의 심인성 반응은 특
정한 의도의 개입이 없이도 사회적 넛지가 나타날 수 있음을 보여주는
극단적인 사례다. 우리는 남에게 영향력을 행사할 의도가 전혀 없는 사
람들에게 날마다 영향을 받는다. 사람은 대부분 함께 식사하는 동료의
식습관에 영향을 받는다. 그 사람들의 의도와 무관하게 말이다. 당신은
친구들의 식습관과 관련된 선택에 넛지될 수 있지만, 당신 친구들이 의
도적으로 그런 넛지를 행사하는 경우는 거의 없다. 당신은 그저 '아, 저
게 멋있어 보이네, 나도 저렇게 해야지' 하고 생각할 뿐이다. 그럼에도

사회적 영향을 전략적으로 이용하는 경우가 흔하다. 특히 광고업자들은 이런 영향력이 얼마나 강력한지 확실히 알고 있다. 흔히 그들은 자기 제품을 '대부분의 사람들이 선호한다'고 강조하거나 '점점 더 많은 사람이' 시대에 뒤떨어진 다른 브랜드 제품을 사용하다가 지금은 가장 최신이고 성능 좋은 자기 제품으로 갈아탄다고 강조한다. 광고업자들은 사람들이 대부분 이러저러하게 한다거나 점점 더 많은 사람이 이러저러하게 한다는 식의 발언으로 사람들을 넛지하려 한다.

많은 나라에서 공직 후보자나 정당도 똑같은 행동을 하는데, '사람들이 대부분' 자기 쪽으로 돌아선다고 강조함으로써 실제로도 그런 일이 일어나길 바란다. 선거판에서 자신을 지지하던 유권자들이 떼를 지어 돌아서는 것은 최악의 상황이다. 이런 유형의 인식은 2008년 미국에서 버락 오바마가 당선된 것과 2016년 도널드 트럼프가 당선된 것, 그리고 2020년 조 바이든에 맞선 트럼프가 낙선된 것을 잘 설명해준다. 유권자들이 무리를 지어 이 후보자에게서 돌아서서 저 후보자를 지지할 때, 유권자들은 모두 이를 자신이 독립적으로 내린 판단의 결과라고 믿는다. 이것이 사실일 수도 있지만 그렇지 않을 수도 있다. 그들이 내린 판단은 다른 사람들이 무리를 지어 특정 후보를 지지하는 쪽으로 옮겨 가고 있다는 인식에 강하게 등이 떠밀린 결과일 수 있기 때문이다.

당신이 하길 사람들이 바라는 것

당연한 말이지만, 사람들의 정체성 혹은 자기 이해self-understanding 가 매우 중요하게 작용할 수 있음을 깨닫는 것이 중요하다. 만약 어떤 지역 주

[그림 3-1] '너, 텍사스 건드리지 마' 로고

민들이 다른 곳에 사는 사람들이 물건을 재활용한다거나 채식주의자로 살아간다거나 마스크를 착용한다는 말을 들을 때 '오, 나도 그렇게 해야지!' 하고 생각할 수도 있다. 그러나 '내가 저런 사람과 다르다니 얼마나 다행인지 몰라'라고 반응할 수도 있다. 사회적 영향을 활용하고자 하는 선택 설계자들에게 주어진 과제는 사람들의 자의식에 맞서기보다는 그것과 손잡고 협력하는 것이다. 그 자의식은 국적, 문화, 지역, 민족성, 종교, 정치 또는 좋아하는 스포츠 팀과 관련이 있을 수 있다. 우리는 이런 특성에 '정체성에 기반한 인지identity-based cognition'라는 이름을 붙이기도 한다.

이제는 고전적인 사례가 된 동시에 놀라운 성공을 거둔 사례를 살펴보자. 고속도로에서 쓰레기를 아무 데나 버리는 행위를 근절한 텍사스의 사례다. 처음에 당국은 막대한 예산을 들여 사람들이 모두 알 정도로 떠들썩하게 캠페인을 벌였다. 쓰레기 무단 투기는 시민 의식을 저버리는 행위이니만큼 쓰레기를 버리지 말자는 내용으로 주민을 설득하고 나선 것이다. 그러나 이 캠페인은 실패로 끝났고, 관리들은 좌절했다. 쓰레

1부. 인간과 이콘 | 우리는 천재인 동시에 바보다

기를 버리는 사람 중 대부분은 18세에서 24세 사이 남자였는데, 이들은 관료주의적인 엘리트 집단이 자기 행동을 바꾸려 든다는 사실 자체에 거부감을 느꼈다. 그래서 담당 관리들은 '텍사스의 독특한 자긍심을 건드려주는 거친 말투의 표어'가 필요하다고 판단했다. 그래서 댈러스 카우보이의 인기 미식축구 선수들이 출연해서 버려진 맥주 캔을 맨손으로 우그러뜨리며 "너, 텍사스 건드리지 마Don't mess with Texas!"라고 으르렁대는 광고 영상을 제작했다. 또 다른 여러 광고에서는 윌리 넬슨 같은 인기 가수도 출연했다.

그러자 '너, 텍사스 건드리지 마!'라는 문구가 들어간 제품이 등장했다. 티셔츠와 머그잔은 말할 것도 없고 온갖 제품에 이 문구가 등장했다. 특히 인기 있는 도안은 성조기와 어쩌면 이보다 더 중요할지도 모르는 텍사스의 깃발이 모두 동원된 것이었다.

지금은 텍사스 주민 거의 대부분이 이 표어를 알고 있다. 어떤 시점에선가 이 표어는 미국인이 가장 사랑하는 표어로 압도적인 표 차이로 선정되어 뉴욕시티의 매디슨가에서 퍼레이드를 벌이는 영광을 누리기도 했다(이것은 지어낸 이야기가 아니다. 그러나 사실 미국에서만 가능한 이야기이긴 하다.). 더 중요한 사실은, 이 표어가 등장한 첫해에 텍사스에서 발생한 쓰레기 양이 29퍼센트나 줄어들었다는 것이다. 그리고 처음 6년 동안에는 도로변에 버려진 쓰레기가 72퍼센트나 줄어들었다.[20] 이 모든 일은 명령이나 위협이나 강압 없이 오로지 창의적인 넛지를 통해 일어났다.

많은 국가의 정부가 어떤 식으로든 '정체성에 기반한 인지'를 도입했고, 넓게 보자면 모두 비슷한 접근법을 사용했다. 화장실 사용을 늘리기 위한 인도의 공중 보건 캠페인은 청결을 추구했던 마하트마 간디의 헌신을 강조하면서 국가의 자존심에 직접적으로 호소했다. 미국 몬태나주에서는 주지사 스티브 블록이 마스크를 착용하도록 장려하기 위해 '몬태나 주민은 늘 마스크를 착용합니다'라는 문구가 들어간 낚시, 스키, 활사냥 사진으로 캠페인을 벌였다. 물론 우리에게는 그런 호소가 언제, 그리고 얼마나 잘 통하는지 알려주는 증거가 필요하다. 하지만 넛지가 사회적 영향과 사회적 규범을 활용한다면, 사람들에게 각자 자기와 닮은 사람과 자기가 신뢰하는 사람에게 배우고 그 사람처럼 행동하라고 할 때 극대화된 효과를 발휘할 것이다.

다원적 무지: 전통, 관행 그리고 넛지

사회적 영향을 행사하고자 하는 사람들이 넘어서야 할 중요한 과제이자 기회가 바로 '다원적 무지pluralistic ignorance'다. 이는 사람들이 사회적 쟁점에 대한 소수 의견을 다수 의견으로 혹은 다수 의견을 소수 의견으로 잘못 인지하는 현상이다. 사람들이 어떤 관행이나 전통을 따르는 이유는 그것을 좋아하거나 그것이 옹호할 가치가 있어서가 아니라 다른 사람들이 대부분 그것을 좋아한다고 생각하기 때문이다. 많은 사회적 관행이 바로 이런 이유로 존립하는데, 이는 거꾸로 작은 충격이나 넛지 하나만으로도 관행을 없애버릴 수 있다는 뜻이기도 하다.[21] 한 가지 극단적인 사례가 바로 구소련의 공산주의다. 구소련의 공산주의가 지속될 수 있었던 이유 가운데 하나는 그 체제 아래 살던 사람들이 공산주의 체제를 경멸하는 사람이 얼마나 많은지 몰랐다는 것이다. 자기 이외의 사람들이 무슨 생각을 하는지 알게 되면서 사람들은 자기가 믿는 것을 용기 내서 말하고 그에 따라 행동했다.

　바로 여기에 대규모 사회적 변화가 어떻게 일어나는지 이해할 수 있는 단서가 있다. 종종 사람들은 자기의 의견에 따라서 말하고 행동하도록 허가받거나 넛지된다. 한스 크리스티안 안데르센의 멋진 동화『벌거벗은 임금님』을 생각해보라. 이 작품 속 넛지는 분명히 사회적인 것이다. 이 넛지는 종종 일종의 허가증으로 작용하기도 한다. 예컨대 한 아이가 "임금님이 벌거벗었다!"라고 큰 소리로 말할 때 그 자리에 있던 사람들 또한 그렇게 말해도 된다는 느낌에 갑자기 사로잡힐지도 모른다. 오랜 관행을 거부하는 극적인 변화는 폭포 효과나 편승 효과bandwagon effect를 촉발하는 넛지에서 시작된다. 넛지는 사람들에게 다른 사람들이 실제로는 어떻게 생각하는지 느끼게 해주고, 그래서 자기가 생각하는 것을 말할 수 있게 해주기 때문이다. 예를 들어 동성애자 결혼, 미투 운동 #MeToo, 흑인 인권 운동#BlackLivesMatter 등이 뚜렷하게 나타나게 된 이유를 생각해보자. 이 모든 운동은 가시적인 행동(이 행동에는 사람들이 오랫동안 참았던 분노를 드러내는 것을 허용하거나 격려하는 활발한 소셜 미디어 운동도 포함된다)을 연료 삼아 진행되었다. 입을 다물어야 했거나 고통을 받았거나 슬퍼했거나 침묵 속에서 분노를 삼켰던 사람들이 그 모든 것을 바깥으로 쏟아내도 된다는 신호를 본 것이다.

　이와 관련된 생생한 사례로 사우디아라비아에서 진행된 실험을 들 수 있다. 사우디아라비아에는 '후견인 제도'라는 오랜 관습이 있다. 이 제도에 따르면 아내가 집 바깥에서 일하는 것에 대한 최종 권한을 남편이 가진다. 시카고대학교의 경제학자 리어나도 버즈틴Leonardo Bursztyn과 그의 동료들은 결혼한 젊은 남성 다수를 대상으로 개인적인 설문 방식으로 질문한 끝에 압도적인 다수가 여성의 노동 참여에 찬성한다는 사실을 확인했다.[22] 그리고 동시에 그들이 사회규범에 대해 심각하게 오해한다는 사실도 확인했다. 그들은 자기와 비슷한 다른 남성들, 특히 자기가 속한 지역사회의 남성들도 자기 아내가 노동에 참여하는 것을 원하지 않는다는 식으로 사실과 다르게 생각하고 있었던 것이다.

버즈틴과 동료들은 그 젊은 남성들 가운데 절반을 무작위로 선정한 다음에, 그들이 믿고 있던 사실을 바로잡아주었다. 그러자 그들은 (후견인의 권한으로!) 기꺼이 자기 아내가 집 바깥에서 일하도록 허락했고, 결과적으로 여성이 하는 일에 상당한 영향을 끼쳤다. 연구자들이 개입한 지 4개월이 지난 뒤, 다른 남자들이 여자가 사회에서 노동하는 것을 어떻게 생각하는지와 관련된 정보를 접한 남자들의 아내들이 그렇지 않은 남자들의 아내들에 비해 일자리를 찾아 나서고 취업 면접을 한 비율이 더 높았다. 바로 여기에 의미심장한 교훈이 있다. 사람들이 자기 이외의 사람들이 대부분 오래된 사회규범을 철저하게 신봉한다고 잘못 생각할 때, 이 오해를 바로잡아줄 아주 작은 넛지만으로도 사회를 크게 바꿀 수 있다는 것이다.

강력한 넛지로 작용하는 새로운 사회적 규범

이런 연구 결과를 통해서 얻는 일반적인 교훈은 명백하다. 선택 설계자가 사람들의 행동을 바꾸고자 하고 이를 넛지를 통해 수행하고자 한다면, 어쩌면 그 일은 무척 간단할 수도 있다. 다른 사람들이 생각하거나 행동하는 것을 알려주기만 하면 되기 때문이다. 때로 다른 사람들의 생

1부. 인간과 이콘 | 우리는 천재인 동시에 바보다

각이나 행동은 놀랍고, 그래서 사람들은 그들이 무엇을 하는지 아는 것만으로도 크게 영향을 받는다. 수많은 연구 저작이 사람들에게 사회규범을 알려주는 것만으로 매우 커다란 효과가 나타난다는 사실을 확인해준다. 다른 경우와 마찬가지로 여기에서도 가설을 검증하는 것을 대체할 만한 것은 없다. 모든 개체군이 똑같지는 않다(어떤 넛지 연구소는 '검증하고, 검증하고, 검증해라'라는 좋은 표어를 가지고 있긴 하다). 그러나 몇 가지 사례를 생각해봐야 한다.

세금을 성실하게 내는 행동과 관련해서 미국 미네소타주의 관리들이 진행한 실험이 납세 행동에 커다란 변화를 일으켰다.[23] 그들은 납세자를 네 집단으로 나눈 다음 각 집단에 제각기 다른 정보를 제공했다. 첫 번째 집단에는 납세자가 내는 세금이 교육, 치안, 소방 등 사회적으로 유익한 활동에 사용된다고 일러줬다. 두 번째 집단에는 세금을 내지 않을 때 처벌받을 수 있다는 정보로 위협했다. 그리고 세 번째 집단에는 소득세 신고 양식서 작성에 어려움을 느낄 때 도움을 받을 수 있는 정보를 제공했다. 마지막 네 번째 집단에는 미네소타 주민 90퍼센트 이상이 세법상 의무를 충실하게 이행했다는 말만 했다.

그런데 이 네 집단 가운데 유독 한 집단의 세금 납부 이행률이 월등하게 높았다. 어떤 집단일까? 네 번째 집단이다. 일부 납세자는 성실하게 세금을 내는 비율이 매우 낮다는 오해 때문에(이 오해는 언론 매체의 보도나 탈세자들의 사례에서 비롯된 것이었다) 납세 의무를 지키지 않는 비율이 높은 것으로 나타났다. 그런데 다른 사람들이 납세 의무를 성실하게 지킨다는 사실을 알았을 때 탈세를 시도할 가능성이 줄어들었다. 즉 바람직한 행동이든 그렇지 않은 행동이든 다른 사람들이 어떻게 행동하는지 알게 함으로써 그 행동을 장려할 수도 있고 억제할 수도 있다는 말이다 (여러 정당에 일러주는 팁 하나: 투표율을 높이고 싶다면 투표장에 나오지 않은 사람이 많다고 투덜대지 말고, 이웃 주민들이 투표장에 많이 나와서 투표했다고 말하라).

이 전략을 사용하면 정부 예산을 절감할 수 있다. 영국의 행동 통찰팀이 했던 최초의 실험 가운데 하나가 이런 사실을 보여준다. 이 실험의 목표는 세금이 연체된 납세자가 세금을 빨리 갚도록 넛지하는 게 가능한지 알아보는 것이었다. 이 실험의 결과를 마이클 홀스워스Michael Hallsworth 가 경제학자 3명의 도움을 받아서 분석했는데, 이 실험에 참가한 사람들은(그들은 자기가 실험 참가자인지 알지 못했다) 원천과세 대상에 해당되지 않는 소득을 올리고 있으며 아직 내야 할 세금이 남아 있는 기업주 등의 납세자였다. 홀스워스는 이들에게 집단별로 다른 여러 버전의 납세 안내문을 배달했고, 이들 집단의 납세 결과를 납부할 세액만 단순하게 일러준 통제 집단의 결과와 비교했다.

그런데 납부 실적이 가장 좋은 집단에 보낸 안내문의 내용은 다음과 같았다.

'영국에서 납세 의무가 있는 사람 가운데 10명 가운데 9명꼴로 기한 내에 세금을 냈습니다. 현재 당신은 아직 세금을 내지 않은 극소수에 속합니다.'

이 짧은 메시지는 사람들이 대부분 세금을 냈다는 사실과 '당신'은 아직 세금을 내지 않은 소수 집단에 속한다는 사실을 (정직하게!) 전달한다. 이 사실을 명심해야 한다. 후속 실험을 통해서는 '맨체스터에 거주하는 사람 중 납세 의무가 있는 사람 10명 가운데 9명꼴로 기한 내에 세금을 냈습니다'라는 식으로 지명을 구체적으로 밝히는 메시지가 효과를 한층 더 강화한다는 사실이 밝혀졌다. 이런 안내문이 사람들에게 준 충격은 매우 컸는데, 처음 23일 안에 세금을 낸 납세자의 숫자가 무려 5퍼센트 포인트나 늘어났다.[24] 5퍼센트포인트라는 수치가 별것 아닌 것처럼 보일지 모르지만, 넛지가 모두 그렇듯 추가 비용을 거의 들이지 않고 이런 개선 효과를 이끌어냈다는 점이 중요하다. 정부는 이미 세금 납부 안내장을 보내고 있었으니, 문구를 살짝만 바꾸는 건 전혀 어렵지도 않고 비용도 들지 않는 일이다.

전달되는 메시지의 내용과 상관없이 **누구의 규범**을 따르도록 하느냐에 따라 메시지 전달의 효과가 달라진다는 사실이 확인되었다. 그렇다면 평범한 사람이 자신의 행동 방식을 바꾸도록 영감을 주기에 가장 좋은 위치에 있는 사람은 누구일까? 사회적으로 유명한 사람들은 자신이 그런 위치에 있다고 생각할 수 있다. 그러나 사실은 그렇지 않다. 사람들은 자신과 비슷한 조건이나 환경에 놓인 사람들이 정하고 따르는 규범에 가장 잘 반응하는 것 같다. 2008년에 진행한 연구 실험은 호텔 투숙객들이 수건을 다시 사용하도록 유도하는 가장 좋은 방법이 무엇인지 확인했다.[25] 이 책을 충실하게 따라온 독자라면 짐작했겠지만, 투숙객에게 수건을 다시 사용해 환경을 보호하자고 요청하는 메시지는 사회규범을 전달하는 메시지만큼 효과적이지 않다. 예를 들어 다음과 같은 메시지가 효과가 있다는 말이다.

'환경을 보호하는 다른 투숙객들과 행동을 함께하십시오. 투숙객의 75퍼센트는 (…) 수건을 두 번 이상 사용함으로써 환경보호에 힘을 보탭니다.'

여기에서 핵심은 '투숙객'이라는 단어였다. 연구자들은 또한 같은 방에 머물렀던 투숙객의 행동을 강조하는 메시지와 투숙객의 정체성(예컨대 성별) 가운데 여러 측면이 일치하는 사람들의 재사용률을 강조하는 메시지를 전달할 때 결과가 어떻게 달라지는지도 테스트했다. 실험 참가자들은 다른 정체성도 중요하게 작용했다고 응답했지만, 자신이 한 행동에 가장 큰 영향을 준 것은 자기가 머무른 객실에 투숙했던 사람들이라고 응답했다! 연구자들은 이런 특정한 내집단의 규범을 '동류 집단 규범provincial norms'이라고 불렀다. 청소년이라면 누구나 잘 알겠지만, 또래 압력은 너무도 생생하고 현실적인 압박이다.

여론과 법률에 대해서, 이 책의 초판인 『넛지』가 제기한 동성 결혼이라는 쟁점을 놓고 전 세계의 많은 사람이 논쟁에 참여해 그 뜨거운 논쟁을 지켜보았다. 2008년 『넛지』가 출간되었을 때 미국을 포함해 많은 국가에서 사람들은 이 쟁점을 놓고 분열했다. 많은 사람은 동성 결혼이 허용되고 인정받아야 한다고 강하게 느꼈으며, 사실 그들은 이것이 너무도 명백한 진실이라고 생각했다. 미국에서 서로 다른 인종 사이의 결혼은 많은 주에서 예전에는 불법이었지만, 1967년에 이를 불법으로 규정하는 법률이 위헌판결을 받았다. 동성 결혼 지지자들은 동성 결혼에도 동일한 법률을 적용해야 한다고 믿었다. 그러나 다른 한편에서 동성 결혼은 혐오스럽다는 의견을 강력하게 제기했다. 여기서 주목해야 할 점이 있다. 시민권과 모든 사람의 평등을 위해 헌신한 활동가 출신의 중도좌파 혼혈 대통령 후보인 버락 오바마가 2008년에 결혼은 남자와 여자 사이의 일이라고 공식적으로 입장을 밝혔다는 것이다. 당시 우리 저자들은 자유지상주의적 간섭주의의 정신 아래 해결책을 발견했다고 생각하고 있었다. 우리가 생각한 대안은 바로 사적인 결혼privatize marriage이었

1부. 인간과 이콘 | 우리는 천재인 동시에 바보다

다. 결혼을 법률적 차원에서 개인 사이의 사적 차원으로 새롭게 규정하자는 것이었다.

우리 저자들은 정부가 결혼을 법률적 범주로 규정하는 데서 벗어나야 한다고 주장했다. 그러면서 정부는 기업가들이 맺는 사업적 차원의 제휴를 바라보는 것과 똑같은 시선으로 합법적 동거 관계를 바라보아야 한다고 제안했다. 미국에서는 이런 동거 관계를 '시민적 결합civil union'이라고 부른다. 당시에 많은 정부가(여기에는 주 정부도 포함된다) 동성 커플의 사실혼 관계를 허용했다. 그러나 동성 커플은 자기들이 차별받는다고 느꼈다. 남자-여자 커플만 **결혼**할 자격이 있었는데, 결혼은 법률적·사회적 지위를 보장하는 단어이기 때문이다(미국에서 사실혼 배우자에게는 법률혼 배우자가 누리는 세금 공제 혜택 등 다양한 법률적 권리를 보장받을 자격이 주어지지 않는다). 우리가 제안한 체제 아래서라면, 그 모든 법률적 조항은 정부가 부여한 지위에 따라 규정되겠지만, 결혼은 순수하게 개인과 개인 사이의 사적인 문제일 뿐이고, 이 결혼은 종교 단체 및 사람들이 자신이 원하는 어떤 규칙에 따라 이루어질 것이다. 이럴 경우 결혼은 정부가 규정하는 공식적 범주가 아닌 사적 범주에 속할 것이다. 우리 저자들은 우리의 접근법이 동성 결혼을 둘러싼 격렬한 의견 대립을 누그러뜨리길 바랐다. 정부가 결혼이라는 '사업'에서 손을 떼면 세상이 조금은 더 평안해지리라고 믿은 것이다.

사실 우리는 지금도 그 발상을 좋아한다. 그러나 12년이라는 세월은 그 발상을 고려할 필요조차 사라지게 했다. 그 기간에 많은 국가가 훨씬 더 간편한 접근법을 도입했다. 동성 결혼을 허용하고 인정한 것이다! 우리 저자들이 특히 관심을 기울이며 집중했던 미국에서 이 일은 특히 빨리 이루어졌다. 2012년에 버락 오바마 대통령은 대통령 후보일 때 가졌던 입장을 바꿔 "동성 커플도 결혼할 수 있어야 한다"고 선언했다.[26] 그리고 2015년에 미국 대법원은 미국의 헌법이 규정하는 내용에 따라 동성 커플도 결혼할 권리가 있다고 판결했다.[27] 우리 저자들을 포함해 많은 사람이 깜짝 놀랐지만, 대법원의 판결에 대해 그다지 큰 반발이 일어나지 않았다. 현재 미국의 모든 주에서 동성 결혼은 합법이다. 전 세계적으로도 이런 변화는 빠르게 전개되었다. 그래서 2021년 현재 약 30개국에서 동성 결혼이 합법적으로 인정받는다. 여기에 포함된 나라는 다음과 같다. 아르헨티나(2010), 호주(2017), 오스트리아(2019), 브라질(2013), 캐나다(2005), 덴마크(2012), 잉글랜드와 웨일스(2013), 핀란드(2015), 프랑스(2013), 독일(2017), 아이슬란드(2010), 아일랜드(2015), 멕시코(2009), 네덜란드(2000), 뉴질랜드(2013), 노르웨이(2008년), 포르투갈(2010년), 남아프리카(2006년), 스페인(2005년), 그리고 스웨덴(2009년)이다.[28]

이 나라들이 동성 결혼을 합법화한 연도를 살펴보자. 모든 나라가 오랜 세월 동성 결혼을 인정하지 않았다. 이 나라들의 시민 대부분은 동성 결혼이라는 발상을 조롱하거나 혐오했다. 그러나 짧은 기간에 동성 커플을 이성 커플과 똑같이 대하게 되었고, 이 변화는 전반적으로 커다란 논란 없이 진행되었다. 어떻게 이럴 수 있었을까? 우리 저자들을 포함해 많은 사람이 왜 이런 일이 일어날 것이라고 예상하지 못했을까?

이 질문에 대답하려면 책을 새로 써야 할 것이다. 그러나 우리는 이미 2개의 중요한 단서를 가지고 있다. 첫째, 성적 지향을 밝히지 않았던, 그리고 동성 결혼을 요구할 생각조차 하지 않았던 많은 동성애자가 자신의 정체성을 세상에 밝히고 나섰다. 누군가가 "나는 게이야"나 "나는 레

즈비언이야"나 "나는 양성애자야"라고 밝힐 때마다 아주 작은 넛지가 주어졌다. 사람들이 자신의 성적 지향을 친구나 가족에게 밝히고 나면, 댐의 수문이 열리고 물이 쏟아진다. 이런 커밍아웃을 하는 사람의 가족 구성원이 동성 결혼 합법화라는 변화에 반대하는 정당에 소속된 정치인일 경우에는 특히 더 그렇다.

직장에서 성적 지향성을 공개하는 일이 빚어내는 효과는 컸다. 특히 그 직장이 미국 대법원일 경우에는 특히 더 그랬다. 1986년에 게이 인권운동에 결정적으로 찬물을 끼얹은 대법관 루이스 파월 주니어가 동료 법관들에게 자기는 게이를 만난 적이 한 번도 없었다고 말한 일은 유명하다. 그런데 사실은 그의 서기 가운데 하나가 게이였다. 게이의 결혼이 전국적으로 합법화되기 2년 전인 2013년에 전국 LGBT 변호사협회 회원 30명이 대법원에서 변론을 할 수 있게 되었다. 동성애자 변호사들이 대법원에서 단체로 변론한 것은 그때가 처음이었다.[29]

둘째, 사회적 영향이 결정적으로 작용했다. 동성 결혼과 관련해 도시와 주, 국가는 정보 폭포 현상과 평판 폭포 현상을 모두 목격했다. 점점더 많은 사람이 점점 늘어나는 합창단에 합류해, 자기 자신이 응답하는 메시지이기도 한 동성 결혼 메시지의 양을 늘렸다. 낡은 규범이 오랜 세월 처벌 대상으로 삼았던 진술("나는 동성 결혼에 찬성한다")을 갑자기 새로운 규범이 보상하고 나섰다. 앞에서 살펴본 것처럼, 이제 막 사람들이 이해하기 시작했으며 점점 더 많은 사람이 지지하는 새로운 표준이나 관행은 비록 다수의 지지를 받지 못한다 하더라도 강력한 넛지로 작용할 수 있다.[30] 해당 기간에 새롭게 등장한 규범은 동성 결혼에 명확하게 찬성하는 것이었다. 이것이 일종의 자기 충족적 예언을 만들어냈다. 그리

고 우리 저자들은 지금, 과거에 우리가 가졌던 발상을 좋아했듯 이 결과
에 매우 만족한다고 분명히 말한다.

민간과 공공 부문의 선택 설계자들은 우리가 지금까지 강조한 사회
적 영향을 쉽게 활용할 수 있다. 기업과 정부는 사회적 영향이라는 힘을
선한 목적에(그리고 악한 목적에도) 이용할 수 있다. 사실 그들은 매일 이렇
게 하고 있다. 그러나 선한 목적에 이용하는 경우에 대해서는 해야 할 일
이 아직 훨씬 더 많이 남아 있다.

선택 설계자의 도구들

무엇이 최적의 선택을 이끌어내는가

4장

넛지가 필요한 순간

지금까지 살펴보았듯 사람들은 놀라운 위업을 달성하기도 하지만 터무니없이 어리석은 실수를 저지르기도 한다. 그렇다면 사람들이 할 수 있는 최선의 대응은 무엇일까? 선택 설계와 그 효과는 피할 수 없는 것이므로, 이 질문에 대한 대답은 이미 정해져 있다. 간단하게 말하면, 도움이 될 가능성이 가장 높으며 해를 끼칠 가능성이 가장 낮은 넛지를 제공하는 것이다. 이를 자유지상주의적 간섭주의의 황금률이라고 부르자.[1]

그 대답을 조금 더 길게 말하면, 특별한 주의력이 필요한 의사 결정을 내려야 할 때, 의사 결정 상황에서 즉각적인 피드백을 받지 못할 때, 그리

- 콜린 캐머러Colin Camerer와 그의 동료들은 '비대칭적 간섭주의asymmetric paternalism'를 주장한다. 그들이 내린 정의에 따르면, 이것은 사회에서 가장 순진한 사람들을 돕는 동시에 모든 사람에게 돌아가는 해로움을 최소화하는 조치를 취하는 것이다. 우리의 황금률은 바로 이 정신을 토대로 한다.

고 그 상황의 여러 측면을 쉽게 이해할 수 있는 언어로 해석하기 어려울 때 사람들은 넛지를 필요로 한다. 매우 낯설거나 드문 상황에 놓인 사람에게 넛지가 필요할 수 있다. 예를 들어 어떤 사람이 자동차를 타고 동네 식품점에 간다고 치자. 이때는 내비게이션이 필요 없다. 그렇지만 한 번도 가본 적 없는 곳을 찾아가는 경우라면 내비게이션이 꼭 필요하다.

이번 장에서는 이런 점들을 구체적으로 살피고 설명할 것이다. 우선 사람들이 잘못된 선택을 할 가능성이 높은 상황으로는 어떤 유형이 있는지 살펴본 다음에, 사람들이 시장에서 마법의 힘을 발휘할 수도 있다고 생각하는 것과 관련된 몇 가지 질문을 살펴볼 것이다. 또 자유 시장과 공개경쟁이 인간의 나약함을 누그러뜨리는 게 아니라 오히려 증폭하는 경향이 있는 것은 아닌지, 또 이런 일이 언제 나타나는지 살펴볼 것이다. 여기에서 핵심은 시장은 비록 긍정적인 기능을 하지만 종종 기업이 인간의 나약함을 근절하거나 그것을 최소화하려고 노력하게 만들기보다는 인간의 나약함을 부추기고 더 나아가 거기에서 이익을 취하겠다는 강력한 동기를 유발한다는 사실이다.

최상의 선택을 설계하는 법

이런 가정을 해보자. 당신은 선택 설계자이고, 한 무리의 사람들이 가까운 미래에 어떤 선택을 해야 한다는 말을 들었다. 당신은 지금 그 선택 환경을 어떻게 설계해야 할지, 어떤 종류의 넛지를 제공해야 할지, 그리고 그 넛지들이 얼마나 미묘해야 할지 판단하고 결정해야 한다. 최상의 선택 설계를 하기 위해 꼭 알아야 하는 것들은 무엇일까?

멍 때리기

사람들이 흔히 저지르는 가장 평범한 실수는 무언가를 깜박 잊어버리는 것이 아닐까 싶다. 자제력과 관련된 문제와 마찬가지로 사람들은 누구나 주의력이 제한되어 있으며 자신이 쉽게 정신을 딴 데 판다는 것을 잘 안다. 해야 할 일이나 사야 할 물건의 목록을 적어둔다든가 알림 기능이 있는 일정 관리 앱을 휴대폰에 설치한다든가 하는 것도 그래서다. 주의를 환기하는 이런 단서들이 많은 도움을 준다. 알림 기능은 자신에게나 다른 사람들에게 넛지하는 것을 한결 쉽게 만들어주는 기술 영역 가운데 하나다. 거의 모든 사람이 문자메시지 기능이 있는 휴대폰을 들고 다닐 때(이는 세계에서 가장 가난한 나라에서도 가능한 일이다) 사람들에게 어떤 정보를 시의적절하게 알려줄 수 있다. 대부분의 기업이 이 사실을 익히 알고 있다. 그래서 사람들은 식당 예약이나 의사, 미용사와의 약속을 알림 기능을 통해 쉽게 상기한다. 또 청구서 납부 기한도 알림을 받는다. 그런데 제때 결제하지 않으면 비싼 연체료를 물리는 신용카드 회사처럼 건망증에 기대 돈을 버는 몇몇 기업은 우리가 따로 요청하지 않는 한 이런 알림 서비스를 제공하지 않는다. 재미있는 일이다.

비록 알림이 어디에서나 사용되고 멋진 넛지로 기능하지만, 그렇다고 해서 사람들이 약속을 지키고 의무를 다하도록 돕는 새로운 방법이 없다는 뜻은 아니다. 이와 관련해 두 가지 사례를 소개하면 다음과 같다.

투표 독려: 예전에 모든 선거운동은 선거일에 투표율을 높이기 위해 동일한 공식을 사용했다. 선거운동 본부에서는 자기편 후보 지지자라고 판단되는 유권자들에게 전화해서 투표장에 나갈지 물었다. 만약 "예"라

는 대답이 돌아오면 통화를 이어갈 필요도 없었다. 그런데 이런 양상은 2008년 미국 대통령 선거 이후에 바뀌었다. 정치학자 데이비드 니커슨 David Nickerson과 행동과학자 토드 로저스Todd Rogers는 예비선거 기간에 몇 가지 실험을 했는데, 이 실험에서 유권자에게 투표 의향에 묻는 초기 질문에 이어 다음과 같은 세 가지 후속 질문을 했다. (1)"언제쯤 투표장에 갈 생각입니까?" (2)"어디에 있다가 투표장으로 갈 것 같습니까?" (3)"투표장으로 출발하기 전에는 무엇을 하고 있을 것 같습니까?"

이런 후속 질문을 한다는 발상은 심리학자 피터 골위처Peter Gollwitzer에게서 나온 것이다. 그는 사람들이 명확한 '실행 의도'를 가지고 있을 때 목표를 달성할 가능성이 더 높아진다는 사실을 발견했다. 이 이론은 다음과 같은 상황에서 잘 먹혀들었다. 유권자들에게 투표와 관련된 계획을 세우도록 하자 투표율이 4.1퍼센트포인트 높아졌다. 그런데 흥미롭게도 이 효과는 1인 가구에서 한층 더 강하게 나타났다. 계획이 조율되어야 하는 어떤 것이라면, 기억이 전체에서 차지하는 비율은 절반밖에 되지 않는다. 실행 의도를 이끌어내거나 앞에서 언급한 것과 같은 세 가지 질문을 하는 것은 다른 많은 영역에서 큰 영향을 줄 수 있다.

점검 목록표: 민간 항공사 소속 조종사들은 수백 번 혹은 수천 번 비행하지만, 이륙하기 전에는 늘 공식적인 의식을 거친다. 그것은 비행기가 게이트를 떠나기 전에 준비되어 있어야 할 것들을 적어놓은 점검 목록표를 확인하는 것이다. 예컨대 비행기가 이륙했는데 연료통에 연료가 별로 남아 있지 않은 상황을 겪고 싶지 않기 때문이다. 외과 의사 아툴 가완디Atul Gawande는 베스트셀러 저서인 『체크! 체크리스트The Checklist

Manifesto』에서 수술실에서 치르는 의식에(이 의식은 비행기 조종사가 출발 전에 치르는 의식과 비슷하다) 얼마나 소중한 가치가 있는지 자세하게 설명한다. 가완디가 줄이고자 하는 위험은 수술 도중 환자에게 나타날 수 있는 감염의 위험이다. 수술에 관여하는 모든 사람이 손을 철저하게 씻는 것만으로도 감염을 100퍼센트 막을 수 있지만, 외과 의사들도 때로는 정신줄을 놓을 수 있음이 밝혀졌다!

수술이 의도한 대로 성공하도록 만들어주는 한 가지 흥미로운 열쇠는 수술실에 있는 모든 사람이 정신을 놓고 멍하니 있는 사람에게 그 사실을 지적하도록 허락하는 것이다. 수술실 안에서 수술을 진행할 때, 명성이 자자한 의사가 수술을 진행하다가 꼭 해야만 하는 과정을 깜박 잊고 건너뛸 때 신참 간호사가 이 사실을 지적하기란 쉽지 않은 일이다. 그러나 수술실에서 업무를 수행하는 중이므로 아무리 신참 간호사라 하더라도 지적을 한다. 이는 누구도 깰 수 없는 당연한 원칙이다. 일반 기업에서도 마찬가지다. 상사가 무심코 실수를 저지르려고 할 때 이를 지적할 권한을 모든 직원이 가지고 있을 때 회사 조직은 한층 더 잘 작동한다. 점검 목록표는 선택 설계자에게 일종의 선택 설계를 제공할 수 있다. 선스타인이 백악관에서 일할 때였는데, 그는 정부의 각 기관이 어떤 규정을 최종적으로 확정하기 전에 반드시 확인해야 할 구체적인 사항을 상기시키기 위해 한 쪽이 조금 넘는 분량의 '규제 영향 분석 점검 목록표'를 만드는 작업에 힘을 보탰다.

이익은 지금, 비용은 나중에

사람들이 자제력이 무너질 정도로 까다로운 의사 결정을 내려야 할 때 충분히 예측할 수 있는 문제가 나타나는 것을 우리 저자들은 줄곧 목격해왔다. 파란색 셔츠를 입을지 하얀색 셔츠를 입을지 등과 같이 일상에 존재하는 수많은 선택에는 특별한 자제력이 필요하지 않다. 자제력과 관련된 쟁점은 어떤 선택을 하는 시점과 그 선택에 따른 결과가 나타나는 시점 사이에 시간 간격이 길 때 가장 많이 제기된다. 이때 선택의 양극단 가운데 한쪽에는 운동, 치실 사용, 건강한 식습관(몸에 좋은 음식과 소식) 등과 같은 일종의 투자재가 있다. 이런 재화에서는 비용이 즉시 발생하지만 수익은 한참 뒤에 발생한다. 이런 투자재에 대해 사람들은 대부분 투자를 소홀히 하는 실수를 저지르는 경향이 있다. 물론 운동에 미친 사람도 있고 치실만 고집하고 집착하는 사람도 있긴 하지만, 새해를 맞아 치실 사용을 줄이고 자전거 타기를 줄이겠다고 다짐하는 사람은 많지 않을 것이다.

투자재의 반대편 극단에는 유혹재가 있을 수 있다. 흡연, 음주, 예전 드라마 몰아 보기, 대왕 초콜릿 도넛 먹기 등이 그런 것들이다. 이때 사람들은 지금 즐거움을 누리고 거기에 대한 대가는 나중에 치른다(예전 드라마 몰아 보기를 하고 나면 결국 꼭 지켜야 하는 마감 시한을 지키지 못한다). 여기에서도 신년 결심 테스트를 할 수 있다. 새해에는 술을 더 많이 마시겠다고, 담배를 더 열심히 피우겠다고, 텔레비전 드라마를 더 많이 챙겨 보겠다고, 혹은 대왕 도넛을 더 많이 먹겠다고 결심하는 사람은 없지 않은가! 투자재와 유혹재 모두 넛지의 우선적인 후보다. 사람들은 대부분 초콜릿 케이크 한 조각을 더 먹는 데는 특별한 격려가 필요 없지만, 운동을 30분 더 하는 데는 격려 혹은 인센티브가 필요할 수 있다.

난이도

누구든 여섯 살이 넘으면 운동화 끈 매는 법을 알고 빙고 게임의 일종인 틱택토 게임을 할 줄 알며 고양이의 철자를 쉽게 댄다. 그러나 나비넥타이를 반듯하게 매거나 체스 게임을 잘하거나 심리학자 미하이 칙센트미하이Mihály Csíkszentmihályi의 이름 철자를 틀리지 않고 댈 수 있는(발음은 더 어렵다) 사람은 많지 않다. 물론 우리는 이런 어려운 문제를 처리하는 법을 배운다. 나비넥타이는 반듯하게 매어져 있는 것을 사면 되고, 체스도 책을 읽고 공부하면 되고, 칙센트미하이의 이름 철자는 인터넷에서 찾아보면 된다(그러다가 그 이름을 직접 써야 할 때는 '복사-붙이기' 기능을 사용하면 된다). 또 이것보다 더 어려운 문제가 생기면 맞춤법 교정기나 스프레드시트의 도움을 받으면 된다. 그러나 살다 보면 누구나 까다로운 문제를 만날 수밖에 없고, 맞춤법 교정기처럼 간편하게 이용할 해결책을 구할 수 없을 때가 있다. 적절한 양의 빵을 선택할 때보다 적절한 조건의 담보대출을 선택할 때 한층 더 많은 도움을 필요로 할 가능성이 높다.

빈도

아무리 어려운 문제라도 연습을 많이 하면 쉽게 풀 수 있다. 우리 두 저자 모두 테니스장에서 서브 공을 서비스 코트에 정확하게 집어넣는 법을 배웠고, 성공하는 빈도도 상당히 높다(선스타인은 심지어 매우 빠른 속도로 그렇게 한다. 물론 컨디션이 좋은 날에만 그렇긴 하지만.). 그런데 서브를 처음 배우는 사람은 네트를 넘기기만 해도 운이 좋은 편이다. 모든 것이 그렇지만 연습을 하면 완벽해진다. 적어도 조금은 더 나아진다.

그러나 안타깝게도 인생에서 가장 중요한 의사 결정 가운데 몇몇은 연습할 기회도 없었는데 갑자기 들이닥친다. 학생 중 대부분은 대학교를 단 한 번만 선택한다. 할리우드 배우가 아닌 이상 사람들은 대부분 일생에 배우자를 딱 한 번, 많아야 두 번이나 세 번 선택한다. 직업을 여러 개 가지려고 시도하는 사람도 드물다. 그리고 시간 여행이 가능한 공상 과학 세상에 살지 않는 이상 은퇴 이후를 대비하는 저축 기회는 딱 한 번뿐이다(물론 그 사이에 그 저축의 조건을 수정할 수는 있겠지만 말이다). 일반적으로 말해 걸려 있는 이익이나 손해가 클수록 연습 기회는 적게 주어진다. 사람들은 대부분 주택이나 자동차를 기껏해야 10년에 한 번 산다. 여기에 비하면 식료품 구입 요령은 연습을 무척 많이 하는 셈이다. 대부분의 가정에서 우유의 적정 재고량을 계산하고 유지하는 멋진 능력은 수학 방정식을 많이 풀어서가 아니라 시행착오를 겪은 덕분에 생긴다.[2]

그렇다고 해서 누구와 결혼해야 하고 무슨 과목을 전공으로 삼아야할지를 정보가 지정해줘야 한다는 말은 아니다. 이 책은 자유지상주의적 간섭주의를 다룬다. 이 시점에서 우리 저자들이 강조하고 싶은 게 있

- 여기에는 심각한 역설이 존재한다. 행동경제학 초기에만 해도 전통에 얽매여 있던 대다수 경제학자는 심리학 실험에서 비롯된 발견들을 무시했다. 해당 실험들이 '걸려 있는 이익과 손해의 규모나 폭'이 작게 설계되었으며 실험 참가자에게 학습 기회가 충분히 주어지지 않았다는 것이 이유였다. 그들은 걸려 있는 이익과 손해의 규모나 폭이 커지고 연습할 기회가 주어지기만 하면 사람들은 실험에서 제시되는 과제를 '올바르게' 수행할 것이라고 주장했다. 이런 주장에는 적어도 두 가지 문제가 있다. 첫째, 걸려 있는 이익과 손해의 규모나 폭이 커진다고 해서 실험 참가자의 성과가 개선된다는 증거는 거의 없다. 어떤 것에 대해서든 최초로 추정할 때는 이익과 손해가 그다지 중요하게 느껴지지 않기 때문이다. 두 번째 문제는 첫 번째 문제보다 더 중요한데, 경제학은 인생에서 내려야 할 커다란 의사 결정을 설명하는 데 도움이 되어야하지만 이러한 의사 결정의 순간은 연습할 기회도 없이 불쑥 찾아온다. 사람들이 진짜 결혼을 하기 전에 '연습 결혼'을 몇 번 한다면 이혼율이 낮아질지도 모른다(사실 이것 역시 확신을 가지고 말할 수 있는 문제가 아니다). 그러나 현실에서 인생의 동반자를 선택하는 것은 매우 어려운 일이며, 사람들은 종종 실패의 아픔을 맛본다. 대학원에 진학해 전공을 선택하는 것도 마찬가지다. 충분히 연습할 기회가 주어진다면 철학 박사 학위를 따고서도 택시 운전사로 일하는 사람의 숫자가 줄어들지도 모른다. 그러나 서른다섯 살이라는 나이에 다시 시작하자고 하기란 쉬운 일이 아니다.

다. 어렵고 드문 선택은 넛지를 적용할 좋은 후보 대상이라는 사실이다.

피드백

그런데 적절한 학습 기회가 주어지지 않으면 아무리 연습해도 완벽해질 수 없다. 학습이 이뤄질 가능성은 한 번씩 시도할 때마다 매번 즉각적이고도 분명한 피드백이 이루어질 때 가장 높아진다. 당신이 골프 연습장에서 퍼팅 기술을 연습한다고 치자. 동일한 홀에서 퍼팅을 열 번 한다면, 공을 치는 강도에 대한 감각을 쉽게 익힐 수 있다. 운동신경이 꽝인 사람도 이런 환경에서는 공의 속도와 이동 거리를 가늠하는 방법을 배울 수 있을 것이다. 그러나 공을 치긴 하지만 그 공이 어디에서 멈추는지 볼 수 없는 상태에서 퍼팅 연습을 한다면 하루 종일 연습해도 실력이 늘지 않을 것이다.

슬프게도 인생에서 이루어지는 수많은 선택이 공이 어디에서 멈추는지도 모른 채 퍼팅 연습을 하는 것과 같다. 그 이유는 아주 간단하다. 적절한 피드백이 이루어지지 않기 때문이다. 예를 들어보자. 사람들은 대개 자신이 선택한 것들에 대해서만 피드백을 받는다. 자신이 거부한 선택지들에 대해서는 피드백을 받지 못하는 것이다. 평소와는 다른 방식을 선택해 실험하지 않는 한, 자신이 선택하지 않은 낯선 선택지에 대해서는 결코 학습하지 못한다. 밤마다 멀리 길을 돌아 집에 가는 사람은 훨씬 짧은 지름길이 있음을 결코 알지 못할 것이다. 특히 긴 시간에 걸쳐서 진행되는 일들에서는 유익한 피드백이 제공되는 경우가 드물다. 예컨대 고지방 식품을 즐겨 먹는 사람이라면 아무런 경고 신호도 받지 못한 채 심장이 마비되는 순간을 맞을 수 있다. 그러나 피드백이 효과를 발휘하지 못할 때도 우리는 넛지를 통해 이득을 얻을 수 있다.

자신이 좋아하는 것을 안다는 것

사람들은 대부분 자기가 바닐라 맛 아이스크림과 커피 맛 아이스크림 가운데 어느 것을 더 좋아하는지, 밥 딜런과 프랭크 시내트라 가운데 누구를 더 좋아하는지, 또 야구와 축구 가운데 어느 것을 더 좋아하는지 잘 안다. 이런 것들은 모두 시간을 들여 대안을 시험해 자신의 기호가 무엇인지 알아볼 수 있는 것들이다. 그렇지만 생소한 것을 놓고 자신의 선호를 예측해야 한다고 가정해보자. 예컨대 외국에서 난생처음 먹을 낯선 요리를 자기가 좋아할지 어떨지 예측해야 한다. 현명한 여행객은 웨이터나 그 밖의 사람에게 도움을 청한다. 그러면 "외국에서 온 사람들은 주로 ◇◇를 좋아하고 □□를 싫어합니다"라는 대답을 한다. 또 그다지 낯설지 않은 곳이라고 해도 다른 누군가에게 대신 선택하게 하는 것이 현명한 방법일 수도 있다. 세계 최고의 식당은 대개 손님이 선택할 선택지가 매우 간소하다. 웨이터는 손님에게 2시간짜리 식사를 원하는지 3시간짜리 식사를 원하는지, 그리고 음식에 넣지 말아야 할 식재료가 있는지만 물을 뿐이다. 이처럼 선택지를 최소한으로 할 때는 손님 입장에서 주문할 생각조차 하지 못했던 음식을 주방장이 책임지고 만들어서 내온다는 이점이 있다. 최고의 스시집에서는 손님이 먹을 음식을 주방장이 결정하는 것이 전통이다. 손님은 '맡긴다'는 뜻의 일본어인 '오마카세'라고만 하면 맛있는 음식을 먹을 수 있다. 만일 외국인이 싫어하는 음식이 있을 때 주방장은 때로 "성게가 들어가는데, 성게 좋아하시는 것 맞죠?"라고 물어보기도 한다. 이것은 맞춤형 '오마카세'인 셈이다.

자신에게 주어진 선택지를 앞으로 자기가 하게 될 경험으로 쉽게 전환할 수 없을 때는 적절한 판단을 내리기가 한층 더 어렵다. 전혀 모르는 언어로 이루어진 메뉴판에서 음식을 고르는 경우가 그렇다. 그러나 그 언어를 안다고 해도 당신이 살펴보는 선택지를 설명하는 단어를 당신이 온전하게 이해하는 언어로 바꿔놓지 못할 수도 있다.

노후를 대비하는 투자 포트폴리오를 구성하기 위해서 뮤추얼펀드를 선택한다고 치자. 투자하는 사람 대부분은(우리 저자들도 마찬가지다) 기업 가치의 성장에 따른 이득을 노리는 펀드와 배당금을 노리는 펀드를 어떻게 비교해야 할지 모른다. 그런데 해당 용어의 의미에 대해 설명을 듣는다고 문제가 해결되는 것은 아니다. 투자자가 알아야 할 점은 2개의 펀드 가운데 하나를 선택했을 때 이 선택이 은퇴 이후의 여러 시나리오에서 자신의 구매력에 어떤 영향을 미칠 것인가 하는 점이다. 이 정도로 까다로운 문제라면, 적절한 소프트웨어 패키지를 가지고 있으며 각 펀드의 포트폴리오를 완벽하게 파악하는 전문가라 하더라도 쉽게 분석하지 못한다(펀드 계약서에 으레 등장하는 문구에서 말하듯 '과거의 수익은 미래의 수익을 예측하는 언제나 좋은 예측자가 아니다'). 의료보험에 가입할 때도 똑같은 문제가 발생한다. 자신이 선택하는 조건이 나중에 어떤 결과로 나타날지 보통 사람은 거의 알지 못하기 때문이다. 딸이 희귀병에 걸렸을 때 적절한 전문의의 진료를 받을 수 있을까? 그럴 수 있다면 얼마나 기다려야 할까? 자동차를 선택하는 것은 가장 어려운 선택이 아닐 수 있다. 그러나 정확하게 어떤 기능을 갖춘 자동차를 원하는지 당사자는 알고 있을까? 트랙션컨트롤 기능이 필요할까? 자동 헤드라이트 기능이 필요할까? 사각지대 경보 기능이 필요할까? 후측방 접근 경고 기능이 필요할까? 자신이 한 선택이 나중에 자기 인생에 어떤 영향을 줄지 예측하기 어려울 때는 선택지가 많다는 점에서 얻을 이득은 상대적으로 적다. 자신이 직접 선택할 때 얻을 이득도 마찬가지다. 이때 넛지가 필요하다.

시장은 선택의 문제를 해결할 수 있을까

지금까지의 논의는 사람들이 다음과 같은 선택을 할 때 좋은 넛지가 가장 절실히 필요하다는 사실을 암시한다. 기억을 필요로 하는 선택이나 결과가 한참 뒤에 나타나는 선택, 어렵고 빈도가 낮으며 적절한 피드백이 제공되지 않는 선택, 그리고 선택과 경험의 관계가 분명하지 않은 선택. 여기에서 자연스럽게 제기되는 의문이 있다. 이런 상황에서 선택과 관련해 사람들이 맞닥뜨리는 문제를 과연 자유 시장이 시원하게 해결할 수 있을까? 시장에서 이루어지는 경쟁이 많은 이익을 가져다준다고 흔히 말한다. 그러나 시장이 기적을 일으킬 수 있을까? 우리는 언제나 기적을 의심해야 한다.

이런 가짜 기적의 생생한 사례가 바로 전 세계에서 다양한 형태로 팔리는 가짜 치료법이다. 개척 시대의 미국 서부 지역을 묘사하는 영화에서 마법의 묘약은 흔히 '뱀 기름snake oil'이라고 불렸는데, 이런 이름이 붙은 것은 경쟁자들이 시장에 진입하지 못하도록 하려는 의도 때문이었을 것 같다. 이 약은 여드름부터 관절염과 발기부전에 이르는 온갖 질병을 치료한다고 소문이 났다. '뱀 기름'의 현대판 버전은 여전히 '건강 기능 식품' 영역에 존재하지만(많은 나라에서 이 영역에 대한 규제는 느슨하다), 여기에서는 편의상 뱀 기름에만 초점을 맞추자. 시장에서 흔히 채택되는 이 마케팅 전략은 시장 및 시장의 한계를 한층 더 일반적으로 정리하는 데 도움이 되기 때문이다.

고전적인 서부 영화에서의 설정은 세월이 흐르는 동안 조금씩 다른 형태로 되풀이되어 나타나는 많은 사기 행각의 여러 특징을 담고 있다. 덮개가 있는 마차를 탄 '의사'가 마을에 들어와 술집 근처 어딘가에서 영업을 시작한다. 그는 특수 제조 과정을 거친 뱀 기름을 팔겠다면서, 자기 약은 어떤 병이든 치료한다고 말한다. 그런데 목발을 짚은 누군가가 나타나서는 사기 치지 말라면서 의사에게 도전한다. 이 남자는 뻣뻣하게 굳은 자기 다리를 가리키며 "모든 병을 고친다고? 장담하는데, 당신은 이 다리를 못 고쳐!"라고 말한다. 그러면 의사는 관대하게도 그 가여운 사람에게 무료로 약을 한 병 준다. 그런데 다음 날 그 남자는 기적적으로 멀쩡한 다리로 나타난다. 그 약을 먹고 다리가 말끔하게 나은 것이다. 그러면 그 약은 날개 돋친 듯 팔리고, 이튿날 새벽에 그 의사와 목발 연기의 달인인 바람잡이는 다음 마을로 떠난다. 이런 사기 구조의 몇몇 버전은 관광객으로 북적이는 현대의 도시에서도 찾아볼 수 있다. 물론 뱀 기름은 아니고 카드 맞히기 도박이다(이때도 바람잡이가 나서서 쉽게 돈을 따는 시범을 보인다).

이런 유형의 사기가 극단적인 것처럼 보이지만, 사실 이런 것들은 이콘이 아닌 인간이 이끌리는 많은 상품의 몇 가지 사례일 뿐이다. 인터넷에서도 이런 것을 수도 없이 찾아볼 수 있다. 몇몇 나라에서는 심야 텔레비전 프로그램에서 온갖 종류의 현대판 뱀 기름을 판다. 보험을 다루는 이 책의 흥미진진한(어떤 사람은 긴장감이 넘친다고 평가하기도 했다) 다른 장에서 살펴보겠지만, 그런 데서 파는 많은 제품은 아예 거들떠보지도 않는 게 좋다. 미리 잠깐 언질을 주자면, 아무리 온갖 것을 보증한다고 하더라도 그냥 고개를 젓고 돌아서거나 채널을 돌려라. 그런데 우리가 여기에서 논의하고자 하는 문제는 그런 단순한 문제가 아니다. 과연 경쟁이 보장된 시장들이 그런 온갖 사기 행각으로부터 소비자를 보호하는가 하는 것이 우리가 던지는 질문이다. 그 대답은 안타깝게도 "아니오"이다.

뱀 기름 시장에 진입하는 비용이 제로는 아니었지만 진입에 대한 규제나 감독은 전혀 없었다. 마차 한 대와 가짜 약을 담을 병, 그리고 사람의 마음을 쥐락펴락하는 말솜씨를 갖춘 두 사람만 있으면 누구나 이 사업을 할 수 있었다. 거짓말을 뻔뻔하게 하는 재주가 있고 순진한 사람의 돈을 갈취하는 일에 거리낌이 없는 배짱과 비양심이 이 사업에 도움을 준다. 물론 누군가 그들을 알아볼 수도 있고 정의감에 불타는 보안관이 개입할 수도 있다. 그러나 이 사업의 핵심은 뱀 기름을 사는 사람이 있으니 그걸 파는 사람이 돈을 번다는 데 있다. 마법의 묘약 한 병을 사는 데속는 셈 치고 단돈 몇 달러를 쓸 필요가 전혀 없을 정도로 완벽하게 건강한 사람은 거의 없다. 그 약이 코로나19를 치료할 수는 없을까? 테니스 엘보는? 허리 통증은? 손목 관절염은?

뱀 기름은 적절하지 않은 구매의 극단적인 사례일 뿐이다. 많은 사람이 도박에 중독되는데, 이 사람들에게 카지노는 마약만큼이나 위험하다. 그리고 비록 카지노가 법률의 규제를 받고 모든 사람이 입장할 수 없는 곳이긴 하지만, 카지노들은 스포츠 도박이나 DIY 옵션거래 등 이런저런 도박을 가지고 서로 경쟁한다. 카지노는 정신을 쏙 빼놓는 매력적인 실내 환경과 무료 음료, 그리고 때로는 더 나은 확률을 제공하는 방식

2부. 선택 설계자의 도구들 | 무엇이 최적의 선택을 이끌어내는가

으로 경쟁한다. 그러나 도박을 하지 말라고 사람들을 설득하는 것으로 부자가 된 사람이나 기업은 없다. 우리는 이 책에서 돈을 다루는 내용이 사람들이 금융 부문에서 (이콘이 아닌) 인간이 자주 저지르는 실수를 피하는 데 도움이 되기를 바라긴 하지만, 그렇다고 해서 그 부분을 읽는 데 드는 추가 비용을 독자에게 청구하지 않을 것이고, 우리가 쓴 글로 뱀 기름 사업이 근절될 것이라고 기대하지도 않는다.

현대에는 과거 그 어느 때보다 뱀 기름을 파는 일이 쉬워졌다. 사람들은 온라인에서 암 발병 위험을 줄이고, 당뇨를 치료하고, 돈을 절약하고, 피부를 맑게 하고, 불안과 우울증을 퇴치하는 제품을 쉽게 팔 수 있다. 우리 저자들은 배우 귀네스 팰트로의 팬이지만(저평가된 영화 〈컨트리 스트롱Country Strong〉을 꼭 보라고 추천한다) 그녀가 만든 라이프스타일 사이트인 굽닷컴Goop.com은 소량의 뱀 기름이 함유되었을 제품을 판매해왔다. 건강과 낭만과 돈이 관련된 분야에서는 사람들의 부족한 정보를 이용해 매우 쉽게 돈을 벌 수 있다. 사람들이 건강이나 낭만이나 돈이 위태롭다고 느낄 때 기업은 가용성 편향, 비현실적인 낙관주의 편향, 기준점 편향 등의 행동 관련 편향을 이용해 돈을 벌겠다는 강한 동기를 가지게 된다. 그리고 기업은 정보의 폭포 현상을 만들어내려고 노력한다. 이 노력은 때로 성공으로 이어진다.

널리 적용할 수 있는 일반적인 교훈이 하나 있다. 대부분 인간적인 약점을 피하도록 사람들을 돕는 것보다 그 약점에 영합할 때 더 많은 돈을 벌 수 있다는 것이다. 술집은 알코올의존증 환자를 돕는 단체보다 돈을 훨씬 더 많이 번다. 그래서 만약 이콘이 아닌 인간에게 이런저런 문제가 있을 때 잘 선택된 넛지가 그들에게 도움을 줄 수 있다.

5장

선택 설계의 세계

설계는 단지 어떻게 보인다거나 느껴진다거나 하는 차원이 아니다.
설계는 어떻게 작동하는가 하는 차원이다.

– 스티브 잡스

탈러가 처음 대학교에서 강의하던 무렵의 이야기다. 탈러는 경영대학원 학생들에게 강의를 했는데, 이 학생들은 때로 취업 면접을 보려고 (혹은 조용한 곳에 가서 낮잠을 자려고) 최대한 사람들 눈에 띄지 않게 살그머니 강의실에서 빠져나가곤 했다. 그런데 안타깝게도 강의실에서 나가려면 (비록 탈러가 정면으로 바라보는 방향은 아니지만) 강의실의 모든 학생이 볼 수 있는 정면의 커다란 두 짝 문을 열고 나가야 했다. 그 2개의 문짝에는 크고 멋들어진 원통형 나무 손잡이가 각각 하나씩 세로로 달려 있었다.

이 손잡이의 길이는 약 60센티미터였다. 강의실을 나가려던 학생은 이 문 앞에서 두 가지 본능 사이에서 내적인 사투를 벌인다. 하나는 강의실을 나가려면 당연히 문을 밀어야 한다는 본능이고, 다른 하나의 손으로 잡도록 설계된 커다란 손잡이라면 당연히 당겨야 한다는 본능이다. 그런데 두 가지 본능 가운데 두 번째 본능이 첫 번째 본능보다 강하다는 사실이 확인되었다. 강의실에서 나가려던 학생들이 하나같이 손잡이를 당겼던 것이다(이런 형태의 손잡이에 '당기기'라는 이름이 붙은 데는 이유가 있다). 하지만 안타깝게도 그 문은 바깥으로 열리게 되어 있었다.

한번은 강의실에서 나가려던 학생이 손잡이를 당겼다가 문이 열리지 않아 당황하는 모습을 본 탈러가 강의실 문과 관련된 두 가지 본능을 알려주었다. 그 뒤로 강의 도중 누군가 강의실에서 나가려고 할 때마다 학생들은 과연 그 도망자가 문을 밀 것인지 아니면 당길 것인지 집중해서 지켜보았다. 그런데 흥미롭게도 도망자들은 대부분 여전히 문을 당기는 게 아닌가! 그들의 사고 과정에서 자동 시스템이 작동한 것이다. 즉 그 커다란 나무 손잡이가 보내는 신호는 여간해선 지워지지 않았던 것이다 (사실 탈러도 가끔은 그 문으로 나갈 때 손잡이를 잡아당기곤 했다, 민망하게도!).

그러니까 이런 문은 단순한 심리학적 원리에 어긋나므로 잘못된 설계라고 할 수 있다. '자극 반응 일치성stimulus response compatibility'이라는 신기한 이름으로 불리는 이 원리는, 사람은 누구나 자기가 받는 신호(자극)가 자기가 기대하는 바람직한 행동과 일치하길 바란다는 것이다. 그런데 이 둘이 일치하지 않을 때 해당 행위의 성과 수준은 낮아지고 사람들은 실수를 한다.

표지판을 예를 들어보자. 팔각형의 커다란 빨간색 표지판에 '가시오

Go'라고 적혀 있을 때 어떤 효과가 나타날까? '빨간색'과 '가시오'의 불일치가 어떤 어려움을 불러일으키는지는 실험을 통해 쉽게 입증할 수 있다. 가장 유명한 실험 가운데 하나로 꼽히는 것이 스트루프Stroop 테스트다.[1] 이 실험의 현대 버전에서 실험 참가자는 컴퓨터 모니터 화면에 금방 나타났다 사라지는 단어를 본 다음 연구자가 지시한 아주 단순한 과제를 수행한다. 이 과제는 빨간색 단어가 나타나면 오른쪽 버튼을 누르고 녹색 단어가 나타나면 왼쪽 버튼을 누르는 것이다. 사람들은 이 과제를 매우 쉽게 여기며, 실제로 매우 정확하고 빠르게 버튼을 누른다. 그러나 실험이 진행되면서 양상은 달라진다. '녹색'이라는 단어가 빨간색으로 표시되거나 '빨간색'이라는 단어가 녹색으로 표시되기도 하기 때문이다. 이처럼 서로 일치하지 않는 신호가 제시되자 사람들의 반응속도는 느려지고 오류 비율도 높아졌다.

이런 일이 일어나는 핵심적인 원인은 자동 시스템이 해당 단어를 읽는 속도가 숙고 시스템이 글자 색깔을 판단하는 속도보다 더 빠르다는데 있다. 빨간색의 '녹색'이라는 단어가 나타나는 순간, 아무 생각도 하지 않는 자동 시스템이 왼쪽 버튼을 누르도록 실험 참가자를 밀어붙인다. 물론 이는 잘못된 반응이다. 당신도 이 실험을 혼자서 해볼 수 있다. 온갖 색깔의 크레용으로 색 이름을 쓰되, 그 이름과는 다른 색깔의 크레용으로 이름을 써보라(이것보다 더 좋은 방법은 가까이 있는 어린아이에게 대신 써달라고 하는 것이다). 그런 다음에는 종이에 적힌 글자의 색깔을 최대한 빨리 말해보라. 즉 글자의 색깔을 무시한 채 글자를 읽으라는 말이다. 그다지 어렵지 않을 것이다. 그런데 이번에는 글자를 무시하고 글자의 색깔을 최대한 빨리 말해봐라. 쉽지 않을 것이다. 이런 과제를 수행할 때는

2부. 선택 설계자의 도구들 | 무엇이 최적의 선택을 이끌어내는가

늘 자동 시스템이 숙고 시스템을 이기기 때문이다('시청을 상대로 싸워서 이길 수는 없다'는 관용적 표현을 알고 있는가? 인간의 마음에서는 자동 시스템이 바로 시청이다.).

녹색으로 표시된 '멈춤' 표지판을 본 적이 없긴 하지만, 앞에서 언급한 탈러의 강의실 문과 같은 것은 짜증이 날 정도로 흔하다. 녹색의 '멈춤' 표지판이나 탈러의 강의실 문은 동일한 원리를 파괴한다. 평평한 판은 "나를 미시오"라고 외치지만 커다란 손잡이는 "나를 당기시오"라고 외친다. 그러므로 설계자들은 잡아서 당기게 된 물건을 사람들이 밀 것이라고 기대해서는 안 된다! 이는 인간적인 특성의 기본적 원리를 수용하지 못한 설계다. 우리 주변에는 이처럼 잘못 설계된 제품이 널려 있다. 텔레비전 리모컨만 하더라도 그렇다. 전원 버튼과 채널 버튼, 그리고 음량 버튼이 가장 커야 하는 게 맞다. 그러나 시중에 나와 있는 많은 리모컨들을 보면 음량 버튼의 크기가 입력 선택 버튼의 크기와 같다(그래서 잘못 누르기라도 하면 화면이 사라져버려, 10대 자녀가 바로잡아줘야 제대로 돌아오곤 한다).

우리가 사는 세상에는 "나를 당기시오"라고 외치지만 밀어야만 열리는 문이 왜 이렇게 많은가? 도널드 노먼Donald Norman이 『디자인과 인간 심리The Design of Everyday Things』에서 입증했듯, 인간적인 여러 요인을 디자인(설계)에 통합하는 일은 충분히 가능하다. 사실 이 멋진 책이 제시하는 발상은 그 책 표지의 탁월한 이미지로 생생하게 표현되어 있다. 그 표지에서는 뜨거운 김이 나오는 주전자를 볼 수 있는데, 이 주전자의 손잡이가 김이 나오는 주둥이와 같은 쪽에 달려 있다.

노먼이 제시한 또 하나의 나쁜 설계 사례는 화구가 4개인 가스레인

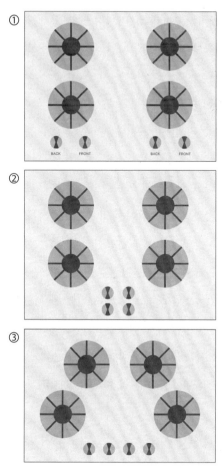

[그림 5-1] 화구가 4개인 가스레인지 설계안 세 가지

지다([그림 5-1] 참조). 가스레인지는 대부분 맨 위의 그림처럼 화구들이 대칭을 이루도록 배열되고 화구 조절기는 아래쪽에 한 줄로 배열되어 있다. 이런 식의 구성에서는 앞쪽 화구 조절기와 뒤쪽 화구 조절기를 혼동하기 쉬워서, 사용자가 자주 주전자나 팬을 태운다. 그 아래 두 설계안은 맨 위 설계안보다 나은 수많은 대안 중 하나다. 이 장에서 강조하고자

하는 점은 좋은 설계라고 해서 나쁜 설계보다 반드시 비용이 많이 들지는 않는다는 것이다. 사실 '미시오'라는 문구를 붙여놓은 단순하고 평평한 판이 청동이나 나무로 정교하게 만든 문보다 비쌀 이유는 없다.

좋은 설계 및 기능적 구조와 관련된 이 원리는 선택이라는 세상에도 적용된다. 우리가 외워야 할 기본적인 주문은 간단하다. 어떤 행동이나 활동을 장려하고 싶다면, 그것을 **쉽게 할 수 있게 만들기**만 하면 된다. 이 통찰은 위대한 심리학자인 쿠르트 레빈Kurt Lewin이 '경로 요인channel factor' 이라고 불렀던 것인데, 이것은 레빈이 특정 행동을 촉진하거나(조력자) 억제할 수 있는(장벽) 작은 영향을 표현하기 위해서 사용한 용어다.[2] 그 경로는 봄눈이 녹은 뒤 강물이 흘러가는 길과 비슷하다고 생각하면 된다. 그 길은 겉으로 보기에 아주 작은 지형상의 변화로 결정될 수 있다. 레빈은 사람도 이와 비슷해서, 아주 작은 요인이 사람들이 취하고자 하는 행동에 놀라울 만큼 강한 억제력을 행사할 수 있다고 주장했다. 사람들을 특정한 방향으로 억지로 밀어붙이기보다는 작은 장애물을 제거함으로써 좋은 행동을 하도록 유도할 수 있는 경우가 많다.

이러한 레빈의 발상이 나오고 얼마 지나지 않았을 때 예일대학교의 하워드 레벤탈Howard Leventhal과 로버트 싱어Robert Singer, 그리고 수전 존스Susan Jones가 연구 실험을 통해 이 발상을 입증했다.[3] 실험 참가자는 파상풍의 위험성 및 예방접종의 중요성에 대해 상당히 설득력 있는 교육을 받은 예일대학교 졸업반 학생들이었다. 그들은 대부분 교육 내용을 이해했으며 예방주사를 맞을 계획이 있다고 말했다. 그런데 실제로 예방주사를 맞은 학생은 3퍼센트밖에 되지 않았다.

또 다른 실험 참가자 집단에는 똑같은 교육을 제공한 다음 순회 보건소 위치를 알려주는 지도를 주었다. 그런 다음 각자 주간 일정표를 본 뒤 언제 예방주사를 맞으러 갈지, 어떤 경로로 보건소까지 갈지 계획을 세우라고 했다. 이런 넛지를 제시한 결과 이 집단에서는 28퍼센트나 되는 학생이 실제로 예방주사를 맞았다. 그런데 연구자들이 설계하고 시행한 이 조작이 사실은 매우 사소한 것임을 눈여겨봐야 한다. 학생들은 모두 고학년이었고 보건소가 어디에 있는지 잘 알고 있었으며(예일대학교 교정은 그다지 넓지 않다) 그들이 실제로 예방주사를 맞겠다고 약속한 것도 아니었다. 이런 조건 아래 두 집단에서 예방주사를 맞은 비율이 9배로 차이가 날 수 있다는 사실은 경로 요인이 강한 힘을 행사함을 입증한다. 이는 앞에서 언급한 투표 독려 연구에서 사용한 것과 동일한 원리다.

당신이 이 책에서 딱 한 가지만 기억해야 한다면, 다음을 기억하면 된다. 사람들이 어떤 일을 하도록 장려하고 싶다면, 그 일을 **쉽게 할 수 있도록 만들어라**Make It Easy. 그렇게 할 마음이 생기면 이글스의 옛 노래 '테이크 잇 이지Take It Easy(걱정 마라)'의 곡조에 맞춰서 그 말을 흥얼거려라.

기본 설정과 최소 저항 경로

지금까지 살펴본 다양한 이유 때문에 많은 사람이 여러 개의 선택지 가운데 노력이 가장 적게 드는 선택지 즉 최소 저항 경로path of least resistance를 취한다. 앞에서 주택 개·보수와 관련해 살펴본 현상 유지 편향과 '아무렴 어때' 간편 추론법을 기억하는가? 이 모든 요인은 어떤 선택을 해야 할 때 기본 설정(선택을 해야 하는 사람이 아무런 선택도 하지 않을 때 자동으로 선택하게끔 설정된 선택지)이 마련되어 있다면, 그게 좋은 것이든 나쁜 것이든 많은 사람이 그 설정을 선택할 것이라고 쉽게 예측할 수 있음을 뜻한다. 그리고 앞에서 강조했듯 아무것도 하지 않는 것이 기본 설정일 때 통상적인 행동이나 기본적인 추천 행동을 대표한다는 명시적이거나 묵시적인 암시와 함께 기본값이 설정되는 경우, 아무것도 하지 않는 행동 경향은 강화될 것이다.

기본 설정은 어디서나 찾아볼 수 있으며, 이는 강한 영향력을 발휘한다. 기본 설정 선택지는 선택 설계 시스템의 어떤 지점에서든 의사 결정 권자가 아무런 선택도 하지 않을 때 그 사람에게 어떤 상황이 일어날지 결정하는 관련 규칙이 반드시 존재한다는 점에서, 결코 피할 수 없다. 통상적으로는 의사 결정권자가 아무 행동도 하지 않으면 아무것도 바뀌지 않는다. 즉 지금까지 일어난 일만 계속해서 일어난다는 말이다. 그러나 늘 그렇지는 않다. 전기톱이나 제초기처럼 위험한 도구에는 사람 손에서 놓여나는 순간 작동을 자동으로 멈추는 이른바 '데드맨 스위치dead man switch'라는 안전장치가 마련되어 있다. 컴퓨터도 그렇다. 전화를 받거나 다른 일을 하느라 전원을 켜둔 채 자리를 뜨면 어느 시점부터 컴퓨터가 저절로 절전 모드로 들어가고 화면 보호기가 켜진다. 물론 화면 보호기가 작동할 때까지 대기하는 시간을 사용자가 각자 정할 수 있다. 그러나 이 선택을 설정하기까지는 약간의 수고가 필요하다. 당신이 사용하는 컴퓨터도 절전 모드로 전환할 때까지 대기 시간이나 화면 보호기가 작동하기까지 대기 시간이 기본 설정값으로 설정되어 있을 것이다. 그리고 그 설정값은 공장에서 출고될 때 맞춰놓은 값 그대로일 가능성이 매우 높다.

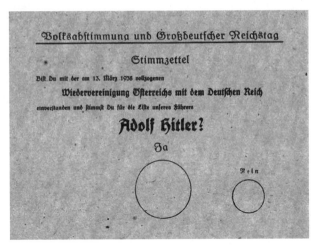

[그림 5-2] 1938년 독일의 투표용지

선택 설계자들은(학교 구내식당의 급식을 책임지는 캐롤린 같은 사람이 선택
설계자다) 기본 설정을 여러 값으로 설정할 만큼 다양한 선택지를 가지고
있으며, 자신이나 타인의 복지와 편익을 높이는 방식으로 그 선택지 가
운데 하나를 선택할 수 있다. 공공 부문에서도 그렇고 민간 부문에서도
그렇다. 1938년에 독일에서 선거를 치렀는데, 이 선거에서 유권자에게
다음과 같이 질문이 주어졌다.

"당신은 1938년 3월 13일에 오스트리아와 독일제국이 재통일하는
데 찬성합니까? 그리고 아돌프 히틀러 총통이 제시한 명단에 찬성합니
까?"

그런데 [그림 5-2]에서 보듯 '예'라는 선택지는 '아니오'라는 선택
지보다 크게 그려져 있는데, 이것이 바로 '예'라는 선택을 유도하는
넛지다.[4]

이와 비슷하게 민간 부문에서 기업은 고객이 선호하는 것이 무엇인

지를 놓고 고객의 이익을 최우선으로 한 채 어떤 추측을 하는 것과 고객의 개인 정보나 돈을 갈취하는 것, 이 둘 중 하나를 기본 설정 선택지로 선택할 수 있다. 예를 들어 어떤 고객이 전혀 관심을 가지지 않는 프로그램에 자동으로 등록하는 것을 기본값으로 설정한 기업도 있다. 8장에서 슬러지를 다룰 때 자세히 살펴보겠지만, 여기에서는 일단 우리 저자 두 사람은 어떤 부문에서든 선택 설계자의 의도를 좋게만 받아들이는 순진한 낙관주의자가 아니라는 점을 분명하게 밝혀두고 넘어가겠다. 탈러는 『넛지』의 독자가 책에 사인해달라고 할 때마다 '선한 넛지Nudge for good!'라고 써주는데, 이 표현에는 넛지가 선하게 작동할 것이라는 확실한 기대가 아니라 선한 넛지가 되면 좋겠다는 간절한 소망이 담겨 있다.

아울러 우리 저자들은 기본 설정이 언제나 사람을 붙들어주지는 않음을 다시 한번 강조하는데, 이와 관련된 사례는 뒤에서 자세히 살펴볼 것이다. 우선 간단하게만 예를 들면, 기본 설정의 결과가 명백하게 나쁘고 선택지를 바꾸는 데 필요한 비용이 낮다면 사람들이 그 기본 설정을 다른 것으로 대체할 가능성은 높아진다. 자동차 시동을 켰을 때 오디오 시스템의 음량은 어떻게 설정되어 있을까? 대부분의 자동차에서는 시동을 끄기 전에 설정한 상태로 복원된다. 그런데 해당 자동차의 운전자가 1명뿐이라면 이 설정은 효과가 있고 만족스럽다. 그러나 뉴스 채널을 좋아하는 아버지가 라디오를 듣다가 시동을 껐는데, 그다음에 힙합 음악을 볼륨 높여서 듣는 걸 좋아하는 10대 아들이 그 자동차를 타서 시동을 켠다면, 버튼을 조작해 볼륨을 높여야 한다. 아버지와 아들이라는 두 사람의 운전자는 자동차에 타서 시동을 걸 때마다 볼륨 조절 버튼을 누르는 것이 습관으로 굳을 것이다(또 이 두 사람 키 차이가 크다면, 의자나 백미러 위치도 번번이 조정해야 한다, 번거롭게!). 그래서 최첨단 자동차는 시동 열쇠로 운전자가 누구인지 자동으로 알아보고 그 운전자에게 맞는 기본 설정을 제공한다. 아마 다음에는 음악을 알아서 선곡해주지 않을까?

여기에는 한층 더 일반적인 교훈이 담겨 있다. 만약 누군가가 자신이 선호하는 것이 무엇인지 알고 있으며 기본 설정이 마음에 들지 않는다면, 분명 기본 설정을 바꿀 것이다. 간단한 사례를 보자. 온도조절기의 기본 설정이 바뀌었을 때 경제협력개발기구OECD 직원들이라면 충분히 예상할 수 있는 영향이 나타났다. 겨울철에 기본 설정 온도를 섭씨 1도 낮추자 평균 설정값이 크게 낮아졌다. 그런데 선택 설계자들이 기본 설정 온도를 섭씨 2도 낮추자, 평균 설정값의 감소 폭이 기본 설정 온도를 섭씨 1도 낮췄을 때보다 오히려 더 작았다. 이유가 뭘까? 많은 직원이 너무 춥다고 생각해서 자신이 선호하는 온도로 기본 설정을 곧바로 바꾸었기 때문이다. 아무리 이콘이 아닌 인간이라 하더라도 기본 설정을 불편하게 느낀다면 그 설정을 얼마든 내팽개친다는 것이 일반적인 원리인 듯하다.[5]

지금까지 우리는 기본 설정이 불가피하다는 것을 강조해왔다. 즉 민간 부문의 기관과 법률 시스템에는 기본 설정이 적용될 수밖에 없다. 전부는 아니더라도 몇몇 경우에는 이 주장에 중요한 조건이 걸려 있다. 선택 설계자는 선택자가 스스로 어떤 선택을 하도록 강요할 수 있다! 이 접근법에는 '선택 요구required choice', '선택 위임mandated choice', '능동적인 선택하기active choosing' 등을 포함해 다양한 이름이 붙어 있다.[6] 예를 들어 새로 설치한 앱의 여러 조건을 설정할 때, 제시된 항목 가운데 아무것도 설정하지 않은 상태를 제시한 다음, 사용자가 그 가운데 하나를 선택해야만 다음 단계로 넘어가는 설정이 있을 수 있다. 바로 이렇게 함으로써 '선택 요구'가 실행된다. 정부 기관에 온라인으로 제시하는 문서 양식이 종종 이런 특성을 띠는데, 미국의 여러 복지 관련 프로그램에서 제시하는 문서에서는 한 곳만 빈칸으로 남겨두어도 다음 쪽으로 넘어가지 않는다. 아무리 넘어가려고 해도 요지부동으로 버티며 빈칸을 마저 채우라고 요구한다.

능동적인 선택은 드물지 않다. 많은 계약서에서 몇몇 쟁점이 매우 중요한데도 너무 쉽게 간과되기 때문에, 계약 당사자가 부주의하게 혹은 별생각 없이 그런 결정을 내리는 일을 방지하기 위해 당사자가 특정 조건에 동의했다고 명시하도록 요구하기도 한다. 능동적인 선택은 타성, 부주의, 미적거리기 등의 문제를 해결할 수 있다는 강점을 지닌다. 즉 선택 설계자들이 에둘러 추측할 필요 없이 사람들이 실제로 선호하는 것을 확인할 수 있다는 말이다. 명시적 동의를 요구하는 것은 행동 정보에 입각한 정책이라고 생각하면 된다. 행동 정보에 입각한 정책은 선택자 자신의 부주의뿐 아니라 타인의 조작으로부터도 선택자를 보호하려는 노력이 반영된 것이다(사실 이런 많은 정책은 조작되고 이용되어서는 안 되는 새롭게 떠오르는 법률적 권리를 반영하기 위한 것이라고 볼 수 있다). 사람들이 무언가에 진심으로 동의하도록 하기 위해 능동적인 선택을 설계할 수 있다. 예컨대 2020년 가을에 시카고대학교가 코로나19 봉쇄 조치 이후 다시 문을 열 때 학생들과 교직원들은 모든 규칙을 잘 알고 있으며 이 규칙을 따르는 데 동의한다는 내용의 '코로나 각서'를 작성해야 했다.

또 '선택 권유prompted choice'라는 일종의 중간 선택지가 있다. 예를 들어 어떤 사람이 온라인으로 상품을 구입할 때 상품과 관련 있는 보조적 서비스를 구입하라는 권유를 받을 수 있다. 권유를 받더라도 굳이 응하지 않아도 된다. 원하지 않는다면 '다음 화면'을 클릭해서 넘어갈 수 있다. 권유하는 선택이 나타나고 사용자가 거부할 때 군말 없이 사라지도록 작동하려면 이 모든 내용이 기본 설정값에 포함되어 있어야 한다. 특별히 중요한 쟁점인 장기 기증에 대해서는 선택 권유와 관련해 몇 가지 할 말이 있는데, 이는 13장에서 자세히 다룰 것이다. 어떤 의미에서 선택 권유는 사람들로 하여금 자신이 원하는 것을 말하도록 강요하는 선택 요구보다 한결 부드럽고 덜 강압적이다.

자유를 사랑하는 많은 사람들이 선호하는 선택 요구가 때로는 최선의 방도가 될 수도 있다고 우리 저자들은 믿는다. 그러나 이 접근법에 반대하는 2개의 논지를 살펴볼 필요가 있다. 첫째, 이콘이 아닌 인간은 종종 선택 요구를 귀찮은 것이나 그보다 더 나쁜 것으로 여기며, 자기 마음에 드는 기본 설정을 선호하는 경향이 있다. 소프트웨어를 사용할 때도 제작자가 추천하는 권장 설정을 알려주는 것이 사용자에게는 큰 도움이 된다. 설정을 하기 위해 무슨 말인지 도무지 알 수 없는 설명서를 읽고 싶어 하는 사용자는 거의 없을 테니 말이다. 선택이 복잡하고 어려울 때 사람들은 똑똑한 기본 설정을 무척 반길 것이다. 선택을 요구받지(혹은 강요받지) 않아도 되기 때문이다.

둘째, 선택 요구는 일반적으로 복잡한 것보다는 간단한 찬반 결정에 더 적합하다. 식당에서 기본 설정은 주방장이 주는 대로 먹는 것이다. 추가로 선택할 사항은 음식에 넣거나 빼야 할 식재료를 알려주는 것이다. 이 경우 극단적인 선택 요구는 주방장에게 자신이 주문하는 모든 음식의 요리법을 하나에서 열까지 세세하게 나열하며 그대로 해달라고 주문하는 것이라고 할 수 있다. 만일 사람들이 자신만의 특화된 선택을 하도록 강력하게 요구할 때 일이 어떻게 잘못될 수 있는지는 스웨덴의 연금 제도를 다룬 10장의 내용을 참조하라.

오류를 예상하라

인간은 실수를 하게 마련이다. 그러므로 잘 설계한 시스템은 사용자가 실수할 것을 예상하고 여유 공간을 최대한 확보해둔다. 실제 설계의 세상에서 볼 수 있는 몇몇 사례는 이것이 얼마나 중요한지 보여준다.

◇ 파리에서는 수십 년 동안 지하철을 탈 때 사람들이 승차권을 사용했다. 사용자가 조그마한 승차권을 기계에 넣으면, 기계는 그것을 읽은 다음 승차권에 사용했다는 표시를 한 후 상단으로 뱉어낸다(지금은 지역에 따라 전자 카드를 사용하기도 한다). 이 승차권은 한 면에 마그네틱 선이 있다는 것을 제외하고는 양면이 똑같다. 탈러는 맨 처음 파리 지하철을 사용할 때 이 승차권을 어떻게 사용해야 할지 몰랐다. 그래서 마그네틱 선이 있는 면이 위를 향하도록 투입구에 넣었는데, 다행히 기계는 탈러의 승차권을 받아들였다. 그래서 그 뒤로 그는 늘 마그네틱 선이 있는 면이 위를 향하도록 해서 승차권을 넣었다. 몇 년 뒤, 파리에 다시 가게 된 그는 동행한 친구들에게 지하철 승차권 사용법을 자랑스럽게 설명했다. 그러자 그의 아내가 웃음을 터뜨렸다. 알고 보니 승차권 앞면과 뒷면 어느 쪽이 위로 향하게 해서 넣든 기계가 너그럽게 받아주도록 설계되어 있었던 것이다. 그러니까 탈러가 파리 지하철을 타면서 승차권을 잘못

넣는 실수를 하지 않았던 것은 실수를 하는 게 원천적으로 불가능했기 때문이다.

그런데 파리의 지하철 시스템과 확연히 다른 시스템이 있다. 시카고에 있는 대부분의 주차장에 적용되는 시스템이다. 당신이 자동차를 타고 이 주차장에 들어간다고 치자. 기계에 신용카드를 넣으면, 기계는 카드를 읽고 당신을 기억한다. 볼일을 본 다음 주차장에서 나갈 때 당신은 출구에 있는 또 다른 기계에 카드를 다시 넣어야 한다. 당신은 운전석 창문을 열고 밖으로 팔을 뻗어 카드를 구멍(슬롯)에 맞게 밀어 넣는다. 그런데 신용카드는 양면이 동일하지 않으므로 카드를 구멍에 넣는 방식은 네 가지나 된다. 신용카드 앞면이 위를 향하게 하느냐, 아래를 향하게 하느냐, 마그네틱 선이 왼쪽에 놓이도록 하느냐, 오른쪽에 놓이도록 하느냐를 따져야 하기 때문이다. 그런데 이 네 가지 가운데 올바른 방법은 하나뿐이다. 신용카드 구멍 위에 올바른 방법을 그림으로 표시했지만 잘못 넣기 십상이다. 게다가 기계가 거부해서 카드가 튀어나오면 무엇이 잘못되었는지 금방 알아차리기 어렵다. 또 네 가지 방식 가운데 어떤 방식으로 넣었는지도 헷갈린다. 우리 두 저자 모두 이 기계를 제대로 사용하지 못하는 멍청한 사람 뒤에서 꼼짝없이 한참 기다리는 경험을 몇 번이나 했다. 솔직히 말하면, 때로는 둘 다 그 '멍청한 사람'이 되기도 했다.

◇ 오랜 세월이 흐르는 동안 자동차는 자신을 조종하는 인간에게 한층 더 친화적으로 진화했다. 아닌 게 아니라 자동차는 그야말로 넛지의 집합체다. 안전벨트를 착용하지 않으면 경고음이 계속 울린다. 연료가 얼마 남지 않으면 경고등이 켜지고 때로는 경고음까지 울린다. 주행 중

2부. 선택 설계자의 도구들 | 무엇이 최적의 선택을 이끌어내는가

차선을 벗어나면 또 귀에 거슬리는 소리를 낸다. 후진하다 장애물이 가까이 있으면 큰 소리로 경고음을 울린다. 쉬지도 않고 서너 시간 계속 운전을 하면, 휴게소에 잠깐 들러 커피라도 한잔 마시면서 쉬었다 가지 않겠느냐고 묻기도 한다. 또 전조등이 주행 중에는 켜졌다가 운행을 멈추면 저절로 꺼지게 하는 자동 스위치로 배터리가 방전되는 일을 막아준다. 이런 넛지는 사람의 목숨을 구해준다. 미래에는 자동차에 훨씬 더 많은 넛지가 적용될 것이다.

그러나 사람이 저지르는 실수를 용납하는 혁신을 채택하는 속도는 놀라울 정도로 느리다. 예를 들어 주유구 뚜껑을 살펴보자. 요즘은 대부분 자동차의 주유구 뚜껑이 끈으로 차체와 연결되어, 주유한 다음에 뚜껑 닫는 것을 잊어버린다거나 뚜껑을 엉뚱한 데 올려둔 채 주유소를 빠져나간다든가 하는 일은 일어나려야 일어날 수 없다. 우리가 대충 추정하건대, 주유구 뚜껑을 차체와 연결하는 플라스틱 끈에 들어가는 비용은 10센트도 되지 않는다. 이제야 하는 말이지만, 예전에는 비용도 별로 들지 않는 이런 편리한 기능이 없는 차를 만들겠다는 생각을 도대체 어떻게 할 수 있었을까?

주유구 뚜껑을 닫는 걸 깜박 잊고 그 뚜껑을 주유기 근처에 두고 가는 실수는 심리학자들이 '완성 후 오류postcompletion fallacy'라 부르는 특별한 유형의 오류다.[7] 이 오류는 사람들이 자신이 수행하던 기본적인 과제를 끝내고 나면 그 이전 여러 단계와 관련된 것을 잊어버리는 성향을 말한다. 현금인출기에서 현금을 뺀 뒤 카드를 두고 간다거나 문서를 복사한 뒤 복사기에 원본 문서를 두고 간다거나 하는 것이 이 오류의 또 다른 사례다. 그런데 대부분의 현금인출기는 카드를 곧바로 돌려줘서 사람들이 이런 실수를 하지 않도록 막아준다(그렇지만 이런 넛지 기능이 없는 현금인출기가 아직도 있다!). 노먼은 '강제 기능forcing function'이라고 직접 이름 붙인 방식을 이용하는 전략을 제시했다. 이는 사용자가 자신이 원하는 무언가를 얻으려면 다른 것을 먼저 하도록 강제하는 전략이다. 예를 들어 현금인출기에서 현금을 꺼내려면 카드부터 뽑아야 그 현금을 손에 넣을 수 있게 한다. 다만 이런 현금인출기라도 사용자가 자신이 현금인출기 앞에 서 있는 이유조차 잊어버린 채 현금과 카드를 모두 두고 가는 실수는 막아주지 못한다. 아직은.

◇ 자동차와 관련된 또 하나의 멋진 설계에는 자동차에 사용하는 연료의 종류에 따라 연료 주입구 형태를 다르게 한 것을 꼽을 수 있다. 경유를 넣는 주유기는 휘발유를 연료로 사용하는 자동차의 주입구에 들어가지 않으므로, 이 자동차에 경유를 주유하는 실수는 원천적으로 차단된다(그러나 경유 차량에 휘발유를 주유하는 실수는 여전히 일어날 수 있다). 이와 똑같은 원리를 병원에 적용해, 환자를 마취시킬 때 할 수 있는 실수의 횟수가 줄어들었다. 한 연구 결과에 따르면 '치명적인 사고'의 82퍼센트가 장비 고장이 아니라 사람이 저지른 실수 때문에 일어난다.[8] 그 가운데 가장 흔한 실수는 특정 약물을 주입하는 호스를 잘못 연결해 환자에게 엉뚱한 약물이 주입되는 것이었다. 그런데 약물 주입구의 연결 부위 형태를 약물별로 다르게 설계함으로써 그런 실수를 원천적으로 차단했다.

◇ 의료 부문에서 중대한 문제 중 하나는 환자가 의사의 처방에 따라 약을 얼마나 잘 복용하느냐 하는 것이다. 많은 환자가 정기적으로 정확

한 양의 약을 복용한다. 그런데 처방받은 약을 제대로 복용하지 않아서 사망하는 사람이 미국에서는 해마다 12만 5,000명이 넘는다.[9] 원칙적으로만 말하면 그들의 죽음은 막을 수 있는 것이다. 따라서 넛지가 환자들에게 도움을 줄 수 있도록 해야 하는데, 바로 이 지점에서 선택 설계와 관련해 다음과 같은 흥미로운 질문이 제기된다.

환자의 약 복용 구조를 설계하려 하는 당신이 융통성이 있는 사람이라고 치자. 환자들이 약을 하루에 몇 번씩 복용하게 하겠는가? 환자를 진료한 의사가 단 한 번 복용하는 것만으로 문제를 해결할 수 있는 약을 제시하는 것이 가장 바람직하겠지만 이런 일은 기술적으로 불가능하다. 그렇기 때문에 차선의 처방은 하루에 한 번(보통 아침에) 복용하는 것이다. 하루 한 번 복용이 두 번 복용보다 나은 이유는 분명하다. 복용 횟수가 늘어날수록 복용하는 것을 잊어버릴 가능성이 그만큼 커지기 때문이다. 그러나 횟수뿐 아니라 규칙성도 중요하다. 이틀에 한 번 복용하는 것보다는 하루에 한 번 복용하는 것이 **훨씬 더** 낫다. 약을 먹는 행위가 아침에 이루어지는 규칙적인 일상으로 정해지기 때문이다.

게다가 사람들은 나이가 들수록 약을 많이 먹게 되므로, 복용해야 할 약을 한 가지 더 추가한다는 것은 그다지 큰 문제가 아니다(일주일 분량의 약을 요일별로 나누어 담아두는 약통은 유용한 넛지다). 그런데 하루걸러 한 번씩 약을 먹기란 어려운 일이다. 그런 사실을 기억하기가 힘들기 때문이다(마찬가지로 일주일에 한 번씩 하는 회의는 두 주에 한 번씩 하는 회의보다 기억하기 쉽다). 어떤 약은 일주일에 한 번씩 복용하도록 되어 있는데, 사람들은 약 복용 날짜를 보통 일요일로 잡는다. 대부분의 사람들에게 일요일은 다른 요일과 다르고, 따라서 약을 먹어야 한다는 사실을 쉽게 떠올릴 수 있기 때문이다. 종교 시설에 가려고 집을 나서기 전에, 게임을 시작하기 전에, 퍼즐을 맞추기 전에 혹은 일요일마다 하는 어떤 행동을 하기 전에 약을 먹으면 된다.

이런 차원에서 보자면 피임약에는 특별한 문제가 따른다. 피임약은 일반적으로 3주 동안 날마다 먹고, 그다음 일주일을 건너뛰어야 하기 때문에 날짜를 정확하게 외우기 어렵다. 그래서 피임약은 이런 문제를 해결하려고 28정짜리 특별 용기에 담아 판매한다. 이 용기의 각 칸에는 숫자가 적혀 있는데, 약을 복용하는 사람은 날마다 칸에 적힌 숫자 순서대로 약을 먹으면 된다. 그런데 22일 차부터 28일 차까지의 칸에 들어 있는 약은 아무런 약효가 없다. 그저 이콘이 아닌 인간이 약을 정해진 양만큼 정해진 날짜에 잘 먹도록 돕는 가짜 약일 뿐이다. 효과적인 처방약 복용을 도와줄 효과적인 넛지에 대해 생각해볼 여지는 많다. 이런 넛지가 제 역할을 한다면 더 많은 생명을 구할 수 있을지 모른다.[10]

◇ 탈러가 『넛지』 원고를 쓸 때였다. 탈러는 친구이자 구글 임원이던 경제학자 할 배리언Hal Varian에게 이메일을 보냈다. 이때 탈러는 이 책이 어떤 내용을 다루는지 알려주려고 서문 초고를 같이 보낼 생각이었지만 문서를 첨부하지 않은 채 메일을 보냈다. 그러자 배리언은 문서가 첨부되지 않았다고 답장하면서, 구글에서는 자사 이메일 프로그램인 지메일 Gmail에 이런 문제를 해결하는 기능을 추가하는 실험을 하고 있다고 자랑했다. 메일을 보내는 사람이 본문에 '첨부'라는 단어를 언급하고 파일을 첨부하지 않은 채 메일을 보내려고 할 때 '파일 첨부를 잊으신 것 아닌가요?'라는 메시지가 뜨게 한다는 것이었다. 탈러는 파일을 첨부해 배

리언에게 다시 메일을 보내면서, 바로 그것이 자기가 쓰는 책의 주제라고 말했다.

구글은 큰 인기를 얻었다. 그리고 지금은 깜박 잊어버리는 문제를 해결하기 위해 특별히 고안된 다양한 넛지를 갖추었다. 이 회사가 2018년에 표현했듯 '당신의 편지함이 이메일로 넘쳐날 때, 몇몇 메일은 당신이 미처 보지 못한 채 수많은 메일 더미에 묻혀버릴 수도 있다. 그러나 걱정할 필요 없다. 우리의 새로운 지메일이 당신을 도울 것이다. 이제 지메일은 사용자들을 '넛지'해서 사용자가 놓쳤을 수 있는 이메일에 답장하고 답장을 받지 못한 이메일에 대해 후속 조치를 취할 수 있게 했다.'[11] 이 기능이 유용하다는 사실은 우리 저자 두 사람 모두 인정한다. 예를 들어 원고 집필 약속과 관련해 탈러가 선스타인에게 이메일을 보냈는데, 지메일은 나중에 '6일 전에 메일을 보냈습니다. 후속 조치를 취하겠습니까?'라고 물었다. 훌륭하게도 구글은 자유지상주의적 간섭주의를 실천한다. 구글은 또 이런 메시지를 보낸다.

'이런 넛지 기능은 기본값으로 설정되어 있습니다. 이 기능을 원하지 않는 사용자는 설정 항목으로 들어가 이 기능을 끌 수 있습니다.'

얼마나 좋은가!

◇ 미국이나 유럽의 다른 지역에서 런던을 방문한 사람들은 도로를 안전하게 건너는 데 어려움을 겪는다. 자동차가 왼쪽에서 올 거라고 예상하며 평생을 산 그들의 자동 시스템은 도로를 건널 때 왼쪽을 바라보도록 설정되어 있다. 그러나 영국에서는 자동차가 좌측통행을 하기 때문에 도로를 건너는 사람의 오른쪽에서 위험이 발생할 수 있고, 실제로

그런 보행자 사고가 많이 일어난다. 그래서 런던 당국은 바람직한 설계를 통해 이런 위험을 줄이려 노력한다. 특히 관광객이 많은 거리에는 모퉁이마다 보도에 '오른쪽을 보시오!'라는 문구가 쓰여 있다. 『넛지』 초판을 출간한 뒤 탈러는 런던을 자주 방문했는데, 그때마다 뜻밖의 사고를 예방해주는 그 넛지를 고마워했다.

피드백하라

이콘이 아닌 인간이 보다 나은 성과를 내도록 돕는 탁월한 방법은 피드백을 하는 것이다. 잘 설계된 시스템은 사람들이 잘하고 있을 때, 그리고 실수를 하고 있을 때 그 사실을 알려준다.

◇ 중요한 유형의 피드백은 일이 잘못되고 있다는 경고나 (사실 이게 한층 더 유용한데) 일이 잘못되려 한다는 경고를 해주는 것이다. 우리가 사용하는 노트북 컴퓨터는 배터리 잔량이 위험할 정도로 낮아지면 충전을 하거나 작업을 끝내라고 경고한다. 테슬라 자동차는 운행 중 운전자에게 목적지까지 가는 데 필요한 배터리 잔량이 충분한지 알려주고, 그렇지 않을 때는 충전소를 경유하도록 운행 경로를 바꿔야 한다고 알린다. 건강과 관련된 상태를 알려주는 기기는 온갖 내용을 점점 더 실시간에 가깝게 알려준다. 그러나 경고 시스템이 피해야 할 게 하나 있다. 경고를 남발하는 바람에 사람들이 경고를 무시하게 만들어서는 안 된다는 것이다. 예를 들어 컴퓨터가 첨부 파일을 열어보겠느냐고 귀찮을 정도로 계속 물어오면 나중에 사람들은 생각해보지도 않고 '예' 버튼을 클릭한다.

이렇게 되면 모든 경고가 쓸모없어지고, 나중에는 위험한 문서까지도 습관적으로 열게 된다.

◇ 피드백은 여러 활동에서 개선될 수 있다. 천장에 페인트칠을 하는 단순한 작업을 놓고 생각해보자. 이 작업은 보기보다 어려울 수 있다. 천장은 보통 흰색으로 칠해져 있으므로 정확히 어디까지 칠했는지 분간하기 어렵기 때문이다. 나중에 페인트가 말랐을 때 칠이 안 된 부분이 얼룩덜룩하게 드러나면 보기에도 좋지 않다. 이 문제를 어떻게 해결할 수 있을까? 어떤 사람이 젖은 상태에서는 분홍색이지만 마르면 흰색이 되는 페인트를 발명했다. 흰색과 분홍색을 분간하지 못하는 사람이 아니라면 이 페인트로 문제를 해결할 수 있다.

매핑 이해하기: 선택에서 복지로

어떤 맛의 아이스크림을 선택할까 하는 것처럼 쉬운 일이 있는가 하면 어떤 치료법을 선택할까 하는 것처럼 어려운 일도 있다. 예를 들어 다음과 같은 가정을 해보자. 열량이나 영양 성분은 모두 같은데 맛이 저마다 다른 다양한 아이스크림을 파는 가게가 있다. 이 가게에서 어떤 아이스크림을 선택한다는 것은 그저 가장 맛있는 아이스크림을 선택하는 문제로 축소된다. 열량이나 영양 성분은 고려하지 않아도 되기 때문이다. 만일 그 가게에서 파는 모든 맛에 익숙한 소비자가 있다면, 그는 자기가 하는 선택과 그 선택에 따른 궁극적인 소비 경험의 관계를 정확하게 예측할 수 있을 것이다. 선택과 그에 따른 결과 사이의 이러한 관계를 '매핑

mapping '이라고 부르자. 설령 소비자가 낯설게 여기는 맛이 있다고 하더라도 무료 시식 서비스를 제공해 매핑의 문제를 해결할 수 있다.

그런데 질병을 치료하기 위해 치료법 가운데 하나를 선택하는 것은 전혀 다른 문제다. 당신이 전립선암에 걸렸으며 진행 단계가 초기라는 진단을 받았다고 치자. 그리고 의사가 당신에게 세 가지 선택지를 제시한다고 치자. 그 세 가지는 수술을 받는 것과 방사선 치료를 받는 것, 그리고 지금 당장은 아무런 조치도 취하지 않은 채 주의 깊게 지켜보는 것이다. 그런데 주의 깊게 지켜보는 것이 가장 매력적인 선택지가 될 수 있다. 전립선암은 보통 진행이 매우 느리기 때문이다. 이 세 가지 선택지 각각에는 치료에 따르는 부작용, 삶의 질, 수명 등과 관련된 매우 복합적인 일련의 결과가 뒤따른다. 그래서 이 선택지들을 비교하려면, 예컨대 다음과 같은 사항 가운데 무엇을 얻고 무엇을 포기해야 할지 살펴야 한다. 기대 수명을 약 3년 늘리기 위해 33퍼센트나 되는 발기부전 혹은 요실금의 위험을 기꺼이 감수할 것인가?

이 문제에 대한 판단은 두 가지 면에서 쉽지 않다. 첫째, 각각의 선택지에 대해 포기하는 것과 얻는 것의 정확한 데이터를 모를 가능성이 높다. 둘째, 요실금을 안고 살아가는 삶이 어떤 것인지 환자가 제대로 상상하지 못할 가능성이 높다.

그런데 이 시나리오와 관련해 두 가지 끔찍한 사실이 있다. 첫째, 환자는 대부분 의사에게서 암 진단을 받는 바로 그 자리에서 어떤 선택을 할지 결정하도록 요구받는다. 둘째, 환자가 선택하는 치료 선택지는 담당 의사의 유형에 따라 크게 좌우된다[12](즉 수술이 전문인 의사가 있는가 하면 방사능 치료가 전문인 의사가 있다. 그런데 '주의 깊게 지켜보는 것'을 전문으로 하는 의사는 없다. 그러다 보니 이 세 번째 선택지는 가장 적은 수의 환자가 고르는 선택지가 된다.).

아이스크림 선택과 치료법 선택을 비교하면 매핑의 개념이 선명하게 드러난다. 좋은 선택 설계 시스템은 선택과 결과의 연결성을 이해하는 능력을 향상시켜 선택자가 자신의 삶을 한층 개선하는 선택지를 고르도록 돕는다. 이렇게 하는 방법 중 하나는 여러 선택지 각각의 정보를 이해하기 쉽게 만드는 것이다. 수치로 구성된 정보를 현실적으로 쉽게 이해할 수 있는 단위로 환산해 제시하는 것도 좋은 방법이다. 어떤 사람이 사과를 사서 사과 사이다를 만들려 한다고 치자. 이때 사이다 한 잔을 만드는 데 어림잡아 사과가 3개 필요하다는 것을 알리는 게 그 사람에게 도움이 된다. 당신이 어떤 타이어의 안전 등급이 1등급부터 10등급 가운데 4등급이라는 말을 들었다고 치자. 그런데 4등급이 실제로 어떤 의미인지, 당신이 쉽게 이해할 수 있는 기준을 들어 설명해준다면 훨씬 더 가치 있는 정보가 될 것이다. 이렇게 설명하는 방식은 타이어의 안전 등급을 소비자에게 가장 잘 전달하는 방법을 놓고 미국 정부가 실제로 고민하고 노력해서 얻은 결과다.

복잡한 선택 구조화하기

사람들은 어떤 선택을 할 때 이용 가능한 선택지의 가짓수와 복잡성을 토대로 다양한 전략을 채택한다. 잘 알려진 소수의 선택지가 있을 때 사람들은 보통 각 선택지의 속성을 꼼꼼히 살펴본 다음 얻을 것과 포기할 것을 비교하는 경향이 있다. 그러나 선택 가짓수가 늘어나면 다른 전략을 사용해야 하는데, 이런 전략이 우리를 난처하게 만들 수 있다.

때때로 선택 설계자는 박물관의 큐레이터와 비슷한 역할을 한다. 우리 두 저자가 가장 즐거워하는 미술품 전시는 풍부한 내용으로 의미 있는 경험을 제공하면서도 대략 영화 상영 시간인 2시간 안에 모두 돌아볼 수 있을 정도의 전시다. 여기에서는 적을수록 좋다는 옛말이 맞는 말이다. 좋은 선택 설계자는 선택지 개수를 선택자가 충분히 관리할 수 있을 만한 규모로 줄인다.

그러나 본인이 선택 설계자인 경우가 많다. 이들은 넛지까지 직접 한다. 이런 셀프 넛지self-nudge를 줄여 '스넛지snudge'라고도 부르는데, 사람들은 대부분 잘 선택한 셀프 넛지를 통해 삶을 개선한다. 예컨대 냉장고에 보관하는 음식을 최소한으로 제한하거나, 쓰지 않고 모아두고 싶은 돈으로 만기일 이전에 해약하면 벌칙이 적용되는 1년 만기 적금을 들거나, 스마트폰에서 페이스북이나 트위터를 삭제하거나, 특정 시간대에 이메일 수신 알림창이 뜨지 않도록 컴퓨터 설정을 바꾼다. 사람들은 자신이 안고 있는 자제력 문제를 해결하기 위해 선택지를 담는 틀 자체를 새로 설계한다. 그래서 특정한 선택지를 재미없게 만들거나 선택지에 접근하는 과정을 어렵게 만들기도 하고, 혹은 아예 그 선택지를 삭제해버린다.[13]

좀 더 정성을 들인 사례를 들어보겠다. 제인이라는 여자가 있다고 치자. 그녀는 어떤 회사에서 일자리를 제안받았다. 그런데 이 회사는 그녀가 사는 곳에서 멀리 떨어진 대도시에 있다. 그녀가 맞닥뜨린 두 가지 선택을 비교해보자. 하나는 어떤 사무실을 선택할 것인가 하는 것이고, 다른 하나는 어떤 아파트를 빌릴 것인가 하는 것이다. 그 회사가 제인에게 사무실 세 곳 가운데 하나를 선택할 수 있다고 제안했다고 치자. 그렇다면 그녀의 합리적인 전략은 세 곳을 모두 둘러보고 차이점을 꼼꼼하게 확인한 다음 크기, 전망, 동료들, 그리고 가장 가까운 화장실까지의 거리 등이 각각 얼마나 중요한 가치가 있는지 판단하는 것이다. 선택을 주제로 삼는 연구 저작에서는 이를 '보상 전략compensatory strategy'이라고 부르는데, 한 가지 속성(커다란 사무실)의 높은 가치가 다른 속성(시끄러운 주변 동료들)의 낮은 가치를 상쇄해서 보상할 수 있기 때문이다.

그러나 살 집을 고르는 데는 이와 똑같은 전략을 사용할 수 없다. 대도시에서 제인이 주거지로 선택할 수 있는 아파트는 수천 개나 된다. 제인이 그 회사에서 일하고 싶다 해도 그 많은 집을 일일이 찾아다니면서 평가할 수는 없다. 그래서 이 과제를 어떤 식으로든 단순화하게 된다. 그녀가 동원할 수 있는 전략 중 하나는 아모스 트버스키가 '요인별 제거법 elimination by aspects'이라고 이름 붙인 것이다. 이 전략은 우선 어떤 요인(예컨대 출퇴근 시간)이 가장 중요한지 결정한 후 이 요인의 허용 범위(예컨대 편도 30분 이내)를 정하고, 이 기준에 맞지 않는 선택지는 모두 제거한다. 그다음에 각각의 요인(예컨대 월세가 2,500달러 이하일 것, 주방이 기능적일 것, 반려견을 허용할 것 등)별로 이런 과정을 반복해서 최종적인 선택을 하거나 보상 전략을 구사할 수 있을 정도로 소수의 최종 후보지로 선택지를 좁힌다.

사람들이 이런 유형의 단순화 전략을 사용할 때 최소한의 기준에 미치지 못하는 선택지는 다른 면에서 아무리 뛰어나다고 해도 제외될 수밖에 없다. 예를 들어 출근 시간이 1시간 넘게 걸리는 아파트는 전망이 아무리 좋더라도, 또 다른 집에 비해 월세가 500달러나 싸더라도 후보

군에서 탈락한다.

사회과학 연구에 따르면, 선택지가 많거나 여러 측면에서 다양할수록 사람들이 단순화 전략을 채택할 가능성이 높아진다. 바로 여기에 선택 설계와 관련된 암시가 녹아 있다. 선택지의 개수가 많아지고 복잡해질수록, 선택 설계자는 그만큼 더 많은 것을 생각하고 처리해야 하며 (바람직한 쪽으로든 그렇지 않은 쪽으로든) 선택에 영향을 줄 가능성도 그만큼 높아진다. 세 가지 맛 아이스크림만 판매하는 아이스크림 가게라면 메뉴판에 그 세 가지 맛을 나열하는 순서는 아무 상관이 없을 것이다. 소비자는 자기가 좋아하는 맛을 잘 알기 때문에, 그 순서가 소비자의 선택에 별다른 영향을 주지 않을 것이다. 그러나 선택지의 개수가 늘어날 때는 얘기가 달라진다. 좋은 선택 설계라면 선택의 구조를 제시해야 하며, 이 구조가 선택 결과에 영향을 줄 것이다.

페인트 가게를 예로 들어보자. 특별한 색깔을 주문하는 고객이 있긴 하지만, 이런 경우를 무시한다고 해도 페인트 가게는 주택의 벽에 칠할 수 있는 색깔을 수천 가지씩 갖추고 있다. 이렇게 많은 색깔을 고객에게 제시하는 방법을 구조화하는 다양한 방법을 생각할 수 있다. 예를 들어 페인트 색깔을 알파벳 순서로 나열한다고 생각해보자. 그러면 'Arctic White(북극 느낌의 흰색)' 다음에는 'Azure Blue(하늘빛 파란색)'를 둘 것이다. 그런데 알파벳 순서는 사전을 구조화하기에는 만족스러운 방식일지 몰라도(적어도 사용자가 특정 단어의 철자를 추정할 수만 있다면 그럴 수 있다), 페인트 가게를 구조화하기에는 형편없는 방법이다.

페인트 가게는 이렇게 하지 않고 오래전부터 비슷한 색깔을 묶어서 바퀴 모양으로 배열하되, 바퀴 중심에서 멀어질수록 채도가 낮아지도록 배열하는 견본집을 사용했다. 파란색 계열 색깔을 모두 한 줄에 모으고 그 옆에는 녹색 계열을 색깔을 모으고, 빨간색 계열의 색깔 옆에는 주황색 계열의 색깔을 모으는 등의 방법을 따랐다는 얘기다. 고객에게 실제 색깔을 보여주어 쉽게 선택하게 돕는데, 이는 특히 페인트의 이름만으로는 색깔과 관련된 정보를 거의 얻을 수 없기 때문에 특히 더 그렇다 (예컨대 페인트업체인 벤저민 무어 페인트Benjamin Moore Paint 웹사이트에 가서 보면, 베이지 색조의 비슷한 세 가지 색깔에 '볶은 참깨'와 '오클라호마 밀', 그리고 '캔자스 낟알'이라는 이름이 각각 붙어 있다). 현대의 컴퓨터 기술과 인터넷 덕분에 소비자의 선택과 관련된 수많은 문제가 한결 단순해졌다. 좋은 페인트 회사의 웹사이트는 소비자가 베이지색 계열의 수십 가지 색조를 컴퓨터 모니터 성능이 허용하는 범위 내에서 모두 훑어보게 해줄 뿐 아니라, 천장이 보색으로 칠해져 있을 때 벽을 특정한 색깔로 칠하면 전체가 어떻게 보일지 이미지로 제시한다.

물론 페인트 색깔의 다양성은 아마존닷컴에서 판매하는 책의 가짓수나 구글에 뜨는 웹페이지의 가짓수에 비하면 아무것도 아니다. 유명 온라인 기업의 성공 비결 가운데 하나는 선택 설계를 잘했다는 것이다. 영화나 텔레비전 프로그램 스트리밍 서비스를 이용하는 고객은 배우별, 감독별, 장르별로 쉽게 검색할 수 있으며, 자신과 취향이 비슷한 다른 고객들의 선호도를 토대로 영화를 추천받을 수 있는데 이런 방법을 '협업 필터링collaborative filtering'이라고 한다. 협업 필터링의 알고리즘은 어떤 사람이 좋아하는 영화나 책을 선택할 가능성을 높이기 위해 그와 취향이 같은 사람들의 판단을 활용해 방대한 양의 영화나 책을 걸러낸다. 협업 필터링은 선택 설계가 안고 있는 문제를 해결하기 위한 노력의 일환이다. 자신과 비슷한 사람들의 취향을 알면, 자신과 비슷한 사람들이 대체로 좋아한다는 이유만으로도 직접 경험하지 않은 제품이라도 마음 놓고 선택할 수 있다. 협업 필터링은 수많은 사람이 혼자 감당해야만 하는 어려운 선택을 쉽게 만들어준다.

그런데 여기에는 주의할 점이 있다. 놀라움과 우연한 발견이 사람들에게 재미와 이익을 안겨줄 수 있음을 잊지 말아야 한다는 것이다. 자기와 비슷한 사람들이 좋아하는 것에만 지나치게 의존하는 것이 그다지 멋진 일만은 아니다. 가끔은 자기와 다른 사람들이 무엇을 좋아하는지 알아보는 것도 유익하다. 만약 당신이 추리소설 작가 할런 코벤Harlan Coben을 좋아한다면(우리 두 저자가 그렇다) 협업 필터링의 알고리즘은 당신에게 다른 추리소설 작가를 소개할 것이다(우리는 리 차일드Lee Child의 소설을 추천한다). 그러나 가끔은 조이스 캐럴 오츠Joyce Carol Oates의 작품이나 더 나아가 헨리 제임스Henry James의 작품을 읽어보는 건 어떨까? 또 만약 당신이 스스로를 민주당 지지자라고 생각하더라도 공화당 지지자들이 어떤 생각을 하는지 알고 싶을 수 있다. 다른 건 몰라도 가족 모임에서 정치 이야기가 화제로 오를 때 더 잘 대처할 수 있을 테니까 말이다. 우리에게 다양한 뉴스를 제공하는 사람들과 같이 공익적인 분야에서 일하는 선택 설계자는 사람들을 가만히 내버려둔다면 결코 선택하지 않을 방향으로 그들이 나아가도록 넛지하는 것이 유익하다는 사실을 잘 안다. 선택을 구조화한다는 것은 때로 사람들이 새로운 것을 배우도록 도와서 스스로 더 나은 선택을 할 수 있게 만든다는 뜻이다.

선택 설계 시스템과 인센티브

자, 여기에서는 경제학자라면 대부분 가장 먼저 다루는 주제인 가격과 인센티브를 살펴보자. 지금까지 우리는 전통적인 경제 이론이 흔히 무시해온 요인을 강조했다. 하지만 그렇다고 해서 경제학의 표준적인 여러 요인이 중요하지 않다는 뜻은 아니다. 지금이야말로 우리 두 저자가 수요와 공급 법칙을 믿는다고 말하기에 적절한 시점이 아닐까 싶다. 어떤 제품의 가격이 오르면 생산자는 생산량을 늘린다. 그러면 소비자는 예전만큼 그 제품을 구매하지 않는다. 그러므로 선택 설계자가 시스템을 설계할 때는 반드시 인센티브를 고려해야 한다. 눈치가 빠르고 합리적인 설계자라면 적절한 사람들에게 적절한 인센티브가 돌아가도록 시스템을 설계할 것이다. 인센티브를 고려하는 방법 중 하나는 다음 4개의 문제를 선택 설계의 출발점으로 삼는 것이다.

- 누가 선택하는가?
- 누가 사용하는가?
- 누가 지불하는가?
- 누가 이득을 얻는가?

어떤 사람이 단일한 공급자가 제공하는 재화나 서비스를 선택해 대금을 지불하고 그것을 사용한다면 문제는 매우 간단하고 인센티브는 잘 조정된다. 예를 들어 점심을 사 먹는 누군가는 자기가 먹고 싶은 음식을 선택해 음식값을 지불한다. 그런데 만일 이 사람이 음식을 마음에 들어하지 않는다면 다음에는 다른 음식을 선택하거나 다른 식당에 간다. 그런데 여러 사람이 함께 식사를 하고 비용을 1/n로 부담할 때는 일이 조금 더 복잡해진다. 집단의 규모가 크다면 몇몇 사람이 다른 사람들이 먹는 음식보다 비싼 음식을 주문할 수 있다. 이 사람들은 추가되는 비용 가운데 일부만 부담하면 되기 때문이다. 그런데 다른 사람들은 반대로 할 수도 있다. 탈러가 비싼 고급 와인을 마실 수 있지만, 그 자리에 함께 있었다는 이유만으로 자신이 마신 와인 비용을 값싼 다이어트 콜라를 마신 선스타인에게 부담시키는 것이 불편할 수도 있다. 앞에 적은 4개의 질문 가운데 처음 3개의 질문에 대한 답이 동일한 사람일 때, 적어도 사람들이 적절한 정보를 가지고 있고 행동상의 여러 편향을 지니고 있지 않는 한, 시장은 합리적으로 돌아간다(여기에서는 외부성 요인을 일단 무시하고 있지만 기후변화를 다룬 14장에서 자세히 살펴볼 것이다).

악명 높은 미국의 의료보험 제도는 그 반대다. 환자들은 담당 의사가 선택하고 (대부분의 경우가 그런데) 보험 회사나 정부가 진료비를 지불하는 의료 서비스를 받는다. 이 일련의 행위에 따른 이득 즉 수수료는 의료계 종사자, 의료 기기 제조업체, 병원, 제약사, 의료사고 전문 변호사 등 서비스를 제공하는 다수의 주체가 나누어 가진다. 동일한 서비스를 받는 환자라고 하더라도 지불하는 비용이 엄청나게 차이 날 수 있다. 미국이 세계에서 비용이 가장 많이 들어가는 의료보험 제도를 운영하지만 성과가 그저 그렇다는 사실은 놀라운 일도 아니다.

인센티브를 조정하는 것은 교과서적인 경제학 문제다. 그러나 늘 그렇듯 경제 주체가 이콘이 아니라 인간이라는 점을 염두에 둔다면 교과서적인 분석을 구체적이고 풍성하게 만들 수 있다. 그런데 인간이 아무리 특별한 생각 없이 행동한다고 하더라도 재화나 서비스의 가격이 올

2부. 선택 설계자의 도구들 | 무엇이 최적의 선택을 이끌어내는가

랐다는 사실을 알면 분명 그것을 덜 소비할 것이다. 그렇지만 과연 인간은 가격이 올랐다는 사실을 알아차릴까?

인센티브의 표준 분석에 대해 가장 중요하게 수정해야 할 점은 바로 현저성이다. 시장에서 어떤 선택을 하는 사람들은 자기가 실제로 맞닥뜨리는 인센티브를 알아차릴까? 자유 시장이라는 조건에서는 대개 그렇다고 대답할 수 있지만, 중요한 경우에는 아니라는 대답이 나올 수도 있다. 도시에 거주하는 가족이 자동차를 구입할지 여부를 결정한다고 치자. 이 가족 앞에 놓인 두 가지 선택지는 도보, 자전거, 차량 공유 서비스 혹은 대중교통을 이용하는 것과 상당한 돈을 들여 중고차를 구입하는 것이다. 아울러 중고차를 사면 집 앞에 있는 도로를 주차장처럼 사용할 수 있지만 약간의 비용은 부담해야 한다. 그리고 이 가족이 자동차를 구입할 때 유일하게 발생하는 뚜렷한(즉 '현저'하게 드러나는) 비용은 주유비와 가끔 발생하는 수리비, 그리고 1년 단위로 부담해야 하는 보험료뿐이다(달리 말하면 이 가족이 자동차를 구입하고 나면 자동차를 사는 데 쓴 비용 즉 기회 비용을 잊어버리는 경향이 있으며, 그래서 그 돈을 다른 용도로 사용할 수도 있었다는 생각은 아예 하지도 않는다). 그런데 자동차를 구입하지 않을 때는 어떨까? 이 가족은 택시를 탈 때마다, 그래서 미터기 요금이 한 구간씩 찰칵거리면서 올라가는 것을 바라볼 때마다 비용이 지출되는 것을 뼈저리게 실감할 것이다. 그래서 자동차 소유 인센티브에 대한 행동 분석 결과는, 사람들이 자동차를 소유할 때 지불하는 기회 비용 및 감가상각 비용처럼 덜 두드러져 보이는 여러 측면을 과소평가하는 반면, 택시를 이용할 때 두드러져 보이는 비용은 과대평가하는 것으로 나타난다.•

• 차량 단기 임대를 전문으로 하는 업체는 이런 심리적 회계 문제를 해결하는 데 도움을 주는

선택 설계 시스템에 대한 분석도 이와 비슷한 조정 작업을 거쳐야 한다. 납세 제도를 이용해 인센티브를 바꾸는 것이 일반적이지만, 과연 어떤 세금이 '현저하게' 두드러질까? 많은 국가에서는 만기일까지 기부금과 소득에 대한 비과세 혜택을 주는 등 세금 우대책을 통해 은퇴 이후를 대비하는 적금을 장려한다. 그런데 이런 인센티브가 효과를 발휘할까? 이 분야에서 우리 저자들이 아는 한 최고로 꼽을 수 있는 논문을 통해 이런 적금은 특히 기본 설정과 비교할 때 효과가 거의 없다는 사실을 발견했다.[14] 돈 많은 저축자들은 세금 인센티브에 관심을 더 많이 기울이는 경향이 있다. 그럴 수밖에 없는 이유 가운데 하나는 그들은 경제적으로 여유가 있어서 전문가를 고용해 자문을 받기 때문이다. 이렇게 해서 그들은 돈을 비과세 저축으로 바꾸어놓는다. 그러나 그것은 대개 저축액을 늘린다기보다 돈을 여기저기로 굴리는 것일 뿐이다. 게다가 세금을 면제하거나 깎아주는 이런 유형의 인센티브는 대부분의 사람들의 눈에 잘 띄지 않는다. 미국에서는 이런저런 세제상의 혜택을 주느라 조세 수입이 감소하는 것을 가리켜 조세 지출tax expenditures이라고 부르지만, 정부가 걷지 않는 돈에 대한 청구서는 애초에 발급이 될 수 없으므로 이것을 받는 사람도 당연히 없다. 행동적으로 건전한 공공 정책은 목표를 달성하는 데 얼마나 효율적인지, 그리고 소요된 비용이 얼마나 가시적인지를 기준으로 평가된다. 그렇지만 안타깝게도 정치인들은 종종 자신의 활동비를 투명하게 밝히는 것이 자기에게 가장 크게 이익이 된다고 생각하지 않는다.[15]

물론 현저성은 조작될 수 있고 훌륭한 선택 설계자라면 사람들이 인

전략으로 매출을 올린다.

센티브에 관심을 가지게 만드는 조치를 취할 수 있다. 로널드 레이건은 대통령으로 선출되기 전에 캘리포니아 주지사였다. 1967년에 캘리포니아는 미국의 전체 주 가운데 근로자 급여에서 정기적으로 세금을 원천징수하지 않는 유일한 주였다. 그 대신 캘리포니아에서는 납세자가 1년에 딱 한 번 모든 세금을 한꺼번에 몰아서 내야 했다. 다른 주들과 마찬가지로 급여가 지급될 때만 소득세를 원천징수하는 법안이 마련되기도 했지만 금융 보수주의자인 레이건은 이 법안에 반대했다. 그는 자신의 입장이 정당하다고 주장하면서 "세금은 아픔을 주는 것이다"라는 유명한 말을 남겼다. 그러나 민주당이 다수당이던 주 의회는 그의 바람을 꺾었다.[16]

몇몇 영역에서는 사람들이 이익과 손실의 현저성을 비대칭적으로 다루길 바랄 수도 있다. 예를 들어 러닝머신 한 걸음당 얼마로 계산해서 사용료를 받는 체육관에는 아무도 가려 하지 않을 것이다. 그리고 러닝머신을 사용하는 많은 사람은 달리면서 '운동으로 연소된 열량'이 얼마인지 모니터로 확인하는 것을 즐긴다(게다가 이 측정기는 실제 연소된 열량보다 많은 수치를 보여준다. 이 얼마나 관대한 배려인가!). 또 어떤 사람들은 러닝머신을 달려 힘들게 연소한 열량을 그 열량에 해당되는 음식 이미지로 보는 방식을 더 선호할 수도 있다. 러닝머신을 10분 동안 달렸을 때는 겨우 당근 하나를 보겠지만, 40분 동안 달리고 나면 커다란 쿠키 이미지를 볼 수 있다!

잠시 쉬어야 할 때

선택 설계의 여러 도구 가운데 특히 간과하기 쉬운 게 하나 있다. 휴식 시간을 언제로 정할까 하는 것이다. 연극이나 오페라, 그리고 콘서트에서는 보통 전체 공연 시간 가운데 적어도 한 번은 휴식 시간이 있어서 배우와 관객이 스트레칭을 하거나 화장실에 다녀오거나 간식을 먹거나 할 수 있게 해준다. 적어도 관객들에게는 짧은 낮잠을 즐길 수 있는 한결 더 편안한 장소가 있음을 깨닫게 해준다. 유능한 선택 설계자는 휴식 시간의 타이밍이 전체 설계에서 중요한 부분이 될 수 있음을 안다. 어떤 연극은 공연 도중 휴식 시간이 주어지면 맥이 끊겨 공연을 망칠 수 있다는 이유로 휴식 시간을 아예 두지 않는다.

책을 쓰는 작가도 이런 점에서는 공연 기획자나 연출가와 비슷한 판단을 한다. 각각의 장 분량을 어느 정도로 해야 할까? 손에 땀을 쥐게 하는 액션이 이어지는 스릴러물은 보통 각 장의 길이가 짧다. 우리 저자들이 좋아하는 스릴러 작가들은 독자가 다음에 무슨 일이 일어날지 궁금해서 죽도록 만든다. 그래서 우리는 "딱 한 챕터만 더 읽어야지" 하다가 결국 수많은 밤을 꼬박 새우기도 한다. 이 책이 그런 스릴러물이 아니라는 사실은 당신도 진작 눈치챘을 것이다. 그러나 우리 저자들은 어쨌든 철저한 선택 설계자인데, 선택 설계자의 눈으로 바라볼 때 지금이 한 차례 휴식을 취해야 할 시점이 아닐까 한다. 다음에 이어질 6장에서는 여러 선택 설계 도구를 다루는데, 매우 재미있을 것이라고 약속한다. 진짜다! 아, 한 가지 더, 잠시 쉴지 아니면 계속 읽어나갈지는 당신이 알아서 선택하면 된다. 어떤 선택도 하고 싶지 않다면, 그냥 책장을 한 장 넘기기만 하면 된다.

6장

기다려라,
더 많은 것이 있다

미국에는 부엌의 기적을 행하거나 뱀 기름의 새로운 버전을 파는 심야 광고라는 오랜 전통이 있다. 이 광고들은 언제나 단순한 심리적 회계 원칙을 활용한다. 이 원칙은 '각각의 이득을 구분한다'는 것인데, 이는 팔려고 내놓는 제품을 모두 묶어서 설명하지 않고 몇 가지는 따로 떼어놓았다가 특별한 상황에서만 제공하는(예를 들어 '지금 당장 전화를 주시는 고객에게만 제공하는') 특별한 지위를 부여한다. 바로 이런 정신으로 우리 저자들은 이 6장에서 선택 설계의 도구인 '큐레이션'과 '재미있게 만들기'를 특별한 보너스로 제시하려고 한다. 아, 한 가지 덧붙이자면 이 짧은 장을 지금 당장 읽어도 되고, 기다렸다가 다음에 읽어도 된다. 선택은 당신에게 달렸다.

큐레이션: 약자에게 더욱 필요한 선택 설계

우리 두 저자는 이 책의 초판을 집필할 때 단골 식당에서 점심을 먹은 후 근처에 있는 서점으로 가서 어슬렁거리며 이야기를 나누곤 했다. 시카고대학교 인근 하이드파크에는 좋은 서점이 많다. 몇몇 독자는 우리가 방금 문장에서 현재형을 사용하는 것을 보고 놀랄지도 모르지만, 많은 서점이 여전히 문을 열고 있다(이제는 시카고에 살지 않는 선스타인은 하이드파크의 서점들을 그리워한다. 그러나 그는 매사추세츠에 있는 콩코드 서점Concord Bookshop을 소중히 여긴다.). 아마존닷컴이 등장한 후의 세상에서 어떻게 현실에 존재하는 서점이 살아남을 수 있을까? 비록 몇몇 서점은 커피나 작은 장식품을 파는 것으로 업종을 다각화했지만, 하이드파크와 콩코드에서는 서점들이 여전히 오로지 책에만 집중한다. 성공한 서점의(그리고 소규모의 소매점의) 공통점이 무엇일까? 큐레이션을 잘하는 큐레이터가 바로 그들의 공통점이다.

큐레이션은 온라인 대기업과 경쟁하고자 하는 모든 기업이 반드시 갖추어야 할 요소다. 아마존은 인쇄되어 나온 거의 모든 책과 전자책으로 출간된 다수의 책을 판다. 그리고 인쇄된 책은 신속히 당신의 집으로, 전자책은 1분 이내에 당신의 태블릿으로 배달해준다. 이것은 전통적인 방식의 유통업체가 '한층 더 많은' 선택지를 제공하는 방식으로는 아마존의 경쟁 상대가 될 수 없다는 뜻이다. '당신이 원하는 모든 것'을 제공하는 아마존을 이기기란 어려운 일이다. 100만 권이나 되는 책으로 가득 찬 거대한 창고에서 어슬렁거리는 상상 속 이미지는 전혀 매력적이지 않다. 반면 아마존에서 쇼핑하는 것은 단순하고도 쉬운 일이다(심지어 코로나 팬데믹의 외중에 마스크를 착용하지 않아도 된다). 소규모 서점과 거대

서점은 각각 어떻게 살아남을까? 물론 정답은 선택 설계다. 소규모 가게는 큐레이션을 도구로 삼아 경쟁하는 반면, 온라인 세상의 거대 업체는 내비게이션 도구를 사용해 고객이 수없이 많은 선택지 가운데 쉽게 어떤 것을 찾아내고 선택하도록 해준다.

큐레이션에 정답이 하나뿐인 것은 아니다. 사업에서 성공하는 방법이 하나만 있는 게 아닌 것처럼 말이다. 몇몇 훌륭한 서점이 성공을 거두며 번창하는 것은 큐레이션을 잘해서뿐만 아니라, 고객이 공상과학물 코너부터 추리물 코너까지 서점을 느긋하게 돌아다니는 동안 고객에게 온갖 멋진 경험과 놀라움과 뜻밖의 재미와 기쁨이 한데 버무려진 멋진 경험을 제공하기 때문이다. 또 어떤 서점은 여행이나 공상과학 혹은 예술 분야를 파고들어서 성공한다. 식당도 서점과 마찬가지다. 몇몇 훌륭한 식당은 한 가지 음식을 잘하기 때문에 번창하며, 꾸준히 그 음식에 집중한다. 라면, 핫도그, 타코, 피자, 그리고 갈비 등의 맛집을 보면 단 한 가지 음식만 파는 노점인 경우가 많다. 싱가포르에는 각각의 노점이 한 종류의 요리를 중점적으로 다루는 맛집 거리가 유명하다. 1인분 가격이라고 해봐야 몇 달러 되지 않는 길거리 음식을 파는 이런 변변찮은 노점 거리에서 미슐랭 별점을 받은 곳이 두 곳이나 된다.[1] 이들은 큐레이션에 집중한다.

오랜 세월 동안 시카고에서 탈러가 자주 가던 와인 가게는 상자가 천장까지 아무렇게나 쌓여 있는 자그마한 곳이었다. 그러나 늘 가게를 지키던 주인은 자기 가게에 있는 와인을 하나도 빼놓지 않고 모두 알고, 가게를 찾는 고객의 취향까지 인공지능 알고리즘만큼 훤하게 꿰뚫고 있었다. 어쩌면 그 알고리즘보다 더 나을 수도 있었다. 그 주인은 고객에게 어떤 와인을 가리키며 신기한 맛을 느낄 수 있으니 한번 시음해보라고 권하곤 했으니까 말이다. 탈러는 낯선 경험이 뒤따를 수도 있는 그 모험을 마다하지 않았다. 뜻밖의 발견이 가져다주는 놀라움은 와인에서뿐 아니라 책, 음악, 영화 등에서도 즐거운 경험일 수 있다. 좋은 큐레이션은 나쁜 선택지를 없애는 것과 동시에 새로운 선택지를 도입한다.

이 주제에 대해서는 다음에 이어질 여러 장에서 다시 한번 다룰 것이다. 기업 인사 부서에서 사회보장 및 의료보험에 이르는 여러 영역의 선택 설계를 할 때는 큐레이션과 탐색 도구를 결합해야 한다. 그렇게 하지 않으면 사람들은 허둥대며 당황할 것이다. 앞에서도 언급한 몇몇 사람들은 선택지를 극대화하기만 하면 된다는 식으로 아주 단순하게 생각한다. 이런 발상이 언제나 나쁜 것은 아니지만, 정교한 선택 설계 도구를 배제한다면 나쁠 수밖에 없다. 엄격한 큐레이션 과정을 거쳐 선정된 소수의 선택지 혹은 좋은 기본 설정이야말로 매우 만족스러운 결과를 가져다준다.

재미있게 만들기

재미는 좋은 선택 설계의 최종 요소다. 넛지를 한마디로 말하면 바람직한 행동을 쉽게 할 수 있도록 만들어주는 것이다. 그렇게 하려면 바람직한 행동을 재미있게 만드는 것이 확실히 도움이 된다.

마크 트웨인의 소설 『톰 소여의 모험』에 나오는 유명한 대목 하나가 이런 사실을 잘 보여준다. 장난꾸러기 소년인 톰은 나쁜 행동을 해서 이모 폴리에게 벌을 받는다. 그 벌은 집 앞 보도를 따라 이어진 판자 울타리를 하얀색 페인트로 칠하는 것이다. 친구들과 놀고 싶은 톰은 그렇게 하지 못하고 그 지루한 일을 하는 게 싫다. 게다가 친구들이 지나가다 벌을 받는 자신을 보고 놀려댈 게 틀림없는데, 그런 놀림을 당하는 것도 싫다. 톰이 이런 걱정을 하면서 페인트칠을 하던 중 친구 벤 로저스가 걸어온다. 벤은 맛있는 사과 하나를 손에 들고 있다. 이 모습을 본 톰은 벤을 속여먹을 꾀를 낸다. 톰은 페인트칠을 하는 일이 매우 재미있는 듯 온 정성을 다했고, 이 모습을 본 벤은 그 일이 무척이나 짜릿하고 즐거울 게 분명하다고 생각한다. 벤은 자기도 한번 해보자고 하지만 톰은 거절한다. 재미있는 일을 양보할 수 없다면서 말이다. 결국 벤은 톰에게 사과를 건네며 사정하다시피 해서 붓을 넘겨받고 페인트칠을 하기에 이른다. 이렇게 해서 저녁이 되기 전까지 폴리 이모의 울타리는 세 번이나 페인트칠이 되었다. 톰의 친구들이 줄까지 서고 톰에게 자기가 아끼던 보물을 바치면서 그 일을 했기 때문이다. 트웨인은 이 이야기를 이렇게 마무리했다.

'만약 페인트가 더 남아 있었더라면 마을 소년들이 모두 파산했을 것이다.'

트웨인은 '일은 신체가 의무적으로 해야 하는 것이고, 놀이는 신체가 강요받지 않는 행위다'라고 썼다.[2]

어떤 활동을 놀이처럼 보이게 하거나, 사람들로 하여금 호기심을 품게 하거나 흥분하게 하거나, 무언가를 기대하게 할 때 사람들은 그 활동을 기꺼이 하겠다고 달려든다. 그뿐만이 아니다. 심지어 제발 자기에게 그런 기회를 달라며 돈을 내기까지 한다.

이 원리는 폭스바겐그룹이 광고사 DDB 스톡홀름과 함께 제작한〈펀

이론Fun Theory〉 시리즈 동영상에 활용되었다. 사람들이 나서서 하길 바라는 바람직한 행동을 재미있어 보이도록 만들면, 그 사람들이 조금이라도 더 환경을 생각하고 건강하게 살도록 유도할 수 있다는 게 이 동영상 프로젝트의 기본적인 발상이다. 이 시리즈 가운데 가장 널리 알려진 동영상은 2,300만 회 넘게 조회되었는데, 다음과 같은 내용을 담고 있다. 배경은 스톡홀름 지하철역이고 계단과 에스컬레이터가 나란히 있다. 그런데 어떤 사람이 계단을 거대한 건반으로 만드는 작업을 한다. 이 작업이 끝나자 계단은 거대한 건반 악기가 되었고, 오가는 사람들은 계단에서 폴짝폴짝 뛰기도 하고 춤을 추기도 한다. 그야말로 순수한 기쁨을 즐기는 것이다. 광고는 이 작업을 한 뒤로 계단을 이용하는 사람의 비율이 66퍼센트나 늘었음을 자막으로 알려준다. 사실 우리는 그 통계 수치가 정확한지 알지 못한다. 게다가 계단 전체를 거대한 건반으로 만드는 것이 경제적으로 유용한지도 의심스럽다. 그러나 이 동영상이 말하고자 하는 원리를 우리 저자들은 믿는다. 사실 우리 두 사람이 『넛지: 파이널 에디션』이라는 개정판 작업을 할지 말지 결정할 때 아주 단순한 규칙 하나를 정했다. 작업 과정이 재미있으면 하자는 것이었다.

음악이 흐르는 건반 계단이 실용적이기보다는 재미있음을 깨달은 '펀 이론' 관계자들은 다른 여러 아이디어를 만들어내기 위해 공모전을 열었다. 이 공모전의 당선작은 안전 운전을 장려하기 위해 당근과 채찍을 동시에 강화하자는 것이었다. 과속 운전자에게 범칙금을 부과하되, 이렇게 부과된 범칙금을 안전 운전을 한 운전자에게 추첨을 통해 나누어주자는 것이었다. 이 아이디어를 간단하게 검증한 결과는 긍정적이었다.[3]

이 사례는 많은 사람이 복권 혹은 추첨을 무척 좋아한다는 중요한 행동 요소를 입증한다. 몇몇 국가에서는 이 실험이 밝혀낸 통찰을 실제로 활용하고 있다. 그 가운데서도 특히 대만의 뉴타이베이시의 사례가 눈길을 끈다. 뉴타이베이시 당국은 반려동물 주인들이 자신의 반려동물의 뒷정리를 잘하도록 유도하기 위해 복권 제도를 시행했다. 반려견의 배설물을 특정한 쓰레기통에 버리는 사람에게는 추첨을 통해 금 제품을 주기로 한 것이었다. 1등 당첨금은 약 2,000달러 가치가 있는 제품이었다. 시 당국은 이 제도를 시행한 뒤로 거리에서 발견되는 동물 배설물이 절반으로 줄었다고 발표했다.[4]

중국 전역에서 복권은 납세자가 세금을 잘 내도록 유도하기 위해 사용된다. 다른 많은 지역에서처럼 중국에서는 현금 거래가 일반적인데, 식당 같은 소규모 자영업자는 대개 판매세를 내지 않으려고 꼼수를 부린다. 정부는 이런 행동을 바로잡으려고 식당 고객이 받는 영수증을 일종의 즉석 복권으로 만들었다. 고객이 주인에게 영수증을 요구하도록 인센티브를 부여한 것이다. 이렇게 해서 주인이 영수증을 발행하면, 정부는 그 자료를 과세 기준으로 삼는다. 전 세계 재무부 장관들이 이를 참고해야 하지 않을까 싶다.

복권은 또한 효과적인 건강 증진 동기를 부여할 수 있다. 펜실베이니아대학교의 의사이자 사회과학자 케빈 볼프Kevin G. M. Volpp를 포함한 연구팀은 건강관리 회사 직원들에게 건강 위험 평가를 수행하도록 권장하는 실험을 했다. 이 실험에 참가하면 25퍼센트 확률로 100달러를 받을 수 있는 복권을 줬더니 실험 참가율이 약 20퍼센트 높아졌다.[5]

복권을 동기를 부여하기 위한 목적으로 사용할 때, 세부 사항을 올바로 정하는 것이 중요하다. 참가자는 당첨 여부를 알 수 있을 때 복권을 한층 더 매력적으로 여기는 경향이 있다. 네덜란드 정부는 이 원칙을 매우 효과적으로 사용하는데, 네덜란드 주 정부가 발행하는 복권 가운데 하나는 우편번호를 기반으로 한다. 이 경우, 만약 자기 우편번호가 당첨 번호로 발표된다면, 자기가 복권을 사기만 했다면 당첨되었을 것임을 안다. 이는 사람들이 하게 되는 후회의 감정을 이용하기 위함이다.

복권은 당근을 주는 하나의 방법일 뿐이다. 복권의 힘은 당첨 가능성이 과대평가되는 데 있다. 그런데 옳은 일을 하는 사람들에게 돈을 줄 수 있지만, 이때 지급하는 액수가 너무 적다면 오히려 역효과가 나타날 수 있다(만약 대만의 뉴타이베이시에서 전체 상금을 반려견의 배설물을 올바르게 처리한 반려견 주인에게 골고루 배분한다면, 반려견의 배설물을 한 번 올바르게 처리할 때마다 대략 25센트씩-이건 우리의 추정이다- 받을 수 있을 것이다. 이렇게 25센트씩 준다고 할 때, 시 당국이 의도하는 행동을 과연 사람들이 하게 될까? 분명 그렇지 않을 것이다.).

복권의 대안이 될 수 있는 장치는 일종의 마일리지 보상 제도다. 이 제도를 통해 적립된 포인트는 재미있는 것으로 교환된다. 공짜 상품은 현금보다 더 나은 유인책이 될 수 있다. '죄책감 없는 즐거움'이라는 희귀한 보상을 주기 때문이다. 이런 유형의 보상 제도는 영국에서 재활용을 장려하기 위해 도입해 성공을 거두었다. 런던 교외에 있는 윈저와 메이든헤드 왕립구에서는 시민이면 누구나 자기가 재활용한 재료의 무게에 따라 포인트를 얻는 보상 프로그램에 가입할 수 있었는데, 적립된 포인트는 해당 지역 상점에서 현금처럼 사용되었다. 그러자 이 지역의 재활용 비율이 35퍼센트나 늘어났다.[6]

코로나 팬데믹은 재미없는 일이긴 하지만, 뉴질랜드의 저신다 케이트 로렐 아던Jacinda Kate Laurell Ardern 총리는 대단한 유머 감각을 가지고 있어서 코로나19를 퇴치하려는 노력에 재미를 불어넣었다. 중요한 시점에서 아던 총리는 사람들의 이동을 심각하게 제한하는 발표를 했다. 그런데 이때 그녀는 '부활절 토끼(부활절 달걀을 가져다준다는 상상 속의 토끼-옮긴이)'와 '이빨 요정(어린아이가 뺀 이를 머리맡에 놓아두면 밤에 찾아와서 이것을 가져가는 대신 동전을 놓아둔다는 상상 속의 존재-옮긴이)'은 이 제한 조치 대상에서 제외한다는 말을 엄숙하게 했다. 그녀는 뉴질랜드에서 코로나 바이러스를 박멸할 수도 있는 행동을 넛지했으며, 때로는 강제적으로 명령하는 와중에도 사람들이 미소 짓거나 큰 소리로 웃게 만든 것이다.

우리가 새겨야 할 교훈은 간단하다. 재미있게 만들어야 한다는 것이다. 만약 즐거움이 무엇인지 모른다면, 재미를 충분히 즐기지 못하고 있다는 뜻이다.

7장

스마트 공개

새 스마트폰을 사기로 해서 브랜드와 통신사를 다시 선택해야 한다고 치자. 당신은 현명한 선택을 하는 데 필요한 모든 정보를 알고 있다고 생각하는가? 솔직히 말해 우리가 그나마 유일하게 확신하는 선택 관련 사항은 휴대폰의 크기와 색상 정도가 아닐까 싶다. 적어도 거기에 대해서는 물리적인 확인을 할 수 있기 때문이다. 그다음에 할 수 있는 것은 무엇일까? 우리가 할 수 있는 것은 낙담의 한숨을 쉬는 것뿐이다. 자기에게 맞는 데이터 용량을 알지 못하거나 기가바이트가 무슨 뜻인지 모를 수도 있다. '326ppi 1792-by-828-픽셀 해상도'가 무슨 뜻인지는 더욱 알지 못한다.

　요금제를 선택하는 일은 훨씬 더 어렵다. 통화나 문자메시지를 얼마나 많이 사용할까? 여행할 때는 사용료가 얼마나 나올까? 데이터는 얼마나 많이 쓸까? 휴대폰을 새로 사면 데이터 사용량이 바뀔까? 이런! 색상을 다시 선택할 수 있을까?

휴대폰을 선택하고 요금제를 선택하는 것보다 훨씬 더 어렵고 복잡한 의사 결정 사항은 널려 있다. 어떤 신용카드를 사용할까? 어떤 종류의 담보대출을 받을까? 이번 휴가에는 어디에 갈까? 좋은 소식도 있다. 우리는 이런저런 영역에 속하는 의사 결정의 과정을 개선할 수 있으며, 그렇게 함으로써 재화와 서비스 시장을 훨씬 더 투명하고 자유로운 경쟁이 이루어지는 공정한 곳으로 만들 수 있다는 사실이다. 우리는 선택 설계의 한 측면을 개선함으로써 모든 것을 할 수 있다. 그 측면은 정보를 수집하는 방식과 이 정보를 소비자가 활용하는 방식이다. 우리는 이것을 스마트 공개라 부른다. 스마트 공개가 작동하는 방식을 자세하게 살피기 전에 한 걸음 뒤로 물러나 몇 가지 사실부터 확인하자.

표준화된 단위와 현명한 선택

현대 시장경제와 비슷한 것이 등장하기 전 사회가 맞닥뜨린 많은 문제에 대한 해결책을 당연하게 여기기 쉽다. 예를 들어 시장경제가 출발하는 데 필요한 것은 표준화된 측정 단위를 마련하는 것이다. 누군가에게 곡식을 사려고 할 때, 거래하는 두 사람은 판매할 곡식의 수량에 동의해야 한다. 고대사회는 다른 어떤 것보다 길이, 무게, 시간을 측정하는 표준 단위를 발명했다. 역사적으로 볼 때 화폐의 등장은 복잡하고 흥미진진한 문제다.[1] 어떤 방식을 거쳤든 화폐와 같은 가치 측정 수단을 채택함으로써 효율성이 한층 높아졌다. 물물교환에 의존하는 것은 매우 제한적일 수밖에 없기 때문이다. 당신이 생선 몇 마리를 가지고 있는데, 이것을 사과와 교환하고 싶다고 치자. 돈이라는 교환 수단이 존재한다면, 사과를 가지고 있으며 이를 생선과 교환하고 싶어 하는 사람을 찾으려고 고생하지 않아도 된다.

석유, 콩, 면화 등의 거래가 이루어지는 조직적인 상품 시장을 만들려면 표준화된 품질 단위가 필요하다. 서부 텍사스산 중질유 1배럴을 사는 사람은 어떤 종류의 석유가 시장에 나올지, 그리고 1배럴(159리터) 가격이 얼마인지 알고 있다. 자연스러운 일이긴 하지만 사회가 진화하면 새로운 측정 단위가 필요하다. 예컨대 오늘날 다운로드 속도는 초당 메가바이트 단위로 측정하지만 1980년에는 소비자에게 이 특정한 항목의 통계 수치가 필요 없었다.

정부가 지속적으로 수행해야 하는 유용한 역할은 소비자가 선택지여러 개를 쉽게 비교할 수 있는 표준화된 측정 단위를 만드는 것이다. 그런데 이 일은 겉으로 보이는 것처럼 쉽지 않다. 연비 측정을 놓고 생각해 보자. 직관적으로만 판단하자면 1단위로 먼 곳까지 주행할 수 있는 자동차는 연료 효율이 높다. 그런데 어떤 조건 아래에서 그럴까? 예컨대 비포장도로를 주행할 때보다 고속도로를 주행할 때 연료가 덜 소모된다. 자동차업체들이 자기만의 방식으로 연비를 측정하는 일이 허용되고, 자기만의 특이한(그리고 자기에게 유리한) 연비 규정을 할 수 있다고 치자. 이경우 서로 경쟁하는 다양한 완성차업체가 각각 제시하는 수치 자료를 소비자가 비교하기란 불가능하다.

미국에서는 이 문제를 해결하기 위해 환경보호국EPA이 mpg 단위로, 즉 연료 1갤런으로 주행할 수 있는 거리를 기준으로 연비를 보고하도록 정했다. 그런데 흥미롭게도 유럽에서는 100킬로미터를 주행할 때 소비되는 연료의 양으로 연비를 보고한다.[•] 미국과 유럽의 수치는 서로 역수임을 알아둬야 한다. 미국에서 소비자는 단위 연료로 얼마나 먼 거리를 주행하는지 따지지만 유럽에서는 단위 거리를 주행하는 데 연료를 얼마나 많이 소비하는지 따진다. 연비를 b/a로 따지는 것과 a/b로 따지는 것이 차이가 있을까?

리처드 래릭Richard Larrick과 잭 솔Jack Soll이 발표한 매우 영민한 논문은 그 차이가 분명히 존재함을 입증했으며, 유럽식 접근법이 더 낫다는 사실도 확인했다.[2] 이유를 알고 싶으면 다음과 같은 간단한 테스트를 해보면 된다. 앨리스는 연비가 34mpg인 자동차를 처분하고 연비가 50mpg인 차를 샀고, 밥은 연비 18mpg인 차를 연비 28mpg인 차로 바꾸었다. 두 사람 가운데 누가 더 돈을 절약할까? 대부분 앨리스가 정답이라고 생각하겠지만 사실은 밥이다. 앨리스와 밥은 1갤런당 주행거리를 각각 26마일과 16마일씩 늘렸다. 그러나 사실 밥은 앨리스보다 연료 소비를 2배 넘게 줄일 수 있다(1만 마일을 주행할 때 앨리스가 절약하는 연료는 94갤런이지만 밥이 절약하는 연료는 198갤런이다.—옮긴이)! 연비가 단위 갤런당 마일의 선형함수라고 생각하는 것이 오류의 출발점이다. 그래서 선택 설계자는 표준화된 측정 방법을 선택해야 할 뿐만 아니라, 이콘이 아닌 인간이 혼란스러워하지 않을 방식으로 내용을 보고하려면 어떻게 해야할지 신중하게 생각해야 한다(이콘이라면 당연히 밥이 정답임을 안다). 이콘이 아닌 인간도 100킬로미터를 주행할 때 연료를 16리터 소비하는 자

• 여기에서 우리 저자들은 전기차의 수가 늘어남에 따라 제기되는 질문은 일단 논외로 한다. 만약 온실가스가 쟁점이라면 관련 질문은 까다로운 표준화 문제를 제기한다. 전기차가 환경에 미치는 충격은 전기를 생산하는 원천에 달려 있기 때문이다.

동차는 8리터를 소비하는 자동차보다 연료 소비량이 2배 많다는 것을 쉽게 이해할 수 있다.

표준화가 필요한 또 다른 규제 대상은 대출 시장이었다. 대출금리를 신고하는 것이 간단한 문제라고 생각할 수 있지만 그렇지 않다. 1968년까지 미국의 대출업체가 대출자에게 부과하는 금리는 들쭉날쭉했다. 의회는 이 문제를 해결하려고 '공정 대출법Truth in Lending Act'을 제정했는데, 이 법률은 모든 업체가 동일한 금리를 적용하도록 규정했다. 그리고 이 이자율을 계산하는 방법은 '연이율APR'이라고 불렀다. 이 법률은 애초에 의도한 대로 작동했고, 대출자는 대출업체가 제시하는 연이율 단 하나만 보고 각 업체의 대출 비용을 비교할 수 있었다. 그것은 탁월한 선택 설계였다.

그런데 안타깝게도 이 간단한 방법은 대출 상품이 복잡해지면 기능을 잃고 만다. 예를 들어 금리로는 담보대출 비용을 온전하게 계산하지 못한다. 시장 상황이 바뀔 때마다 금리가 달라지는 변동 금리 담보대출일 경우에는 특히 더 그렇다. 이 조건에서는 대출자가 최초의 금리뿐 아니라 금리가 얼마나 빨리 변할 수 있는지, 어떤 시장 금리가 이자 비용 상승을 촉발하는지 (혹시 리보LIBOR 금리가 무슨 뜻인지 아는가?)*, 그리고 계약서에 깨알 같은 글자로 적힌 세세한 항목까지 모두 알고 있어야 한다. 이런 것에 대해 우리는 무엇을 할 수 있을까?

그 가운데 하나의 단계는 정부가 대출 계약서의 세부 사항을 규제하

---

* 리보 금리는 영국 런던에서 우량 은행끼리 단기자금을 거래할 때 적용하는 금리로, 전 세계 주요 은행이 서로 돈을 빌려줄 때 이 금리를 참고한다. 리보 금리는 글로벌 거래소를 운영하는 금융 지주사 인터컨티넨털 익스체인지Intercontinental Exchange가 조정하며, 이는 전 세계 주요 은행에 다른 은행을 대상으로 단기 대출을 할 때 책정하는 이자율을 규정한다.

고 해서는 안 되는 것을 강조하는 표준 계약서를 만드는 것이다. 이런 표준 계약서로는 아파트 임대차 계약에 사용하는 표준 임대계약서가 대표적이다. 이 계약서는 세입자가 입주하면서 보증금으로 맡겨놓은 한 달 치 임대료를 세입자가 나간 뒤 2주 안에 돌려주는 것 등을 표준으로 규정한다. 통상적인 계약 내용과 다른 부분은 양측이 합의해 추가하도록 해서, 별다른 생각 없이 "예, 대충 그렇게"라는 식의 어림짐작을 방지한다. 이렇게 미리 정해진 규정을 따르게 할 때 소비자는 수많은 선택지를 쉽게 비교해 그 가운데 하나를 선택할 수 있다. 이런 발상을 다른 많은 영역에서 활용할 수 있다. 이와 관련된 내용은 담보대출을 살펴보는 11장에서 다시 다루기로 한다.

최신 기술을 활용한 스마트 공개

'작은 글자 부분fine print'이라는 용어는 매우 흥미롭다. 어떤 의미에서 보면 이것은 말 그대로 작은 글자다. 계약서에 포함되어 있는 이 부분은 다른 내용보다 상대적으로 작은 글자로 인쇄되어 있다. 그러나 이 표현은 단지 글자의 크기만 지적하는 것이 아니라 좀 더 일반적인 의미까지 포함한다. 즉 어떤 내용을 상대적으로 작은 글자로 표기할 때는 그 내용이 얼른 눈에 들어오지 않게, 즉 꼼꼼하게 읽어보기 어렵게 만들겠다는 의도가 담겨 있다. 계약서 중 작은 글자로 쓴 부분은 판매자가 의무적으로 알려야 하지만 소비자가 꼼꼼하게 읽기를 원하지 않는 내용을 담고 있다는 말이다. 이 부분에서 당신은 공개disclosure의 내용을 찾아낼 수 있다.

당신이 그 누구에게도 알리고 싶지 않은 비밀을 가지고 있다고 치자

(어떤 연예인을 마음속으로 좋아한다는 비밀 같은 것 말이다). 당신에게는 이 비밀을 혼자 간직할 권리가 있다. 그러나 당신이 소유한 집을 누군가에게 팔 때는 이야기가 달라진다. 혼자 비밀로 간직해서는 안 되는 것이 많다. 배관이 깨져 누수가 된다든가, 지붕에서 물이 샌다든가, 설치류 대가족과 한 지붕 아래 사이좋게 지내고 있다든가 하는 것들이다. 이 모든 것을 공개해 구매자에게 관련 정보를 알려야 한다. 정부는 어떻게 하고 있는지 보자. 정부는 상상할 수 있는 거의 모든 법적 상황에서 공개해야 하는 내용이 무엇인지 결정하는 데 매우 많은 시간을 들인다. 선스타인은 오바마 행정부의 정보규제국OIRA에서 근무하면서 수많은 공개(공시) 규정을 감독한 적이 있다. 당시 선스타인은 특정 정보를 공시해야 할지 말아야 할지 처음부터 따져봐야 하는 상황이 무척 많다는 사실을 경험했다. 시장은 잘 작동할 것이므로 의무적인 공개는 필요 없다고 판단할 수 있다. 그런데 두 번째 질문이 제기된다. 그 정보를 **어떤 방식으로** 공개할 것인가 하는 문제다. 의무적인 공개가 일반 소비자가 이해하지 못하는 전문용어나 작은 글자로 이루어진다면, 아무런 도움도 되지 않기 때문이다.

공개와 관련된 규칙은 고대로 거슬러 올라갈 정도로 역사가 길지만, 놀라운 사실이 하나 있다. 몇 가지 주목할 만한 예외가 있긴 하지만(특히 금융 부문에서 그렇다) 이런 것들을 제외하면, 공개할 때 사용하는 기술은 고대 이후로 거의 바뀌지 않았다. 물론 지금은 컴퓨터를 사용하지만, 예전에 깃털 펜으로 두루마리에 적은 것과 크게 다르지 않다. 공개 작업을 담당하는 사람들은 지금도 종이로 인쇄를 하든, 온라인에 파일 형태로 저장하든 해당 문서를 저장한다. 헤드폰에 관련된 기술 명세서는 누구나 온라인에서 구할 수 있지만, 주파수 특성이나 민감도와 관련된 수치를 해석할 수 있을까?

여기에서 우리 두 저자는 공개와 관련된 규칙이 지금은 적어도 20세기 기술을 이용해야 마땅하다는 근본적인 제안을 한다. 대담한 사상가들은 현시대의 도구를 동원할 때 일을 훨씬 더 잘할 수 있다. 이 책 초판에서 우리는 'RECAP'라는 투박한 이름으로 이런 제안을 했다(초판에서 저자들은 이를 '기록하라 Record', '평가하라 Evaluate', '대체 가격과 비교하라 Compare Alternative Prices'를 줄여서 만든 것이라고 소개했다.—옮긴이). 사실 이것은 우리조차 기억하지 못하는 줄임말이었다. 오바마 행정부의 일원이었던 몇몇 사람은 우리가 기꺼이 채택하는 '스마트 공개'라는 발상을 재상표화하겠다는 생각을 하기도 했다.

백악관이 공개했으며 지금도 여전히 효력을 발휘하는 한 문서는 다음과 같이 말한다.

여기에서 사용하는 '스마트 공개'는 소비자가 적절한 정보를 아는 상태에서 의사 결정을 할 수 있도록 복잡한 정보와 데이터를 표준화했으며 기계로 읽을 수 있는 양식으로 시의적절하게 공개하는 것을 뜻한다. 스마트 공개는 일반적으로 재화와 서비스를 구매하는 개별 소비자에게 해당 상품과 관련된 정보 및 데이터에 직접 접근할 권한을 제공하는 것이다. 이런 정보에는 불투명할 수 있는 원가를 포함해 다양한 제품과 서비스의 원가의 범위가 포함된다. 경우에 따라서는 관련 기관이나 제3의 중개자가 해당 데이터를 사용해 소비자의 의사 결정을 단순화하는 서비스 도구를 만들 수도 있다. 이런 의사 결정은 자신이 과거에 했던 의사 결정의 성격과 영향(그러한 결정으로 이미 발생한 원가와 수수료 등)을 소비자에게 알림으로써 개선할 수 있다.[3]

소비자는 스마트 공개 덕분에 미처 생각하지 못한 것을 고려할 수 있다. 요컨대 스마트 공개는 '작은 글자 부분'에 담긴 문제를 해결하고 소비자가 더 나은 의사 결정을 할 수 있도록 돕는 일련의 정책이다. 위 인용문에 따르면, 스마트 공개는 두 가지 주요 요소로 구성된다. 첫째, 복잡한 정보는 공개되어야 하며 표준화된 양식 및 기계가 읽을 수 있는 양식으로 제공되어야 한다. 스프레드시트를 생각하면 이 공개 양식이 어떤 것인지 알 수 있다. 둘째, 개인이나 가계의 행동과 관련된 정보를 추적하는 공공이나 민간 조직은 개인 혹은 가계가 해당 자료에 접근할 수 있도록 해야 한다. 특히 고객의 과거 서비스 내용 및 사용 자료(예를 들면 스마트폰 요금제와 넷플릭스의 스트리밍 서비스, 그리고 아마존닷컴에서 판매하는 모든 것)를 꾸준히 추적하는 기업은 고객이 해당 자료에 접근할 수 있게 해야 한다. 즉 소비자가 자신과 관련된 자료를 원한다면 얼마든지 볼 수 있도록 해야 한다는 뜻이다(물론 국가 안보와 관련된 자료처럼 예외가 있긴 하다).

우리 저자들은 이 두 가지에 대해 나중에 조금 더 자세하게 설명하겠다. 그러니 일단은 지금과 같은 상태라면 기술 분야에 능숙하고 이 문제에 대해 강박적으로 생각하는 소비자만 스마트 공개의 혜택을 누릴 것임을 지적하고 넘어가자. 쉽게 말해 평범한 사람도 한층 나은 선택을 할수 있도록 소프트웨어에 해당 자료를 불러올 수 있어야 한다는 뜻이다.

기계가 읽어낼 수 있도록

정말 쓸모없는(이 표현이 터무니없이 강력하다는 점은 우리 저자들도 인정한다) 공개 중 대부분은 온라인 서비스업체가 고객과 반드시 공유하게 되어 있는 '거래 약관terms and conditions'이 아닐까 싶다. 이 거래 약관에 포함된 항목 하나하나는 모두 선의를 지닌 감독 당국이 일을 제대로 하겠다는 생각으로 해당 업체에 요구한 것이라고 믿어 의심치 않는다. 그러나 감독 당국이 결과적으로는 공개 내용 자체를 아무짝에도 쓸모없게 만들어 버렸다는 게 문제다.

런던의 행동 통찰 팀에는 우리 두 저자의 친구들이 있는데, 이들에 따르면 페이팔PayPal의 거래 약관에 동원된 단어가 무려 3만 6,275개나 된다고 했다. 이는 이 책 분량의 3분의 1이 조금 넘는 양이다. 그런 이유로 우리는 페이팔 직원을 포함해 그 누구도 이 약관을 처음부터 끝까지 읽지 않았을 것이라고 생각한다. 과연 이것을 두고 소비자가 읽고 필요한 정보를 미리 알 수 있게 해준다는 의미의 '공개'라 할 수 있겠느냐는 말이다. 사람들이 해당 내용을 잘 알지 못하도록 의도적으로 난독을 유도했다고밖에 볼 수 없다. 분명히 말하지만 우리 저자들이 일부러 페이팔만 예로 든 게 아니다. 행동 통찰 팀에 있는 친구들이 사례로 든 것을 소개했을 뿐이다. 이런 공개와 관련해 흥미로운 점이 있는데, 공개 내용을 온라인에서 접근할 수 있긴 해도 결국 그저 엄청난 양의 정보 더미에 지나지 않는다는 사실이다. 이 내용을 컴퓨터에서 쉽게 읽긴 힘들다. 스마트 공개의 목표는 바로 이런 문제를 해결하는 것이다. 여행 상품을 예로 들어서 살펴보면 이 문제를 어떻게 개선할 수 있을지 실마리가 보인다.

대략 마흔이 넘은 독자라면 '여행사 직원'이라는 직함을 가진 사람이 많았던 시절을 기억할 것이다. 어떤 사람이 뉴욕에서 출발해 파리와 베를린과 로마를 여행하고 다시 뉴욕으로 돌아오고 싶다고 치자. 전화를 하기만 하면 여행사가 항공편과 호텔 예약을 대신해주었다. 한번 여행을 하려면 얼마나 많은 통화를 해야 했는지 모른다. 지어낸 이야기가 아니라 실제로 그랬다. 이 말을 믿지 못하겠다는 젊은 독자가 있다면 부모에게 물어보면 된다.

물론 지금도 여행사는 존재한다. 그러나 멸종 위기를 맞은 업종이 되었다. 컴퓨터나 스마트폰만 있으면 누구나 이젠시아Egencia, 익스피디아Expedia 또는 부킹닷컴Booking.com 같은 여행 웹사이트에 접속해 일정을 예약할 수 있다. 우리는 소비자가 다양한 선택지를 검색하도록 돕는 회사를 '선택 엔진'이라고 부른다. 선택 엔진과 관련해 주목해야 할 중요한 점은, 이들의 작동 역량은 가격 및 가용성에 관련된 적절하고 정확한 자료의 접근성이 좌우한다는 사실이다. 항공사가 관련 자료를 온라인에 게시하기 때문에(그렇게 하는 이유 가운데 하나는 정부가 요구하기 때문이다), 여행 웹사이트에서는 이용 가능한 항공편을 언제든 실시간으로 검색할 수 있다.

그런데 과연 이런 선택 엔진을 신뢰할 수 있을지 의문이 들 수 있다. 여느 기업과 마찬가지로 이들도 사기나 내부거래에 대한 통상적인 법률을 적용받아야 하고, 적절한 감독 기관이 이들의 행동을 감시해야 한다고 우리는 생각한다. 카약Kayak 같은 선택 엔진 비교 플랫폼도 있는데, 이 플랫폼 사용자는 다양한 선택 엔진을 쉽게 검색해 어느 업체가 가장 낮은 가격을 제시하는지 확인할 수 있다. 이러한 메타 선택 엔진 덕분에 소비자는 선택 엔진이 제시하는 가격을 비교할 수 있다.

여행사 웹사이트는 일을 매우 능숙하게 수행하지만 그들이 항상 모든 관련 정보를 제공할 수는 없고, 모든 관련 정보에 접근할 수도 없기 때문에 업체마다 격차가 생길 수 있다. 예전에는 항공사가 항공권을 구매할 때 소비자가 지불해야 할 세금 관련 정보를 온라인 게시 가격에 따로 공개하지 않아도 되었다. 그런데 행동경제학적 통찰로 무장한 미국 교통부가 항공사가 한층 충실한 정보를 공개해야 한다는 규정을 발표했다. 그 결과 항공사는 소비자에게 전가하던 세금 가운데 많은 부분을 포기해야만 했고, 덕분에 소비자는 예전보다 비용을 덜 부담하게 되었다.⁴ 그런데 아쉽게도 몇몇 국가에서는 항공사가 요금과 관련된 모든 사항을 의무적으로 공개하지 않아도 된다. 그렇기 때문에 두 사람이 커다란 여행 가방을 적어도 하나씩 가지고 여행할 때 드는 비용을 찾아보는 것이 여전히 생각만큼 쉽지 않다.

세상에서 가장 큰 문제라고는 할 수 없지만, 호텔의 자동차 주차료를 알아내는 것도 어려울 수 있다. 그러다 보니 어쩌다 한번 대도시를 방문한 사람이 주차 위반 범칙금 폭탄을 맞을 수도 있다. 이것보다 조금 더 큰 문제가 있다. 많은 호텔과 리조트가 사악하고도 괴상한 관행 두 가지를 적용한다는 점이다. 하나는 총액을 공개하지 않고 세부 요소의 가격만 공개하는 것이다. 다른 하나는 '드립 가격 정책drip pricing'으로 고객이 최종 선택을 할 때까지, 혹은 체크아웃할 때까지 전체 가격의 일부 요소만 미리 공개하고 다른 부분은 공개하지 않는 것이다. 이 두 가지 관행은 소비자의 무관심을 이용해 이득을 챙기기 위한 것인데, 스마트 공개가 자리를 잡으면 사라질 것이다.

대출 관련 쇼핑은 여행 관련 쇼핑에 비하면 훨씬 더 어렵다. 주택 담보대출에는 매우 중요하지만 소비자가 알아듣기 어려운 전문적이고 세부적인 사항이 여럿 있는데, 대출업체는 그 모든 사항을 온라인에 게시하지 않는다. 이는 여행사가 소멸하는 직종인 반면 담보대출 중개업이 여전히 뜨겁게 달아오르는 직종인 이유이기도 하다.

자료를 찾는 것이 놀라울 정도로 어려운 또 다른 범주는 식품 성분이다. 미국에서 식품 생산자는 해당 식품에 사용하는 모든 재료를 포장 용기에 기입해야 하는데, 이 목록이 너무나 길다! 만약 당신의 아이에게 견과류 알레르기가 있다면 어떻게 하겠는가? 식품에 알레르기 요인이 포함되었는지 쉽게 확인할 수 있도록 생산자는 상위 8개 알레르기 요소의 함유 여부를 큰 글자로 별도 표기해야 한다.[5] 다행스러운 일이지만 특별한 성분이 없는 제품을 일일이 확인하는 것도 여간 성가신 게 아니다. 이런 일이 쉽게 이루어진다면 얼마나 좋을까?

각자의 정보를 최대한 활용하라

음악이나 동영상 스트리밍 서비스업체가 당신의 취향을 잘 알고 있다는 사실에 깜짝 놀란 적이 있을 것이다. 이런 업체가 나에 대해 나보다 더 많이 안다는 느낌이 들 정도다. 그런데 느낌만이 아니라 실제로 그렇다, 적어도 몇 가지 점에서는!

넷플릭스 같은 스트리밍 서비스업체를 놓고 생각해보자. 초창기, 고객에게 우편으로 DVD를 보내던 시절에 넷플릭스는 고객으로 하여금 자신이 본 영상물에 등급을 매기도록 유도해 해당 고객의 취향을 추정하려 했다. 그런데 지금 넷플릭스는 고객이 선택하는 것을 바탕으로 그 고객이 선호하는 것을 유추할 수 있다. 어떤 드라마를 첫 회부터 마지막 회까지 다 보았는가, 아니면 3회까지만 보고 더는 보지 않았는가? 비가 계속 내린 긴 주말 내내 어떤 드라마를 시즌 1부터 시즌 3까지 '정주행' 했는가, 아니면 도중에 그만두고 다른 것을 보았는가? 그리고 만일 특정 기간에 넷플릭스를 구독했다면, 넷플릭스는 고객이 보았거나 지금 막 보기 시작한 모든 것을 기억한다. 이콘이 아닌 인간인 우리는 때때로 자신이 본 형사물을 혼동할 수 있지만, 넷플릭스는 결코 혼동하지 않는다.

그럴 수밖에 없는 이유가 있다. 넷플릭스는 가치 있는 무언가를 소유하는데, 그것은 바로 당신이 과거에 했던 행동에 관련된 자료다. 이 점은 신규 시장 진입자보다 넷플릭스에 확실하게 유리한 강점이다. 넷플릭스는 영상물 시청 기록 자료를 이용해 당신에게 딱 맞는 추천물 목록을 생성하는 알고리즘을 갖추고 있다. 이 알고리즘은 지적재산권의 일부라서 공유할 필요가 없고, 의무적으로 그렇게 해야 할 필요도 없다. 그렇지만 당신 역시 과거 자신의 시청 행동을 이용할 권리를 가져야 하지 않을까?

견과류 알레르기가 있는 아이의 부모가 겪는 고충으로 돌아가보자. 이 부모가 커다란 동네 슈퍼마켓에서 일상적인 쇼핑을 한다고 치자. 슈퍼마켓이 체인점이라면, 해당 가정이 무엇을 주로 구매하는지 추적하는 일종의 '멤버십' 제도를 운영할 가능성이 크다. 우리는 해당 부모가 (그리고 다른 모든 고객이) 온라인 쇼핑을 포함한 자신의 모든 쇼핑 이력에 접근할 권리를 가져야 한다고 생각한다. 고객들에게 왜 이 자료가 필요하고, 그들이 이것을 원하는 이유는 무엇일까? 그들은 단 몇 번의 클릭만으로 지난 6개월 동안 구입한 모든 물품을 다운로드하고, 그런 다음에는 이 내용을(견과류와 열량이나 당분이나 가격이 높은 제품을 걸러내는 기준을 적용해서) 향후 쇼핑 목록에서 제외할 항목을 찾아주는 웹사이트에 업로드할 수 있다. 이 웹사이트는 좋은 대체 상품을 추천해줄 수도 있을 것이다.

물론 우리 제안을 실현하려면 '견과류없음닷컴' 같은 웹사이트는(이런 웹사이트가 생긴다면 아마 이런 이름이 아닐까 싶다) 판매하는 모든 식품의 전체 성분 목록 데이터베이스에 접근할 수 있어야 한다. 하지만 이 일은 우리의 첫 번째 제안이 채택된 뒤에나 가능할 것이다. 포장 용기에 인쇄된 성분을 온라인으로 검색하려면, 식품 성분 데이터베이스를 쉽게 만들 수 있어야 한다. 구매는 계산대에서 스캐닝되고 각각의 물품에 고유식별자가 붙어 있으므로 구매 자료(이력)와 매칭하는 것은 어렵지 않다. 식품 생산자가 자신이 생산하는 식품의 성분 목록을 온라인 데이터베이스에 최신 상태로 업데이트하도록 강제한다면, 이 모든 과정은 쉽게 이루어질 것이다. 개별 소비자가 구매하려는 식품에 절대로 들어가지 말아야 할 재료가 들어가 있는지를 휴대폰으로 일일이 찾아보는 것보다 훨씬 편리하고 정확할 것임은 말할 필요도 없다.

새 스마트폰 및 이와 함께 제공되는 요금제를 구매하는 것도 마찬가지다. 각 요금제의 가격 책정 특징과 소비자의 과거 사용 데이터 이력에 접근할 수 있는 선택 엔진업체라면, 이 구매에서 훨씬 쉽게 소비자에게 정확한 정보를 제공할 수 있을 것이다. 좋은 선택 엔진은 사람들이 새로운 전화기나 태블릿으로 업그레이드할 때 해당 기기를 사용하는 것이 어떻게 달라질지 예측할 수도 있다. 만일 자신의 기기 사용 이력에 해당 선택 엔진업체가 계속 접근할 수 있게 했다면, 소비자는 그 업체에서 새로운 요금제로 바꾸라는 제안을 받을 수도 있다.

스마트 공개는 단순한 아이디어 차원으로만 존재하는 게 아니다. 미국과 영국에서 이 아이디어를 현실화하는 데 많은 진전을 이루었다. 그렇지만 아직 해야 할 일이 매우 많이 남아 있으며, 이 책 뒷부분에서 이 도구를 채용할 여러 기회에 대해 언급할 것이다. 그러나 일단 여기에서는 독자의 관심을 자극할 만한 영국 사례 두 가지만 소개하겠다.

현재 많은 사람이 은행 계좌를 통해 집세, 공과금, 신용카드 청구액 등을 정기적으로 지불한다. 이런 결제를 설정하는 일은 간단해서 몇 분만에 끝낼 수 있다. 그러나 약간의 번거로움이 있다. 기존에 거래하던 은행에 만족하지 못해 다른 데로 바꾸려 한다고 가정해보자. 이것 자체가 관성을 깨야 하므로 귀찮고 성가신 일인데, 여기에 자동 결제 방식을 새롭게 설정해야 하는 번거로움까지 감수해야 한다. 선스타인은 이런 일을 생각하기만 해도 진땀을 흘린다. 그러나 아무리 선스타인 같은 사람이라도 런던에서라면 아무 문제가 없다.

영국에서는 2018년 이후 당국의 감독을 받는 은행이라면 모든 고객의 지출 습관, 정기 결제 내역, 상대하는 기업(즉 은행, 신용카드사, 저축 내역서) 등과 같은 금융 자료를 예산 가계부 앱 및 다른 은행과 공유해야 한다(물론 고객의 승인이 전제되어야 한다). 그리고 오픈 뱅킹(주거래은행 앱에 다른 은행 계좌를 등록해 하나의 앱으로 모든 금융기관의 계좌를 거래하는 것-옮긴이)을 사용해 제품과 서비스를 제공하는 모든 업체는 해당 기관의 감독과 규제를 받아야 한다. 현재 오픈 뱅킹 제도에는 규모가 가장 큰 9개 은행과 주택금융조합이 등록되어 있으며 다른 곳들도 곧 합류할 예정이다. 이런 앱 중 하나가 개인 금융 앱인 루미오Lumio인데, 이 앱 사용자는 자신의 은행 계좌와 연금, 투자금 등을 한곳에 모아놓을 수 있다. 스마트 공개 덕분에 이런 일이 가능해졌다.

또 다른 사례는 에너지 부문에서 찾아볼 수 있는데, 영국에서는 소비자가 에너지 공급자를 선택할 수 있다. 공기업에 대한 인식이 좋지 않은 미국 캘리포니아 주민이 보기에는 정말 멋진 일이다. 캘리포니아에서 공기업은 처음에는 산불의 원인을 제공한 것으로, 나중에는 산불 재발을 막는다는 명분을 내세워 미리 정전을 단행한 것으로 악명이 높았다. 그러나 지금까지 살펴보았듯 선택권을 가진다는 것과 좋은 선택을 한다는 것은 별개의 문제다.

영국 에너지 산업에서 핵심적인 혁신은, 에너지 사용 내역을 기계가 읽을 수 있는 형식으로(QR코드를 통해) 각 고객에게 제공한 다음 제3의 중개 회사와 협력해 선택 엔진을 만들 것을 에너지 공급업체에 요구한 것이다. 이 선택 엔진의 사례 중 하나가 유스위치Uswitch 앱인데, 이 앱을 사용하면 소비자는 청구서를 휴대폰으로 받아볼 수 있으며, 자신의 에너지 소비 습관에 가장 적합한 에너지 거래 목록을 추천받을 수도 있다.

이런 것들이 많이 생기면 좋겠다, 제발!

8장

#슬러지

슬러지sludge. 명사. 두껍고 질척질척하게 젖은 진흙. 혹은 이와 비슷한, 액체와 고체의 점성이 높은 혼합물, 특히 산업 및 정체 과정에서 비롯된 혼합물.[1]

좋은 선택 설계의 가장 기본적인 원리는 우리의 주문인 '쉽게 만들어라'다. 만일 당신이 어떤 행동을 장려하고자 한다면 어떻게 해야 할까? 먼저 사람들이 그 행동을 하지 않는 이유를 밝혀낸 다음 그 행동을 가로막는 장애물을 모두 제거하면 된다. 사람들이 운전면허증을 따게 하거나 예방주사를 맞도록 하고 싶다면 관련 과정을 쉽고 단순하게 만들고 편의성을 높이면 된다.

물론 이 원리는 당연히 반대 방향으로도 작동한다. 즉 당신이 사람들이 평소에 하는 몇몇 행동을 하지 않게 만들고 싶다면, 그 일을 하기 어렵게 장벽을 세우면 된다. 사람들이 투표장에 가는 것을 더 어렵게 만들려면, 우편투표와 사전투표 같은 제도를 없애고 투표소 숫자를 줄이면 된다. 또 사람들이 투표를 하기 전에 몇 시간씩 줄을 서서 기다리게 만들면 된다. 외국인이 당신의 나라로 이주하는 것을 원하지 않는다면, 이민 신청자에게 수많은 서류를 작성하게 하거나, 이메일이 아닌 오프라인 우편으로 소식이 날아오길 몇 달 동안이나 기다리게 하고, 단 한 가지 항목이라도 잘못 대답했을 경우 다시 작성하게 하라. 가난한 사람들이 경제적 혜택을 쉽게 받지 못하게 하려면 찾기 어려운 웹사이트를 방문하게 하고, 거기에서 수많은 질문에 답변하도록 만들어라. 질문 목록에는 응답자 대부분이 알아들을 수 없는 질문을 많이 포함시켜라.

세계 각국 정부는 흡연자를 줄이는 일에 큰 관심을 가지지만 흡연 자체를 금지하지는 않는다. 그 대신 흡연을 점점 더 어렵게 만드는 조치를 취한다. 예전에 우리 저자들이 젊었던 시절에는 술집과 식당에 담배 자판기가 있었다. 그런데 각국 정부는 이 자판기를 없애고, 식당 내 흡연을 전면 금지하며 흡연은 오로지 흡연 구역에서만 하도록 제한했다. 담배 회사는 당연히 이런 규제에 반대했다. 텔레비전 담배 광고가 허용되던 시절에 광고 제작자는 담배를 더욱 매력적인 기호품으로 만들려고, 특히 젊은이들이 평생 담배 중독자로 살아가도록 유도하려고 넛지 창고에 있는 온갖 도구를 동원했다. 그래서 담배 광고 모델은 매력적이고 섹시했다. 그들에게서는 담배의 역한 냄새라고는 전혀 나지 않을 것처럼 묘사했다.

우리 저자들이 펼치는 논지의 핵심은 넛지와 행동과학은 선과 악 어느 쪽으로도 사용될 수 있고, 또 그렇게 사용되어왔다는 것이다. 기억하는지 모르겠지만, 앞에서 유권자가 히틀러의 제안에 찬성하도록 유도하는 기표지를 언급했다. 사람은 스스로에게 도움이 되지 않는 행동을 하도록 애초부터 기본 설정이 되어 있을 수 있다.

이 장에서는 선택 설계의 어두운 측면을 간략히 살펴보려 한다. 그 어두운 면을 표현하기 위해 우리가 사용하는 용어는 '슬러지'다. 우리는 이 용어가 원래 2016년 《허핑턴 포스트》에 게재된 케이트 램버턴Cait Lamberton과 벤저민 캐슬먼Benjamin Castleman의 기사에서 처음 사용되었다고 알고 있다.[2] 그런데 나중에 이 기사와는 별개로 탈러는 트위터라는 '권위 있는 학술 매체'를 통해 뒤에서 우리가 살펴보고 '슬러지'라 부를 어떤 기업의 관행에 분노를 표현한 적이 있다. 그러다 보니 이 용어는 대중의 인기를 끌었고 지금은 해시태그 기호(#)와 함께 사용되기도 한다.

슬러지란 정확하게 무엇일까? 놀라운 일이 아니긴 하지만 트위터는 (운율의 맛을 살리기 위해 트위터를 선택할 때는 특히 더 그런데) 신중하게 정의된 학술 용어를 만들기에는 이상적인 매체가 아님이 분명하다. 학계에서는 최고의 표현이 무엇인지를 놓고 격렬하게 토론해왔다. 그럼에도 슬러지라는 용어는 고착되었고, 우리는 재미있는 표현이라는 이유만으로 정의에 지나치게 얽매이지 않고 이 용어를 사용하기로 했다. 이 주제를 깊이 파고들고 싶다면 선스타인이 이 주제를 다룬 짧은 책을 참고하면 된다(이 책 제목이 무엇인지 맞혀보라).

우리는 슬러지를 '사람들이 원하는 바람직한 결과를 얻기 어렵게 만드는 선택 설계의 어떤 측면'이라는 뜻으로 사용한다. 만일 당신이 20쪽 분량의 서류 양식을 작성하지 않고는 재정 지원을 받을 수 없다면 슬러지를 당하는 셈이다. 면접을 네 번씩이나 보지 않고는 학생 비자를 받을 수 없다면 역시 슬러지에 맞닥뜨리는 셈이다. 코로나19 검사를 받거나 백신을 맞기 위해 복잡하기 짝이 없는 웹사이트를 돌아다녀야 하고, 온갖 온라인 서식과 서류의 빈칸을 채워야 하며, 자동차를 타고 멀리 떨어진 병원을 찾아가 2시간 동안 기다려야 한다면 슬러지를 당하고 있는 게 확실하다.

몇몇 선택 설계는 의도적으로 슬러지를 끼워 넣어 목표 달성 과정이 매끄럽지 않도록 마찰을 일으킨다. 회원 탈퇴나 구독 취소를 어렵게 만드는 것이 그런 예다. 가난한 사람이 투표하기 어렵게 만들거나 직업훈련을 받을 자격을 까다롭게 하거나 피임을 어렵게 하는 것 등도 마찬가지다. '다크 패턴dark pattern'은 사람을 속여 이득을 취하기 위해 특별하게 설계한 온라인의 사용자 인터페이스다. 몇몇 다크 패턴은 일종의 슬러지라고 할 수 있는데, 이는 사용자가 특정한 요금을 피하려 할 때 많은 마찰을 감수할 수밖에 없도록 만든다.

슬러지의 다른 유형은 사람들이 얻고자 하는 것에 대한 자격이나 권리를 갖추게 하려고 선의로 설계한 행정 과정에서 불가피하게 비롯되는 부산물이다. 우리 저자들이 이 책의 교정쇄를 살펴봤을 때 출판사가 제공한 소프트웨어는 슬러지투성이였다. 그래서 선스타인은 그 소프트웨어를 아예 포기하고, 교정 내용을 일반적인 문서 작성 프로그램으로 작성했다.

우리는 출판사가 제공한 소프트웨어가 수정 분량을 최소화하기 위해 설계된 것이 아닐까 하는 의심을 품을 수밖에 없었다. 미국에서 이런 것을 가리키는 기술적 용어는 '프로그램 무결성program integrity'이라고 하며, 슬러지는 이를 보장하기 위한 노력의 부산물일 수 있다. 비자를 받거나 창업을 하려면 각종 서류 양식을 제출해야 하고 몇 달 동안 승인을 기다려야 한다고 치자. 혹은 응급 의료 서비스를 받으려면 도저히 이해할 수 없는 수많은 서류를 작성해야 한다고 치자. 또는 미국 국무부에 취직하려면 지난 20년 동안 한 모든 여행과 외국에 있는 친구들에 대한 정보를 빼곡하게 채워 제출해야 한다고 치자. 이런 것들이 모두 슬러지다.

몇몇 형태의 슬러지는 특히 정부 기관에서 흔히 볼 수 있는 것으로 불필요한 요식 절차라 불린다. 요식 절차를 가리키는 더욱 형식적인 표현은 '행정 부담'인데, 선스타인은 이 용어를 좋아하지만 탈러는 이것이야말로 슬러지의 한 형태라고 생각한다. 그러나 대기업에서 대학에 이르기까지 규모 큰 민간 조직에서 일해본 경험이 있는 사람이라면 잘 알겠지만, 불필요한 요식 절차에 발목이 잡힌 것은 정부 조직만이 아니다. 많은 기업과 대학을 포함한 비영리단체가 조직 내 직원 및 외부 사람에게 슬러지를 강요한다.

상거래가 시작된 뒤로 사기꾼과 악당은 늘 있었고, 구성원이 10명이 넘는 조직이 있는 한 조직의 원활한 운영이라는 명분 때문에 스스로 만든 슬러지 또한 늘 존재했다.* 여기에서 우리 저자들이 설정한 목표는 슬러지가 언제 잠복하기 쉬운지, 그리고 슬러지를 완전히 없앨 수는 없다 하더라도 어떻게 하면 줄일 수 있을지 조금이라도 더 많이 독자에게 알려주는 것이다. 우리는 우리가 거대한 빙산의 일각만 탐색한다는 사실을 잘 알고 있으며, 우리 대응 방식이 유일한 해결책이라고 주장할 생각도 없다. 우리는 우리가 쓴 책에 슬러지를 만들어두고 싶지 않다!

---

* 이 문장을 쓰면서 우리는 '조직'이라는 용어가 매우 흥미롭다는 사실을 새삼스럽게 깨달았다.

우리를 불편하게 만드는 것들

탈러는 자칭 악행misbehaving 전문가다. 그는 이 제목으로 책도 썼다(탈러의 저서 『행동경제학』의 원제가 'Misbehaving'이다.─옮긴이). 이 책이 출판되었을 때, 런던의 권위 있는 신문사가 그 책의 첫 번째 리뷰의 링크를 공유했다는 내용의 이메일을 편집자에게 받고 그는 흥분했다. 그리고 그 링크를 클릭했다. 그런데 그 링크는 돈을 요구했다. 유료 사이트였던 것이다. 아아, 이런! 그런데 잠깐…. 신문사는 1파운드를 내고 한 달 동안 시험 구독을 하라고 제안했다. 괜찮은 거래인데? 그런데 그 비용을 신용카드로 결제함으로써 자신의 신용카드 정보를 제공해야 하고, 한 달이 지나면 자동으로 정기 구독으로 전환될 것임을 알았기에, 탈러는 온라인으로 리뷰를 보는 것을 포기하고 그냥 종이로 인쇄된 신문을 봐야겠다고 마음먹었다.

탈러가 예상한 대로 시험 구독 기간이 끝나면 정기 구독으로 자동 갱신될 게 분명했다. 온라인 정기 구독료는 한 달에 27파운드로 꽤 비쌌다. 그래도 탈러가 선스타인의 도움 없이 자신이 쓴 책의 첫 번째 리뷰를 읽는 데 드는 1파운드라는 돈이 그리 큰 건 아니었다. 그 시험 구독에 1파운드라는 돈을 '펑펑' 쓸 준비가 되어 있던 그는 자칫 평생 매달 27파운드를 내게 될지도 모르는 위험을 피하기 위해 문제의 리뷰를 읽자마자 구독 최소를 신청할 계획이었고, 이를 어떤 절차로 신청해야 하는지 확인했다. 그런데 이 과정에서 그는 약간 충격을 받았다. 구독을 취소하려면 14일 전에 신문사에 알려야 하는데, 이는 '1개월'이라는 시험 구독 기간이 실제로는 2주밖에 안 된다는 뜻이었다. 게다가 온라인으로는 구독을 취소할 수도 없었다. 취소하려면 런던 사무실로 영업시간 내에 국제

전화를 걸어야 했다. 물론 국제전화료를 물어가면서 말이다!

이것이 바로 트위터 용어인 #슬러지가 탄생하게 된 계기다.

구독 취소 함정

런던의 신문사와 같은 사례는 상당히 극단적이긴 하지만 슬프게도 드물다고 할 수 없을 정도로 많다. 우리가 볼 때 문제는 자동 갱신이 아니다. 사실 자동 갱신은 슬러지를 줄일 수 있다. 어떤 구독이든 고객이 매달 서비스를 계속 받기를 원한다는 가정은 타당한 듯 보인다(매달 정기적으로 서비스를 갱신하지 않으면 전기나 인터넷이 한 달에 한 번씩 꺼진다고 상상해보라!). 청구서가 1년에 한 번 발송될 때 우리가 서비스를 제공하는 업체에서 대접받는 방법이 무료 이메일 알림이라고 생각하는데, 우리 저자들이 가장 선호하는 정보 제공업체 가운데 몇몇은 실제로 이렇게 한다. 이는 고객의 충성심을 유도하는 좋은 방법이다.

슬러지는 가입 절차와 가입 취소 절차가 크게 다를 때 나타난다. 가입할 때는 신용카드 정보만 입력해도 되는데, 취소할 때는 왜 장거리 전화를 걸어야 할까? 이런 관행은 슬러지를 고객을 유지하기 위한 의도적인 정책으로 사용하는데, 유감스럽게도 이는 매우 일반적으로 사용되는 방법이다. 우리 저자들은 그 신문사의 대변인에게 왜 이런 정책을 실행하는지 물었고, 정기 구독하는 독자가 갑자기 구독을 취소하기 전 신문이 방대한 범위의 보도를 하고 있음을 알고 있는지 스스로 깨달을 수 있도록 하고 싶어서 그렇다는 대답이 돌아왔다. 대변인은 그 신문의 스포츠 보도를 예로 들었다. 그렇지! 크리켓 경기 결과와 평가를 놓친다는 건 보통 시민으로서는 절대 있을 수 없는 일이지(한마디 덧붙이자면, 이 신문사는 그 후로 정기 구독자가 이메일로 구독을 취소할 수 있도록 정책을 바꾸었다. 클릭 한 번으로 구독을 취소하는 것만큼 좋지는 않지만, 우리가 직접 테스트해본 결과 그 과정의 나머지 부분에서는 슬러지가 전혀 발생하지 않았다.)!

많은 조직이 고객 가입의 용이성과 고객을 떠나보내는 고통 사이에서 이런 불균형적인 모습을 보이는 것 같다. 미국에서는 체육관과 케이블방송국이 이 전략을 구사하는 것으로 악명이 높다. 장기간에 걸친 코로나19 봉쇄가 끝난 직후 다시 문을 연 체육관들이 회원 자격을 해지하고 싶은 사람은 체육관에 직접 찾아오도록 요구한다는 이야기를 들었다. 이것은 바이러스의 고통에 또 다른 고통을 보태는 슬러지다! 런던 신문사의 경우 적어도 홈페이지에서는 규칙을 꽤 쉽게 명시해놓았지만, 많은 경우 구독이나 가입을 취소하는 데 필요한 비용은 작은 글자로 써놓은 거래 약관 속 깊숙한 곳에 숨어 있다. 기업은 고객이 요구하는 취소와 관련된 내용을 적어도 큰 글자로 공개해야 마땅하다고 우리는 생각한다. 미국의 몇몇 주는 이보다 더 멀리 나아갔는데, 캘리포니아와 뉴욕에서는 온라인으로 시작한 구독을 온라인으로 취소할 수 있게 되었다.[3] 우리는 또한 구독을 취소하기 쉽고 자유로우며 예외 조항을 눈에 잘 띄게 표시하는 '표준형 구독' 유형이 어느 정도 가치가 있음을 알 수 있다.

리베이트 함정

기업 관행 중 또 하나의 흔한 슬러지는 '메일 인 리베이트mail-in rebate'다. 리베이트란 판매자가 제품을 판매한 후 가격의 일부를 고객에게 돌려주겠다고 제안하는 것이다. 이러한 판매 방식은 가격 차별화를 실천

2부. 선택 설계자의 도구들 | 무엇이 최적의 선택을 이끌어내는가

하는 방법이라는 것이 일반적인 분석이다. 비록 용어 자체가 지저분하고 어쩐지 불법적이라는 느낌을 풍기지만, 많은 맥락에서 가격 차별화는 흔하고 일상적인 것으로 받아들여진다. 여행을 떠나기 훨씬 전에 항공권이나 호텔 객실을 잘만 예약하면 한층 낮은 가격을 지불해도 된다. 이 정책은 미리 계획하고 약정할 의사가 있는 고객, 즉 가격에 매우 민감한 소비자와 경비 지출 보고서를 작성하기만 하면 되는 고객, 즉 가격에 덜 민감한 소비자를 '차별'한다. 가격 차별화가 해로울 것은 없다. 또 그 관행은 가격에 민감한 소비자가 부담할 비용을 낮춰주는 것이지만 비용 전액을 (한 푼의 할인도 없이) 지불하는, 즉 가격에 전혀 민감하지 않은 소비자가 존재하기에 기업 입장에서는 더하기와 빼기의 균형을 유지할 수 있다.

가격 차별화는 소비자가 보다 낮은 가격의 혜택을 누리기 위해 일찍 예약하거나 불편한 시간에 비행기를 타야 할 때 통상적으로 작동한다. 그런데 이것을 소비자가 거래하려면 반드시 넘어야 하는 장애물이라고 생각해보라. 리베이트의 경우 쿠폰을 상품으로 교환하는 과정에 동반되는 슬러지가 장애물이다. 이 과정에서 슬러지의 양은 상당히 많을 수 있다. 판매자가 소비자에게 구매 영수증 원본과 함께 제품 식별 스캐너 코드가 포함된 포장 일부분을 우편으로(그렇다, 우체국 소인이 찍혀 있어야 한다) 보내도록 요구하는 것은 흔한 일이니 말이다. 그런데 판매자가 보내달라고 요구하는 부분은 잘라내기 매우 불편한 곳에 있다. 반드시 커터 칼을 가까이 둬야 한다. 이런 것이 모두 슬러지다.

소비자가 요구받은 것들을 모두 우편으로 보내고(만일의 경우에 대비해 우편물 영수증을 잘 챙겨둬야 한다) 두 달 동안 기다리면(물론 그 과정에서 실수를 하나도 하지 않았고 우편물이 판매자에게 '무사히' 도착한 경우에 한정되는 이야기지만), 그제야 판매자가 보낸 수표를 우편으로 받을 수 있다. 그러나 안심하긴 아직 이르다. 그 수표를 자기 통장으로 입금해야 소비자는 비로소 할인 혜택을 받을 수 있다. 사정이 이러니 메일 인 리베이트에서 소비자가 무사히 할인 혜택을 받는 비율이 대략 10퍼센트에서 40퍼센트밖에 되지 않는다는 사실은 그다지 놀랍지도 않다.

기업들은 왜 굳이 번거롭게 리베이트를 제공할까? 달리 말하면 소비자는 왜 이런 함정에 빠질까? 이 질문에 대한 훌륭한 분석을 수행한 것은 「모든 사람이 현금 상환을 믿는다Everyone Believes in Redemption」라는 논문이었다(우리 저자들이 이 논문에 상을 줄 수 있다면 '최고 제목상'을 주고 싶다). 이 논문의 저자들은 사람들이 자기에게 닥치는 모든 난관을 극복하고 결국 현금을 상환받을 것이라고 비현실적으로 낙관하는 경향이 있음을 일련의 연구 실험을 통해 밝혀냈다. 사람들은 주어진 30일이라는 기간 안에 자신이 현금 상환을 받을 가능성이 약 80퍼센트라고 생각했다. 그러나 실제 비율은 약 30퍼센트였다. 모든 사람이 현금 상환을 믿는다는 논문 제목은 과장이긴 하지만, 대부분이 믿는다는 건 확실하다.

같은 연구에서 연구자들은 사람들이 사로잡혀 있는 편견을 없애기 위한 노력 세 가지를 제각기 다른 실험 참가자 집단을 대상으로 실행했다. 편견을 없앤다는 것은 현금 상환에 대한 기대 비율과 실제 비율의 커다란 차이를 줄인다는 뜻이다. 첫 번째 집단에는 예전에 여러 집단에서 현금 상환에 성공한 사람들의 비율이 3분의 1도 되지 않는다는 사실을 확인시켜주었다. 두 번째 집단에는 그들이 잊지 않도록 두 차례에 걸쳐 현금을 상환해야 한다는 사실을 알려주었다. 한 번은 상품을 구매한 직후에 했고, 또 한 번은 마감일이 얼마 남지 않았을 때였다. 그리고 마지막으로 세 번째 집단에는 본인 인증 절차를 생략해서 현금 상환을 훨씬 간소하게 했다.

실험 결과 3개 집단 모두에서 사람들이 가졌던 낙관적인 기대가 연구자들의 개입에도 전혀 줄어들지 않았다. 사람들은 자기가 현금 상환에 성공할 가능성이 약 80퍼센트라고 생각했다. 게다가 처음 두 집단에서 연구자들이 시도한 개입은 실제 실험 참가자들의 행동에 아무런 영향도 미치지 못했다. 다른 사람들이 어떻게 행동했는지 들었을 때 그 실험 참가자들은 '저런 바보들이 있나? 나는 절대로 그렇지 않을 거야'라고 생각했다. 바로 이 지점에 모든 사람에게 적용되는 (슬픈!) 교훈이 있다. 사람들에게 어떤 활동이(예컨대 신용카드를 마구 긁어대는 행위, 코가 비뚤어지도록 술을 마시는 행위, 안전하지 않은 섹스 등이) 위험하다고 말하는 것은 누군가에게 사람들은 종종 늦잠을 잔다고 알려주는 것과 같다. 별로 도움이 되지 않는다는 말이다. 늦잠을 자지 않으려면 알람 시계가 필요하다. 강력한 알람 시계인 클록키가 필요할지도 모른다.

유일하게 효과를 발휘한 방법은 '쉽게 만들어라'라는 우리 마법의 묘약을 사용하는 것이었다. 메일을 보내는 과정을 단순화해서 슬러지를 줄일 때 사람들의 행동 의지가 크게 늘어났다. 그렇게 하자 현금 상환율이 약 54퍼센트까지 높아졌는데, 이는 낙관적인 기대치와 실제 행동의 차이가 절반으로 줄었다는 뜻이다. 이 실험 결과는 슬러지를 줄이는 것이 사람들이 누릴 복지를 늘리는 데 잠재적으로 상당한 영향을 준다는 구체적인 증거다. 그러나 마케팅 회사들은 이 정책을 채택할 것 같지 않다. 애초에 메일 인 리베이트는 사람들의 지나친 낙관성과 현금 상환에

대한 사람들의 믿음을 이용하고자 했는데, 슬러지를 줄이면 그 목적이
훼손되기 때문이다.

감추어진 속성들

면도기 회사 질레트를 설립한 킹 질레트King C. Gillette는 면도기를 공짜로
나눠주고 면도날을 팔아 돈을 버는 전략을 창안했다고 한다. 이 발상은
면도기가 무료이고 고객들이 질레트에 면도날을 사는 습관을 들이게 하
면 면도날에 상대적으로 높은 가격을 매길 수 있다는 것이다. 이 전략은
효과가 있었던 것 같다. 질레트는 여전히 미국 면도날 시장에서 상당한
점유율을 유지하고 있으며, 전 세계 시장에서 팔리기 때문이다. 면도기
사례에서 특별히 문제가 되는 것은 없지만(면도날을 갈아 끼우는 데 들어가
는 비용 즉 슬러지가 매우 낮다), 이익과 손해가 크게 엇갈리는 여러 고가품
시장에서도 이것과 똑같은 전략이 사용되고 있다. 예를 들어 잉크젯 프
린터 시장이 그렇다. 이 시장에서 벌이는 전략은 프린터를 싸게 팔고 대
신 그 프린터에 사용하는 잉크를 팔아서 돈을 번다는 것이다.

그런데 문제는 소비자의 복지라는 관점에서 볼 때 프린터를 사용할
때 실제로 드는 비용이 얼마인지 알기 어려울 수 있다는 점이다. 온라인
쇼핑몰을 둘러보면 무선 인쇄 같은 최첨단 기능을 갖춘 프린터 모델이
100달러도 안 되는 가격에 팔린다. 그러나 잉크 비용이 얼마인지, 잉크
카트리지를 얼마나 자주 교체해야 하는지 알아보면 이야기가 달라진다.
게다가 프린터는 다른 업체에서 생산한 잉크 카트리지와 호환이 되지
않는다(프린터 회사들은 소중한 프린터를 계속 안전하게 사용하려면 자사에서 판

매하는 잉크 카트리지만 사용하라고 한결같이 친절하게 일러준다).

잉크 카트리지는 행동경제학자 자비에 가베이Xavier Gabaix와 데이비드 라비손David Laibson이 '감추어진 속성shrouded attribute'이라 부르는 예 중 하나다.[5] 어떤 상품의 표시 가격은 사용자가 실제로 부담하는 비용보다 한껏 축소된 비용이다. 그 상품의 감추어진 속성 및 거기에 따르는 비용을 소비자가 쉽게 발견하기 어렵기 때문이다. 호텔들은 주차료나 와이파이 사용료와 같은 다양한 서비스의 가격을 감추기로 악명이 높으며, 그들은 때때로 선택적인 추가 요금이 아닌 '리조트 요금resort fee'이라 명명한 요금으로 고객의 뒤통수를 때린다. 호텔에서 정장을 세탁해야 했던 불행한 경험이 있는 사람이라면 잘 알겠지만 호텔의 세탁 요금은 동네 세탁소 요금의 서너 배나 된다. 물론 경제관념이 투철한 투숙객이라면 현지의 동네 세탁소를 찾아 서비스를 받을 수 있겠지만, 출장을 갔든 놀러 갔든 그럴 시간을 내기는 어려울 것이다.

우리 저자들의 관점에서 보자면 감추어진 속성은 슬러지의 근원이다. 이 속성을 식별하기 위해 상품 구매자, 환자, 투자자 등은 끈적끈적한 진흙 더미를 헤치며 길을 찾아야 한다. 감추어진 속성은 쇼핑을 훨씬 더 어렵게 만든다. 물론 포괄적인 스마트 공개가 좋은 여행 선택 엔진에 통합된다면, 적어도 여행의 경우 이 문제는 크게 완화될 것이다. 호텔이 샤워기 사용 비용을 따로 청구하지 않는다는 단서가 붙겠지만 말이다. 그러나 그런 일이 일어나기 전까지 여행 시장에는 슬러지가 많을 수밖에 없다. 11장에서 살펴보겠지만, 신용카드 시장에도 감추어진 속성이 많다. 이런 사정은 여러 소매 금융 서비스에서도 마찬가지다. 당좌예금 계좌는 일정 잔액을 유지하기만 하면 무료다. 그런데 잔액이 특정 기준

아래로 떨어지면 무슨 일이 일어날까?

호텔이나 은행 사이에 경쟁이 치열해지는데도 이런 슬러지가 사라지지 않는 이유를 따져 물을 필요가 있다. 그러나 왜 그렇게 되지 않았는지 쉽게 알아차릴 수 있어야 한다(앞에서 했던 뱀 기름과 관련된 논의를 떠올려보라). '진짜 싼 은행'이라는 상호의 은행이 있다고 치자. 이 은행이 '수표 사용 무료!'라고 광고하면서 눈에 잘 보이지 않는 교활하기 짝이 없는 온갖 수수료를 떼어 돈을 번다고 가정해보자. 당좌예금 계좌를 유지하는 데 드는 비용이 연간 100달러라고 하자. 어떤 경쟁 은행이 자기 은행의 당좌예금 계좌는 이 100달러만 내면 그 외에는 그 어떤 숨은 수수료도 붙지 않으니 자기 은행으로 주거래은행을 바꾸라고 기존 은행 고객에게 제안할 때, 은행들 사이의 싸움에서 누가 이길까? 차고에 넣으려고 자동차 뒷부분을 망가뜨리면서까지 자동차를 뒤에서 억지로 잡아당길 사람은 아무도 없는 것과 마찬가지로, 부도수표를 발행하려고 당좌예금 계좌를 개설할 사람은 아무도 없다.

지금까지 살펴본 구독 함정, 리베이트, 감추어진 속성이라는 세 가지 사례를 하나로 엮어주는 한층 더 일반적인 요소가 있다. 이 세 가지 전략 모두 핵심 목표는 가격을 조금이라도 불투명하게 만드는 것이다. 이 점은 리베이트와 감추어진 속성이라는 사례에서 한층 더 명확하지만 구독 함정과의 관련성은 다소 덜 명확할 수 있다. 잡지, 케이블방송국, 체육관 등을 이용하던 고객이 다른 업체로 갈아타기 어려울 수밖에 없는 이유 가운데 하나는 이 업체들이 가격을 차별화하는 것을 원하기 때문이다. 즉 이들이 (제품이나 서비스의 '한 달 사용'이라는) 동일한 상품에 다양한 가격을 매기길 원하기 때문이다. 이들이 이 목적을 달성하는 방법은 해지하겠다고 위협하는 등의 소란을 피우는 고객에게는 그가 원하는 가격을 제시하는 식으로 가격을 고객에게 맞춰주는 것이다.

전화나 온라인 채팅으로 고객과 상담하는 직원이 고객에게 구독을 취소하려는 이유를 묻는다고 치자. "비싸서"라는 답이 돌아오면 "우리는 충성스러운 고객을 특별 가격으로 모십니다"라며 붙잡는다. 그렇지만 사실은 정반대다. 그 특별 가격은 떠나겠다고 위협하는, 충성심이 전혀 없는 고객에게만 적용되는 가격이다. 예를 들어 신용카드 회사는 연회비를 부과하는 신용카드를 해지하겠다고 협박하는 고객에게는 연회비를 면제해준다. 이는 슬러지를 통한 가격 차별화다. 고객으로서 우리는 불평하는 사람에게만 낮은 가격을 적용하지 않고 정찰가격을 게시하는 업체를 선호한다. 이것은 우리가 사업체를 운영할 때 선택하고자 하는 방법이기도 하다.

우리에겐 쓸데없는 절차가 너무도 많다

정부 기관이 외부 사람들뿐만 아니라 직원들에게도 관료적인 규칙과 규제가 지나치다는 평판을 받고 있는데, 사실 이 문제에 대해서는 민간 기업이나 병원, 그리고 대학도 정부 기관 못지않은 경우가 많다. 직원들은 고용되는 과정부터 수많은 슬러지에 맞닥뜨린다. 근무 현장에도 온갖 슬러지가 넘쳐난다. 문서를 반드시 팩스로만 보내야 하는 병원에서 근무하는 간호사나 의사에게 물어보면 생생한 증언을 들을 수 있다(미국에서 의료비가 비싼 이유 가운데 하나는 슬러지가 너무 많기 때문이다).[6]

출장비를 확인하고 지급하는 방식이 좋은 예다. 사실 이와 관련된 몇몇 측면으로만 보자면 미국 정부는 민간 기업보다 직원에게 한층 더 나은 경험을 제공한다. 출장 여행이 승인되는 순간 정부의 여행 담당 부서는 항공편과 숙소를 직접 예약하고 비용을 지불한다. 심지어 특별가격 협상도 한다. 때로는 비행편이 취소되어 기차를 타고 집으로 돌아가야 하는 경우도 있지만.

그런데 민간 부문에서 우리가 경험했던 여행 규칙과 규정을 보면, 그 과정에서 슬러지가 너무 많았다. 예를 하나 들어보자. 당신이 비행기로 2시간 거리에 있는 다른 도시에서 열리는 회의에 참석하려고 한다고 치자. 그 회의는 무척 중요한 회의이고, 출장비 지원을 승인받는 데 문제는 없지만 참석할지 여부는 당신이 결정해야 한다. 고용주는 당신에게 출장을 가라고 요구하지는 않지만, 만일 가겠다면 여행 경비를 지불하겠다고 한다. 그런데 문제가 하나 있다. 그 회의에 참석할 수 없는 상황이 발생할 수도 있다는 점이다. 무슨 일이든 일어날 수 있다. 물론 어떤 일이 일어날 가능성이야 언제든 있지만, 이 경우에는 그 가능성이 정상 수준보다 높다고 가정하자.

당신이 항공편을 알아보는데, 항공사는 두 가지 선택지의 항공권을 제시한다. 하나는 왕복 400달러로 저렴하지만 환불이 불가능하므로 만일 이 비행기를 타지 않으면 400달러를 고스란히 날려야 한다. 또 하나는 왕복 1,200달러로 비싸지만 전액 환불이 된다. 당신이라면 어떤 것을 사겠는가? 이런 일이 실제로 우리 두 저자 가운데 한 명에게 일어났다. 그는 대학 당국에 값싼 항공권을 사서 회의에 참석하지 않으면 어떻게 되느냐고 물었는데, 참석하지 않은 학회에 대해서는 경비를 보상해줄 수 없다는 대답이 돌아왔다. 그래서 그는 비싼 항공료를 샀고, 학회에 참

2부. 선택 설계자의 도구들 | 무엇이 최적의 선택을 이끌어내는가

석했으며, 항공료는 대학 당국이 지불했다. 슬러지다!

넷플릭스Netflix의 공동 창업자이자 CEO 리드 헤이스팅스Reed Hastings
도 여행 경비에 대한 우리 견해에 동조했는데, 그는 이런 내용을 저서
『규칙 없음No Rules Rules』에 담았다.[7] 독자들은 이 책의 제목만 보고도 헤
이스팅스가 우리 저자들과 비슷한 부류임을 알아차렸을 것이다. 그는
예전에 다니던 회사에서 출장 경험과 관련해 누군가가 불평한 이야기를
들려준다. 이 회사의 출장 정책은 어떤 도시에 가면 차를 빌리거나 택시
를 탈 수 있지만 둘 다는 할 수는 없다고 규정해두고 있었다. 출장을 갔
던 그 직원은 렌터카를 빌렸다. 고객의 사무실이 숙소에서 자동차로 2시
간 30분 거리에 있었기 때문이다. 또 이 직원은 음주가 포함된 고객과의
회식 자리에 참석하려고 택시를 탔다. 그런데 나중에 출장비를 정산할
때 택시 요금은 개인 부담으로 처리해야 했다. 이 일로 직원은 화가 났고
결국 회사에 사표를 내버렸다. 그런 엉터리 정책을 고집하는 회사에서
일하고 싶지 않았기 때문이다. 헤이스팅스는 넷플릭스를 창업할 때 자
신은 그런 식으로 회사를 운영하지 않겠다고 다짐했다.

헤이스팅스가 직원들에게 전하는 기본적인 메시지는 "회사 돈을 마
치 자신의 돈인 것처럼 써라"다. 사실 이것은 항공편이나 숙소를 예약할
때 스스로가 생각하기에 가장 합리적인 선택지를 선택하라는 뜻이고,
미심쩍을 때는 상급 관리자에게 물어봐서 확인하라는 뜻이다. 헤이스팅
스는 관리자에게 경비가 어떻게 사용되는지 감시하고 누군가가 경비를
잘못 사용할 때는 한 차례 경고를 하되, 이런 일이 되풀이되면 해고까지
감행할 마음의 준비를 하라고 지시했다. 그는 출장뿐 아니라 다른 것들
에도 적용되는 자신의 견해를 다음 두 가지로 압축했다.

- 자유로움을 보장할 때 경비 지출은 조금 늘어날 수 있다. 그러나 이 때 과다 지출에서 비롯되는 비용은 자유로움이 가져다주는 이득만 큼 크지 않다.
- 경비를 자유롭게 지출할 수 있을 때 직원들은 사업에 도움이 되는 방식으로 비용 지출 의사 결정을 빠르게 내릴 수 있을 것이다.[8]

넷플릭스 같은 회사에서 일하면 얼마나 행복할까?

대학 입시 과정의 슬러지

미국의 대학 입시 과정은 복잡하다. 장학금을 받으려고 지원하는 학생들에게는 특히 더 그렇다. 그 과정에서 학생들은 번번이 슬러지에 맞닥뜨린다. 이런 상황은 저소득층 학생들의 사정을 고려하지 않은 것으로 무척 안타까운 현실이다. 현재 미국 대학에는 소득 기준 상위 1퍼센트 가구에 속하는 학생이 하위 50퍼센트 가구에 속하는 학생보다 더 많다! 이를 놓고 어떤 사람은 일류 대학에 다니려면 돈이 많이 든다고 단순하게 생각할 수도 있다. 그러나 사실 많은 일류 대학은 자격을 갖춘 저소득층 학생들에게 학교에 다니는 데 필요한 모든 비용을 지원하고 싶어 한다, 그것도 열렬하게. 게다가 일류 대학에 다니면 매력적인 직업에 종사할 기회도 얻을 수 있다. 그렇다면 왜 더 많은 가난한 학생들이 일류 대학에 지원하지 않을까? 여기에서도 슬러지가 중요한 변수로 작용하는데, 이 슬러지를 제거하기만 하면 대학이나 학생에게 많은 이익이 돌아간다.

2부. 선택 설계자의 도구들 | 무엇이 최적의 선택을 이끌어내는가

경제학자 수전 디나르스키Susan Dynarski와 그녀의 동료들은 슬러지를 공격적으로 제거하면 얼마나 커다란 힘이 발휘되는지 대규모 현장 실험을 통해 증명했다.[9] 이 연구자들의 목표는 미시간주에 거주하는 성적이 우수한 저소득층 고등학교들이 미시간주의 간판 대학인 미시간대학교에 지원하도록 장려하는 것이었다. 연구자들은 우선 학년 초에 졸업반 학생 4,000명에게 접근했다. 9월 첫째 주에 이 학생들 가운데 절반은 대학교 측으로부터 미시간대학교에 지원해 합격하면 재정을 지원한다는 장학금 지급 보장을 받았다. 즉 이 학생들은 부담스럽기 짝이 없는 장학금 신청서를 따로 작성할 필요가 없었다는 말이다. 대신 연구자들이 확인할 수 있는 그들의 고등학교 급식 지원 자격에 근거해 재정적 지원을 제공받았다. 그리고 나머지 절반의 학생들은 미시간대학교에서 지원을 권유하는 자료집을 받았다.

이 연구자들은 실험 집단에 속한 고등학생들에게 재정 지원을 미리 제공함으로써 대학 입시와 관련된 전통적 일정을 바꾸어버렸다. 보통은 학생이 대학에 지원하기 전에 재정 지원금을 받는 게 아니라 대학교에 합격한 뒤에야 받았는데, 이를 바꾼 것이다. 그랬기에 학생들은 장학금 신청서를 따로 작성하지 않아도 되었을 뿐만 아니라 자신의 앞길에 놓인 불확실성 가운데 상당히 많은 부분이 줄어드는 경험을 했다. 결과는 놀라웠다. 장학금 지급 보증을 받지 못한 학생들 가운데서는 26퍼센트가 미시간대학교에 지원했지만, 보증을 받은 학생들의 지원 비율은 무려 68퍼센트였다. 2배 넘는 차이를 보인 이 현상은 금전적인 인센티브가 바뀌었기 때문이라고 볼 수 없다. 장학금 지급 보증이라는 특별대우를 받지 않았지만 마찬가지로 미시간대학교에 지원했던 학생들도 동일한 재정 지원을 받았기 때문이다. 그러나 이들은 지원금을 받기 위해 한 층 더 많은 슬러지를 극복해야만 했다.

대학교는 재정 지원뿐 아니라 입학 과정의 다른 여러 측면에 존재하는 슬러지를 제거함으로써 보다 더 많은 학생을 확보할 수 있다. 예를 들어 오스틴에 있는 텍사스대학교는 고등학교 성적이 상위 6퍼센트인 학생을 모두 받아들인다.[10] 텍사스주에 있는 웨스트 새크라멘토는 한 걸음 더 나아가, 새크라멘토시립대학교와 제휴해 고등학교 졸업생이면 졸업과 동시에 2년제 대학에 입학할 수 있도록 했다.[11] 이 프로젝트는 입시 원서라는 절차를 아예 없애버렸다. 즉 고등학교 졸업생의 진로에서 대학 진학을 기본값으로 설정한 것이다. 이렇게 함으로써, 대학 진학을 시도하지 않을 학생들을 대학에 진학하게 만들었다.

정부가 만들거나 없애는 슬러지

정부가 수행하는 가장 중요한 업무 가운데 하나는 시민이 잘 지킬 것이라고 기대하는 규칙을 정하고 집행하는 것이다. 그러나 규칙을 시행하고 강제하는 것은 사람들이 살아가는 데 당연한 일이며, 이런 활동에는 많은 비용이 들 수 있다. 헤이스팅스는 넷플릭스의 경비 지출 정책을 놓고 '하고 싶은 것은 무엇이든 한다'와 '승인을 요청하고 받는 데 자신과 다른 사람들의 시간을 불필요하게 많이 소비한다' 사이에서 균형을 찾으려고 했다. 이 균형은 일종의 비용편익분석인 셈이다. 이 분석에서 슬러지는 비용으로 산정해야 한다.

교량 통행료 수입이 교량을 건설하는 데 필요한 비용보다(물론 이 비용은 적절하게 할인된 비용이다) 많을 경우에만 정부가 강에 새로운 교량을 건설한다는 방침을 세웠다고 가정하자. 그런데 이 결정을 잘 분석하면 통행료를 징수하는 데 비용이 많이 든다는 것을 알 수 있다. 한때는 통행료를 징수하는 것이 그저 요금소를 짓고 요금소 직원에게 임금을 지불한다는 뜻이었다. 그러나 통행료 징수에는 쉽게 간과되는 또 다른 측면이 있다. **사람들이 통행료를 지불하려고 줄을 서서 기다리며 소모하는 시간은 얼마나 될까?** 줄을 서서 기다리며 보내는 시간은 슬러지의 좋은 예이고, 이에 관련된 비용은 정부가 직접 부담하지 않더라도 시민이 부담해야 할 몫이며 실제로 발생하는 비용이다.

정부는 의사 결정을 내릴 때 흔히 이런 유형의 비용에 거의 관심을 기울이지 않는다. 방금 든 교량의 예로 돌아가서, 어떤 사람이 도로의 양방향에서 모두 통행료를 징수할 이유가 없음을 깨닫기까지 얼마나 많은 시간이(혹은 수십 년이!) 걸렸을지 생각해보라. 뉴욕시티로 진입하는 방향의 도로에서는 통행료를 내야 하지만, 나갈 때는 (캘리포니아호텔과는 다르게) 돈을 내지 않아도 된다. 많은 시간이 지나면서 기술이 발전한 덕분에 통행료 징수 비용이 노동 비용에서나 운전자가 기다려야 하는 시간 비용에서나 모두 상당한 수준으로 줄어들었다. 기술 발전 덕분에 예전에는 가능하지 않았을 방법으로 통행료를 징수할 수 있게 되었다. 런던이나 싱가포르의 중심 업무 지구로 진입할 때 부과되는 혼잡 통행료가 그런데, 자동차가 해당 지구로 진입할 때 카메라가 차량을 지켜보고 기록한다.

이런 통행료 징수 비유는 정부의 온갖 규정, 서류 작성 요건, 관리 부담(혹은 요식 절차)을 어떻게 해야 할지 고려하는 데 유용하다. 어떤 규칙을 평가하든 간에 이 내용에는 그 규칙에서 비롯되는 모든 비용과 편익, 특히 시간이라는 변수를 포함해야 한다. 슬러지를 줄이거나 제거하는 데 첨단 기술을 사용하면 실행 가능한 정책 대안의 범위가 크게 넓어진다.

정부는 슬러지를 만들기도 하고 줄이기도 한다. 최근에 미국 정부는 연간 110억 시간이나 되는 서류 작업 부담을 국민에게 부과하고 있다. 이런 부담을 감수해야 하는 사람들을 나열해보면 다음과 같다. 정부가 요구하는 사항을 충족하는 데 많은 시간을 들여야 하는 병원과 의사 및 간호사, 법률적으로 보장된 혜택을 받으려는 가난한 사람, 온갖 서류 양식을 작성해야 하는 트럭 운전사, 대학생과 대학교, 그리고 미국에서 공부하거나 취업하려고 비자를 받으려는 외국인. 그런데 이 110억 시간의 비용은 단순한 시간이 아니다. 슬러지가 거대한 장벽으로 작용해 이 장벽을 끝내 넘지 못하는 사람이 많다. 그 결과 이 사람들은 허가증, 면허증, 돈, 의료보험, 혹은 그 밖의 온갖 권리나 지원을 누리지 못한다. 슬러지를 줄이려는 노력은 커다란 이익으로 돌아올 것이다. 정부가 슬러지를 늘리거나 줄이려고 시도했던 몇 가지 사례를 제시하면 다음과 같다.

공항에서의 슬러지

2001년 9월 11일 이후 즉 9·11 사건이 발생한 뒤 민간 항공사를 이용해본 사람이라면 누구나 알겠지만, 비행기를 통한 여행은 예전과 비교하면 훨씬 더 슬러지투성이가 되었다. 미국 연방 정부는 2001년 11월 19일, 지금은 전 세계적으로 너무나 익숙한 풍경이 되어버린 철저한 보

2부. 선택 설계자의 도구들 | 무엇이 최적의 선택을 이끌어내는가

안 검색을 담당할 교통안전국TSA을 창설했다. 교통안전국에 배정된 연간 예산은 약 80억 달러[12]로 정부 기준으로는 특별히 크지 않지만, 보안 검색에 소요되는 진정한 비용 중 대부분은 수많은 승객이 검사소를 통과하기 위해 기다리는 시간과 공항 도착 시간을 계획하는 데 소비하는 시간이다. 교통안전국은 비행기를 타려는 사람은 적어도 탑승 2시간 전 공항에 도착하라고 권고하고 있으니 말이다. 2시간이라니!

대기 시간 슬러지의 양을 줄일 획기적인 혁신은 글로벌 엔트리Global Entry 제도(미국 연방세관국경보호국 CBP이 시행하는 제도로, 국제항공 이용 탑승객들의 빠른 입국 수속을 위해 사전에 입국을 승인해주는 제도다.-옮긴이)와 TSA 프리체크TSA PreCheck 제도(이 제도에 가입한 사람은 보안 검색 시 전용 라인 이용, 액체류 및 노트북 별도 검색 면제, 신발·벨트·겉옷 탈의 생략 등의 혜택을 받는다.-옮긴이)인데, 이 제도들 덕분에 정기적인 항공편을 이용하는 수백만 명은 입·출국 절차를 한층 더 빠르게 마칠 수 있다. 이것이야말로 진정한 슬러지 파괴자인 셈이다. 승객이 신발을 벗거나 가방에서 노트북을 꺼낼 필요가 없어 보안 검색 단계가 크게 줄어든다. 덕분에 연간 수억 시간이나 되는 승객의 귀한 시간 자원이 절약되는 것으로 추정된다. 대단한 일이다. 그러나 공항에서 이루어지는 보안 검색에 필요한 전 세계적 차원의 비용을 계산하지 않아서 이 슬러지 비용이 과소평가되고 있다고 우리 저자들은 확신한다. 좀 더 일반적으로 말하면, 정부가 슬러지를 통해 시민에게 부과하는 비용은 정책을 설계하고 평가하는 과정에서 자주 무시되고 간과된다.

온라인 세상의 슬러지

사람들이 점점 더 많은 시간을 온라인에서 보내면서 개인 정보와 관련된 쟁점에 많은 관심이 집중되었다. 우리가 자주 사용하는 웹사이트들은 어떤 개인 정보를 수집하고 있을까? 웹사이트들은 이런 정보 가운데 일부를 '쿠키'라 불리는 것을 통해 수집한다. 쿠키 파일은 브라우저에 남아 있으며 사용자의 브라우저 사용 관련 자료(검색 활동, 상품 구입 및 취향, 지리적 위치 등)를 기록하는데, 그런 정보들은 보통 표적 마케팅에 활용된다.

유럽연합EU은 개인 정보 보호 및 전자 통신 지침ePrivacy Directive(일명 '쿠키법')뿐만 아니라 일반 데이터 보호 규정GDPR을 통해 쿠키를 규제한다. 이런 규정에는 약간의 선택 설계가 포함되어 있다. 사용자가 능동적으로 동의한 경우에만 쿠키를 설치할 수 있다든가 하는 것이 선택 설계의 사례. 특정 사이트에서 서비스가 실행되기 위해 '반드시 필요한 경우'는 이 규정에서 제외되지만(예를 들어 아마존은 사용자가 장바구니 기능을 이용할 때 쿠키를 사용할 수 있다), 그렇지 않으면 쿠키 사용은 옵트인이다.

이 정책이 좋은 발상일 수 있다. 그러나 만약 당신이 이 규정의 적용을 받는 웹사이트에 접속했다면, 끈적거리는 진흙탕에서 허우적대는 자신의 모습을 보게 될 것이 분명하다. 우리 저자들이 생각하는 문제는, 웹 서핑을 하는 사용자가 스스로 쿠키를 허용할 수 있게끔 되어 있지만, 허용하고 싶지 않을 때 무엇을 어떻게 해야 하는지가 불분명하다는 점이다. 휴대폰이나 태블릿 등의 모바일 기기를 사용할 때 새로운 사이트에 접속하면 곧바로 쿠키가 떠서 '예'나 '아니오'를 선택하라고 요구하는 화면이 나타난다. 여기에서 '아니오'라고 답하면 문제가 생긴다. 자신이 읽고자 했던 기사로 고통(혹은 비용) 없이 넘어갈 수 없는 것이다. 대신 쿠키에 대한 끝없는 질문이 아주 작은 글자로 제시된다. 우리 저자 두 사람다 그 질문을 끝까지 읽은 적이 없다. 결국 사용자는 마지못해 '예'라고답하거나 포기하고 그 사이트를 떠난다.

우리만 그런 게 아닌 것 같다. 한 무리의 연구자들이 독일에서 유럽연합의 쿠키 동의 통지에 사용자가 어떻게 반응하는지 알아보는 연구를진행했다. 이 연구자들은 웹사이트가 사용자의 동의를 얻으려고 넛지를이용한다는 것을 발견했다. 이들이 구사한 넛지는 '예' 버튼을 강조하거나 '아니오' 버튼을 웹페이지 맨 아래쪽에 두는 방식이다.[13] 또 연구자들은 후속 실험에서 동의 공지문의 위치와 문구, 디자인이 '사람들의 동의행동에 실질적으로 영향을 미친다'는 사실과 이 넛지 행위가 사람들의선택에 커다란 영향을 준다는 사실을 발견했다. 게다가 웹사이트가 사용자에게 제대로 된 정보에 입각한 옵트인 방식의 선택을 제공할 경우,전체 사용자 가운데 겨우 0.1퍼센트만 제3자의 추적을 받는 것에 동의한다는 사실도 발견했다. 유럽연합의 쿠키 규정은 넛지가 아니고 슬러지다. 이 원고를 쓰고 있는 지금 유럽연합은 개혁을 고려하고 있다. 그들이 사용자 경험을 조금이라도 더 민감하게 받아들이기를 바란다.

세금, 세금, 세금

앞에서 언급한 요금소 비유는 정부가 돈을 징수하는 방식에 곧바로 적용되는데, 그 가운데 세금이 가장 명백한 사례라 할 수 있다. 조세 제도의 설계는 방대한 경제 문헌에서 다루는 주제다(우리는 이 방대한 문헌을 요약해서 제시할 마음이 전혀 없으니, 마음을 놓으시라!). 경제학자가 가장 중요하게 여기는 변수는 **인센티브**(세금이 사람들의 행동을 어떻게 바꾸어놓을까?), **형평성**(각각의 개인은 얼마를 세금으로 납부해야 마땅할까?), **귀착자**(특정 세금을 실제로 납부하는 사람은 누구일까?), **준수성**(사람들이 자기가 법률적으로 납부해야 하는 금액의 어느 정도까지 납부할까?) 등이다.

이러한 변수는 모두 중요하다. 그렇지만 우리 저자들은 이 목록에 슬러지도 추가하고 싶다. 얼마나 많은 시간과 노력이 세금을 준수하거나 회피하는 데 소비될까? 세금에서 학자나 정책 입안자가 슬러지라는 요소를 노골적으로 무시하지는 않지만, 우리가 판단하기에 그들은 이것을 지나치게 소홀하게 다룬다.

우리 저자들이 생각하기에는 미국의 세법은 슬러지 생산 부문에서 세계 1위다. 한 가지 예를 들면 미국에서 가장 흔하게 사용되는 소득세 신고서인 '1040 양식'에는 2019년에 무려 108쪽이나 되는 지시 사항이 딸려 있었는데, 그나마 몇 년 전에 200쪽이 넘던 것을 줄인 것이다.[14] 그런데 소득세 신고자가 지시 내용을 따라 이 신고서를 작성하기가 너무 힘들다. 그래서 미국에서는 소득세 신고자의 94퍼센트가 전문가에게 의뢰하거나 상업용 소프트웨어의 도움을 받는다. 이 과정에서 신고자는 해마다 평균 13시간이라는 귀중한 시간과 약 200달러의 비용을 부담한다.[15] 이와 달리 다른 부유한 여러 나라에서는 납세 과정이 별로 어렵지 않다.[16] 스웨덴에서는 납세자의 80퍼센트가 휴대폰으로 불과 몇 분 만에 소득세 신고를 끝낸다. 비용이 따로 들지도 않는다.

조세 제도에 존재하는 이런 슬러지는 법률 조문을 곧이곧대로 따르려는 데서 생겨날 수 있지만, 그것이 전부가 아니다. 납세자는 자신에게

2부. 선택 설계자의 도구들 | 무엇이 최적의 선택을 이끌어내는가

부과되는 세금을 어떻게든 조금이라도 줄이려고 한다. 그래서 수많은 법률적 허점을 파고드는 노력을 기울이는 데서도 슬러지는 생겨난다. 이렇게 해서 발생하는 문제 가운데 하나는 세법을 한층 단순하게 만들어야 한다는 원칙에 많은 사람이 찬성하는데, 한쪽에서는 여러 이익집단이 현재의 세법에서 자신이 누리는 세금 감면 혜택을 없애지 말라고 주장한다는 사실이다.

현재 미국에는 괴물 같은 세법이 존재한다. 그러나 우리 저자들의 친구이자 경제학자 오스턴 굴스비Austan Gullsbee가 2006년에 제안했던 신속한 '원스텝' 조치를 도입하면 매우 많은 양의 슬러지를 제거할 수 있다.[17] 굴스비는 소득세를 관리하는 미국 국세청IRS이 가능한 한 많은 사람에게 각자 신고할 내용이 미리 채워져 있는 소득세 신고서를 보내야 한다고 제안한다. 각각의 납세자는 이것을 받은 뒤 안전한 웹페이지의 약관에 동의함으로써 온라인으로 쉽게 소득세 신고서를 제출할 수 있다. 이 방식은 현재 스웨덴에서 활용하는 제도와 비슷하다. 미국인의 소득세 신고 내용은 대부분 매우 간단하므로, 납세자 중 거의 90퍼센트가 이 서비스를 유용하게 이용할 수 있다는 것이 확인되었다.

납세자에게 제시되는 선택지는 두 가지다. 하나는 자신이 공제받을 수 있는 모든 항목(즉 수많은 슬러지)을 일일이 작성하는 것이고, 다른 하나는 표준 공제를 선택하는 것이다. 2020년 부부 공동 신고 표준 공제액은 2만 4,800달러였다. 국세청은 고용되어 일하고 임금을 받으며(즉 가구 구성원이 자영업자나 사업주가 아니며) 표준 공제를 선택하는 가구의 세액 계산에 필요한 모든 정보를 가지고 있다. 최근에 많은 납세자가 표준 공제 서비스를 이용할 수 있게 된 덕분에 표준 공제를 선택하는 비율이 늘

어났다.[18]

기입해야 할 신고 내용이 미리 채워진 소득세 신고서를 따로 준비하는 일이 국세청에 그다지 큰 부담을 주지 않을 것이라는 점을 우리는 특히 강조하고 싶다. 개인의 임금 소득은 사업주가 국세청에 신고하게 되어 있고, 투자 소득은 은행과 투자회사가 신고하게 되어 있다. 그 기관들은 개인 납세자가 내야 할 소득세를 이미 알고 있다. 소득을 신고할 때 개인 납세자가 하는 계산이 자신의 계산과 일치하는지 기관들의 컴퓨터 프로그램이 확인하기 때문이다. 우리가 이 글을 쓰는 바로 이 시점에 캐나다 의회는 우리가 말하는 것과 비슷한 계획을 제안했다.[19]

이렇게 좋은 발상이 왜 여태까지 채택되지 않았는지 궁금할 것이다. 누가 이런 제도에 반대하는지는 쉽게 짐작할 수 있다. 바로 소득세 신고를 대행하면서 돈을 버는 회사들이다. 기업의 로비는 의회에 강력한 영향을 준다. 그들은 국세청이 이런 간편한 제도를 시행하는 법안을 지지하기보다는 금지하는 법안을 제정하도록 의회를 설득했다. 대신 그 회사들은 이런 서비스를 '무료'로 하겠다고 약속했다. 물론 물리적 서비스나 온라인 서비스를 받는 것은 표준 신고서에서 '예' 버튼을 클릭하는 것만큼 쉽지 않은데, 그 서비스를 받는 사람은 세금 환급 대출 신청이나 주정부에 내야 하는 소득세의 신고에 따르는 수수료 등과 같은 또 다른 슬러지를 맞닥뜨릴 가능성이 꽤 높다. 이런 것들 역시 자동화되어야 한다는 것이 우리 생각이다.

이런 자동적 소득세 신고 방식에는 또 다른 장점이 있다. 납세자들이 자신이 누릴 세금 혜택을 자동으로 신청하고 받을 수 있도록 정부가 확실하게 보장할 수 있다는 점이다. 현재는 본인이 직접 신청해야만 혜택

2부. 선택 설계자의 도구들 | 무엇이 최적의 선택을 이끌어내는가

을 받을 수 있다. 근로장려금(국가가 빈곤층 근로자 가구에 근로세 환급 형태로 현금을 지원하는 근로 연계형 소득 지원 제도–옮긴이)을 예로 들 수 있다. 이 세액공제 제도는 사회 전체적으로 근로를 장려하는 한편 근로 빈곤층에 소득을 이전하기 위한 것으로, 근로자 및 그 자녀에게 돌아갈 장·단기 복리 후생을 위한 다양한 혜택을 담고 있다. 국세청은 신고서를 제출하는 유자격 납세자가 이런 혜택을 받는 데 필요한 정보를 가지고 있다. 그렇지만 현실은 어떨까? 자격을 갖춘 많은 납세자가 혜택을 받으려면 반드시 작성해야 하는 서식을 작성하지 못하고, 결국 의회가 자신에게 주려고 했던 보조금을 스스로 걷어차고 만다. 그래서 이 소중한 혜택을 받을 자격이 있는 사람 가운데 약 20퍼센트는 아무것도 받지 못한다. 이것이 현실이다.[20]

소득세 신고 및 환급금 지급을 자동화하는 것 말고도 현재 세법을 준수하는 데 소모되는 수십억 시간을 줄이기 위해 정부가 할 수 있는 일이 많다. 지금보다 한층 간단하고 짧은 신고서가 도움이 될 것이다. 아울러 납세와 관련된 제안을 만들고 분석하는 과정에서 어떤 슬러지가 생길지도 분명히 따져보아야 한다.

한 가지 사례가 부유세 개념이다. 부유세는 (높게 설정된) 특정 기준치를 초과할 정도로 많은 재산을 보유한 가구에 부과하는 세금이다. 예를 들어 2020년 민주당 예비선거 유세에서 엘리자베스 워런 상원 의원은 순자산 5,000만 달러가 넘는 가구에 부유세를 부과하겠다는 공약을 내걸었다. 매우 부유한 사람들에게만 세금을 부과한다는 것은 슬러지를 제거한다는 차원에서는 합리적이다. 대부분의 가구는 세금을 면제받기 때문이다.

여기에서 부유세에 대해 깊게 파고들 생각은 없다. 우리 저자들은 부유세의 전반적인 장점을 분석할 역량도 없고 그럴 생각도 없다. 우리는 상위 1퍼센트 혹은 0.01퍼센트의 최상위 가구가 보유한 부의 비중이 점점 커지고 있다고 생각하는데, 이런 양극화와 불평등을 완화하기 위해 보유 자산에 세금을 부과하려는 동기를 이해하고 거기에 공감한다. 그러나 여기서 우리의 관심사는 슬러지인데, 부유세에 관한 한 슬러지는 산더미처럼 많다. 보유 자산에 세금을 부과하려면 누가 얼마나 많은 자산을 가지고 있는지 알아야 하지만, 이 일이 생각처럼 쉽지 않다는 게 문제다.

사람들이 대부분의 자산을 주식시장에서 거래되는 주식 같은 유동성 증권 형태로 보유하는 경우는 어렵지 않다. 예를 들어 제프 베이조스가 아마존 주식으로 보유하는 자산 규모는 쉽게 파악할 수 있다. 그렇지만 나머지 자산의 규모는 어떻게 파악할까? 워런 상원 의원은 선거 유세장에서 억만장자들이 소유한 보석, 미술품, 요트 등에 세금을 부과하겠다는 말을 자주 했다.[21] 그렇지만 미술품을 예로 들어 이런 부류의 자산에 세금을 부과하는 것이 얼마나 어려운지 살펴보자. 결정적으로 두 가지 중요한 문제가 있다. 누가 어떤 미술품을 가지고 있는지 알 수 없으며, 그 미술품의 가치가 얼마나 되는지도 모른다. 개인 소유 미술품 목록은 정부에 등록되어 있지 않다. 국세청이 보유 자산에 세금을 부과하려면 부유한 가구가 각각 어떤 미술품을 소장하고 있는지 알아야 하고, 그 미술품들의 시장가치를 알아야 한다.* 보석이나 희귀 우표 및 스포츠 관

---

* 부유세와 관련된 슬러지의 또 다른 원천도 있다. 만일 부유세가 5,000만 달러 이상의 자산에만 적용된다면, 각각의 가구는 어느 정도의 재산 수준에서 의무적으로 신고해야 할까? 만약 어떤 가구의 보유 자산이 3,000만 달러라면 이 가구는 6,000만 달러를 가지고 있지 않음을

련 기념품도 마찬가지다.

여기서 우리 저자들의 목표는 억만장자들의 회계사와 미술품 딜러가 얼마나 고생을 많이 할까 하는 동정의 눈물을 흘리자는 게 아니다. 그런 세금의 원천을 파악하고, 세금을 계산하고, 징수하기까지 전체 관리 과정에 투입될 인력이 얼마나 필요할지 생각해보라. 그런데 혹시 부유세 과세 대상을 유동자산에 한정함으로써 슬러지를 줄일 수 있지 않겠느냐고 생각하는 사람도 있을 것이다. 그러나 이럴 경우 부자들은 보다 많은 돈을 다른 형태의 자산에 투자할 것이고, 더 많은 대기업이 카길Cargill이나 피델리티 인베스트먼트Fidelity Investments 같은 (주식회사가 아닌) 개인 소유 회사로 전환하는 것이 유행할 수도 있다. 공개시장에서 주식이 거래되지 않는 개인 기업의 자산 가치를 판단하기 어렵기 때문에 최상위 계층은 보유세 납부액을 줄이려고 자산을 개인 기업에 쏟아 붓지 않겠는가 말이다.

우리가 전하고자 하는 메시지는 분명하다. 조세 제도의 구석구석이 슬러지에 따른 부담을 최소화하도록 주의 깊게 설계되어야 한다는 것이다. 최상위 부자들에게 매기는 세금을 올리는 것이 목표라면, 거액의 상속재산을 일반 소득으로 과세하는 것이 더 유용할 것이다. 상속세가 또 하나의 대안이지만, 슬러지를 차단하려면 이 또한 상당 부분 손볼 필요가 있다. 현행 상속세는 세수 대비 슬러지 발생 비율이 높게 설계되어 있기 때문이다.

국세청에 증명해야 할까? 질문이 많지만, 그만해도 될 것 같다.

한 번에 한 걸음씩 슬러지 줄이기

교량을 건설하고 통행료를 거두는 비유로 다시 돌아가보자. 카메라 같은 약간의 기술을 도입하자 수많은 사람이 통행료를 내려고 기다리느라 허비하던 시간이 절약되었다. 시간이 곧 돈 아닌가? 공무원은 시민에게 더욱 많은 것을 주기 위해 열심히 일하는 게 마땅하다. 그러나 안타깝게도 정부는 이런 변화가 어렵다고 생각할 수 있다. 요금소 징수원 일자리가 줄어들거나 없어질 테니 해당 노동조합은 이런 변화에 반발할 것이다. 개인의 사생활을 소중하게 여기는 사람들은 그 카메라가 사생활을 침범할지 모른다고 우려한다. 더 일반적으로 말하면, 특히 민간 부문과 비교했을 때 정부는 파괴적인 개혁과 변화에 적합하지 않다.

이 장 앞부분에서 넷플릭스의 CEO 리드 헤이스팅스를 언급했다. 넷플릭스는 파괴를 일삼는 기업이다. 넷플릭스가 물리적인 형태가 있는 DVD를 우체국을 통해 고객에게 빌려주는 그다지 첨단적이지 않은 모델을 선보였을 때, 그들은 블록버스터Blockbuster라는 비디오 시장의 확고한 선두 주자와 맞닥뜨렸다. 블록버스터는 대부분 소규모 사업체로 이루어진 상대적으로 새로운 비디오 대여 산업을 초토화하고 평정해버린 그야말로 괴물 같은 강자였다. 헤이스팅스와 공동 설립자는 자신들의 스타트업인 넷플릭스를 블록버스터에 5,000만 달러에 팔려고 했다. 그러나 그들의 제안은 거절당했다. 그런데 그렇게 위세가 당당하던 블록버스터의 비디오 대여점은 이제 하나밖에 남지 않았다.[22] 넷플릭스는 비디오 대여 산업을 두 번 더 창조적으로 파괴했다. 한 번은 스트리밍 서비스를 제공하면서 그랬고, 그다음에는 자체 콘텐츠를 생산하면서 그랬다. 일반적으로 말하면 아마존, 애플, 구글, 페이스북, 마이크로소프트,

테슬라 등과 같은 세계에서 규모가 가장 큰 회사 가운데 많은 수가 창립된 지 상대적으로 얼마 되지 않은 신생 기업이다.

비슷한 일이 정부 차원에서 일어날 수 있는 유일한 길은 전쟁에서 싸우고 이기는 것뿐이다. 그렇다. 냉전은 대부분 평화적으로 '싸웠고' 자본주의는 공산주의를 '꺾었다'. 그러나 한 국가에서, 심지어 새로운 정당이 등장해서 승리하는 드문 경우에서조차(2017년 프랑스의 마크롱 대통령이 창당해 돌풍을 일으킨 정당 앙 마르슈En Marche(전진하는!)가 그랬다), 이 정당은 정부의 관료주의적인 틀을 계승한다. 그리고 슬러지와 관련해서는 작은 변화조차 의심과 저항에 직면할 수 있다(이 점에 대해서는 선스타인이 확실하게 증언하는데, 변호사들도 법률에는 슬러지가 필요하다고 때때로 주장한다). 자신이 사는 나라가 싫지만, 다른 나라로 이주하길 꺼리거나 이주할 수 없는 사람들이 정부를 선택하는 가장 쉬운 방법은 거주할 도시나 마을을 고르는 것이다. 그러나 마을이라는 것도 사실은 켜켜이 쌓여 있는 전체 시스템의 일부일 뿐이다. 영국인이나 이탈리아인 혹은 네덜란드인이 캐나다나 뉴질랜드, 스위스 같은 나라의 정부를 갖고 싶어 할 수 있다. 그러나 쉽지 않은 일이다. 슬러지가 만연한 나라가 슬러지에 맞서 영웅적으로 투쟁하는 나라로 쉽게 바뀌기는 어렵다.

지금까지 살펴본 바로는 정부 차원의 슬러지는 점진적으로만 줄어들 수 있다. 선스타인은 오바마 행정부에서 슬러지를 줄이는 조치를 취할 수 있는 직책을 맡았다. 당시 그는 자신이 할 수 있는 일을 했다. 더 많은 것을 했어야 하지만 그렇게 하지 못해서 아쉬워한다. 미국을 포함해 여러 나라에는 슬러지가 너무나 많이 남아 있는데, 이를 줄이기 위해서 할 수 있는 일이 많다. 이 일에 우리 모두가 함께 나서야 하지 않겠는가? 우선 당신이 만든 슬러지부터 스스로 나서서 없애야 하지 않겠는가? 당신 자신과 다른 사람들을 위해서 말이다.

2부. 선택 설계자의 도구들 | 무엇이 최적의 선택을 이끌어내는가

3부

돈

넛지가 우리를 부유하게 한다

여기까지 읽었다면 지금쯤 자유지상주의적 간섭주의가 헛소리가 아님을, 또 선택 설계의 여러 도구가 좋은 쪽으로든 나쁜 쪽으로든 강력한 영향력을 발휘할 수 있음을 깨달았을 것이다. 그러나 당신은 이런 질문을 할지도 모르겠다. 왜 내가 이런 것들을 신경 써야 하지?

톰 크루즈가 스포츠 에이전시 제리 맥과이어 역할로 출연한 영화〈제리 맥과이어〉의 유명한 장면을 떠올리게 만드는 질문이다. 맥과이어는 쿠바 구딩 주니어가 연기한 로드 티드웰에게 자신이 무엇을 도와주면 좋겠느냐고 묻는다. 그러자 티드웰은 짧게 대답한다. "나에게 돈을 보여줘Show me the money!"

3부의 4개 장에서는 돈을 보여주려고 한다. 개인의 재정적 복지를 개선하기 위해 선택 설계를 이용하는 방법을 알려줄 것이다. 포기하지 말고 계속 읽어나가길.

9장

저축을 늘리는 넛지들

선스타인은 법학도 시절 여름방학에 아르바이트를 하려고 워싱턴의 여러 로펌을 다니면서 면접을 보았다. 한 면접에서 그는 회사에서 중요한 사람 가운데 한 명인 선임 파트너에게 면접 과정에서 으레 나오는 질문을 받았다.

"가장 궁금한 게 뭡니까?"

약간 겁에 질린 선스타인은 작은 소리로 물었다.

"회사에서 가장 좋은 점은 무엇입니까?"

"우리는 정말 멋진 연금제도를 운영합니다."

선스타인은 연금제도가 무엇인지 정확하게 알지 못했다. 그저 노인을 위한 제도일지도 모른다고 생각했다. 아니면 은퇴와 관련 있는 것일지도 모른다고 생각했다. 연금제도가 정말 필요한 사람이 있을지도 알

3부. 돈 | 넛지가 우리를 부유하게 한다

지 못했다. 차라리 점심 메뉴를 물어볼 걸 그랬다는 생각도 했다. 그러나 이제는 다르다. 단지 그때보다 나이가 많이 들었기 때문만은 아니다. 선스타인은 은퇴 이후의 삶에 대비하는 계획을 세우는 일이 정말 중요하다는 것을 지금은 잘 안다.

은퇴 이후의 삶에 대비해 저축하는 것은 이콘이 아닌 인간으로서는 정말 하기 어려운 일 가운데 하나다. 설령 좋은 소프트웨어가 있더라도 예측하고 계산하는 것 그 자체가 어렵다. 그러니 그 계획을 실행하는 데는 자기 수양이 무척 많이 필요하다. 또 은퇴 이후의 삶에 대비해서 저축하는 것은 인간이라는 종에게는 비교적 새롭게 제시된 과제이기 때문에, 우리는 그것을 어떻게 하는 것이 가장 좋을지 여전히 탐색하는 과정에 있다. 인류가 지구에 등장해 지금까지 살아온 대부분의 시간 동안 은퇴 이후를 대비해 저축하는 것을 크게 걱정할 필요가 없었던 만큼 이는 우리에게 무척이나 새로운 과제다. 사람들은 대부분 은퇴 이후 삶에서 문제가 나타나기 전에 죽었다. 운이 좋아서 노년까지 살아남은 사람들은 대개 대가족 구성원의 보살핌을 받았다.

그런데 최근에 이런 환경이 바뀌었다. 기대 수명이 늘어났고 가까운 가족이라 하더라도 지리적으로 멀리 떨어져 살게 되면서, 사람들이 자신의 노후를 자녀에게 의존하기보다는 스스로 대비할 필요가 생겼다. 인류 전체 역사에서 보자면 이런 변화가 나타난 것은 최근이다. 인간이 수천 년 동안 요리를 해왔음에도 많은 사람이 아직도 스크램블드에그 (달걀에 버터 등을 넣고 휘저어 익힌 것-옮긴이)를 만들 줄 모른다. 그런 만큼 노후 대비 저축이라는 이 복잡한 작업에 전문가의 도움이 필요하다는 사실은 결코 놀라운 일이 아니다. 1889년 독일에서 오토 폰 비스마르크가 시행한 초기 사회보장 프로그램이 등장한 뒤로 고용주와 정부가 나서서 이 문제를 해결하기 위한 걸음을 떼기 시작했다.[1]

초창기의 개인연금제도는 대체로 이른바 (근로자가 퇴직할 때 받을 퇴직급여액이 사전에 확정되어 있다는 뜻의) '확정급여defined-benefit' 방식이었다. 이런 명칭이 붙은 것은 약정 내용이 가입자가 은퇴할 때 받을 급여에 대한 것이었기 때문이다. 이 제도 아래에서 가입자들은 퇴직 시점부터 사망할 때까지 급여를 받는다. 전형적인 민간 연금에서 근로자는 퇴직하기 직전 몇 년 동안 받은 임금에 비례해 급여를 받는다. 미국을 포함한 대부분 나라의 사회보장제도에서도 확정급여 방식으로 연금이 지급된다.

선택 설계라는 관점에서 보면 확정급여 방식에는 중요한 장점이 하나 있다. 가장 분별없는 (이콘이 아닌) 인간에게도 관대하다는 점이다. 예를 들어 미국의 사회보장제도에서 근로자는 자신이 언제부터 혜택을 받을지, 그리고 배우자와 관련된 조정 사항을 어떻게 선택할지만 결정하면 된다. 여기에는 슬러지가 거의 없다. 사회보장 번호를 신청할 때나 본인이 직접 채워야 할 양식이 생기는데, 이것도 대개는 부모가 작성해준다. 그런 다음에는 직장에 취직할 때 그 번호를 고용주에게 알려주기만 하면 된다(나중에 연금을 받고 싶지 않다면 굳이 그렇게 하지 않아도 된다). 민간 부문에서 확정급여 방식은 간편하기도 하고 근로자에게 관대하기도 하다. 근로자가 연금 혜택을 받으려면 한 직장에서 계속 일하고, 그 회사가 망하지 않고 유지되어야 한다는 두 가지 중요한 조건만 충족하면 된다.

확정급여 방식은 평생 한 직장에 머무는 사람들에게는 편리하지만, 직장을 자주 옮기는 사람들은 퇴직연금을 사실상 한 푼도 못 받을 수 있

3부. 돈 ㅣ 넛지가 우리를 부유하게 한다

다. 최소 근무 기간(예를 들면 5년)을 채워야 혜택을 받을 수 있다는 조건이 따라붙기 때문이다. 확정급여 방식의 연금은 고용주에게 큰 부담이 된다. 그래서 미국에서는 1980년에 고용주가 책임을 지는 새로운 유형의 퇴직연금제도가 등장하자(이 제도의 이름은 이 제도를 가능하게 한 근로자 퇴직소득보장법 401조 K항을 따서 '401(k)'라 불린다) 기존 기업들이 이른바 '확정기여' 방식의 연금제도로 갈아타기 시작했고, 지금은 이 제도가 표준이 되었다.

확정기여_{defined contribution}라는 용어는 이 제도가 고용주와 직원이 직원 이름으로 된 면세 계좌에 얼마나 많은 금액을 기여(납입)했느냐를 따진다는 데서 연유한다. 그래서 은퇴한 근로자가 받는 연금의 액수는 그 사람이 다달이 얼마를 납입하며 그 납입금을 어떤 종목에 어떤 방식으로 투자할지 선택한 내용에 따라, 또 그 투자 결과에 따라 결정된다. 이러한 확정기여 방식은 전 세계 여러 나라에서 채택되어 정부가 책임지는 전통적인 방식의 확정급여형 연금을 대체하거나 보완한다. 이 유형 중 한 가지 사례를 10장에서 살펴볼 것이다.

확정기여형 연금제도는 오늘날의 근로자들에게 유리한 특징을 지니고 있다. 우선 근로자가 직장을 옮겨도 계속 유지된다. 또 개인 맞춤형이어서 자신의 조건이나 투자 성향에 따라 저축과 투자 방식을 언제든 바꿀 수 있다. 그러나 이런 자유로운 선택에는 책임이 뒤따른다. 자동차를 직접 운전할 때는 대중교통을 이용할 때보다 선택지가 많지만, 운전할 때 충분히 주의를 기울이지 않으면(혹은 운전 솜씨가 형편없다면) 사고를 낼 수 있다. 근로자는 이 연금제도에 본인이 직접 가입해야 하고, 얼마를 납입할지 분명하게 알아야 하고, 수십 년 동안 자신의 자산 포트폴리오를 관리해야 하며, 은퇴할 때는 그 연금으로 무엇을 할지 스스로 판단해야 한다. 그렇기 때문에 이 모든 과정이 위협적일 수 있으며, 실제로 많은 사람이 서투른 판단을 내려 낭패를 당하기도 한다.

우리는 충분히 많은 돈을 저축하고 있을까

때때로 좋은 선택 설계는 삶을 한층 쉽게 살아갈 수 있게 해서 어려운 의사 결정이라도 구글맵의 지시를 따를 때처럼 쉽게 만들어준다. 이런 경우 선택 설계자는 특정한 선택을 권하거나 단념시키는 것이 아니라 의사 결정과 실행 과정을 최대한 간편하게 만들어준다. 이 접근법은 흔히 좋은 결과를 안겨준다. 그렇지만 때로는 선택 설계자가 중립성이라는 목표를 버리고 특정한 방향으로 나아가도록 넛지를 실행하기도 한다(참고로 우리 저자들은 어떤 경우에도 완벽한 중립성은 없다고 알고 있다). 즉 어떤 선택을 하도록 혹은 하지 않도록 부드럽게 권고한다.

그런데 이런 종류의 넛지를 정당하다고 할 수 있는 것은 어떤 경우일까? 이 질문에 간단하게 대답할 수는 없지만, 다음 사실만큼은 분명히 기억해야 한다. 당신이 누군가에게 넛지를 할 때는 그 사람 관점에서 그가 현재보다 더 나아질 것이라는 확신을 가져야 한다. 이 장의 한 부분은 사람들이 퇴직했을 때 받는 연금이 조금이라도 늘어나도록 돕는 것을 목표로 삼는다. 그런데 과연 이것은 정당한 목표일까?

어떤 연금제도에 대해서든 기본적으로 물을 수 있는 질문이 있다. 은퇴한 뒤 여유롭게 살아가기에 충분한 돈을 마련한다는 궁극적인 목표를 달성할 수 있을까? 이것은 복잡하고 논란이 많은 질문이며, 이 질문에 대한 대답은 나라마다 다르다. 정말 어려운 질문이긴 하다.

이 질문이 어려울 수밖에 없는 이유 가운데 하나는 경제학자들도 얼마를 저축하는 것이 적절한지에 대해, 즉 은퇴 후 적정한 소득수준에 대해 합의하지 못했기 때문이다. 어떤 경제학자들은 은퇴 후 몇 년 동안에는 여행 같은 시간 집약적이고 비용이 많이 드는 활동을 많이 하게 되므로 현역 때와 같은 수준의 소득을 유지하는 것을 목표로 삼아야 한다고 주장한다. 게다가 많은 나라에서 은퇴자는 늘어나는 의료비를 걱정해야 하니 더욱 그렇다고 주장한다. 한편 다른 경제학자들은 은퇴자들은 늘어난 여가를 활용해 한층 경제적인 생활을 할 수 있다고 주장한다. 예컨대 직장 생활을 하지 않으므로 피복비나 외식비를 줄일 수 있으며, 노인할인 제도를 이용해 여러 비용을 줄일 수 있다는 것이다. 그러므로 이런 점들을 고려할 때 그다지 많은 돈을 저축하지 않아도 된다고 주장한다.

우리 저자들은 이 논쟁에서 어느 한쪽을 강력하게 지지하지는 않는다. 그러나 몇 가지 논점은 짚어볼 필요가 있다. 첫째, 저축을 너무 조금했을 경우 부담해야 하는 비용은 저축을 너무 많이 했을 때 부담해야 하는 비용보다 대개 더 크다는 점이다. 저축을 지나치게 많이 했을 때 대처할 수 있는 방안은 많다. 정년보다 일찍 은퇴한다거나, 골프를 친다거나, 외국 여행을 한다거나, 손자 손녀와 시간을 보낸다거나(그래서 아이들을 버릇없게 만든다거나)…. 그런데 저축을 너무 조금 했을 경우 대처 방안은 노년에도 일을 계속해야 한다거나 씀씀이를 줄여야 한다거나 하는, 별로 유쾌하지 않은 것들이다. 둘째, 어떤 사람들은 확실히 저축을 너무 적게 한다는 점이다. 퇴직연금에 아예 가입조차 하지 않은 사람들이 있다. 우리 저자들은 중년이 되어서도 연금에 가입하지 않으며 저축액보다 빚이 많은 사람이 염려된다. 이런 사람들이 넛지의 도움을 받을 수 있을 것이다.

또 많은 근로자가 자신이 저축을 적게 하고 있으므로 지금보다 더 많이 저축해야 한다고 생각한다. 어떤 연구 결과를 보면, 확정기여 방식의 연금에 가입한 사람들 가운데 68퍼센트가 자신의 저축률(전체 봉급 가운데 연금 납입금으로 내는 금액의 비율)이 '너무 낮다'고 생각했으며, 31퍼센트는 '적정한 수준'이라고 생각했고, 1퍼센트만 '매우 높다'고 생각했다.[2] 경제 전문가들은 이런 의사표시를 중요하게 여기지 않는데, 여기에는 그럴 만한 이유가 있다. 다이어트, 운동, 자녀와 함께 시간 보내기 등과 같은 좋은 일을 많이 '해야 한다'라고 말하기는 쉽다. 그러나 말이 아니라 행동에서 한층 많은 것을 알아낼 수 있다. 저축을 더 많이 해야 한다고 말하는 사람들이 실제로는 지출을 줄여야겠다는 생각을 하지 않을 수 있다. 자기 계좌에 돈이 더 많이 들어 있으면 좋겠다는 뜻으로 그런 말을 할 뿐이라는 뜻이다.

저축을 더 많이 해야 한다고 말한 실험 참가자 가운데 실제로 행동의 변화를 보인 사람은 거의 없었다. 그러나 그런 말 자체가 무의미하거나 무작위적이지는 않다. 내년에는 음식을 적게 먹고 운동을 많이 하겠다고 말하는 사람은 많지만, 내년에는 담배를 더 많이 피우겠다거나 감자칩을 더 많이 먹겠다고 하는 사람은 거의 없다. 우리 저자들은 "나는 저축/다이어트/운동을 더 많이 해야 해"라는 말을, 이런 목표를 달성하는 데 도움을 주는 전략에 호의적임을 암시하는 것으로 해석한다. 즉 이 사람들은 넛지를 받아들일 준비가 되어 있다. 심지어 자기를 넛지하는 사람에게 고마워할 수도 있다.

확정기여 방식 연금이 도입된 초기의 경험에 따르면, 이콘이 아닌 인간은 연금에 가입하는 것과 기여율을 높이는 것, 그리고 연금 납입금의 투자수익률을 개선하는 것, 이 세 가지 측면에서 약간의 외부 도움을 활용할 필요가 있다. 넛지가 이 세 측면 모두에서 사람들에게 도움이 된다는 사실은 그때 이후 줄곧 증명되고 있다.

연금에 가입하도록 넛지하는 법

확정기여 방식의 연금에 가입하는 첫 번째 단계는 등록이다. 근로자 대부분에게는 이 연금이 매력적일 수밖에 없다. 미국을 포함한 많은 나라에서 연금 납입금은 세금이 공제되고, 그렇게 축적되는 금액에 대해서는 세금이 유예되며, 많은 연금에서 고용주는 근로자가 기여하는 금액 가운데 일부를 보태주니까 말이다. 예를 들어 확정기여 방식 연금의 통상적인 특성 가운데 하나는, 근로자가 기여하는 금액의 50퍼센트를 특정한 한도 안에서(예를 들면 근로자의 기여 금액이 임금의 6퍼센트 이내의 범위에서) 고용주가 부담하는 것이다.

고용주가 납입하는 돈은 근로자 입장에서는 사실상 공짜다! 연금을 받을 때까지 기다리는 것을 도저히 참을 수 없을 정도로 인내심이 없거나, 극단적으로 현금에 쪼들리지 않는 사람을 제외하고는 이런 유리한 설정을 이용하지 않을 이유가 없다. 대체로 나이가 어리고 교육 수준이 낮으며 소득이 적은 근로자일수록 이 연금에 가입하는 비율이 낮다. 그러나 때로는 고소득 근로자도 가입하지 않는다.

물론 상황에 따라서는 납입해야 할 몫의 일정 부분을 고용주가 분담한다 하더라도, 젊은 근로자가 금전적 압박을 받고 있을 때는 이 연금에 가입하지 않는 것이 현명한 선택일 수도 있다. 그러나 특히 서른 살이 넘은 사람들의 경우 대부분 실수로 가입하지 않는다. 그러므로 이런 사람들에게는 옵트아웃 방식으로 손쉽게 가입하도록 넛지하는 것은 정당하다고 볼 수 있다. 그렇다면 이 사람들이 일찍 가입하도록 넛지하는 방법으로는 어떤 것들이 있을까?

연금 가입 문제를 해결하는 해결책은 명백하다. 적어도 돌이켜 생각해보면 확실히 그렇다. 바로 절차를 쉽게 하는 것이다. 가입을 기본 설정으로 정해두면 된다. 기존 연금 가입 관련 설계대로 하면, 어떤 사람이 회사에 입사하면 연금에 가입할지 말지 결정하는 서류 양식을 작성했다. 가입하겠다는 사람은 매달 얼마를 납입할지, 그리고 낸 돈을 어떻게 투자할지 판단해 신청서에 적어야 했다. 그런데 사실 이런 서류를 작성하는 행위 자체가 골치 아픈 일이고, 그래서 많은 사람은 작성을 미룬다. 말하자면 연금 가입 신청서 자체를 슬러지로 여긴다.

이런 슬러지를 제거할 대안은 자동 가입 방식을 채택하는 것이다. 자동 가입은 다음과 같이 이루어질 수 있다. 어떤 사람이 회사에 입사했다고 치자. 이때 이 사람은 연금에 가입할 것임을 알려주는 서류 한 장을 받게 된다. 서류에는 본인이 특별하게 다른 조건으로 수정하지 않을 경우 저축률을 얼마로 할지, 그리고 투자 방식(즉 어떤 투자처에 투자금을 각각 할당할지)을 어떻게 할지는 미리 정해진 대로 따른다는 내용이 적혀 있다. 이런 가입 방식이 효과가 있다는 걸 깨닫는 데는 굳이 천재성이 필요하지 않았다. 사실 우리 저자들 가운데 한 명은 천재가 아님에도 (이 사실은 인증할 수 있다) 1994년에 발표한 논문에서 이 발상을 제안했다.[3] 그러나 아무도 이 발상이 중요하다는 것을 알아보지 못했다. 패스트푸드 대기업 맥도날드를 비롯한 몇몇 기업이 이 발상을 정책 차원에서 실천하려고 시도했지만, 이 정책에는 '네거티브 선거negative election'라는 그다지 아름답지 않은 딱지가 붙었다.[4] 아무리 좋은 발상이라도 나쁜 꼬리표 하나로 얼마든 매장될 수 있다.

　문제가 된 것은 나쁜 꼬리표뿐만이 아니었다. 몇몇 기업은 자동 가입 방식이 법률을 위반할 소지가 있다고 염려했다. 근로자의 명시적 승낙이 없는 상태에서 회사가 해당 근로자의 연금 가입을 결정한다는 게 이유였다. 이런 두려움을 누그러뜨리려고 연방 정부는 자동 가입 방식의 사용을 규정·승인·장려하는 일련의 판결을 내리고 선언했다.[5] 이런 조치는 조심스러워하던 고용주들이 마음을 돌리는 데 도움이 되었다. 그런데 이 조치가 부주의 때문에 약간의 문제를 일으키긴 했다. 여기에 대해서는 뒤에서 다시 언급하겠다.

　브리짓 매드리언Brigitte Madrian과 데니스 시어Dennis Shea가 자동 가입을 다룬 논문을 발표한 것이 획기적인 계기가 되었다.[6] 시어는 이 발상을 시도하던 회사에 근무했는데, 그는 이러한 시도로 회사에서 어떤 일이 일어나는지 분석하고 평가하고자 매드리언에게 의뢰했다. 당시에 매드리언은 시카고대학교의 경제학 교수였다. 그 회사는 입사 1년 후 연봉의 6퍼센트에 이르는, 후하기 짝이 없는 50퍼센트의 금액을 직원들에게 보조했음에도 직원들이 옵트인 방식이었던 연금에 잘 가입하지 않자 연금 자동 가입을 시도했다. 매드리언과 시어는 자동 가입의 효과를 평가하려고 정책이 변경되기 전 해의 연금 가입률과 기본 설정이 자동 가입으로 바뀐 해의 가입률을 비교했다. 결과는 놀라웠다. 옵트인 방식의 제도에서는 입사 후 1년 이내에 가입하는 직원 비율이 49퍼센트밖에 되지 않았지만, 옵트아웃 방식의 자동 가입 제도에서는 이 비율이 86퍼센트로 올랐다. 단지 14퍼센트만이 자동 가입이라는 기본 설정을 거부하고 가입하지 않았던 것이다!

2006년에 제정된 몇몇 법률의 도움으로 자동 가입 제도가 시작되었고, 이 방식은 현재 미국과 전 세계에서 매우 흔한 방식으로 자리 잡았다. 직원들이 연금에 자동으로 가입하게 만드는 것은 성공했고 이 제도는 이제 확실하게 자리를 잡았다. 2018년 자산 운용사 뱅가드Vanguard가 473개 연금을 바탕으로 작성한 보고서에 따르면 뱅가드가 표본으로 삼는 기업의 59퍼센트가 자동 가입 방식을 채택하고 있으며, 이 기업들의 직원이 연금에 가입한 비율은 평균 93퍼센트였다.[7] 이와는 대조적으로 여전히 직원들에게 옵트인 방식으로 연금 가입을 요구하는 회사에서의 가입률은 47퍼센트밖에 되지 않는다. 만세!

그러나 승리를 선언하기에는 아직 이르다. 명백해 보이지만 다시 한 번 더 강조하자면, 어떤 정책을 기본 설정으로 정할 때 얻는 이득은 그 정책의 장점에 따라 달라진다. 만약 잘못된 연금제도에 자동으로 가입하게 한다면 많은 사람들에게 잘못된 결과가 돌아간다. 비록 그 사람들이 자동 가입을 쉽게 거부하고 탈퇴할 수 있다고 해도, 타성과 미적거림 때문에 그렇게 하기가 쉽지 않다. 특히 나쁜 기본 설정(예를 들면 수수료가 매우 높게 설정된 펀드에 투자하는 것으로 기본 설정이 되어 있는 것)이 사람들의 눈에 쉽게 띄지 않을 때는 기본 설정은 떨쳐내기 어려운 슬러지일 수밖에 없다. 즉 기본 설정을 채택하는 비율이 높다는 것 자체만으로는 성공이라고 할 수 없다는 말이다. 우리 저자들은 이 책에서 이런 일반적인 원칙을 여러 번 반복할 텐데, 특정 기본 설정의 선택지가 높은 비율을 차지한다는 사실만 들어서 승리를 선언하고 싶은 유혹을 떨쳐내기 어렵기 때문이다.

매드리언과 시어가 연구한 회사의 사례는 이 점을 잘 보여준다. 어떤 회사가 자동 가입 방식을 채택할 때, 이 회사는 구체적인 납입률과 투자 전략 기본 설정을 선택해야 한다는 점에 눈여겨봐야 한다. 이 회사가 기본으로 설정한 내용은 납입률이 직원 임금의 3퍼센트였고, 그 돈을 (위험도가 가장 낮은 선택지인) 단기 금융시장에 투자한다는 것이었다. 그런데 만일 이 회사에 입사한 직원이 이러한 조건의 연금제도에 "뭐, 그렇게 하죠"라는 마음으로 접근할 경우 세부 조건까지 모두 기본으로 설정된 내용 그대로 받아들였을 가능성이 높다. 그러나 안타깝게도 그건 불리한 조건이었다. 3퍼센트라는 납입률이 너무 낮았고, 투자 전략이 지나치게 보수적이었기 때문이다. 그 경우 젊은 근로자라면 자신의 자산 가운데 일부를 당연히 주식에 투자해야 한다.

물론 특정한 납입률과 투자 옵션을 기본 설정으로 놔둔다고 해서 모든 사람이 그 선택지를 그대로 받아들인다는 뜻은 아니다. 그 가운데 일부는 자기 판단에 따라 다른 선택지를 고를 것이다. 그러나 많은 사람이 구체적인 기본 설정 선택지를 그냥 그대로(즉 수동적으로) 받아들였고, 심지어 기본 설정 방식이 아니었더라면 보다 능동적으로 선택지를 따져보았을 사람들까지도 그랬다. 예전의 연금 체제에서라면 적극적으로 참여했을 몇몇 직원도 마찬가지였다. 그러니까 이 사람들은 납입하는 저축의 규모, 즉 납입률과 투자 방식과 관련해 손해를 보는 방향으로 넛지를 당한 셈이다.

예전 방식으로 연금에 가입한 사람들의 행동을 보면 이 점을 분명하게 알 수 있다. 자동 가입 방식이 도입되기 전에는 연금 가입을 적극적으로 선택한 사람들의 납입률은 회사의 보조금 비율에 많은 영향을 받았다. 회사의 보조금 비율이 전체 기여금 한도가 임금의 6퍼센트라는 조건에서 50퍼센트나 된다는 것을 생각해보라. 연금 가입자의 약 3분의 2가 최대 한도인 6퍼센트의 납입률을 선택했다. 그런데 이와 달리 자동 가입을 기본 설정으로 할 때 대부분 납입률 기본 설정은 3퍼센트였다. 다시 말해 자동으로 가입된 사람들 가운데 일부에게 스스로 결정하게 했더라면, 그들 중 일부는 3퍼센트보다 높은 납입률을 선택했을 것이라는 뜻이다. 게다가 위험도가 낮은 단기 자금 시장에 투자하도록 한 기본 설정 선택지는 투자 수익도 낮은 쪽을 선택하도록 사람들을 넛지한 셈이었다.

결과적으로 어떤 일이 일어났는지 확실하게 정리해보자. 보다 많은 사람이 가입해서 좋긴 하지만 납입률이 너무 낮았고 투자 전략도 지나치게 보수적이었다. 이처럼 나쁘거나 평범한 선택지를 사람들이 자동으로 선택하도록 해서 가입시키는 방식에는 심각한 위험이 도사리고 있다. 그러나 이 두 가지 문제는 한층 나은 선택 설계로 해결할 수 있다.

'미래를 위한 보다 더 많은 저축' 설계

매드리언과 시어가 연구 대상으로 삼은 연금에서 적용한 임금의 3퍼센트라는 납입률은 무작위로 설정된 게 아니었겠지만, 어쩌면 그랬을 수도 있다. 자동 가입의 적법성을 명확하게 규정하는 데 도움을 준, 앞에서 언급한 자문 판결을 상기해보라. 그런 판결에는 대개 구체적인 사례가 포함되는데, 그 가운데 한 판결에는 이런 문구가 있었다.

"회사가 직원들을 자동으로 3퍼센트 납입률로 연금제도에 가입시킨다고 가정해보자."

이럴 수가 있나! 이 글을 쓴 공무원은 숫자 3이 추천할 만한 납입률로 쓰기에 특히 좋은 숫자라는 생각을 전혀 하지 않았다. 그저 하나의 예로 든 숫자였을 뿐이다. 그러나 기준점(앵커)이 커다란 영향력을 행사할 수 있음을 우리는 알고 있는데, 거의 모든 회사가 오랜 세월 동안 채용한 자동 가입의 기본 설정은 납입률을 3퍼센트로 정하는 것이다. 자, 그렇다면 어떻게 해야 할까?

이 질문에 대한 대답은 분명하다. 대부분의 사람이 지닌 요구를 충족하는 것이 무엇인지 판단해 그보다 높은 비율을 채택하는 것이다(뒤에서 우리는 이것 및 이것과 비슷한 여러 접근법을 설명할 것이다). 이에 대한 대안으로 탈러, 그리고 탈러와 자주 공동 작업을 하는 행동경제학자 슐로모 베나르치Shlomo Benartzi는 그들이 '미래를 위한 보다 더 많은 저축Save More Tomorrow(점진적 저축 증대)'이라고 이름 붙인 잠재적 해결책을 생각해냈다.[8] 이들의 목표는 이런 맥락과 관련 있는 다음과 같은 다섯 가지 중요한 심리학적 원리를 토대로 하는 선택 설계 시스템을 만드는 것이었다.

- 많은 가입자는 스스로 저축을 늘려야 하며 저축을 더 많이 할 계획을 세워야 한다고 말하지만, 끝내 그렇게 하지 못한다.
- 지금 당장 자제력을 발휘하는 것이 미래의 어느 시점에 발휘하는 것보다 훨씬 어렵다(많은 사람이 다이어트를 오늘 당장은 아니고 나중에 시작하겠다고 말한다. 성 아우구스티누스도 "신이여, 저에게 절개를 주십시오.

그러나 지금 당장은 아닙니다"라고 하지 않았던가.).

- 손실 회피loss averse: 사람들은 지금 당장 자기가 받는 임금의 액수가 줄어드는 것을 바라지 않는다.
- 화폐 환상money illusion: 손실은 실질 가치가 아니라 명목 가치로 느껴진다. 즉 사람들은 인플레이션을 고려한 보정이 이루어지지 않은 상태로 이득이나 손실을 느낀다는 말이다. 그래서 인플레이션율이 4퍼센트라 하더라도 3퍼센트 임금 인상을 이득으로만 생각한다. 그러나 집으로 가져가는 돈이 실제로 줄어드는 것에 대해서는, 적어도 그런 삭감을 눈치채는 한에서는 강력하게 저항한다.
- 타성이 강력한 역할을 한다.

'미래를 위한 보다 더 많은 저축' 연금은 가입자로 하여금 나중에 임금이 오르면 그에 맞춰 납입률을 높이겠다고 사전에 결심하도록 독려한다. 임금 인상과 납입률 상향 조정이 동시에 이루어지도록 설계하면, 가입자들은 임금 실수령액이 줄어들지 않기 때문에 연금 납입률 증가를 손실로 여기지 않게 된다. 그래서 이 연금에 가입하면 자동으로 저축액이 늘어나며, 따라서 타성은 저축을 막는 게 아니라 늘리는 쪽으로 작동한다. 이것이 자동 가입 방식과 결합하면 높은 가입률과 높은 납입률이라는 두 마리 토끼를 모두 잡을 수 있다.

'미래를 위한 보다 더 많은 저축' 연금은 1998년에 중간 규모의 어떤 제조업체에서 처음 도입했다. 당시 이 회사 직원들에게는 금융 컨설턴트와 일대일로 만나 상담받을 기회를 제공했다. 컨설턴트의 노트북에는 각 직원이 제공한 정보(과거의 저축 기록, 배우자가 설정해둔 은퇴 이후의 계획

등)를 토대로 권장 납입률을 계산하는 소프트웨어가 설치되어 있었다. 그런데 이 회사 직원 가운데 약 90퍼센트가 금융 컨설턴트와의 상담 제안을 받아들였고, 이 가운데 다수는 상담 과정에서 깜짝 놀랐다. 대다수 직원의 납입률이 매우 낮았기에 컨설턴트는 거의 모든 직원에게 납입률을 크게 늘려야 한다고 말했기 때문이다. 컨설턴트가 가지고 있던 소프트웨어는 해당 연금제도가 허용하는 최대값인 임금의 15퍼센트를 저축해야 한다고 권장했다. 그러나 컨설턴트는 권장 납입률은 너무 높기에 직원들에게 거부당할 게 뻔하다고 생각해 대부분의 직원에게 납입률을 5퍼센트포인트 높이라고 제안했다.

상담을 받은 사람들 가운데 약 25퍼센트가 그의 조언을 받아들였고, 나머지 사람들은 집으로 가져갈 봉급이 줄어드는 것을 감당할 여유가 없다고 말했다. 그런데 이렇게 머뭇거리는 사람들에게 '미래를 위한 보다 더 많은 저축'이라는 제도를 제안했다. 이 제도의 구체적인 내용은 임금이 인상될 때마다 납입률이 자동으로 3퍼센트씩 높아지는 것이었다 (임금 인상률은 대개 약 3.25퍼센트에서 3.5퍼센트였다). 이렇게 해서 지금 당장 납입률을 올리고 싶지 않은 사람들 가운데 무려 78퍼센트가 임금이 인상될 때마다 납입률을 높여나가는 연금제도에 가입했다.

이 결과는 선택 설계가 얼마나 강력한 힘을 발휘하는지 증명한다. 세 집단으로 나뉜 이 회사 직원의 행동을 비교해보자. 첫 번째 집단은 상담을 받지 않은 사람들이다. 이 집단은 '미래를 위한 보다 더 많은 저축' 연금이 시작될 당시에 소득의 약 6퍼센트를 저축하고 있었으며, 그 뒤 3년 동안 납입률은 동일했다. 두 번째 집단은 납입률을 5퍼센트포인트 올리라는 권고를 받아들인 사람들이다. 첫 번째 임금 인상 직후 4퍼센트이던 이들의 납입률은 9퍼센트로 껑충 뛰어올랐다. 그러나 이 납입률은 그 뒤 오랫동안 거의 그대로 유지되었다. 세 번째 집단은 '미래를 위한 보다 더 많은 저축' 연금에 가입한 사람들이다. 이 집단의 원래 납입률은 3~5퍼센트로 세 집단 가운데 가장 낮았지만, 해당 프로그램에 가입하면서 꾸준히 올라 임금이 네 번 오른 3년 6개월 뒤에는 13.6퍼센트로 거의 4배로 늘어났다. 이 수치는 납입률을 5퍼센트포인트 올리라는 권고에 따른 사람들의 납입률이 9퍼센트로 늘어난 것과 비교할 때 두드러지게 높은 수치다.

'미래를 위한 보다 더 많은 저축' 연금에 가입한 사람 대부분은 임금이 네 번 인상될 동안 해당 연금에서 탈퇴하지 않았으며, 네 번째 임금 인상 뒤에는 납입률이 더 이상 늘어나지 않았다. 납입률이 최대 한도에 도달했기 때문이다. 극소수가 중도에 탈퇴했지만, 그 사람들도 납입률을 예전 수준으로 낮춰달라는 요구를 하지 않고 늘어난 납입률 수준을 그대로 유지하기만 했을 뿐이다.

탈러와 베나르치는 '미래를 위한 보다 더 많은 저축'을 설계하면서 유리한 조건을 최대한 끌어모으는 이른바 '영끌 전략kitchen sink'을 구사했다. 오랜 기간에 걸친 관찰 끝에 우리 저자들은 이 프로그램을 구성하는 요소 가운데 두 가지가 매력적이긴 해도 필수적이지는 않음을 깨달았다. 많은 기업이 해마다 꼬박꼬박 임금을 인상하기 어려우므로 임금 인상과 납입률 증가를 연계할 필요는 없으며, 나중에 가입하겠다는 사람을 그냥 방치하는 것 또한 중요한 게 아니다.

이런 점을 고려해 '미래를 위한 보다 더 많은 저축'은 단순화의 길을 거쳐왔는데, 이는 '자동 상향 조정'이라는 이름으로 알려져왔다. 자동 상향 조정은 납입률이 해마다 자동으로 (보통 1퍼센트씩) 증가하는 것이다. 일부 기업은 자동 상향 조정을 자동 가입의 기본값으로 설정하며, 납입률은 3퍼센트부터 시작해 해마다 1퍼센트포인트씩 최대 10퍼센트까지 늘어나도록 설정한다. 앞서 언급한 뱅가드의 보고서에 따르면, 자동 가입 방식을 채택한 기업 중 약 70퍼센트는 자동 증가 선택지를 기본 설정으로 채택하고 있으며, 나머지 기업에서도 거의 대부분은 자동 상향 조정을 선택지 가운데 하나로 제시한다.

일반적으로 자동 상향 조정은 납입률을 끌어올리는 데 도움이 되지만, 해마다 3퍼센트포인트씩 증가했던 애초의 실험처럼 극적으로 빠른 증가를 유도하지는 않았다. 뱅가드의 보고서가 표본으로 삼은 집단에서는 3년이 지난 지금까지 해당 기업에서 근무하는 사람들 가운데 약 절반이 해마다 납입률이 1퍼센트씩 높아지도록 설계한 설정을 고수했다. 그 외 사람들은 대부분 납입률을 한층 높이는 조치를 취했다. 이들이 이런 행동을 보이는 이유는, 자동 가입 방식의 연금제도에서 3퍼센트라는 초기 설정 납입률이 우연히 설정된 것임에도 그 기준이 완고하게 유지되기 때문이다. 그러나 초기 설정 납입률이 4퍼센트 또는 6퍼센트로 높아지는 방향으로 점진적인 변화가 나타나고 있는데, 우리 저자들로서는 이런 움직임을 확인하게 되어 무척 기쁘다.

투자 선택지의 기본 설정

앞서 매드리언과 시어가 연구한 연금제도의 또 다른 흠결로 저위험 단기자금 시장에 투자하는 선택지를 기본으로 설정했다는 점을 언급한 바 있다. 그 회사가 이런 선택지를 고른 데는 이유가 있었다. 그것이 미국에서 퇴직연금 감독 당국인 노동부가 유일하게 권장한 선택지였기 때문이다. 다행스럽게도 노동부는 많은 넛지를 당한 끝에 새로운 규제안을 발표했고, 그들이 '적격 기본 설정 투자 대안Qualified Default Investment Alternatives, QDIA'이라 이름 붙인 일련의 선택지가 등장했다.[9] 현재 대부분의 기업은 이른바 '균형 펀드balanced fund'를 선택하는데, 이는 주식과 채권을 적절하게 섞어 투자하는 것을 뜻한다.

이 펀드 중 가장 인기 높은 형태는 '목표 시점 펀드target-date fund'다. 퇴직연금 가입자들은 연금을 투자한 상품의 만기일을 대략 자신이 은퇴하기로 계획한 날짜에 맞추기 때문이다. 이 펀드의 기본 전략은 은퇴 시점에 가까워질수록 투자 성향이 보수적으로 바뀌므로, 시간이 지날수록 펀드에서 주식에 투자하는 비중을 점차 줄여나간다는 것이다. 이런 펀드의 투자 구성은 상당히 다양하겠지만, 수수료를 낮게 유지하는 한 이투자 방식은 일반적으로 합리적이고 실용적이다. 이런 펀드는 투자자의 알려진 속성, 즉 연금 가입자의 나이를 기반으로 맞춤형 서비스를 제공하기 때문에 합리적이다. 투자자가 펀드의 투자 구성을 능동적으로 변경하지 않을 경우, 목표일은 해당 연령의 누군가가 은퇴할 계획을 세우는 시기를 충분히 추측할 수 있게 된다. 목표 시점 펀드는 또한 주가가 하락할 때 투자자가 패닉 속에서 투매하는 인간의 본능에 사로잡히지 않도록 투자자를 보호한다(주가가 하락하면 선스타인은 늘 패닉 상태가 되어 탈러에게 전화를 한다. 그러면 탈러는 대개(늘 그렇지는 않다는 말이다) 선스타인이 평정심을 회복하도록 진정시킨다.).

시장이 요동칠 때 겁을 먹는 (이콘이 아닌) 인간은 선스타인뿐만이 아

3부. 돈 | 넛지가 우리를 부유하게 한다

니다. 확정기여 방식의 퇴직연금 역사를 통틀어 투자자들은 늘 투자를 결정하는 타이밍을 놓치는 특이한 능력을 보여왔다. 그들은 아무래도 높은 가격에 사고 낮은 가격에 파는, 누가 봐도 나쁜 투자 정책을 따르는 것 같다. 대부분 주가의 등락에 관심을 두지 않는 편이 차라리 낫다는 증거는 점점 늘어나고 있다. 금융 평가사 모닝스타Morningstar는 2019년에 평균적인 펀드 투자자가 타이밍이 나쁜 거래로 연간 약 0.5퍼센트의 손실을 본 것으로 추정했다.

시장 타이밍의 함정은 금융시장 경험이 없는 사람에게만 위험한 것이 아니다. 실제로 몇몇 자료는 그 반대임을 시사한다. 몇몇 퇴직연금은 '브로커리지 윈도brokerage window'를 제공하는데, 가입자들은 이를 이용해 자신의 연금 메뉴 이외의 투자 선택지에 직접 접근할 수 있으며 거래를 한층 빈번하게 직접 실행하기도 한다. 브로커리지 윈도에 등록한 사람들은 소득과 계좌 잔액이 상당히 높은데, 경영 컨설팅업체 에이온휴잇Aon Hewitt의 연구 결과에 따르면 2015년에 브로커리지 윈도에 등록한 사람들의 평균 수익률은 다른 401(k) 연금 가입자의 수익률보다 연간 3퍼센트 이상 뒤처졌다. '적정한 타이밍'에 주식을 매매하려는 사람들의 본능이 또 나쁜 결과를 내고 말았던 것이다.

독자들도 지금쯤은 짐작하겠지만, 퇴직연금에 자동으로 가입하는 대다수의 근로자는 적어도 한동안은 기본으로 설정된 펀드에만 투자한다. 그러나 시간이 지나고 자산이 축적되면 투자에 더 큰 관심을 가진다. 그래서 좋은 쪽으로든 나쁜 쪽으로든 많은 사람이 투자 포트폴리오를 수정한다.

그러나 그 돈은 어디에서 나올까?

반드시 해야 할 중요한 질문이 하나 있다. 사람들이 퇴직연금 계좌에 돈을 많이 저축하도록 넛지하는 것이 과연 실제로 순저축액을 늘리는 결과를 낳을까, 아니면 그저 단순히 돈을 이 계좌에서 저 계좌로 옮기는 것일까? 혹은 한층 많은 대출을 받게 해서 결과적으로는 부채를 짊어지게 만드는 결과를 낳지는 않을까?

첫 번째 염려는 매우 타당하다. 그러나 그 자체만으로는 넛지와 별로 관련이 없다. 다음 두 가지 가상의 정부 정책을 놓고 생각해보자.

1. 기업에 자동 증가 방식을 채택하도록 요구한다.
2. 사람들이 자신의 퇴직연금 계좌에 납입할 수 있는 한도를 높인다.

자동 가입 정책이 유도하는 퇴직연금 저축은 당사자에게는 대부분 완전히 새로운 저축일 것이라고 우리 저자들은 확신한다. 이 연금에 가입하도록 넛지를 당하는 사람들은 대부분 다른 저축을 하지 않기 때문이다. 401(k) 연금에 가입하지 않는 근로자는 대부분 대학을 졸업하지 않은 저임금 근로자다. 그런데 퇴직연금 계좌의 저축 한도를 높이면 새로운 저축은 거의 가입하지 않을 것이다. 소수의 근로자만 최대 한도에 도달할 텐데, 그런 사람들에게는 굳이 넛지가 필요하지 않기 때문이다. 이 부류에 속하는 사람이라면 제도적인 넛지를 당하지 않아도 재정 자문을 해주는 사람이 가까이에서 도움을 줄 테니 말이다!

그러나 만약 사람들이 이 연금에 가입하게 하거나 납입률을 높이도록 넛지하는 것이 소득 분위의 하위 절반에 대부분 영향을 미친다면, 우

3부. 돈 | 넛지가 우리를 부유하게 한다

리는 퇴직연금에 가입해 보다 많은 돈을 저축하도록 넛지되는 사람들이 나중에 한층 많은 빚을 지지 않을까 걱정해야 한다. 결국 돈은 다른 어딘 가에서 나와야 한다. 이 문제는 오랫동안 평가하기 어려운 쟁점으로 존재해왔다. 연구자들은 퇴직연금 가입자의 재무 기록에 접근할 수 없기 때문이다. 그러나 최근에 2개의 연구가 이 문제를 해결하면서 마음을 놓아도 된다는 사실이 확인되었다.

첫 번째 연구는 덴마크에서 진행되었는데, 특히 덴마크인은 소득뿐 아니라 가계의 자산을 꼼꼼하게 기록하는 습관을 가지고 있기에 가능했다.[10] 연구자들은 근로자가 보다 관대한 퇴직연금제도를 운영하는 회사로 이직하면 어떤 일이 일어나는지 조사했다. 그러고는 이런 연금제도의 특징이 이렇다 할 부채 증가 없이 완전히 새로운 저축을 이끌어냈다는 결론을 내렸다.

두 번째 연구에서는 2010년 자동 가입 방식을 도입했을 때 얻은 효과를 군대에서 근무하는 민간인 집단을 대상으로 평가했다.[11] 이 집단은 4년이 지난 뒤에도 신용점수나 부채 잔액에서 큰 변화를 보이지 않았다. 주택 담보대출에 따른 부채가 증가했다는 통계적으로 빈약한 증거가 있긴 했지만 우리는 그것이 나쁜 징조라고 우려하지 않는다. 해리와 조, 두 사람이 있다고 치자. 해리가 집을 사기 위해 대출을 받은 것을 제외하고 둘이 모든 면에서 동일하다면, 여러분은 두 사람 가운데 누가 경제적으로 더 낫다고 생각하는가? 2008년 금융 위기 직전 몇 년 동안 많은 사람이 담보대출을 받도록 잘못 유도한 시기를 제외한다면, 저자들은 기꺼이 해리에게 돈을 걸겠다.

모범적인 사례: 영국의 '네스트 연금'

지난 10년 동안 확정기여 방식 연금의 중요성은 계속 증가했으며, 우리는 이런 방향이 만족스럽다. 자동 가입과 자동 상향 조정, 그리고 합리적인 기본 설정 펀드 등이 기존 제도를 크게 개선할 수 있는 환경을 조성했다. 솔직히 우리는 현재 추세를 무척 흐뭇하게 바라본다. 널리 채택되긴 했지만 지나치게 낮은 3퍼센트라는 기본 설정 납입률은 예전처럼 보편적이지 않다. 지금은 많은 기업이 6퍼센트 납입률을 출발점으로 적용하지만, 옵트아웃 비율이 두드러지게 늘어나고 있지는 않다. 그리고 기업들은 이제 더 이상 이런 정책을 신입 직원들에게 적용하지 않는다. 현재의 모범 사례에는 경험이 많은 직원을 주기적으로 '한꺼번에' 가입시키는 것이 포함된다. 스물두 살에 옵트아웃 방식을 선택했던 사람이 스물일곱 살이나 서른두 살에는 다른 생각을 할 수 있으니 말이다.

비록 확정기여 방식의 퇴직연금 운영이 지난 10년 동안 많이 개선되었지만, 미국을 비롯한 많은 나라가 안고 있는 가장 큰 문제는 많은 근로자가(아마도 절반은 될 것이다) 고용주가 제공하는 퇴직연금제도의 혜택을 누리지 못한다는 사실이다.[12] 가장 효과적인 저축 방법은 돈을 써버리기 전에 미리 저축하는 것인데, 사람들이 이렇게 할 수 없다는 점이 문제다. 이는 마치 돈을 모아둘 돈 통을 없애버리는 것과 마찬가지다. 이런 기본적인 편익이 부족한 사람들에는 자영업자, 중소기업 직원, 임시고용직에 속한 노동자, 비공식적인 경제 부문에 종사하는 사람 등이 포함된다. 특히 비공식적인 경제 부문에 속한 사람들의 규모는 많은 나라에서 실제로 매우 클 수 있다.

오바마 행정부는 이 문제를 해소하기 위해 전국적 차원에서 특정 제도를 도입하려고 노력했지만, 의회에서 단 한 건의 법안도 제정되지 않았다. 캘리포니아, 오리건, 일리노이 등 몇몇 주에서는 이런 문제를 인지하고 주 정부 차원에서 프로그램을 시작했다. 이 문제를 안고 있는 미국의 다른 주 또는 다른 나라가 필요로 하는 것의 기본 윤곽은 2008년 영국에서 만든 네스트 연금National Employment Savings Trust, NEST(국민고용저축신탁) 제도로 설명할 수 있다. 이 제도는 퇴직연금을 제공하지 않는 고용주가 직원을 자동으로(물론 옵트아웃 방식으로) 네스트 연금에 가입시키도록 법률로 규정한다. 이 연금제도에서는 직원과 고용주가 함께 납입금을 내고 운영은 정부가 맡는다. 이 제도는 초기 납입률을 소득의 2퍼센트로 설정해 부드럽게 시작했다.

그런데 애초에 이 제도가 출범할 때 사람들은 반신반의했지만 모두가 깜짝 놀랄 만한 결과가 나왔다.[13] 이 제도의 소득 대비 납입률은 5퍼센트였는데, 8퍼센트로 점점 늘어났으며 해지 비율은 10퍼센트 미만으로 유지되었던 것이다. 이 제도하에서는 소수의 투자 선택지가 제공되며, 이때의 기본값은 목표 시점 펀드다. 그리고 수수료는 합리적으로 책정되어 있다.

이 사례는 좋은 선택 설계의 여러 방법 가운데 하나일 뿐이다. 다음 장에서는 스웨덴에서 시행하는 제도를 꽤 자세히 살펴보려 한다. 모든 나라에 완벽한 설계는 없다. 그러니 각 나라에서는 자국민에게 필요하고 꼭 맞는 것을 찾을 방법을 열심히 고민하고 노력해야 한다. 또 전국적인 차원의 퇴직연금제도는 고용주가 운용하는 퇴직연금이 안고 있는 심각한 문제인 해지-환급 문제를 해결하는 데 도움이 될 수 있다. 회사에서 직원이 퇴사할 때 연금을 해지하는 경우가 많다. 계좌 잔액이 적을 때는 더 그렇다. 특히 저임금 직종에서는 이직률이 높아 퇴직연금을 운영하는 데 치명적인 문제로 작용할 수 있다. 그러나 이 문제 역시 얼마든지 해결할 수 있다.

10장

넛지는 영원히 계속될까

선택의 다양성을 포함해 모든 형태의 설계나 구조에서는 세부 사항 하나하나가 전부 중요하다. 9장에서는 퇴직연금 가입률과 납입률을 높이기 위해 사용하는 전략을 집중 조명해, 겉으로는 작아 보이는 개입이 실제로는 큰 효과를 낼 수 있음을 살펴보았다. 이제 스웨덴으로 눈을 돌려보자. 스웨덴은 20년 전 독특한 퇴직연금제도를 만들었다. 이 제도를 꼼꼼하게 살펴보면 설계상의 세부 사항이 어떤 충격을 주는지 알 수 있다. 퇴직연금제도에 대해 그야말로 흥미로운 통찰을 얻을 수 있을 뿐만 아니라, 20년이라는 오랜 시간이 지났으니 이 제도와 관련해 어떤 일이 일어났는지 확인할 수도 있다. 우리는 아직 넛지의 효과가 얼마나 오래 지속될지 말할 수 없다. 그러나 뒤에서 확인하겠지만 몇몇 넛지의 효과는 꽤 오래 지속된다. 이 장에서는 조금 깊이 파고들 텐데, 이는 우리가 스웨덴의 퇴직연금제도에 집착해서가 아니다. 선택지의 가짓수를 최대로 늘리는 것과 기본 설정의 효과가 약화될 가능성, 그리고 타성의 힘 등과 관련된 문제에 대해 세부 사항이 한층 중요한 교훈을 주기 때문이다.

영국의 네스트 연금제도가 보여주듯 확정기여 방식의 퇴직연금제도는 민간 부문뿐 아니라 공공 부문으로까지 확대되었다. 이렇게 된 이유 중 하나는 사회보장 같은 전통적인 안전망 제도가 현재 일하는 사람들이 낸 세금으로 은퇴자들을 지원하는 이른바 '페이고pay as you go' 원칙을 기반으로 한다는 데 있다. 즉 지금 일하는 사람이 내는 세금이 은퇴한 사람을 위해 사용된다는 뜻이다. 그런데 이 방식은 두 가지 인구통계학적 추세 때문에 위협받고 있다. 하나는 사람들의 수명이 길어졌다는 점인데, 이는 연금 수혜 기간이 늘어난다는 뜻이다. 다른 하나는 사람들이 예전보다 아이를 적게 낳기 때문에 은퇴자 대비 현직 근로자의 비율이 낮아져 이 제도의 존립 자체를 위협한다는 점이다.

이 분야의 선구자라 할 수 있는 스웨덴은 오랜 기간 계획을 세운 끝에 마침내 2000년에 퇴직연금제도를 시작했다. 이 제도는 독특한 접근법 때문에 선택 설계에 관련된 몇 가지 특별한 통찰을 제공한다. 우선 전반적인 배경을 살펴보자. 대체로 짐작할 수 있듯 스웨덴은 관대한 사회 안전망을 갖추고 있으며, 퇴직연금도 마찬가지로 관대하다. 사회보장세율은 소득의 16퍼센트다. 의무적으로 가입해야 하며 납입은 주로 확정급여 방식이다. 여기서 살펴볼 개혁은 그 사회보장세금의 일부를 떼어내 개인별로 확정기여 계좌를 만드는 제도인데, 이를 '스웨덴 프리미엄 연금제도Swedish Premium Pension Plan'라 부른다. 여기서는 간단히 스웨덴 연금제도라 부르겠다.

의무적으로 가입해야 하기 때문에 자동 가입이나 자동 상향 조정은 아예 따질 필요도 없다. 그러므로 선택 설계의 다른 특징, 특히 이 제도가 제공하는 선택지의 가짓수와 기본 설정 펀드의 설계 및 처리에 초점을 맞춰 살펴보자. 스웨덴에서 이 제도가 시행된 지 약 20년이 되었기 때문에 그 사이에 가입자들의 행동이 어떻게 바뀌었는지도 알아볼 수 있다. 대개 대답하기 특히 어려운 다음 질문을 놓고 따져볼 수도 있다. 과연 넛지의 효과는 얼마나 오래 지속될까? 적어도 스웨덴 연금제도라는 특정한 조건에서는 몇몇 넛지의 효과가 다이아몬드처럼 영원히 지속되는 것 같다.

만일 우리 저자들에게 스웨덴 연금제도의 특징을 단 한마디로 설명할 단어를 고르라고 한다면 '선택 우선주의pro-choice'를 꼽겠다. 사실 스웨덴의 연금제도는 '선택지의 가짓수 극대화' 전략의 모범 사례다. 최대한 많은 선택지를 제시해 사람들이 자기가 원하는 것을 선택하게 하는 전략이다. 스웨덴 연금제도 설계자들은 거의 모든 단계에서 자유방임주의적 접근법을 선택했다. 이 제도의 몇 가지 특징을 꼽으면 다음과 같다.

- 가입자는 누구나 (승인된 전체 펀드 가운데) 최대 5개 펀드를 선택해 자기만의 포트폴리오를 구성할 수 있게 했다.
- 어떤 이유에서든 능동적으로 선택하지 않은 사람들에게는 (조심스럽게 선정된) 하나의 펀드가 자동으로(즉 기본 설정으로) 선택되도록 했다.
- (광고를 대대적으로 동원해) 가입자들이 기본 설정에 의존하기보다는 직접 포트폴리오를 구성하도록 유도했다.

- 특정한 신탁 기준을 충족하는 펀드는 모두 이 제도에 포함시켰다. 따라서 어떤 펀드든 시장에 진입한 것은 모두 가입자가 선택할 수 있었다. 그 결과 이 제도가 시행될 당시 가입자가 선택할 수 있는 펀드는 무려 456개였다.
- 수수료, 과거 실적, 위험도 등 모든 펀드에 대한 정보는 소책자 형태로 가입자에게 제공되었다.
- (기본 설정 펀드를 제외한) 모든 펀드가 연금 가입자를 상대로 광고를 할 수 있게 허용했다.

어쩌면 당신은 이런 일이 정말 스웨덴에서 일어났는지 물을지도 모른다. 이 제도는 (자유방임주의와 시장 제도를 통한 자유로운 경제활동을 주장했던) 경제학자 밀턴 프리드먼을 흐뭇하게 만들었을 것이다. 프리드먼의 눈에는 자유로운 시장 진입과 방해받지 않는 경쟁, 그리고 수많은 선택지 등과 같은 조건이 위대해 보였을 것이다. 그러나 아는 게 많고 유능한 선택 설계자라면 이콘이 아닌 인간에게 많은 선택권을 주면 오히려 온갖 문제가 일어날 수 있다는 것을 안다. 뒤에서 살펴보겠지만, 이런 걱정은 충분히 일리가 있다.

기본 설정 펀드와 스웨덴 국민들의 선택

스웨덴의 연금제도에는 미리 지정된 기본 설정 펀드가 있다고 앞에서 언급했다. 이것은 '제7공적연금기금AP7'이라 불리는데(구성 내용에 대해서는 잠시 뒤에 살펴볼 것이다), 이것이 형성되려면 다른 선택 설계 의사 결정을 먼저 내려야 한다. 특히 다음과 같은 의사 결정을 내려야 한다.

이 펀드는 정부에서 어떤 지위를 부여받아야 하는가?

정부는 사람들이 이 펀드를 선택하도록 유도하는가, 아니면 선택하지 않도록 유도하는가, 그것도 아니면 또 무엇인가?

이 제도의 설계자들이 추렸을 여러 선택지 가운데 몇 개를 뽑아보면 다음과 같다.

(1) 가입자에게 어떤 선택권도 주지 않고 오로지 기본 설정 펀드만 제시한다.

(2) 기본 설정 펀드가 선정되어 있지만, 가입자가 이것을 선택하지 않도록 유도한다.

(3) 기본 설정 펀드가 선정되어 있으며, 가입자가 이것을 선택하도록 유도한다.

(4) 기본 설정 펀드가 선정되어 있지만, 가입자의 선택에 그 어떤 개입도 하지 않는다.

(5) 가입자에게 모든 선택을 요구한다. 기본 설정 펀드는 없고, 가입자는 능동적으로 어떤 펀드든 스스로 선택해야 하며, 그렇게 하지 않을 때는 자기가 납입한 돈을 몰수당한다.

훌륭한 선택 설계자라면 이 가운데 어느 것을 선택할까? 스스로 펀드를 선택하고 포트폴리오를 구성하려는 가입자의 의지와 역량을 선택 설계자가 얼마나 신뢰하느냐에 따라 답이 달라진다. (1)은 넛지라고 할 수 없다. 선택 자체를 원천적으로 차단하며 이 제도와 정반대 철학을 지닌 것이므로 진지하게 고민할 필요가 없다.

　이와 정반대의 극단에 있는 선택지는 (5)인데, 이것은 모든 사람이 각자 스스로 자기의 포트폴리오를 선택하도록 요구한다. 만약 사람들이 스스로 포트폴리오를 구성하는 과제를 훌륭하게 수행할 수 있다고 설계자들이 믿는다면 이 접근법을 고려할 것이다. 몇몇 영역에서는 가입자에게 선택을 요구하는 것이 매력적인 선택지가 될 수 있지만, 스웨덴의 연금제도라는 특정한 맥락에서는 스웨덴 정부가 이 선택지를 고집하지 않은 것이 옳았다고 우리 저자들은 생각한다.[1] 선택지 (5)를 밀어붙였을 경우를 상상해보자. 일부 가입자가 선택할 기회를 놓치는 일은 얼마든지 일어날 수 있다. 외국에 나가 있다거나, 병상에 누워 있다거나, 다른 일로 정신없이 바쁘거나, 소통이 불가능한 상황에 놓여 있다거나, 정신장애가 있다거나 등과 같은 이유 때문에 이 제도 자체에 대해 아무것도 모를 수 있다. 이런 이유로 선택할 기회를 놓친 사람들에게 혜택을 주지 않는다는 것은 가혹하며, 정치적으로든 원칙적으로든 도저히 용납되지 않을 처사다. 그러나 어쨌든 400개가 넘는 펀드 가운데 자기의 포트폴리오를 구성할 펀드 몇 개를 선택하기란 쉬운 일이 아니다. 전문가의 조언에 의존하고 싶어 하는 사람들, 즉 기본 설정을 선호하는 사람들이 분명히 존재하는데, 정부가 이런 사람들을 무시하고 굳이 가입자에게 일괄적으로 선택을 강요할 이유나 명분은 없다.

　그렇다면 선택지는 3개가 남는다. 기본 설정 선택지와 다른 선택지가 함께 놓여 있을 때 과연 기본 설정을 장려해야 할까, 아니면 말려야 할까? 강력하게 장려하는 것부터 강력하게 말리는 것에 이르는 스펙트럼 상에는 수없이 많이 선택지가 존재할 수 있다. 과연 최선의 선택지는 무엇일까? (4)는 확실히 매력적이다. 기본 설정을 정하기만 할 뿐 특정한 것을 선택하라고 유도하지도 않고 말리지도 않으니까 말이다.

그러나 이것이 문제를 온전하게 해결하리라고 생각하면 착각이다. 중립을 지킨다는 것은 무슨 뜻일까? 전문가들이 연금제도를 설계하면서 모든 것을 판단해 기본 설정 펀드를 선정했으며, 이 펀드의 수수료가 낮다는 사실을 알린다면(사실 선정된 기본 설정 펀드가 실제로 수수료가 낮긴 했다) 사람들에게 장려하는 셈이 되지 않겠는가? 사소한 것을 놓고 쓸데없이 따지는 게 아니다. 말하고자 하는 요지는, 설계자들이 해당 기본 설정 펀드를 어떻게 설명할지 미리 판단해서 결정해야 한다는 것과 이 결정은 그 기본 설정 펀드의 시장점유율에 영향을 미칠 것이라는 사실이다.

양극단을 제외한 3개의 선택지를 분석할 때 고려해야 할 것이 있다. 기본 설정 펀드를 설계하고 관리하는 사람들의 역량, 그리고 이 기본 설정 펀드를 거부하는 사람들의 역량 및 다양성에 대한 것을 먼저 알아야 한다는 점이다. 만약 기본 설정 펀드가 완벽해서 대부분의 가입자에게 잘 맞는다면, 혹은 선택해야 하는 가입자가 잘못된 판단을 하고 실수할 가능성이 높다면 기본 설정 펀드를 선택하도록 유도하는 것이 바람직하다. 그런데 만약 기본 설정 펀드를 만든 사람이 사실은 진정한 전문가가 아니라면, 가입자가 많은 것을 알고 있다면, 혹은 가입자가 처한 상황이 제각기 다르다면 공식적인 중립성을 지나치다 싶을 정도로 지키는 것이 최선이다. 바로 이런 것들이 훌륭한 선택 설계자라면 사전에 곰곰이 생각해야 하는 의사 결정 사항이다.

어쨌든 스웨덴은 선택지 (2)를 선택했다. 연금 가입자들이 스스로 포트폴리오를 선택하도록 값비싼 광고 캠페인을 통해 적극적으로 유도한 것이다. 이것이 이른바 넛지들 사이의 전투라는 양상을 빚어냈다. 한편 우리는 여러 펀드 가운데 하나를 기본 설정 펀드로 선택하는 것 자체가 종종 상당히 강력한 넛지로 작동한다는 것을 알고 있다. 9장에서 살펴본 미국 401(k) 연금 가입자 대부분은 기본 설정 펀드에 투자하고 있다. 그런데 다른 한편으로는 스웨덴 정부와 펀드사 모두 반대 방향으로, 즉 스스로 선택하라고 사람들을 넛지하고 있었다. 과연 어느 쪽 넛지가 이겼을까?

그 싸움에서 승자는… 광고였다. 정부의 공익 광고와 펀드사의 상업 광고가 결합해 연금 가입자의 3분의 2가 포트폴리오를 스스로 선택하도록 유도했던 것이다. 우리는 이 사람들을 '능동적인 선택자'라 부른다. 가입자들은 큰 이득과 손실이 걸려 있을 때 능동적인 선택자가 될 가능성이 높았다. 그리고 걸려 있는 돈의 액수가 동일한 조건에서는 여성과 상대적으로 젊은 사람일수록 능동적인 선택자의 모습을 보였다(여성이 능동적인 선택자가 될 가능성이 상대적으로 높은 이유에 대해 우리 저자들은 한 가지 이론을 가지고 있다. 여성은 연금 가입 관련 서류를 잃어버릴 확률이 남자보다는 낮기 때문에 해당 서류를 제대로 발송할 확률이 상대적으로 높다는 것이다. 물론 이것은 전적으로 우리 저자들만의 생각일 뿐이다. 이 이론을 뒷받침할 자료가 전혀 없다는 점을 인정한다. 아울러 가용성 편향이 작동해, 우리 두 저자의 배우자들이 우리보다 훨씬 더 정리 정돈을 잘하며 빈틈이 없다는 사실에 크게 영향을 받았을지도 모른다는 점도 인정한다.).

나머지 3분의 1은 결국 기본 설정 펀드를 선택했다. 이 집단을 우리는 '위임자'라고 부를 것이다. 포트폴리오의 구성과 관리를 다른 사람에

3부. 돈 | 넛지가 우리를 부유하게 한다

게 위임했기 때문이다. 이 위임자들 덕분에 기본 설정 펀드는 시장 최대의 점유율을 누렸다.

능동적인 선택자는 좋은 선택을 할까

사람들이 포트폴리오를 어떻게 구성했을까? 물론 개별 연금 가입자의 선호나 취향을 알 수는 없다. 또 그들이 이 사회보장제도 바깥에 있는 선택지들 가운데서 어떤 자산을 가지고 있는지 알 수도 없다. 그러므로 그들이 자기 포트폴리오를 얼마나 잘 선택했는지 단언할 수 없다. 하지만 그럼에도 우리는 수수료나 위험이나 수익률 등과 같이 지각이 있는 투자자가 평가하는 여러 요소에 대해서는 능동적 선택자의 포트폴리오와 기본 설정 펀드를 비교할 수는 있다.

최초의 기본 설정 펀드는 비록 몇몇 특이한 점이 있긴 하지만 당연히 주의 깊게 선택되었다. 이 펀드의 자산은 해외 주식(스웨덴 이외 국가의 주식) 65퍼센트, 스웨덴 주식 17퍼센트, 채권 10퍼센트, 헤지펀드 4퍼센트, 그리고 사모펀드 4퍼센트로 이루어져 있었다. 전체 자산군을 통틀어 펀드의 60퍼센트가 수동적으로 운용되었다. 이것은 사람들이 주가지수에 따라 수익률이 결정되는 펀드, 즉 지수 펀드에만 투자하고 시장 수익률보다 높은 수익률을 노리는 적극적인 투자를 하지 않았다는 뜻이다. 그들은 이렇게 함으로써 수수료를 낮췄는데, 연간 수수료가 0.17퍼센트밖에 되지 않았다. 100달러를 투자했을 때 수수료를 17센트 냈다는 뜻이다. 이 비율은 매우 낮았는데 당시 기준으로는 특히 더 그랬다. 전반적으로 볼 때 많은 사람이 몇몇 선택 종목에 대해서는 확실하게 단언하지 못하겠지만, 전문가는 대부분 이 기본 설정 펀드가 합리적이고 저렴한 선택지였다고 생각할 것이다. 우리 저자들은 기본 설정 펀드에 적극적으로 투자했던 몇몇 저명한 스웨덴 경제 전문가를 알고 있다.

그렇다면 이번에는 능동적인 선택자 집단이 어떻게 했는지 알기 위해 그들이 선택한 포트폴리오 전체를 대상으로 비교 가능한 수치를 살펴보자. 이 과정에서 세 가지가 눈에 띈다. 첫째, 기본 설정 펀드에서도 다른 자산에 비해 주식 비중이 높긴 하지만 능동적인 선택자의 포트폴리오에서는 주식 비중이 96.2퍼센트로 훨씬 더 높았다. 사람들이 이렇게 주식에 집중적으로 투자한 것은 지난 몇 년 동안 주식시장이 줄곧 호황이었기 때문이 아닐까 싶다.

둘째, 능동적인 선택자들은 투자금의 거의 절반(48.2퍼센트)을 스웨덴 기업에 투자했다. 이는 경제학자들이 이른바 자국 편향이라고 부르는 현상이 반영된 것이다.[2] 물론 국내 시장에 투자하는 것이 합리적이라고 생각할 수 있다. 아무래도 자신이 모르는 종목보다는 자기가 아는 종목을 사는 게 맞을 것이다. 그러나 투자 종목에 관한 한 자기가 안다고 생각하는 종목을 매수하는 것이 항상 바람직하지는 않다. 어떤 기업에 관련된 이야기를 들었다고 해서, 당신이 그 회사의 미래 수익을 정확하게 예측할 수 있는 것은 아니니까 말이다.[3]

다음 사실을 놓고 생각해보자. 스웨덴 경제는 세계경제에서 약 1퍼센트를 차지한다. 독일이나 일본에 거주하면서 글로벌 투자로 포트폴리오

• 마찬가지 이유로, 연금저축 가운데 많은 부분을 자기가 일하는 회사에 투자하는 것도 현명한 행동이 아니다. 엔론과 베어스턴스 같은 회사의 직원들은 사기 행각을 벌인 고용주들 때문에 회사가 갑자기 무너져 연금저축이 허공으로 사라질 때 이 교훈을 뼈저리게 실감했다. 엔론이나 베어스턴스 모두 고용주는 자기 회사의 주식에 투자하라고 장려했다.

를 다각화하려는 투자자라면, 자기 자산의 약 1퍼센트만 스웨덴 주식에 투자하는 게 맞다. 스웨덴에 사는 사람이라고 해서 독일이나 일본에 거주하는 투자자보다 스웨덴 주식에 48배나 많이 투자하는 행동을 합리적이라고 할 수 있을까? 전혀 그렇지 않다.•

셋째, 능동적인 선택자들이 지급한 수수료 비율은 0.77퍼센트로 기본 설정 펀드에서 부과한 수수료 비율 0.17퍼센트보다 훨씬 높았다. 1만 달러를 기본 설정 펀드에 투자한 사람이 연간 17달러를 수수료로 냈지만 능동적인 선택자는 77달러를 수수료로 냈다는 뜻이다. 그리고 이 수수료는 시간이 갈수록 점점 커진다.•• 요컨대 자신의 포트폴리오를 직접 선택한 능동적인 선택자는 주식 투자 비중을 높이고 지수 펀드 투자 비중은 낮추며, 지역 집중성은 훨씬 높이고 수수료를 상대적으로 많이 내는 모습을 보였다.

이런 투자 결정이 이루어질 때도 능동적인 선택자의 포트폴리오가 기본 설정 펀드보다 더 나은 투자를 한다고 주장하기 어려웠을 것이다. 이런 스웨덴의 경험에 담겨 있는 흥미로운 사실은 이 펀드는 주식시장의 활황과 기술주 거품이 막 꺼지던 시점에 시작되었다는 점이다. 이 우연한 타이밍이 사람들의 선택에(혹은 심지어 스웨덴 퇴직연금제도라는 민영화 프로그램을 시작해야 한다는 결정에) 미친 확실한 영향력을 구체적으로 분석할 수는 없지만, 해당 자료는 몇 가지 강력한 암시를 제공한다. 능동적으

• 만약 당신이 통화 리스크(기업의 운영 통화의 가치가 다른 국가의 통화 가치에 대비해 변동함으로써 발생할 수 있는 손실/수익 위험─옮긴이)를 걱정한다면, 그것은 쉽게 해결되는 문제이니 걱정하지 않아도 된다. 실제로 기본 설정 펀드는 통화 시장을 헤징함으로써(즉 일종의 보험을 듦으로써) 그 문제를 해결했다.

•• 우리가 여기서 인용하는 수수료 비율은 둘 다 광고에서 제시된 것이다. 나중에 몇몇 펀드가 가입자에게 할인 혜택을 주면서 수수료는 줄어들었다.

로 선택된 포트폴리오들이 자산의 96퍼센트 이상을 주식에 투자한다는 사실은 앞에서도 말했다. 만일 스웨덴 연금제도가 2년만 늦게 시작되었더라도 주식에 투자한 자산 비중은 훨씬 더 낮았을 것이다. 앞에서도 확인했듯 개인 투자자는 미래를 정확하게 예측하기보다는 추세를 따라 투자 자산을 배분하는 경향이 있다.

기술주가 급등하던 기간에 투자자들이 기술주에 집중했다는 사실도 그리 놀랍지 않다. 한 가지 생생한 사례를 들자면, 기본 설정 펀드를 제외하고 시장점유율이 가장 높았던 펀드는 전체 투자금 가운데 4.2퍼센트를 유치한 로부르 악티에폰드 콘투라Robur Aktiefond Contura였다(전체 펀드가 모두 456개였으며 전체 투자금의 3분의 1이 기본 설정 펀드에 유입됐음을 감안하면 4.2퍼센트는 엄청나게 높은 시장점유율이다). 로부르 악티에폰드 콘투라는 주로 스웨덴과 여타 지역의 기술 및 의료 종목에 투자했다. 스웨덴에서 퇴직연금제도가 시행되기 전까지(즉 이 연금제도에 가입한 사람들이 이 펀드를 선택하기 전까지) 5년 동안 이 펀드의 가치는 534.2퍼센트 증가했는데, 이 증가율은 스웨덴 퇴직연금 가입자가 선택 가능한 전체 펀드 가운데 가장 높았다. 그러나 시행되고 처음 3년 동안 이 펀드의 가치는 69.5퍼센트 증발했으며, 그 뒤로도 다시 3년 동안 계속 몹시 불안정한 수익률을 기록했다.

돌이켜보면 로부르 악티에폰드 콘투라 같은 펀드가 전체 투자금 가운데 많은 부분을 유치했다는 사실이 그리 놀랍지 않다. 퇴직연금 가입자들이 어떤 것을 요구받았는지 생각해보자. 사람들은 456개 펀드가 다양한 시기에 걸쳐 기록한 수익률이 빼곡하게 실린 소책자를 받는다. 거기에는 이것 말고도 수수료니 위험이니 하는 것을 포함해 온갖 정보가 들어 있다. 사람들은 그런 것들을 온전하게 이해해야 했지만 실제로는 그렇지 못했다. 그들이 확실하게 아는 것은 수익률이 높으면 좋다는 사실뿐이었다. 그래서 수익률이 높은 펀드를 찾았다. 물론 그 수익률은 과거의 것이었지만, 투자자는 전통적으로 과거의 수익률과 미래의 예상 수익률을 명확하게 구분하지 못한다. 스웨덴 어딘가에서 스벤손 부부가 식탁에 앉아 다음과 같은 대화를 나누지 않았을까 싶다.

> 남편 : (커피를 한 입 홀짝 들이켜고는) 여보, 무슨 책을 그렇게 열심히 보시오?
>
> 아내 : 뭐긴 뭐예요, 어느 펀드에 투자하면 가장 좋을지 찾는 거죠. 그런데 찾은 거 같아요. 로부르 악티에폰드 콘투라가 제일 잘하네요. 5년 동안 534퍼센트가 넘는 수익률을 기록했대요! 여기에 투자해서 몇 년만 지나면 은퇴하고 놀아도 되겠어요!
>
> 남편 : 그래요? 그럼 거기에 넣읍시다. 거기 연어 요리나 이리로 좀 밀어줘봐요.

달콤한 꿈인가, 끔찍한 악몽인가

펀드가 광고를 할 수 있도록 허용하는 결정은 특별히 논란의 여지가 없어 보인다. 사실 해당 연금제도의 나머지 설계 부분을 감안한다면, 펀드 광고를 금지하는 것은 상상하기 어렵다. 펀드가 시장에 자유롭게 진입할 수 있다면, 이들이 합법적인 수단을 모두 동원해 고객을 자유롭게 유치하는 건 당연한 일이다. 물론 이 합법적인 수단에는 (정직한 내용을 담은) 광고도 포함된다. 그렇다고는 해도, 광고가 이 시장에 미치는 영향을 알아보는 일은 흥미롭다. 여기서 우리는 무엇을 기대할 수 있을까?

'꿈'과 관련된 양극단에 놓인 두 가지 시나리오를 생각해보자. 첫 번째 꿈에서는 어느 자유시장 경제학자가 얼굴에 평화로운 미소를 띠면서 꾸는 꿈이다. 이 꿈에서는 상대적으로 낮은 비용으로 장기적으로 분산투자를 할 때 따르는 수익을, 그리고 최근 수익을 토대로 미래의 수익을 추정하는 행위가 어리석다는 사실을 광고주들이 차분하게 설명해 소비자가 알아듣게 가르친다. 이 꿈에서 광고는 경제학이 '효율적 투자선 efficient frontier'이라 일컫는 지점, 즉 합리적인 투자자라면 누구나 찾고 싶어 하는 지점을 소비자 개개인이 찾도록 돕는다. 소비자가 한층 유익하고 현명한 선택을 하도록 광고가 도움을 준다는 말이다.

또 하나의 꿈은 심리학자와 행동경제학자가 밤새 몸을 뒤척이며 시달리는 악몽에 가깝다. 이 꿈에서는 광고주가 사람들에게 지수 연동 펀드에 투자해 시장 평균에 안주하기보다는 대박을 좇도록, 즉 투자를 부자가 되는 방편으로 생각하도록 부추긴다. 이 악몽에서 광고는 수수료를 전혀 언급하지 않는다. 오로지 과거 실적만 떠들어댈 뿐이다. 과거의 실적이 미래의 실적을 예견한다는 증거가 전혀 없음에도 말이다(스포츠 경기 결과를 놓고 내기 걸기를 좋아하는 사람이라면, 며칠 뒤 열릴 경기에서 '압도적인 승리'를 거둘 거라고 떠벌리는 광고가 지난 3주 동안 거의 놀라울 만큼 정확한 예측이 나왔다고 떠벌리는 광고와 비슷하다는 사실을 알 것이다).

그렇다면 실제 현실에서는 어땠을까? 전형적인 어느 스웨덴 펀드 광고에서는 영화 〈스타워즈〉와 〈인디애나 존스〉로 유명한 배우 해리슨 포드가 나와 "해리슨 포드가 당신이 더 나은 연금을 선택하도록 돕겠습니다"라며 이 회사의 펀드 상품을 끈질기게 권고했다. 그런데 지금까지 포드가 영화에서 맡은 역할 가운데 과연 어떤 것이 그의 조언을 보증할까 (영화에서 인디애나 존스는 시카고대학교의 교수로 등장하지만, 그가 금융 분야에서 제대로 된 교육이나 훈련을 받은 적은 없는 것으로 알고 있다)?

좀 더 일반적으로 말해 금융경제학자 헨리크 크롱크비스트Henrik Cronqvist가 발표한 논문에 따르면 그 광고들은 달콤한 꿈이 아니라 악몽이었다.[4] 이성적인 투자자들에게 펀드의 수수료 등과 같은 직접적인 정보를 제공한 광고는 지극히 일부분이었다. 또 과거의 수익이 좋았던 펀드들은 오로지 그 기록만 광고했기에 미래의 수익을 예측하는 데는 아무런 도움이 되지 않았다. 그럼에도 펀드 광고는 투자자들의 포트폴리오 선택에 커다란 영향을 주었다. 그 바람에 사람들은 (상대적으로 높은 수수료 때문에) 예상 수익은 비교적 낮고 (주식에 대한 과도한 집중, 공격적인 운용, '뜨겁게 달아오르는' 종목에 대한 집중적인 투자, 그리고 자국 편향 현상 때문에) 위험이 큰 쪽으로 포트폴리오를 구성하도록 넛지되었다.

넛지 효과, 얼마나 오래 지속될까

블라디미르: 어때? 출발할까?

에스트라공: 그래, 가자.

그러나 두 사람은 움직이지 않는다.

— 사뮈엘 베케트, 『고도를 기다리며Waiting for Godot』 중에서

우리가 아직 살펴보지 않은 질문은 넛지의 효과가 얼마나 오래 지속되는가 하는 것이다.[5] 한 가지 가능성은 사람들이 처음에는 현상 유지 편향,[6] 게으름, 미적거림 등과 같은 이유로 애초에 설정되어 있던 기본적인 행동을 드러내지만, 시간이 지남에 따라 행동을 가다듬고 자기가 맨 처음에 한 선택을 합리적인 쪽으로 바꾸려 하는 것이다. 이런 상황에서는 선택 설계자가 마련한 특정한 설계는 일시적인 효과를 내는 데서 끝난다. 그러나 넛지 효과가 지속된다면, 선택 설계가 결정적인 역할을 해서 그 효과는 수십 년 동안 지속될 수 있다. 스웨덴의 퇴직연금제도 경험은 처음 시행된 시점부터 2016년 말까지 어떤 일이 일어났는지 추적할 수 있는 자료가 되기에, 넛지 효과의 지속성이라는 문제에 대해 일정한 깨달음을 줄 수 있다.

우선 스웨덴 퇴직연금제도의 배경을 살펴보자. 이 제도가 화려한 축포 속에서 시행되긴 했지만 그 뒤로는 어쩐 일인지 시들해졌다. 정부는 이 제도를 홍보하는 데 들이는 예산을 대폭 줄였고, 펀드도 광고비를 줄였다. 시민 대부분이 이미 연금에 가입했기에 굳이 홍보나 광고를 할 필요가 없었기 때문이다.

2000년에 이 제도가 처음 시행될 때, 대상 집단의 규모는 그 당시 노동인구에 포함된 440만 명 모두였던 반면, 후속 대상 집단은 이 제도에 새로 가입한 사람들, 즉 노동인구에 새롭게 편입된 젊은 층과 이민자로만 구성되었다. 예를 들어 2016년에 신규 가입 대상자는 18만 3,870명뿐이었는데, 이 규모는 펀드사가 광고를 하기에는 경제적인 차원에서 전혀 매력적이지 않았던 것이다.

공공 및 민간에서 모두 광고를 하지 않자 시간이 지나면서 퇴직연금

제도에 대한 대중의 관심은 점차 식어갔고, 기본 설정 펀드는 한층 전형적인 영향을 미쳤다. 제도가 출범한 지 3년밖에 지나지 않은 2003년까지를 살펴보면, 능동적인 선택자는 새로운 가입자 10명 가운데 1명꼴 (9.4퍼센트)밖에 되지 않았는데, 이조차 2010년에 3퍼센트로 쪼그라들었고 최근 몇 년 동안에는 1퍼센트 아래로 떨어졌다.

게다가 가입자들은 '한번 설정한 다음에는 잊어버리기set it and forget it'라는 마음가짐을 가지고 있는 것 같다. 이들은 맨 처음에 선택할 때 내린 결정을 대부분 수정하려 들지 않았다. 개인의 연금 가입 시기에 따라 사람들의 포트폴리오 선택이 어떻게 달라졌는지 살펴보면 이런 사정을 알 수 있다. 우선 퇴직연금에 가입한 가상의 두 사람을 상상하자. 1982년 1월 1일에 태어나 이 제도가 처음 시작된 2000년에 18세였던 마들라이네와 페르가 있다. 당시에 두 사람은 대학생이었지만 마들라이네는 입학 직후부터 아르바이트를 해서 연금 가입 자격을 얻었다. 그러나 페르는 2002년까지 일을 하지 않았다. 두 사람 모두 이 제도가 시행될 때부터 온갖 매체를 통해 광고를 접했지만, 마들라이네만 그 연금과 관련된 선택에 대해 생각했고 페르는 거기에 조금도 신경 쓰지 않았다. 자격을 갖춘 사람과 그렇지 못한 사람에게 광고가 어떤 효과를 미쳤으며 이 두 집단에 광고 효과가 어떤 식으로 다르게 나타나는지 추정하려면, 2000년에 이 제도에 가입한 청년들의 선택과 그로부터 몇 년이 지난 뒤 이 제도에 가입한 청년들의 선택을 비교하면 된다. 이렇게 함으로써 마들라이네와 처지가 같은 사람들과 페르와 처지가 같은 사람들의 상황을 비교할 수 있다.

통계분석에 따르면, 관측 가능한 다른 변수를 통제했을 때 2000년의 가입 대상 집단에서 능동적인 선택자가 될 확률은 2001년과 2002년 경우에 비해 약 6배 높았다. 따라서 광고들은 대부분 당시 결정을 내려야만 했던 사람들에게 영향을 주었다고 할 수 있다.

우리가 관심을 기울이는 또 다른 문제는 시간이 지남에 따라 과연 무슨 일이 일어나느냐 하는 것이다. 사람들은 처음에 했던 선택을 고수할까, 아니면 시간이 지난 뒤 상황이 어떻게 돌아가는지 지켜보면서 애초의 선택을 재고할까?

이 질문을 바라보는 방법 중 하나는 얼마나 많은 사람이 마음을 바꿔 '위임자'에서 '능동적인 선택자'로, 혹은 그 반대로 바뀌었는지 사람들에게 직접 물어보는 것이다. 즉 2000년에 이 제도에 가입한 440만 명의 선택을 연구하고 이들의 선택을 2016년까지 추적함으로써 궁금증을 해소할 수 있다.•

초기 가입자 집단의 4분의 1이 조금 넘는 27.4퍼센트가 마음을 바꿔 능동적 선택자가 되었다.[7] 이런 전환의 대부분은 최초 선택 이후 처음 10년 동안 나타났다. 이 사람들은 무엇 때문에 이렇게 바뀌었을까? 이렇게 바뀐 사람들 가운데 일부는 투자 조언을 제공하는 제3자의 '도움'을 받았다. 이런 모습은 특히 초기에 많이 나타났는데, 그때는 제3자라도 개인 비밀번호만 알면 의뢰인 대신 투자 선택을 쉽게 바꿀 수 있었다(이 규정은 나중에 바뀌었는데, 그럴 만한 근거가 충분한 조치였다). 그러므로 27퍼센트라는 수치는 독립적으로 자기만의 포트폴리오를 관리하기로 마음 먹은 위임자 수치의 상한을 나타낸다. 그리고 나머지 사람들은 적어도

• 단서가 한 가지 있다. 기본 설정 펀드를 선택한 사람(위임자)은 언제든 능동적인 선택자로 전환될 수 있지만, 애초에 기본 설정 펀드를 선택하지 않은 사람이 나중에 위임자로 전환할 수는 없었다. 이 규정은 2009년에 바뀌어 양방향 전환이 허용되었는데, 따로 비용이 들지 않았다.

16년 동안 기본 설정을 고수했다. 그런데 놀랍게도 능동적인 선택을 장려하는 광고의 영향은 한층 지속적으로 유지되었다. 초기에 능동적인 선택자였던 사람들 가운데 2.9퍼센트라는 극소수만이 위임자로 돌아섰다. 한번 능동적인 선택자가 되면 끝까지 능동적인 선택자로 남는다는 말이다.

지금까지 능동적인 선택자와 위임자가 다른 쪽으로 전환되는 일은 드물었다. 대부분 하나의 전략을 선택하고 고수했다. 게다가 우리가 능동적인 선택자라고 부르는 집단이 사실은 그다지 능동적이지 않았다. 연금저축으로 납입하는 돈을 투자할 펀드를 본인이 직접 선택하느냐 마느냐 하는(그것도 대규모로 쏟아지는 광고의 영향을 받으면서) 단 하나의 의사 결정을 기준으로 우리가 그들에게 '능동적인 선택자'라는 이름표를 붙였다는 사실을 떠올리길 바란다. 사실 그 결정 하나가 그들이 보인 '능동성'의 거의 마지막 모습이었다. 이 집단이 속한 사람들이 16년이라는 세월 동안 했던 평균 거래 건수는 1건뿐이었다. 이는 미국의 401(k) 연금제도에서 미국인 투자자가 했던 투자와 비슷한 수준이다.

여기서 자연스럽게 이어지는 질문은 매우 수동적으로 행동한 대다수 투자자들의 관심을 사로잡기 위해 필요한 것은 무엇일까, 하는 것이다. 그들을 깨어나게 할 수 있는 건 무엇일까? 두 가지 사건이 이 문제를 살펴볼 기회를 제공한다. 기본 설정 펀드에 영향을 미친 사건이 하나이고, 다른 사건은 그 연금제도의 개별 펀드 가운데 하나와 관련이 있다.

기본 설정 펀드는 시간이 지남에 따라 약간의 변화를 겪었다. 이 펀드는 지금은 글로벌 다각화의 저금리 펀드로 자리 잡았지만, 앞에서도 잠깐 언급했듯 처음 시작할 때는 스웨덴 주식에 집착하는 자국 편향과 헤지펀드와 벤처캐피털에 대한 투자 비중이 얼마 되지 않는 등 특이한 특징이 있었다. 2010년 기준으로 보자면 이 펀드는 글로벌 지수 펀드로 전환했고 수수료는 0.11퍼센트로 한층 더 낮아졌다.*

2010년 스웨덴 정부는 훨씬 더 급진적인 변화를 승인했다. 기본 설정 펀드가 금융 레버리지(수익 증대를 목적으로 부채를 끌어다 투자를 하는 것, 혹은 그 부채-옮긴이)를 재량적으로 활용할 수 있도록 허용한 것이다. 해당 법령은 최대 50퍼센트의 레버리지를 허용했다. 펀드 매니저들이 훨씬 더 많은 주식을 매입하는 데 필요한 돈을 빌릴 수 있도록 했고, 그들은 이 새로운 재량권을 최대한 활용하게 되었다는 뜻이다. 레버리지를 50퍼센트로 설정하면 시장 수익률이 10퍼센트일 때 해당 펀드 수익률은 15퍼센트가 된다. 그러나 반대로 시장 수익률이 떨어질 때는 이 펀드의 수익률은 그보다 50퍼센트 더 떨어진다. 즉 레버리지 투자는 매우 위험한 투자 전략이다.

그러나 자기 포트폴리오의 위험이 이렇게 높아질 것을 우려한 투자자들에게는 좋은 대안이 있었다. 기본 설정 펀드와 동일하지만 레버리지가 없는 다른 펀드로 추가 비용 없이 전환할 수 있었던 것이다. 그런데 이렇게 전환한 사람은 거의 없었다. 스웨덴 투자자들을 대상으로 실시한 연구에서 기본 설정 펀드에 투자한 사람들은 자기가 평균보다 상대적으로 안전한 투자를 한다고 생각하고, 그런 투자를 원한다고 답했다. 따라서 이런 결과는 매우 놀랍다.[8] 그들은 자기 펀드의 변화를 알아차리

---

* 이 펀드는 또한 고령자의 지분 위험 노출액을 줄이기 위해 나이에 따라 투자 구성을 재조정하는 기능도 갖췄다. 기본 설정 펀드가 (적어도) 100퍼센트 주식이어야 하는 이유는 이것이 전체 사회보장제도의 작은 부분(전체 16퍼센트의 세금에서 소득세는 2.5퍼센트)이기 때문이다. 나머지 부분은 채권 투자에 가까운 것으로 여겨진다.

지 못했거나 이해하지 못했던 것 같다.

투자자 관성의 한계를 시험대에 올린 또 하나의 사건은 2017년 1월에 스웨덴의 유력 경제지 하나가 알라_{Allra}의 CEO가 전년도에 스웨덴에서 가장 비싼 주택을 샀다고 보도하면서 시작되었다. 알라는 연금제도의 주관 펀드사 가운데 하나였는데, 이 CEO는 고급 주택뿐 아니라 헬리콥터도 한 대 샀다는 사실이 밝혀졌다(팁 하나를 슬쩍 일러두자면, 만일 당신이 투자 고객의 돈을 훔칠 계획이라면 그렇게 훔친 돈으로 자기 재력을 유별나게 과시하지 않는 게 좋다). 그 보도가 나가고 채 한 달도 지나지 않아 스웨덴의 유력한 신문사들이 알라에서 일어난 부정으로 의심되는 사례를 잇달아 보도했다. 그리고 몇 주 뒤에 스웨덴 연금청은 연금 가입자들이 알라가 관리하는 펀드로 갈아타지 못하도록 금지하고 알라를 대상으로 사기 사건 수사가 진행될 때까지 기다렸다. 여기에서 중요한 점은, 사람들은 여전히 아무 때나 아무런 비용 부담 없이 다른 펀드로 갈아탈 수 있게 했다는 점이다.•

사기 의혹이 불거지기 전에 알라는 4개의 펀드로 스웨덴 퇴직연금제도에 참여했다. 총 12만 3,217명의 연금 가입자가 이 펀드를 선택했고, 약 20억 달러의 자산이 알라의 4개 펀드에 투자되었다. 이른바 능동적인 선택자인 이 사람들 가운데 다수는 믿을 만한 금융 사기 혐의 뉴스를 보고 깜짝 놀라 알라의 펀드에 넣었던 투자금을 빼냈을 것이라고 추측할 수 있다. 알라의 펀드에서 투자금을 회수하는 사람들이 줄을 이을 것임은 누구나 예상할 수 있는 일이었다. 그런데 실제로는 그런 일이 일어

• 그런데 눈길을 끄는 사실은 스웨덴의 전직 법무부 장관이자 저명한 변호사가 알라의 이사회 의장이었다는 점이다.

나지 않았다. 사기 혐의가 드러나고 그다음 주에 알라 투자자들 가운데 겨우 1.4퍼센트만이 지분을 팔았다. 심지어 회계감사를 했던 회계 법인 딜로이트Deloitte 가 당국에 알라를 신고한 뒤에도 연초의 투자자들 가운데 16.5퍼센트만 다른 펀드로 갈아탔다.

여기서 어떤 결론을 내릴 수 있을까? 이 금융 사기 사건이 터진 2017년 초를 기준으로 할 때 스웨덴 연금제도와 관련된 펀드는 900개에 육박할 정도로 늘어나 있었는데, 많아도 너무 많았다. 실제로 스웨덴은 능동적인 선택자가 되는 신규 참여자의 숫자보다 펀드 개수가 더 많은 황당한 상황을 앞두고 있었다. 펀드에 투자할 사람의 숫자보다 펀드의 숫자가 더 많은 건 누가 보더라도 정상이 아니다. 게다가 스웨덴 같은 작은 나라가 이렇게 많은 펀드를 제대로 감시하기란 불가능한 일이다. 결국 감독 당국이 아닌 언론이 알라가 연관된 금융 사기를 발견했다.

스웨덴 사례가 우리에게 알려주는 것

스웨덴의 경험은 여러 차원에서 작동하는 타성의 힘을 보여준다. 정부와 펀드사의 광고에 넛지되어 자신의 포트폴리오를 직접 선택한 사람들은 꾸준하게 능동성을 유지했지만, 나중에는 매우 수동적이 되었다. 펀드사가 연루된 대형 금융 사기 사건조차 타성에서 벗어나도록 사람들을 일깨우지 못했다. 어쩌면 그다지 놀라운 일이 아닐지도 모르지만, 기본 설정 펀드에 투자한 사람들도 투자 구성이 크게 바뀌었음을 전혀 알지 못했다.

흥미로운 사실이지만, 어쩌면 정책 입안자들이 바뀐 상황과 새롭게 진행된 일을 고려해 연금제도의 설계를 재고했어야 함에도 그렇게 하려 들지 않았을지도 모른다. 이 연금제도를 설계한 사람들은 애초에 900개나 되는 펀드를 가입자들에게 제시할 생각이 없었고, 또 거의 모든 신규 가입자가 기본 설정 펀드를 선택하는 것이 바람직하다고는 그 누구도 생각하지 않을 것이다. 물론 이러한 사실을 정부도 알고 있었다. 현재 펀드의 숫자는 500개 이하로 줄어들었고, 스웨덴 의회는 추가 개혁을 고려하고 있다. 그러나 사실 이 개혁은 연금제도의 전체 구조를 근본적으로 재검토하는 것은 아니다. 사실 새롭게 마련된 설계의 여러 특성이 놀라울 정도로 불편할 수 있다(전통적 관습이라면 스웨덴은 어떤 나라에도 뒤지지 않는다. 초현대적인 국가인 스웨덴에는 여전히 군주제가 살아 있고, 스웨덴 사람들은 이를 무척 소중하게 여기는 것 같다. 이콘이 아닌 인간은 정말이지 끝을 알 수 없을 정도로 흥미롭다.).

이런 맥락에서 우리 저자들은 합리적인 기본 설정에 의존하는 설계 방식을 매우 선호한다. 만약 우리에게 스웨덴의 퇴직연금제도에 손을 대라고 한다면 기본 설정 펀드의 수를 대폭 줄이고 펀드가 레버리지 투자를 하지 못하도록 하는 등의 개혁부터 할 것이다(그렇다, 우리는 조심스러운 편이다. 그러나 연금제도에 레버리지 펀드가 포함된다면 투자자들은 능동적으로 그것을 선택해야 할 것이다.). 또 우리는 가입자가 주도하는 모든 연금 투자 제도에서 당연한 관례가 되어야 한다고 생각하는 것, 즉 새로 시작하기를 강조하고 촉구할 것이다. 컴퓨터를 정기적으로 재부팅해야 하듯 투자자도 20년에 한 번씩은 원점에서 다시 시작하도록 권장하는 것이 바람직하다고 생각한다. 이상적으로 말하면, 투자자들이 현재 포트폴리오의 투자 구성을 머리에서 깡그리 지워버리고 다시 시작하는 것이 좋다(이렇게 새로 시작한다고 해서 세금이나 거래 비용이 추가로 발생하는 것은 아니다). 이런 가정을 한번 해보자. 누군가가 어떤 식으로 투자를 하고 있는데, 이 행동에 대한 가장 적절한 설명이 매우 오래전에 나온 것이라면 어떻게 해야 할까? 어쩌면 그 설명은 해리슨 포드의 조언을 근거로 한 것일 수도 있다. 정확하지 않은 정보를 근거로 한 투자 선택일 수 있다는 말이다. 그렇다면 지금 당장 원점에서 다시 생각해야 한다.

중요한 점은 그렇게 하려면 새로 시작하기 요청에 응하지 않을 가능성이 높은 많은 사람을 위한 기본 설정을 마련해둘 필요가 있다는 사실이다. 이것은 결코 피할 수 없는 일이다.

넛지 효과의 지속성에 대한 보다 일반적인 의문을 해소하기에는 지금까지 확인한 결과가 매우 유익하다고 생각한다. 그러나 여기에서 넛지의 일반적 사항을 추론하는 데는 주의가 필요하다는 사실을 강조하고 싶다. 넛지의 수명은 경험적 차원일 수밖에 없으며, 이것은 모집단의 특성이나 상황에 따라 얼마든지 달라질 수 있다고 생각해야 한다. 넛지는 기본으로 설정한 규칙부터 문자 알림, 그래픽 경고, 글꼴의 크기나 색상에 이르기까지 다양하다. 그리고 환경도 사람들이 당면한 일에 얼마나 많은 관심을 쏟느냐에 따라 크게 달라진다. 연금에 가입해 투자 선택을 하는 사람들이 『고도를 기다리며』의 블라디미르나 에스트라공 같을까, 아니면 도로를 주행하면서 차선을 끊임없이 바꾸는 운전자 같을까? 인구통계학적 집단마다 다르게 행동할 수 있다. 여유 시간이 많을 수도 있고 적을 수도 있으며, 교육 수준이 높을 수도 있고 낮을 수도 있으며, 신경을 더 쓸 수도 있고 덜 쓸 수도 있기 때문이다.

그래픽 경고가 장기적으로 영향을 줄 수도 있고 그렇지 않을 수도 있다. 사람들이 경고에 익숙해지면 경고의 효과는 사라진다. 만약 그렇다면, 선택 설계자들은 그 경고를 여러 개 마련해 몇 달에 한 번씩 바꾸는 식으로 돌려가며 사용하려 들 수도 있다(실제로 미국 식품의약국은 담배와 관련된 이미지 경고를 그런 식으로 계획하고 있다). 요금 납부 기한이 임박했다는 알림 문자는 발송될 때마다 그걸 받은 사람에게 효과를 발휘한다. 적어도 그 사람이 너무 많은 알림 문자를 받는 바람에 질려버려서, 더는 거기에 주의를 기울이지 않는 한 말이다. 사람들이 자동 조종automatic pilot 상태(매 순간 무슨 일이 일어나는지 자각하지 못한 채 그저 기계적으로 행동하는 상태 —옮긴이)에 있을 때 넛지의 효과가 가장 오래 지속되는 것 같다. 우주에서 누군가가 슬쩍 건드린(즉 넛지를 당한) 물체는 건드림을 당한 그 방향으로 계속 운동할 것이다. 스웨덴의 퇴직연금에 가입한 사람들이 우주에서 넛지를 당한 바로 그 물체처럼 보인다.

11장

오늘 더 많은 돈을 빌려라: 담보대출과 신용카드

우리는 지금까지 이콘이 아닌 인간은 자제력과 관련된 여러 문제를 겪을 수 있고, 그 바람에 현재 상황에만 집착하는 편향에 사로잡힐 수 있음을 확인했다. 이런 면모는 인간은 지금 가질 수 있는 것을 나중에 얻을 수 있는 것보다 더 중요하게 여긴다는 뜻이다. 사람들이 노후를 위해 저축하도록 도울 때 해결해야 할 근본적인 문제가 바로 이것이다. 어떤 가구가 퇴직연금에 투자한다는 것은 수십 년 뒤에 누릴 보다 나은 삶을 위해 오늘의 소비를 나중으로 미루는 것이다. 일손을 놓고 은퇴할 수 있으려면 가구 구성원이 현재의 소비를 수입보다 적은 규모로 유지하는 방법을 알아야 한다. 불행하게도 많은 가구는 매달 버는 것보다 더 많이 소비하는 한층 근본적인 문제로 힘들어한다. 그들은 오늘 더 많은 돈을 소비하려고 돈을 빌린다. 그런데 오늘날에는 이런 금융 행동을 과거 그 어

　　　　　　　　　　　　3부. 돈 | 넛지가 우리를 부유하게 한다

느 때보다도 쉽게 할 수 있다.

비록 대부업자의 역사가 깊긴 하지만(대부업자는 셰익스피어의 희곡 〈베니스의 상인〉 이전에도 있었다) 소비자 신용에 대한 광범위한 접근은 1920년대에 시작되었다. 상인이 가전제품이나 자동차, 다른 고가 물품을 할부로 판매하는 일이 그 무렵 일반적인 현상으로 자리 잡았다. 당시에는 금리가 높았고 판매자는 해당 상품의 소유권을 담보로 잡았으며, 소비자가 대금 지불을 모두 끝낼 때까지 소비자 대출을 지원했다. 멋진 새 가전제품을 신용으로 구매할 수 있다는 것은 집 구석구석에 돈 통을 놓는 것이나 마찬가지였는데, 많은 가구가 이런 소비 유혹을 떨쳐내지 못했다. 1930년대의 대공황은 일자리를 잃은 사람들에게, 그리고 가전제품을 회수당한 사람들에게 충격으로 다가왔다.

자동차를 판매할 때는 예전의 할부와 거의 같은 방식으로 계속 대출 자금이 조달되었다. 대출자가 대출금을 모두 갚을 때까지 자동차에 대한 권리를 판매자가 가지고 있었기 때문이다. 그런데 신용카드의 등장으로 소비자에게는 즉각적인 욕구를 충족할 새로운 길이 열렸다. 카드는 항공권을 사거나 호텔을 이용하거나 그 밖의 온갖 서비스를 이용하는 데 필요하기 때문에 오늘날에는 어떤 종류든 신용카드나 직불카드를 반드시 가지고 있어야 한다. 그런데 신용카드 사용에는 악순환이 작동한다. 신용카드를 사용한 다음에 카드 대금을 충실하게 납부했다는 기록이 신용 점수로 매겨지고, 이 점수에 따라 주택 담보대출을 받을 수 있을지 여부와 대출 금리가 결정되기 때문이다. 앞으로 세월이 더 흐르면 (어쩌면 그 시점이 매우 가까울 수도 있다) 실물화폐는 거의 혹은 완전히 사라지고, 모든 사람이 카드나 그 밖의 전자 지불수단을 사용할 것이다. 물론 신용카드와 직불카드를 오로지 편리한 결제만을 위해 사용하며 매달 청구되는 돈을 기한 안에 납부해 이자를 지불하지 않을 수 있지만, 그렇게 하려면 상당한 자제력이 필요하다. 현재 미국인이 지고 있는 신용카드 부채는 1조 달러가 넘는다. 그런데 이런 현상은 미국에서만 나타나는 게 아니다. 사실 신용카드 총 부채로만 따지면 중국이 미국을 앞질렀다.

집을 소유하려는 사람이 주택 구입 자금 전액을 현금으로 지급하는 것은 일반적으로 가능한 선택지가 아니다. 많은 가구가 집을 사려고 몇 년 치 가계소득보다 많은 금액을 지불하기 때문이다. 집을 소유하려는 사람은 구매할 집을 담보로 대출을 받아 대금을 치른다. 미국의 주택 소유자가 짊어진 주택 담보대출 규모는 15조 달러를 넘어섰다.[1] 대출자도 주택에 대한 지분을 자산으로 가지고 있으므로, 주택 담보대출 규모가 크다고 하더라도 경고 사이렌을 울려야 할 정도로 큰 걱정거리는 아니다. 그러나 많은 대출자가 집값의 5퍼센트도 되지 않는 금액만 가지고 주택 매입에 나서고 나머지 대금은 대출로 충당한다는 게 문제다. 이것은 집값이 하락하면 '수면 아래 잠긴' 자신의 모습을 보게 된다는 뜻이다. 집값이 그 집을 담보로 빌린 돈보다 낮아지는, 그야말로 '깡통' 상황을 맞이하게 된다.

전당포, 사채업자, 학자금 등 사람들이 돈을 빌릴 방법은 수없이 많지만, 11장에서는 주택 담보대출과 신용카드에만 초점을 맞추기로 한다. 이 둘은 전 세계적으로 흔하고 선택 설계의 다양한 도구를 적용할 수 있는 흥미로운 방법을 제공하기 때문이다. 주택 담보대출과 신용카드라는 2개의 시장을 논의하면서, 우리는 일반적인 소비자 의사 결정을 놓고 생각할 때 자기가 보기에 유용하다고 생각하는 구분을 한다. 즉 '소비자 경험의 가장 중요한 측면이 선택 과정에 따라 달라질까, 아니면 사용 과정에 따라서 달라질까?'라는 질문을 하게 된다는 말이다. 예를 하나 들면 이 말을 쉽게 이해할 수 있을 것이다. 텔레비전이나 컴퓨터 모니터를 새로 구입한다고 치자. 이 제품을 사는 것이 좋은 선택이었는지 아닌지는 전적으로 사용자 경험에 좌우된다. 모니터의 크기, 해상도, 밝기 등과 같은 요소가 소비자의 만족도를 좌우하겠지만 일단 설치해서 필요한 조정을 마치고 나면 따로 선택할 일이 별로 없다. 우리 두 사람조차 리모컨 전원 버튼 사용법은 이미 익혀서 잘 알고 있다.

이것을 테니스 라켓을 구매할 때와 비교해보자. 테니스 동호회 회원으로 테니스를 꽤 잘 치는 선스타인은 특정 라켓에 대한 선호가 분명하다. 그러나 탈러는 어떤 라켓을 가지고 치더라도 선스타인을 이기지 못한다. 예전에 두 사람은 시카고에서 함께 테니스를 치곤 했는데, 그때 선스타인은 줄이 나간 라켓을 가지고도 탈러를 쉽게 이겼다. 라파엘 나달이나 로저 페더러에게 30년이나 된 나무 라켓을 쥐여주더라도 선스타인에게는 땀 한 방울 흘리지 않은 채, 그리고 단 한 점도 내주지 않고 3세트 모두 6 대 0으로 이길 것이다. 테니스에서는 라켓 선택보다 사용이 더 중요하다.

비록 이 대비가 썩 극명하지는 않지만, 주택 담보대출은 모니터에 가깝고 신용카드는 테니스 라켓에 가깝다고 할 수 있다. 만약 당신이 좋은 주택 담보대출 상품을 선택하고 (이게 중요하다!) 원리금을 연체하지 않고 납부한다면, 당신은 대체로 잘해낼 것이다.* 사람들이 신용카드 사용액을 매달 꼬박꼬박 갚는다면 신용카드도 마찬가지일 것이다. 앞면에 반려

---

* 주택 담보대출에 대한 이 설명에는 중요한 예외가 하나 있다. 금리가 떨어지면 리파이낸스,

견 사진을 붙이는 게 가능한 카드를 고를 수도 있고, 매달 비용을 결제하면 크게 고생할 일이 없다. 그러나 불행히도 많은 신용카드 사용자가 여러 카드 때문에 수천 달러 규모의 빚을 짊어지고 있다. 그렇게 보면 카드는 선택보다 사용이 더 중요하다. 주택 담보대출과 신용카드의 이런 차이를 전제로 우리는 주택 담보대출에서는 사람들이 보다 나은 선택을 할 수 있도록 도울 방법에 초점을 맞춰 설명할 것이고, 신용카드에 대해서는 사람들이 더 똑똑한 신용카드 사용자가 되도록 도울 방법에 초점을 맞춰 설명할 것이다.

지나치게 복잡해진 주택 담보대출

예전에는 적절한 주택 담보대출 상품을 선택하는 일이 그다지 어렵지 않았다. 대부분 고정 금리를 적용했으며, 미국에서는 보통 대출 기간이 30년이었다. 주택 구입자는 전체 주택 가격의 최소 20퍼센트를 계약금으로 내는 조건으로 대출을 끼고 주택을 구매했다. 대출 상품을 비교하는 것도 어렵지 않았다. 금리가 가장 낮은 상품을 고르면 되었기 때문이다. 이는 대출업체가 연이율을 사용해 표준적인 방식으로 금리를 보고해야 한다는 규정 덕분에 한층 더 쉬워졌다.

그런데 지금은 주택 담보대출 상품을 고르는 일이 예전보다 훨씬 더 복잡해졌다. 다양한 고정 금리 대출은 말할 것도 없고 시장 움직임에 따

즉 기존 주택 담보대출을 금리가 더 낮은 담보대출로 갈아탈 기회가 있다. 예리한 주택 소유자는 이런 기회를 이용해 우리가 신용카드에 대해 제시하는 조언을 활용할 수 있다. 그러나 탈러는 선스타인이 이 장을 다 읽기를 원하기 때문에 그것과 관련된 복잡한 내용은 더 이상 언급하지 않는다.

라 금리가 오르내리는 수많은 변동 금리 대출이 새로 등장했기에 대출자는 다양한 선택지를 놓고 고를 수 있게 되었다. 또 원금은 전혀 상환하지 않고 이자만 내는 등 색다른 조건을 제시하는 대출 상품도 나왔다. 이는 집을 팔거나 (운이 좋으면 매매 차익을 누릴 수도 있다) 대출자가 복권에 당첨되거나 재대출을 받지 않는 한, 혹은 집을 팔아 부채를 청산하려 하지 않는 한 원금을 상환하지 않아도 된다는 뜻이다. 수많은 변동 금리 주택 담보대출을 더욱 복잡하게 만드는 것은 바로 '티저 금리teaser rate '다. 티저 금리란 처음 1년이나 2년 동안 적용되는 낮은 금리를 말하는데 해당 기간이 끝나면 금리는 올라간다. 그런데 때로는 엄청나게 높이 올라가기도 한다. 여기에 수수료 문제도 있는데, 수수료는 경우에 따라 매우 다양하고, 여기에는 포인트(대출자가 조금이라도 더 낮은 금리를 적용받기 위해서 지불하는 고정 지불금)가 포함되며, 대출금을 약정보다 일찍 상환할 때 지불해야 하는 조기 상환 수수료도 있다. 이것 말고도 많다. 이렇게 복잡하다 보니 대출자가 가장 적합한 주택 담보대출을 선택하는 것에 비하면 퇴직연금 포트폴리오를 선택하는 것은 아무것도 아닌 듯 보인다.

그래도 위안으로 삼을 만한 면이 하나 있는데, 주택 담보대출 시장은 고도로 탈중심적이고 경쟁적이라는 점이다. 몇몇 경제학자는 이런 치열한 경쟁 시장이 소비자가 잘못된 선택을 하지 않도록 보호한다고 주장한다. 그러나 이 주장에는 논리적으로나 경험적으로 결함이 있다. 우선, 이 시장에는 쇼핑을 한층 어렵게 만드는 다양한 슬러지가 가득하다는 점을 들 수 있다. 예를 들어 (앞서 슬러지를 다룬 장에서 설명했듯) 만약 주택 담보대출의 여러 조건 가운데 몇 가지가 '감추어져 있다'면,[2] 소비자는 자신이 실제로 얼마를 지불하는지 모를 것이다. 이런 상황에서 이루어지는 경쟁에서는 가장 좋거나 가장 싼 제품이 고객의 선택을 받는다고 보장할 수 없다. 사실 대출업자는 사람들의 주의력이 제한적인 수밖에 없다는 점을 얼마든지 이용할 수 있다. 이런 상황에서 정직하게 행동하려는 대출업체는 비양심적인 대출업체와의 경쟁에서 질 수밖에 없다. 인간이 지닌 여러 행동 편향을 최대한 이용하는 것이야말로 이 시장에서 승리를 보장하는 전략이 될 수 있다.

어떤 제품의 경우 보이는 모습 그대로가 숨김없는 사실이고 경쟁 원리가 잘 작동한다. 교차로의 네 모퉁이에 주유소가 있고 가격 표시가 눈에 잘 띈다면 이들 주유소의 가격이 별로 다르지 않을 것이다. 그러나 또 다른 교차로에 주택 담보대출을 해주는 은행이 네 곳 있을 때, 이들 각각이 대출자에게 부담시키는 비용이 별로 다르지 않을 것이라고 믿을 근거는 없다. 설령 은행들이 금리가 동일한 주택 담보대출 상품을 대형 광고판에 광고하더라도, 각각의 은행이 감추어둔 비용은 드러나지 않을 것이다. 주택 담보대출에 필요한 비용보다 휘발유 가격을 비교하는 게 훨씬 쉽다.

이런 복잡성 문제를 해결할 수 있는 해법은 전문가의 도움을 받는 것이다. 실제로 많은 복잡한 시장에서, 전문가는 자산관리사나 부동산중개사가 제공하는 것처럼 전문화된 도움을 제공한다. 주택 담보대출 시장에서 전문가는 주택 담보대출 중개인(모기지 브로커)이다. 그런데 조언자들이 좋은 조언을 전달하기 어렵게 만드는 이해 충돌의 여지가 존재한다는 점이 문제다. 부동산 중개업자들은 주택이 매매되어야 돈을 벌기 때문에 어떤 식으로든 거래를 성사시키려 한다. 매수자를 대리하는 사람도 매매가의 일정 비율을 수수료로 받기 때문에 최대한 높은 가격을 들이미는 경향이 있다는 것은 놀라운 일도 아니다. 물론 우리 저자들은 그런 전문가들이 모두 사기꾼이라고 말하려는 게 아니다(선스타인의 여동생은 부동산중개인인데, 정직하고 정말 최고다!)! 우리는 단지 조언을 제시하는 시장 자체가 그런 조언의 질을 전적으로 보장하지 않는다는 명백한 사실을 말할 뿐이다. 점집은 여전히 호황을 누린다. 그렇다. 복잡한 분야에는 대부분 정직하고 박식한 전문가가 있긴 하다. 그러나 어설픈 구매자들에게는 전문 지식 관련 수요를 창출하는 시장이 매우 불투명하므로 그들이 제공하는 조언의 가치와 질을 장담하기 어렵다.

주택 담보대출 중개업자 가운데 적어도 일부는 고객의 이익을 위해 행동하지 않는다는 것을(즉 고객의 이익을 거스르면서 자신의 이익을 위해 행동한다는 것을) 증명하는 상당한 증거가 있다. 이렇게 될 수밖에 없는 이유를 이해하려면, 주택 담보대출 중개업자는 대출액과 대출 수익성에 따라 수수료를 받기 때문에 대출자에게 유리한 거래일수록 중개업자가 받는 수수료는 줄어든다는 점을 명심해야 한다. 2008년 금융 위기는 여러 요인으로 발생했는데, 그 가운데 하나가 만연해 있던 티저 금리 관행이었다. 한두 해 뒤에는 금리가 상당히 오르게 되지만, 계약금이 적다는 것과 당장의 금리가 낮다는 이유만으로 대출자들은 정확한 정보도 없이 티저 금리를 선호했다. 흔히 대출자들은 높아진 상환금을 감당하지 못했고, 그래서 재대출(리파이낸스)을 기대했지만 낮았던 금리가 하필 그때 급등했다. 이런 상황은 중개업자에게 또 다른 횡재를 안겨주었다. 부동산 가격이 떨어지면 집값보다 부채가 많아져 깡통 주택이 되고, 이는 채무불이행으로 이어졌다.

경제학자 수전 우드워드Susan Woodward는 이 시장에 다른 많은 문제점이 있음을 발견했다.[3] 그녀는 위험 및 그 밖의 여러 변수를 통제한 상태에서 어떤 유형의 대출자가 어떤 상황에서 가장 좋은 거래를 하는지 연구했다. 그녀가 발견한 내용 가운데 몇 가지 핵심적인 것을 소개하면 다음과 같다.

- 아프리카계 미국인과 라틴계 미국인 대출자들은 미상환 위험이 높은 탓에 대출금 관련 비용을 상대적으로 많이 지불한다.
- 고졸 성인이 많은 지역의 대출자들은 대졸 성인이 많은 지역에 거주하는 대출자들보다 대출금 관련 비용을 더 많이 지불한다.
- 주택 담보대출 쇼핑을 꼼꼼하게 할수록 비용이 절약된다. 대출자가 주택 담보대출 중개업체 두 곳을 더 알아보면 평균 약 1,400달러의 수수료를 절약한다.
- 주택 담보대출 중개업체가 제공하는 대출은 대출업체가 직접 제공하는 대출보다 더 비싸다.
- 포인트나 부동산 매매 수수료 등과 같이 대출을 복잡하게 만드는 요인은(이런 것들 때문에 주택 담보대출 상품을 비교하기가 더 어려워진다) 대출자에게 많은 비용을 부담시키며, 추가 비용은 직거래 대출보다 중개업체가 개입한 경우 더 커진다.

이 분석에서 몇 가지 일반적인 교훈을 얻을 수 있다. 시장이 복잡해질수록 어설프고, 특히 교육 수준이 낮은 구매자에게 불리해진다. 또 어설픈 구매자는 순수한 마음으로 도움을 주는 것처럼 보이는 사람들에게 적절하지 않은 조언을 받거나 이용당할 가능성이 상대적으로 높다. 부

3부. 돈 | 넛지가 우리를 부유하게 한다

유한 고객을 상대하는 중개업자는 나중에 또 다른 거래를 할 생각에 그들에게 공정하다는 신망을 얻으려 노력한다. 반면 가난한 사람들을 상대하는 중개업자는 나중보다 지금 당장 더 많은 돈을 챙기려고 한다. 그런 면에서 우리가 설명하는 이 문제는 부분적으로 불평등과 관련된 것이기도 하다.

어떻게 하면 이 시장에 도움을 줄 수 있을까? 우리 저자들은 세 가지 선택 설계를 제안하고자 한다. 첫째, 수수료 및 관련 비용이 감추어지지 않도록 밝은 햇살 아래 투명하게 공개하는 것이다. 예를 들어 주택 담보대출 제공업체는 조금이라도 의미 있는 것을 모두 포함하는 '주요 비용major costs' 목록을 한 쪽(혹은 반 쪽) 분량으로 작성하도록 규정하는 것이다. 그리고 이 비용을 모두 더해 공시 가격에 포함시켜야 한다. 그래야 대출자들이 여러 대출업체의 상품을 쉽게 비교할 수 있다.

두 번째 제안은 한층 더 야심 찬데, 첫 번째 제안이 필요 없도록 만들자는 것이다. 이것은 더욱 높은 수준의 표준화를 정착시키려면 표준 계약서가 필요하다는 발상을 기반으로 한다. 주유소의 경쟁과 주택 담보대출업체의 경쟁을 비교한 것을 떠올리면 쉽게 이해할 수 있듯, 소비자(대출자)가 비교 쇼핑을 더 쉽게 할 수 있게 만들자는 것이다. 그러기 위해서는 감독 당국이 상대적으로 적은 수의 주택 담보대출 유형을 지정해 모든 대출업체가 옵션 메뉴에 포함하도록 해야 한다. 아마도 고정 금리와 변동 금리, 두 가지 유형이 있을 것이고, 이것이 각각 15년 만기와 30년 만기로 제공된다면 대출자에게 주어지는 선택지는 모두 네 가지다. 이것을 '쉬운EZ 주택 담보대출'이라고 부르자. 이 상품들의 약관에 작은 글자로 쓰인 내용은 모두 동일할 것이고, 이 약관은 감독 당국이 업계 및 소비자 전문가와 협의해서 만들 것이다. 이상적으로는 공시된 금리 외에는 수수료가 없으며, 변동 금리를 산정하는 공식도 모두 동일해야 한다. 이 약관에는 대출이 어떤 금리로 고정될지, 금리는 얼마나 변동될 수 있는지, 그리고 얼마나 자주 변동될 수 있는지 등도 포함되어야 한다.[4]

이러한 설정하에서 자신에게 맞는 주택 담보대출 상품을 찾아다니며 해당 선택지를 '쉬운 대출'로 제한할 의향이 있는 대출자들은 고정 금리와 변동 금리 중 어느 것을 원하는지, 그리고 15년 만기와 30년 만기 가운데 어느 것을 원하는지 결정하기만 하면 된다. 그리고 어떤 것을 선택하든 그들은 연이율이 가장 낮은 대출을 선택하고 자신이 최상의 선택을 했다고 확신할 수 있다. 신용 등급 수준이나 계약금 액수에 따라 금리가 달라지긴 하겠지만 그래도 대출자는 자신에게 적합한 범주에서 최적의 대출 상품을 빠르게 찾을 수 있을 것이다.

우리 저자들은 자유지상주의적 간섭주의자이므로, 티저 금리를 비롯한 이런저런 함정을 포함한 주택 담보대출 유형을 금지하는 데 반대하는 가정을 세울 것이다(특정 함정이 소비자에게 해를 끼칠 가능성이 있고 이런저런 넛지가 충분히 도움이 되지 않을 경우에는 그런 가정이 반박당할 수 있다). 동시에 그런 대출에는 해당 대출이 결코 '쉬운' 대출이 아니며, 이를 이용하려는 사람은 경계하고 조심해야 한다는 경고가 뒤따를 것이다. 우리는 몇몇 사람들이 한 걸음 더 나아가 그런 대출 상품이 당신의 재정 건전성을 해친다고 말하며 금지하는 이유를 잘 알지만, 그런 대출 상품이 일부 대출자들에게는 좋은 선택일 수도 있음을 안다. 규제가 존재하는 모든 영역에서 그렇듯, 선택 설계자는 구매자 및 판매자의 선택을 어느 정도까지 제한할지 분명하게 정해야 한다. 우리 저자들이 제안하는 모델은 적어도 매매가 쉽게 이루어지는 시장에서도 특별하게 제한되고 보호받는 구역이 될 것이다. 스키장의 슬로프로 치자면 초보자 코스와 비슷한 것이라고 보면 된다.

세 번째 제안은 첫 번째와 두 번째 제안이 수용되면 필요 없을 수도 있다. 그러나 전 세계 정부가 늘 우리 제안을 따르는 것은 아니므로 우리는 (관대한 마음으로!) 또 다른 대안을 제시하고자 한다. 여기에서 우리는 스마트 공개의 도구를 사용하고자 한다. 주택 담보대출 조건이 너무나 복잡하므로('쉬운' 대출이 아닌 경우에 그렇다) 아무리 전문가라 하더라도 약관의 모든 조항을 훤히 꿰뚫지는 못한다. 감독 당국은 조금이라도 더 단순한 공개(공시) 서류 양식을 만들려고 꾸준히 노력해왔고, 우리 저자들은 앞에서도 언급했듯 보편적으로 통용될 수 있는 것을 좋아한다. 하지만 이런 것조차 사람들이 소화하기 어려울 수 있으며, 또 설령 우리가 낸 첫 번째 제안이 채택된다 하더라도 중요한 사항이 작은 글자로 빼곡하게 적힌 세부 사항 목록에 묻혀버릴 수 있다. 이런 문제를 해결할 방법은 우리가 '모기지 파일'이라고 부르는 정형화된 온라인 전자 문서 양식을 도입하는 것이다. 이 양식은 데이터베이스에서 지속적으로 업데이트되고 대출과 관련된 **모든** 세부 사항을 담고 있어야 한다.

머신 러닝machine learning 같은 최신 도구를 사용하는 컴퓨터는 전문가가 어렵게 여기는 작업도 뚝딱 해치운다. 즉 '모기지 파일'이 존재하기만 하면 가격 비교가 가능한 여행 웹사이트와 비슷한 주택 담보대출 선택 엔진 시장이 탄탄하게 형성될 것이라는 뜻이다. 대출 희망자가 계약금과 자신의 신용 점수 등의 정보를 입력하면 선택 엔진이 최고의 선택지를 찾아줄 것이다. 정교한 선택 엔진이라면 고정 금리와 변동 금리 가운데 어느 것이 좋을지, 만기 시점을 언제로 정하는 것이 좋을지 선택하는 데 도움을 줄 수 있다. 물론 전문가를 로봇으로 대체한다고 해서 조언이 편파적이지 않을 것이라는 보장은 없다. 로봇 자체가 편파적일 수 있기 때문이다. 즉 어떤 로봇이 선택 엔진을 제공하는 회사에 수수료를 받으면서 대출자에게 불리한 조건을 제안하도록 설정될 수 있으니까 말이다. 그러나 그렇다 하더라도 우리는 선택 엔진이 인간 조언자보다 훨씬 낫다고 생각한다. 감시하고 감독하기가 훨씬 더 쉽기 때문이다.

선택 엔진에 대한 규제와 감독이 제대로 이루어지려면 선택 엔진이 대출자에게 제시한 내용을 의무적으로 보관하도록 해야 하고(물론 개인 정보는 공개되지 않아야 함은 당연하다), 필요할 경우 감독 당국자가 그 내용을 확인할 수 있도록 해야 한다. 여행 시장에 자리 잡은 카약 같은 선택 엔진 플랫폼이 주택 담보대출 시장에서도 얼마든지 나타날 수 있다. 이렇게 되면 특히 '쉬운 주택 담보대출' 상품을 소비자가 쉽게 비교할 수 있을 것이다. 우리가 권장하는 온라인 쇼핑의 강점을 마지막으로 하나 더 들자면, 여성과 소수 집단에 특히 더 도움이 된다는 것이다. 자동차 구매를 주제로 한 어떤 연구는 여성과 아프리카계 미국인이 온라인으로 자동차를 살 때는 백인 남성과 거의 같은 금액을 지불하지만, 오프라인 영업소에서는 소득을 비롯한 다른 변수를 감안하더라도 더 비싼 가격으로 구입한다는 사실을 확인했다.[5]

3부. 돈 | 넛지가 우리를 부유하게 한다

신용카드, 어쨌거나 '사용법'이 중요하다

신용카드는 두 가지 기능을 수행한다. 첫째, 현금을 대신하는 지불수단 역할을 한다. 둘째, 현재 가진 현금보다 더 많은 돈을 쓰고 싶은 사람에게 손쉽게 유동성을 제공한다. 직불카드는 신용카드와 비슷하게 생겼지만 은행 계좌와 연결되어, 신용 대출과 연계되어 있지 않는 한 첫 번째 기능만 수행한다(경고: 일부 직불카드로도 신용 대출을 할 수 있지만, 금리가 매우 높다. 그러므로 대출을 위해 직불카드를 사용할 때는 대출금리가 신용카드 대출 금리보다 높은지 낮은지 확인하라.).

고맙게도 신용카드는 매우 편리하다. 신용카드를 사용하면 대개 현금보다 더 빠르게 대금을 지불할 수 있으며 번거롭게 잔돈이 생기지도 않는다. 주머니에 있는 잔돈을 세거나, 집에 저금통을 마련해두고 나중에 거기 들어 있는 동전을 분류하며 세는 따위의 성가신 일에서 해방될 수 있다는 말이다. 게다가 공짜 마일리지가 쌓이기도 하니 얼마나 좋은가! 그런데 이런 장점이 미국 소비자들에게 잘 드러나지 않는다. 2018년을 기준으로 평균적인 신용카드 사용자는 신용카드를 4장 가지고 있었다.[6] 그러나 조심하지 않으면 신용카드에 중독될 수 있는데, 이콘이 아닌 인간은 신용카드를 자주 잘못 사용한다. 이와 관련된 미국의 다음 통계 수치를 보자.

- 신용카드 사용액의 43퍼센트는 매달 완전히 상환되지 않고(분할 납부의 일종인 리볼빙 서비스를 이용하면 납부되지 않은 카드 대금은 다음 달 청구 금액으로 이월된다), 31퍼센트는 완전히 상환된다(그 외 나머지는 사용액이 0이거나 활성화되지 않았다).

- 신용카드 총 부채는 2020년 2월 기준 1조 1,000억 달러였다.
- 2019년 기준 미국 가구의 신용카드 대금 미납액(부채)은 3.1개의 신용카드에 걸쳐 약 6,000달러였다. 이 부채에 대한 이자 지급 총액은 1,210억 달러였으며, 대부분의 금리는 14~18퍼센트였다.
- 2018년까지 범용 카드 소지자 가운데 약 9퍼센트와 제휴카드 소지자 가운데 약 4.5퍼센트가 지난 12개월 동안 적어도 한 번은 심각한 수준으로 카드 대금을 연체했다.
- 신용카드 사용자는 이자 외에도 다양한 수수료를 낸다. 수수료 규모는 한 해 동안 결제하는 대금의 약 5.5퍼센트이며, 그 가운데 연체료가 절반을 조금 밑도는 수준을 차지한다.

다른 많은 나라에서도 이와 비슷한 수치 및 양상을 찾아볼 수 있으며, 어떤 면에서는 갈수록 상황이 악화되는 것처럼 보인다. 2장에서 살펴본 자제력 문제를 돌이켜보면 신용카드가 일부 사람들에게 어떤 식으로 심각한 문제를 불러오는지 알 수 있다. 신용카드가 등장하기 전에는 사람들이 가지고 있는 돈의 한도 내에서 소비하는 방식을 따를 수밖에 없었다. 그래서 사람들은 크리스마스 저축 클럽과 돈 통 등을 목적별 혹은 사람별로 사용했다. 그러나 이제는 달라졌다. 현금이 없어도 신용카드만 있으면 언제든 자동차에 연료를 가득 채울 수 있다. 신용카드는 다른 여러 방법으로 자제력을 무력화한다. 마케팅 교수인 드라젠 프렐렉Drazen Prelec과 던컨 시메스터Duncan Simester가 진행한 연구에 따르면, 만약 현금이 아닌 신용카드로 지불할 수 있다면 사람들은 경매에 나온 농구 경기 입장권을 낙찰받기 위해 2배 가격으로도 기꺼이 입찰한다.[7] 또 자신이

3부. 돈 | 넛지가 우리를 부유하게 한다

자주 다니는 항공 노선을 공짜로 탈 수 있는 마일리지를 쌓으려면 신용 카드로 얼마나 많이 지출해야 하는지 알지도 못한다. 게다가 카드 하나의 한도가 초과되면 언제든 다른 카드를 사용할 수 있다. 혹은 '사전 승인'이 이루어졌다면서 제발 자사 카드를 발급받으라고 간청하는 카드 회사 한 곳을 선택해, 카드를 새로 발급받아 사용하면 된다.

이런 문제를 해결하는 전통적인 접근법은 철저하게 규제하는 것이다. 예를 들어보자. 2009년에 미국 의회는 한도 초과 수수료나 연체료 등과 같은 각종 위험 및 비용으로부터 (이콘이 아니라서 허술하기 짝이 없는) 인간을 보호하기 위해 신용카드법Credit Card Accountability Responsibility and Disclosure Act을 제정했다. 행동과학 분야에서 이루어진 통찰을 기반으로 한 이 법은 '감추어진 속성'이 사람들의 눈에 잘 띄도록 하기 위해 의무적인 공개 양식에 몇 가지 넛지가 포함되도록 규정했다. 예를 들어 신용카드 명세서가 장기간 최소 결제 금액만 상환할 때 어떤 결과가 빚어지는지 명확한 정보를 제공하도록 했다. 또 특정 수수료 부과도 금지했는데, 이런 점에서 보면 이 법은 단순한 넛지를 훌쩍 넘어선다. 심지어 이 경우에도 신용카드법은 금융기관이 인간의 행동 관련 편향을(특히 동원할 수 있는 주의력이 제한되어 있으며 비현실적인 낙관론에 사로잡힌다는 특성을) 이용해왔다는 이론을 바탕으로, 인간이 실수를 저지르지 않도록 보호하기 위해 마련되었다. 다행히 이 법 덕분에 사람들은 연간 약 119억 달러를 절약하게 되었다.[8] 게다가 신용 등급이 낮은 사람들 사이에서 저축이 집중된다는 사실로 볼 때 분배 효과에도 바람직하게 작용하는 것 같다.

그러나 복잡한 상품의 경우 늘 그렇듯, 판매자는 구매자를 속이는 온갖 새로운 방법을 언제든지 생각해낼 수 있다. 우리는 소비자가 올바른 결정을 내리는 데 보다 많은 도움을 주는 자유지상주의적 간섭주의의 도구를 사용할 수 있고, 또 사용해야 한다. 경제적 약자를 보호하는 데 초점을 맞춘, 보다 나은 공개 요건을 좀 더 많이 요구할 것을 심각하게 고려해야 한다. 직불카드의 경우, 소비자가 고금리 대출을 받지 않도록 보호하는 조치를 추가로 취할 수 있다. 연방준비제도이사회FRB가 행동경제학의 통찰을 토대로 마련한 규제 조치들은 새로운 계좌를 개설할 때 은행들이 당좌대월(예금 잔고 이상 발행된 수표나 어음에 대해 은행이 그 초과분을 한시적으로 대납해주는 제도-옮긴이) 허용을 기본값으로 설정하는 것을 금지한다. 이것이 합리적이긴 하지만 지금까지 살펴본 바와 같이 기본 설정 선택지가 항상 지켜지는 것은 아니다.[9] 은행 창구에서 얼마든지 바뀔 수 있다는 말이다. 예를 들어 어떤 사람이 은행에서 계좌를 개설한다고 치자. 창구 직원이 현금이 부족할 때 돈을 빌릴 수 있는 흥미로운 선택지를 추가하길 원하느냐고 묻는다. 고객으로서는 귀가 솔깃할 수밖에 없는 제안이다. 은행은 이 관대한 제안을 통해 많은 돈을 벌 수 있다. 그렇지만 고객 가운데 이런 제안에 숨겨진 세부 사항을 꼬치꼬치 묻고 따지는 사람은 거의 없다.

동시에 당좌대월 보호가 일부 소비자에게는 유용할 수 있다. 현금 인출기에서 거부당하고 돌아설 일이 없어 편리하며, 부도수표 발행에 따르는 높은 수수료를 물지 않아도 되니까 말이다. 균형을 잡아야 하는 어려운 문제가 바로 이 지점에 있다. 연방준비제도이사회는 최소한 균형을 잃은 것으로 추정되는 선택지가 고객을 유인하는 것을 막을 추가 조치를 고려해야 한다.

우리 저자들은 주택 담보대출과 마찬가지로 신용카드 역시 스마트 공개를 활용할 수 있는 좋은 분야라고 생각한다. 그래서 우리는 신용카드 회사들이 모기지 파일 같은 온라인 데이터베이스에 자신이 정한 모든 규칙과 수수료를 의무적으로 게시하도록 하자고 제안한다. 주택 담보대출의 경우와 마찬가지로, 이렇게 될 때 선택 엔진이 생겨나 사람들이 한층 나은 결정을 내리도록 도울 것이다.

예를 하나 들어보겠다. 신용카드 회사들이 교묘하게 가격을 올리는 방법 중 하나는 청구서를 받는 시점과 납부 기한 사이 기간을 줄이는 것이다. 만약 기한 내에 대금을 결제하지 못하면, 사용자는 연체료뿐 아니라 다음 달에 사용하는 모든 대금에 이자를 물어야 한다. 설령 밀린 대금을 뒤늦게 모두 냈다고 하더라도 말이다. 출장을 자주 가는 사람처럼 신용카드를 빈번하게 사용하는 사람이라면 고액의 대금을 단 하루만 연체해도 수백 달러나 되는 추가 비용을 물어야 할 수 있다.

스마트 공개의 한층 더 큰 이점은 행동을 바꾸도록 도움을 주는 데서 비롯된다. 앞에서 예로 든 텔레비전과 테니스 라켓의 차이점을 생각해 보라. 소비자 입장에서는 신용카드를 어떻게 사용하느냐가 어떤 신용카드를 선택하느냐보다 더 중요하다. 앞에서 언급했듯, 신용카드를 사용하는 평균적인 미국 가구는 4장의 카드를 가지고 있으며 미지불 대금이 6,000달러가 넘는다. 이 말은 그들이 이자와 수수료 모두 많은 돈을 내고 있다는 뜻이다. 그런데 많은 경우에 그들은 굳이 내지 않아도 되는 비용까지 내고 있다.

어떤 사람이 신용카드 빚을 처리하는 차선의 방법은, 그 빚을 갚을 돈을 자신이 보유한 여러 개의 카드에 적절하게 배분하는 것이다. 간단한 예를 들어보자. 댄은 18퍼센트의 이자를 부과하는 신용카드 A에

2,000달러, 23퍼센트의 이자를 부과하는 신용카드 B에 1,000달러를 빚지고 있다. 그런데 댄은 이 부채의 규모를 줄이는 데 쓸 돈으로 600달러를 가지고 있다. 2개의 카드사가 요구하는 최소 결제 금액은 각각 40달러와 20달러다. 댄과 같은 문제에 직면한 소비자는 각각의 카드에 얼마를 결제할까?

한 무리의 경제학자가 영국 자료를 사용해 이 질문에 카드 사용자들이 내놓은 대답을 연구했고, 나중에는 미국 자료를 사용해 결과를 재현했다.[10] 실제로 사람들이 어떻게 했는지 답을 듣기 전에 댄이 **어떻게 해야 할지** 물어보자. 어쨌거나 댄은 최소 결제 금액을 지불해야 한다. 그렇게 하지 않으면 물어야 할 연체료가 많기 때문이다. 40달러와 20달러라는 최소 결제 금액을 낸 다음에 댄이 취할 최선의 전략은 남은 돈으로 금리가 높은 카드의 빚을 갚는 데 쓰는 것이다. 이는 간단하고도 충분히 이해할 만한 규칙이다. 각 신용카드가 요구하는 최소 결제 금액을 납부할 것, 그리고 나머지 돈으로는 이율이 높은 카드의 빚을 갚아나갈 것. 그러나 전체 표본 가운데 약 10퍼센트만 이 규칙을 따른다는 사실을 연구자들이 확인했다.

그 사람들은 어떻게 했을까? 카드마다 동일한 금액을 납부하는 것을 포함해 사람들이 따르는 여러 어림짐작 방법이 있지만, 가장 일반적인 전략은 연구자들이 '부채 잔액 매칭balance matching'이라고 부르는 것이다. 앞서 든 댄의 예로 설명하면, 600달러를 가지고 신용카드 A에 400달러를 내고 신용카드 B에 200달러를 내는 것이다. 사람들은 6퍼센트포인트 또는 그보다 더 높은 금리 차이에 거의 반응하지 않는 것 같다. 신용카드를 많이 가지고 있을수록 이런 실수 때문에 비용이 한층 더 많이 발생한다. 물론 부채 잔액이 클수록 비용도 커진다.

이런 실수가 사실은 빙산의 일각임을 알아야 한다. 가족 구성원들이 활용할 수 있는 다른 형태의 차익 거래가 많긴 하지만, 가장 확실한 것은 빚을 많이 지지 않는 것이다. 돈을 절약하는 다른 전략에는 저축을 줄여서 빚을 보다 많이 갚는 방법이 포함된다. 당좌예금 계좌나 저축예금 계좌에 돈을 가지고 있으면서 신용카드 빚을 끌어안고 있는 가구는 의외로 많다.[11] 이런 선택이 잘못된 것인지 아닌지는 복잡한 심리적 회계 및 자제력과 관련된 질문에 달려 있다. 어려울 때를 대비하는 심리적 회계는 합리적인 대비책일 수 있으며, 어떤 가구에서는 카드 사용액 한도를 스스로 설정해 지출 억제 장치로 삼는다. 이런 유형의 쟁점은 다른 데서 (예컨대 주택 담보대출이나 401(k) 연금 자산에서) 한층 낮은 금리로 대출하는 경우에도 나타난다.

만약 사람들이 여러 장의 신용카드에 납부 금액을 최적으로 배분하는 쉬운 문제를 해결할 수 없다면, 다른 것들도 제대로 하지 못할 게 분명하다. 특히 중요하게는 최소 결제 금액조차 기한 내에 납부하지 못할 가능성이 높다. 이 문제는 은행에서 신용카드 대금이 자동으로 결제되도록 설정하는 방식으로 해결하면 되지만, 신용카드 사용자 가운데 이 서비스를 이용해 대금을 납부하는 비율은 15퍼센트뿐이다.[12] 물론 당좌예금 계좌에 잔액이 부족한 상태에서 수표를 발행할 때 발생하는 높은 수수료를 고려하면, 계좌에 돈을 많이 넣어두지 않는 소비자에게는 자동 결제 방식이 오히려 어리석은 선택일 수 있다.

신용카드의 가장 큰 문제가 어떤 신용카드를 쓰느냐가 아니라 어떻게 쓰느냐에 있음을 강조한 이유가 충분히 설명되었기를 바란다. 신용카드 세상에서는 정신을 놓고 멍하니 있거나 산수에 서투르면 비싼 대가를 치러야 한다. 또 자동 결제 방식이 기억력 문제를 해결할 수 있지만, 이보다 훨씬 더 나은 전략은 셈이 빠르고 건망증이 없는 사람에게 신용카드 부채를 관리하는 일을 맡기는 것이다. 사람들은 지금 세상에서는 어떤 일이든 앱이 다 맡아서 처리할 수 있다고 말하는데, 이 분야도 예외가 아니다. 우리 저자들이 특히 좋아하는 앱은 탤리Tally다[13] (전면적인 공개 사항: 솔직히 말하면 탤리는 제이슨 브라운Jason Brown이 처음 만든 것인데, 브라운은 시카고대학교 경영대학원 학생이었고 탈러의 강좌를 들었다. 그러나 우리는 그의 회사에 그 어떤 지분도 가지고 있지 않다.).

만일 신용카드 회사 두 곳에 진 빚이 모두 3,000달러인 댄이 탤리에 등록하면 어떤 일이 일어날까? 탤리는 댄의 신용을 조회한 뒤 자동으로 댄의 신용카드 빚 3,000달러를 모두 갚고 그의 계좌를 맡아서 관리할 것이다. 그래서 탤리는 신용카드와 댄의 당좌예금 계좌에서 일어나는 모든 일을 감시할 것이고, 그 어떤 납부금도 연체되지 않도록 해줄 것이다. 그런데 무엇보다 중요한 사실은 탤리는 댄이 매달 손에 넣을 수 있는 현금 및 필수적인 지출을 고려해 하루라도 빨리 모든 빚을 갚도록 댄을 넛지할 것이라는 점이다. 탤리는 댄이 이 서비스를 이용할 수 있도록 자신이 댄에게 빌려주는 돈에는 신용카드 회사들이 매긴 금리보다 낮은 금리를 부과할 것이다.

탤리는 또한 댄이 다시는 연체료를 문다거나 신용카드 대금을 모두 갚지 못하고 남기는 등의 실수를 하지 않도록 단속해서(그런 실수를 할 때 들어가는 비용은 정말 높다) 댄이 많은 돈을 절약하게 해줄 것이다. 만약 당신의 미상환 카드 대금이 0이고 1,000달러짜리 노트북을 신용카드로

3부. 돈 | 넛지가 우리를 부유하게 한다

산다면, 당신은 55일이나 걸릴 수 있는 다음 청구서의 만기일까지 카드 사에 어떤 이자도 지불하지 않는다. 하지만 만약 당신이 미상환 사용 대금이 1센트라도 남아 있다면, 노트북을 산 날부터 1,000달러에 대해 이자가 붙기 시작할 것이다. 정말 무서운 일이다.

그런데 탤리가 어떻게 그런 일을 해낼 수 있을까? 제이슨은 좋은 사람이긴 하지만 탤리는 자선단체가 아니라 어디까지나 영리를 추구하는 기업이다. 탤리가 그런 일을 할 수 있는 비결은 신용카드 회사들이 신용점수가 상당히 높은 사람에게도 매우 높은 금리를 부과한다는 데 있다. 즉 탤리는 사람들 대신 은행에서 직접 낮은 금리로 대출받은 뒤 그 은행으로부터 소정의 수수료를 받는다.

신용카드 대금 결제를 놓친 적이 없고 은행 계좌에 돈을 많이 넣어두고 있어도 딱 한 번의 실수로 제때 납부하지 못했다면 20퍼센트에 가까운 금리 부담을 짊어지는데, 이런 사정은 은행에서 무이자에 가까운 금리로 대출할 수 있는 지금도 마찬가지다. 놀랍게도 연체료 수입 중 20퍼센트는 신용도가 최고 수준인 사람들에게서 나온다.[14] 바로 이것이 신용카드 사업이 높은 수익을 올리는 이유 가운데 하나다. 만일 당신이 당좌예금 계좌에 적정한 잔액을 유지할 정도로 여유가 있지만 우리 저자들처럼 멍하고 어리숙한 구석이 있다면, 신용카드 대금이 자동으로 결제되도록 설정해뒀는지 확인해보길 권한다.

이 장 앞부분에서 '선택'과 '사용'의 구분을 소개하며 주택 담보대출에서는 선택이 더 중요하고 신용카드에서는 사용이 더 중요하다고 말했다. 우리는 주택 담보대출에서는 '스마트 공개'와 '쉬운 대출'이 보다 더 나은 선택으로 이어지기를 바란다. 또 대출금 상환일을 놓쳐 연체료를 물지 않기 위해 자동 결제가 되도록 설정할 것을 당부한다. 신용카드의 경우에는 스마트 공개 덕분에 선택 엔진이 나타날 수 있는데, 사용자 데이터가 포함된다면 특히 더 그렇다. 만약 당신이 매달 카드 대금을 갚으면 마일리지에 신경 써도 되지만 부채를 계속 짊어지고 간다면 금리와 수수료에 가장 많은 신경을 써야 한다.

하지만 탤리는 선택 엔진이 아니라 사용자 엔진이다. 인생에서 이런 것들이 더 많으면 얼마나 좋을까? 비록 우리 저자들이 제이슨을 좋아하고 그가 잘되길 바라지만, 다른 한편으로는 그의 사업 모델을 모방한 경쟁자가 많이 나타나길 바란다. 누구든 신용카드 사용과 관련된 비용을 줄이는 데 도움을 주는 사람이라면 우리는 최고라고 평가할 준비가 되어 있다. '쉽게 만들어라'는 우리가 여전히 사용하는 구호이자 주문인데, 쉽게 만드는 가장 좋은 방법 가운데 하나는 자동으로 설정하는 것이다.

3부. 돈 | 넛지가 우리를 부유하게 한다

12장

사소한 것에 목숨 걸지 마라:
보험

『사소한 것에 목숨 걸지 마라, 모든 게 사소하다Don't Sweat the Small Stuff... and It's All Small Stuff』라는 자기 계발서가 있었다. 이 책이 전달하고자 하는 일리 있는 메시지는 아무리 그래 봐야 별것 아닌 일이니, 이런 것들에 너무 집착하지 말라는 것이다. 인생의 모든 면에 적용할 수 있는 좋은 말임에 틀림없다(심지어 수십 년 동안 함께 작업해온 우리 두 사람도 때로는 이 확실한 교훈을 종종 잊어버리곤 한다). 비록 이 책이 재정적 차원의 계획을 세우는 것을 주제로 삼지 않고 정서적 차원의 복지 문제를 다루지만, 적어도 제목만큼은 보험 상품 구매에 훌륭한 길잡이로 삼을 만하다.

경제 전문가들은 보험을 바라보는 올바른 방법에 동의한다. 가장 중요한 원칙은 발생 가능성은 희박하지만 발생하면 파산이라는 치명적인 결과를 몰고 올 중대 사고에 대비해 보호를 받는 것이다. 보험에 가입해야 할 위험은 홍수나 화재, 심각한 질병, 주 소득자의 사망 또는 장애, 가족이 탄 자동차에 일어나는 사고 등이다. 이런 사건들은 딱 한 번만 일어나도 가계를 오랜 세월 빚의 수렁에 빠뜨리거나 파산으로 몰아넣을 수 있다. 이런 위험을 분산하기 위해 보험사에 돈을 내는 행동은 충분히 일리가 있다. 그러나 우리는 자신이 응원하는 스포츠 팀이 챔피언 결정전에서 질 가능성이나 커피 머신이 고장 날 가능성에 대해서는 보험을 들지 않는다. 밤에 주차장에서 후진으로 주차하다가 차에 살짝 흠집이 날 가능성에 대해서도 보험을 들지 않는다.

물론 '대규모' 손실이 어떤 것인지는 개인의 재정 상황에 따라 다르다. 억만장자야 어떤 보험도 필요하지 않겠지만 가난한 가구는 상대적으로 한층 위태로운 상황에 놓인다. 그러나 핵심 원리는 똑같다. '작은 사고에는 보험을 들지 마라'라는 것이다. 이는 정말 좋은 조언이지만 사람들은 잘 따르지 않는 것 같다. 사실 사람들은 종종 큰 사건에 대해서는 보험을 들지 않는다. 범람 사고가 자주 일어나는 지역에 사는 사람들은 홍수에 대비하는 보험에 가입하지 않는데, 100년에 한 번 일어날 확률이라지만 요즘에는 10년에 한 번꼴로 일어나는 홍수가 그들을 완전히 쓸어버릴 수도 있다. 이런 경우에 발생하는 손실은 그야말로 비극적이다. 그러나 이 장에서 우리는 손실 스펙트럼의 다른 쪽 끝에 놓이는 실수, 즉 작은 사고에 따른 손실을 보장하는 보험에 가입하는 오류에 초점을 맞춘다. 그 오류 때문에 온 가족이 1년에 수천 달러의 비용을 짊어질 수도 있음을 알려줄 참이다.

초기 보험의 여러 형태는 보험에 가입하는 것이 당연하다고 할 수 있는 위험을 망라했다. 근대 상인들은 어떤 이유로든 대양으로 나간 배가

3부. 돈 | 넛지가 우리를 부유하게 한다

상품을 싣고 돌아오지 않을 위험에 대비해 보험에 가입했을 것이다.[1] 화재보험은 1666년에 일어난 런던 대화재 이후에 보편화되었다.[2] 주택 담보대출업체들은 자신이 담보로 잡고 있는 주택이 연기처럼 사라지지 않도록 주택 소유자에게 재산보험 가입을 요구한다. 보험계약이 워낙 복잡하고 세부적인 사항이 작은 글자로 잘 보이지도 않게 빽빽이 적혀 있으므로, 이콘이 아닌 인간은 보험 상품을 선택할 때 헛발질하기 일쑤다. 그러니 선택 설계의 개선이 보험 분야에서도 도움이 될 수 있다는 것은 두말할 필요가 없다.

주택 담보대출을 다 갚았다고 하더라도 화재나 폭풍으로 집이 파괴될 때를 대비해 보험에 가입하는 것은 지극히 합리적인 행동이다. 많은 가구에 집은 가장 가치 있는 자산이다. 그러므로 큰 손실에 대비해 자기 집의(토지가 아니라 집의!) 원상복구 비용을 보장하도록 확실하게 해둬야 한다. 그러나 주택소유자보험은 다른 종류의 보험과 마찬가지로 보통 보험 가입자가 부담해야 하는 손실인 공제액을 포함해서 판매된다(공제액은 보험 가입자가 우선적으로 부담하는 금액이다. 그 이상으로 발생하는 피해는 보험사가 부담한다. 공제액이 높을수록 다달이 내는 보험료는 낮아진다.—옮긴이). 공제액과 관련된 사항을 잘못 선택하는 것은 소비자가 보험 상품을 구매할 때 흔히 저지르는 실수이므로, 이 부분이 어떻게 작동하는지 이해하는 게 중요하다. 혹시 돈과 연관된 실수에 대한 논의를 읽어나가는 게 지겨운가? 만약 그렇다면 이번 장의 나머지 부분은 읽지 않고 건너뛰어도 된다. 그러나 전제가 하나 있다. 다음 어림짐작의 경험칙을 따르겠다는 약속만 하면 된다. **보험에 가입한다면, 가능한 한 공제액이 가장 큰 상품을 선택하라.**

물론 어떤 경험칙에나 예외는 있다. 이것도 마찬가지다. 만일 공제액이 너무 커서 그걸 감당하려다 기둥뿌리가 흔들릴 정도라면, 공제액이 그보다 살짝 낮은 상품을 선택해도 된다. 그러나 일반적으로 말하면 사람들은 자신이 부담해야 하는 금액인 공제액을 지나치게 낮게 설정한다. 우리는 이런 실수에 이름을 붙였다. '공제액 회피deductible aversion'의 실수라고 말이다.

'나 자신의 계좌' 만들기

공제액과 관련한 우리의 조언에 토대가 되는 일반적인 원칙은 가능한 한 많은 위험을 '자가 보험self-insure'하라는 것이다. 보험회사로서는 어쨌거나 당신에게 보험을 판매하고 보험금을 청구하는 등 일련의 과정에 비용을 많이 들일 수밖에 없다. 그러니 작은 위험에 대비해 보험에 가입하는 것은 소비자 입장에서는 나쁜 거래가 될 수밖에 없다. 따라서 그런 보험에는 가입하지 않는 게 좋다.

예를 들어보자. 우리는 방금 인터넷에서 가격이 100달러 정도 하는 괜찮은 전자레인지를 찾았다. 판매자는 추가로 10달러를 내면 무상 보증기간을 연장해주겠다고 한다. 이것은 괜찮은 거래일까? 이 질문을 자기 자신에게 해보라. 사용하던 전자레인지가 마지막으로 작동을 멈춘 게 언제인가? 우리에게는 그런 일이 절대로 일어나지 않을 것이다. 그렇지만 당신은 이렇게 반문할지도 모른다. 우리 집에는 아이들이 있는데, 한 녀석이 아무 생각 없이 숟가락을 넣고 돌려버리면 배선이 타버릴 텐데…. 그럼 어떡하죠?

그렇다면 우리는 딱 두 가지만 말해주겠다. 첫째, 그것은 아마 보험이 적용되지 않을 것이다. 계약서의 자잘한 글자를 읽어보면 알 수 있다. 둘째, 가격이 100달러밖에 안 된다. 완전히 적은 돈이라고는 할 수 없지만, 그다지 큰돈은 아니지 않은가? 그러니 그냥 새로 하나 사라!

당신의 인생을 한층 행복하게 만들어주기 위해 우리 저자들은 당신에게 '나 자신의 계좌On My Own Account'라 이름 붙인 특별한 심리 계정을 만들 것을 추천한다. 보험에 가입했더라면 더 좋았을 드물기 짝이 없는 상황을 놓고, 당신의 배우자가 과거 언젠가 당신이 보험에 가입하지 않았다는 이유로 당신을 비난한다면 특히 더 이것을 추천한다. 이 계정은 은행의 실제 예금 계좌일 수도 있고 장부나 스프레드시트일 수도 있다. 무상 보증기간 연장 권고를 뿌리치거나, 여행 보험에 가입하지 않거나, 자동차를 렌트할 때 렌터카 파손 관련 보험을 들지 않거나(이런 사고는 당신의 신용카드로도 얼마든 해결할 수 있을 것이다), 혹은 보험사로부터 더 큰 혜택을 받을 때마다 그 돈들을 해당 계좌에 넣어라. 그리고 당신이 보험에 들지 않은 바로 그 불운한 일이 일어날 때 계좌에서 돈을 꺼내 써라. 공제액에 대한 우리의 조언을 따를 때 그 계좌에 있는 돈은 빠른 속도로 불어날 것이다.

가장 유리한 보험 플랜 고르는 법

보험사에서는 보통 공제액과 관련해 다양한 선택지를 제시한다. 미국에서 이 공제액은 주택보험과 자동차보험, 그리고 의료보험 모두에 해당된다. 경제학자 저스틴 시드너Justin Sydnor는 '사소한 위험에 (지나치게) 보험 들기Over insuring Modest Risks'라는 제목의 논문에서 상대적으로 높은 공제액을 선택한 경우를 분석했다.[3] 시드너는 2000년대 초에 주택소유자 보험에 가입한 5만 명의 관련 자료를 분석했는데, 이 자료는 그 보험을 판매한 보험사에서 받은 것이었다(다른 종류의 보험에서도 결과는 비슷할 것이다). 당시 그 보험사는 100달러, 250달러, 500달러, 그리고 1,000달러라는 네 가지 공제액 선택지를 제공했다. 100달러 공제액을 선택하는 고객은 매우 드물기 때문에(이 경우에는 다달이 내야 하는 보험료가 매우 비싸다), 그냥 그 옵션을 선택하지 말라고 말하겠다.

우리가 궁금한 부분은 소비자가 공제액을 높이는 것이 과연 현명할까 하는 것이다. 시드너의 분석이 어떻게 진행되는지 살펴보기 위해 예를 하나 들어보자. 평균적으로 보자면 보험 가입자가 공제액을 500달러에서 1,000달러로 늘리면 보험료가 연간 약 100달러 절약된다. 물론 보험금을 청구할 일이 생길 때는 500달러를 추가로 부담해야 한다. 그러므로 이 보험 가입자가 손익분기점을 맞추려면(즉 공제금을 500달러로 할 때와 같은 비용을 부담하려면), 5년에 한 번 정도씩 보험금을 청구해야 한다. 그런데 실제로 보험금을 청구할 일은 이보다 적다. 시드너의 표본에서는 전체 보험 가입자 가운데 약 5퍼센트만 해마다 보험금을 청구하는데, 그렇게 본다면 공제액을 늘리는 것은 정말 좋은 선택이다!

모든 보험 가입자가 우리의 조언을 받아들여 공제액을 높이고 다달이 내는 보험료를 줄여서 아낀 돈을 '나 자신의 계좌'에 입금한다고 치자. 그러면 1년에 100달러씩 돈이 쌓이는데, 대략 20년에 한 번씩만 그 계좌에서 돈을 인출하게 될 것이다. 20년이 지난 뒤 이 보험 가입자들의 '나 자신의 계좌'에는 아무리 적게 잡아도 이자를 포함해 대략 1,500달

3부. 돈 l 넛지가 우리를 부유하게 한다

러가 들어 있을 것이다. 단 한 번의 현명한 선택에 따르는 것치고는 나쁘지 않은 결과다. 비슷한 저축은 자동차보험이나 건강보험에서도 가능하다. 계속해서 건강보험을 살펴보자.•

공제액 회피와 최적의 의료보험

이 책 앞부분에서 가상의 사례로 든 캐롤린과 구내식당 이야기를 기억하고 있는가? 그때 우리 저자들은 선택 설계자가 사람들을 특정한 방향으로 유도하지 않도록 중립적인 선택 환경을 조성해야 한다고 몇몇 사람들이 주장한다고 말했다. 우리는 그런 중립성이 일반적으로 불가능하다고 말했다. 사람들이 선택을 할 때마다 당연히 근본적인 구조가 있게 마련이다. 그러나 행동경제학자인 사우랍 바르가바Saurabh Bhargava와 조지 로웬스타인George Loewenstein, 그리고 시드너가 함께 진행한 연구 덕분에 우리는 그 구조가 행사하는 영향과 중립성을 보장하는 것의 어려움 등에 대한 훌륭한 증거를 얻을 수 있게 되었다.[4] 우리는 또한 겉으로는 합리적으로 보이는 설계라 하더라도 끔찍한 선택과 그에 따른 값비싼 비용을 감수하는 결과를 낳을 수 있음을 확인할 수 있다.

그 연구 팀은 미국의 한 대기업이 직원들에게 제공하는 의료보험 선

• 시드너의 논문에서 발견한 또 다른 흥미로운 사실은 그가 타성의 증거를 많이 발견했다는 점이다. 시간이 지나면서 공제액은 인플레이션을 반영해 증가했다. 우리는 보험 가입자 중 약 5퍼센트만이 매우 비싼 100달러 공제액을 선택한다고 언급했다. 그런데 이 사람들은 누구일까? 대부분 오래전에 보험에 가입하며 그 선택지를 선택한 이들이다. 평균적으로 보면 최근에 보험에 가입한 사람의 공제액이 상대적으로 높다. 스웨덴 사회보장제도와 마찬가지로, 연금이든 보험이든 어떤 사람이 한번 선택해 가입한 뒤에는 자동 조정 상태를 유지한다는 사실을 생생하게 보여주는 증거다. 어쩌면 지금 이 순간이 바로 당신이 공제액 규모를 얼마로 설정하고 있는지 살펴봐야 할 시점일지도 모른다. 우리의 조언을 받아들여 '나 자신의 계좌'를 만들어라.

택지의 설계를 변경했을 때 무슨 일이 일어났는지 연구했다. 그 보험은 우리 저자들이 '샐러드 바'라 부르는 접근법을 제시했는데, 이 명칭은 보험 가입자들이 자신이 건강보험에서 원하는 요소를 정확하게 선택하게 한다는 뜻이다. 이 사례 연구의 중요한 특징은 비용이 여러 보험 선택지 중 유일한 변수라는 점이다. 즉 모든 참가자가 어디에서 누구에게 치료를 받을지 혹은 일부 절차에 대해 특별한 승인이 필요할지 등의 조건을 동일하게 설정했다는 말이다. 이 '샐러드 바'는 오로지 돈만 놓고 따지는 것이었다.

직원은 연간 공제액을 네 가지(1,000달러, 750달러, 500달러, 350달러) 선택지 가운데 고를 수 있었다. 또 공제액을 초과하는 최대 자기 부담금 선택지는 세 가지(3,000달러, 2,500달러, 1,500달러)였다. 공제액을 초과하는 금액에 대한 보험금 지급률은 두 가지(80퍼센트, 90퍼센트)였고, 초진-재진에 대한 자기 부담금 유형도 두 가지(기본 진료 15달러-전문의 진료 40달러, 기본 진료 25달러-전문의 진료 35달러)였다. 이런 조건이 무엇을 뜻하는지 얼른 이해되지 않더라도 조바심 내지 않아도 된다. 전체적인 논지는 흐트러지지 않을 테니까 말이다. 이 경우 보험 가입자가 선택할 수 있는 경우의 수는 48(4×3×2×2)가지다.

이 새로운 의료보험 제도는 내부적으로 상당한 찬사를 받으며 도입되었고, 스웨덴에서 퇴직연금 가입자가 직접 포트폴리오를 선택하도록 장려한 것과 마찬가지로 직원들이 직접 자신의 의료보험 구조를 만들도록 장려했다. 다만 선택지 가운데 매달 내야 하는 보험료가 가장 적되 본인이 부담하는 비용(즉 공제액)이 가장 높은 선택지는 선택의 번거로움을 피하려는 사람들을 위해 기본 설정 선택지로 정해졌다. 자, 여기서 퀴즈

3부. 돈 | 넛지가 우리를 부유하게 한다

하나를 내겠다. 과연 직원들 가운데 몇 퍼센트가 능동적으로 나서서 직접 자신의 의료보험을 설계했을까?

그 직원들이 직접 선택하지 않고 기본 설정에 의존할 것이라고 생각하게 만드는 현상의 이유를 설명하는 그럴듯한 주장이 있다. 제각기 다른 48가지 선택지가 나열된 단락을 읽는 것만으로도 선스타인의 머리는 지끈거린다. 반면 기본 설정을 선택하는 것에 대해서는 어쩐지 그래서는 안 될 것 같다는 생각이 든다. 이것은 평범한 외출복을 입고 코스튬 파티에 가는 것이나 비슷하다. 그래도 아무튼 과연 직원들 가운데 몇 퍼센트가 능동적으로 선택에 나섰을지 추측해보라.

정답을 밝히기 전에, 스웨덴 사례에서처럼 기본 설정을 선택하는 것도 본인이 적극적으로 고를 수 있는 선택지이므로, 정확하게 몇 명이 능동적인 선택을 했는지 알 수 없다는 말을 해야 할 것 같다. 전체 직원 가운데 단지 14퍼센트만이 기본 설정으로 가입했는데, 연구자들은 그들이 대부분 능동적으로 그 옵션을 선택했다고 믿는다. 또 연구자들은 전체 직원 가운데 오로지 2퍼센트만 수동적으로 기본 설정으로 등록했다고 추정한다. 이 추론이 정확한지 여부에 상관없이, 이것은 대부분의 사람이 기본 설정을 거부하는 또 다른 사례를 제공한다. 스웨덴 퇴직연금의 경우와 비슷하게, 기본 설정은 꽤 좋은 선택지였고, 뒤에서 살펴보겠지만 다른 사람들이 선택한 다른 많은 선택지보다 **명백하게 더 나았다**.

비록 자신에게 맞는 보험 상품을 선택하는 것이 어려워 보일 수 있지만, 회사는 선택 과정을 사용자 친화적으로 만들려고 제법 많은 노력과 주의를 기울였다. 이에 대해 연구자들은 다음과 같이 표현했다.

"직원들이 4개 범주의 선택을 순차적으로 하도록 질문이 이어졌으며

(예를 들어 '어떤 연간 공제액이 당신의 필요성과 맞아떨어지는가?') 또 자신이 부담해야 하는 비용과 받을 수 있는 혜택 사이의 균형을 적절하게 고려하라는 당부도 받았다(예를 들어 '공제액이 낮을 때는 보험료 부담이 높아진다는 사실을 명심해라'). 최초의 구조가 완성된 뒤에는 직원들이 자신이 정한 것을 보고 그대로 가입할 수도 있었고, 다시 처음으로 돌아가 구조를 새로 짤 수도 있었다."

　그렇다면 직원들은 보험 설계자로서 그 일을 충실하게 해냈을까? 별로 잘하진 못했다. 어떤 사람들은 판단하기 어려운 문제라고 생각할 수도 있다. 그들은 선스타인의 샐러드가 탈러의 샐러드보다 더 좋다고 과연 누가 확신할 수 있겠느냐고 물을 수 있다. 또 "기호에 대해서는 왈가왈부하지 마라"는 원리를 여기에도 적용할 수 있다고 주장할지도 모른다. 그러나 아니다! 이 경우 사람들이 했던 많은 선택이 합리성의 기본 원리를 위반했기 때문에(이 책에서 우리는 합리성이라는 단어를 아주 드물게만 사용한다는 사실을 밝혀둔다) 그 격언을 적용할 수는 없다. 직원들이 위반한 원리는 '우월성dominance'이다. 만일 선택지 A가 적어도 하나의 측면에서는 B보다 낫고 다른 측면에서는 나쁘지 않다면, A는 B보다 선호되어야 한다. 선스타인이 편의점에서 두 종류의 다이어트 콜라 가운데 하나를 선택한다고 치자. 하나는 싸고 하나는 비싸다면, 싼 쪽이 비싼 쪽보다 우월하다. 이 원리를 이해한다면 누구도 일부러 이 원리를 위반하지 않을 것이다. 하지만 놀랍게도 **직원들 가운데 다수가 우월하지 않은 쪽을 선택했다**.

　이 결과를 놓고 곰곰이 생각해보자. 회사는 직원들에게 완전한 선택의 자유와 선택지를 비교할 수 있는 잘 작동하는 인터페이스를 제공했지만, 많은 직원이 좋은 선택지를 버리고 누가 봐도 나쁜 선택지를 택했다. 게다가 이 잘못된 선택은 가격이 상대적으로 비싸다. 결국 우월하지 않은 보험 구조를 선택한 직원들은 보다 나은 구조를 선택했을 때보다 의료비를 평균 28퍼센트나 더 지불했다. 이 연구를 진행한 연구자들은 논문 제목을 '손해 보는 쪽 선택하기Choose to Lose'로 정했다.

잘못된 선택에는 공통점이 있다. 공제액이 낮은 것을 선택한다는 것이다. 많은 경우 공제액이 높은 플랜은 공제액이 낮은 플랜보다 우월하다. 예를 들어 어떤 보험 플랜은 연간 공제액이 1,000달러이고 연간 보험료는 930달러였다. 이 보험 플랜은 다른 조건은 모두 동일하되 공제액이 500달러이고 보험료가 1,568달러인 보험 플랜보다 우월하다. 간단한 산수만 하면 알 수 있는 문제다. 반면 후자의 보험 플랜을 선택하면 공제액을 500달러 줄이기 위해 연간 638달러를 지불해야 한다. 이렇게 되면 최소 138달러를 더 내야 하며, 보험금을 청구할 일이 생기지 않을 때는 아낄 수 있었던 638달러도 날아간다. 공제액이 가장 높은 것을 선택하라는 우리의 손쉬운 규칙을 따른 직원이라면 이 같은 함정을 피했을 것이다.

공제액이 높은 보험 플랜이 공제액이 낮은 보험 플랜보다 우월한 현상은 이 회사에서만 나타나는 게 아니다. 천위안 리우Chenyuan Liu와 시드너가 진행한 후속 연구는 대규모 미국 기업들의 대규모 표본을 대상으로 한 의료보험 플랜에 대한 설문 조사를 사용했다.[5] 연구자들은 공제액이 높기도 하고 낮기도 한 비슷한 플랜의 의료보험을 제공하는 회사들을 검색했다. 그리고 이 기준을 충족하는 331개 회사를 발견했다. 만약 그 보험에 가입한 사람들이 공제액이 가장 높은 보험 플랜을 선택해야 한다는 경험칙에 따랐더라면, 의료비 지출이 많았던 몇 년 동안에도 전체 가운데 6퍼센트의 회사에서 한층 유리한 혜택을 받았을 것이다. 전체 기업의 약 절반에서 공제액이 높은 보험일수록 비용은 낮았다. 공제액이 높은 보험을 선택하면 재정적 차원의 위험이 전혀 증가하지 않은 상태에서도 연간 500달러 넘게 절약할 수 있다. 이 절감액은 '나 자신의 계좌'에 들어가야 할 돈이다.•

공제액 회피는 단지 미국인만 괴롭히는 문제가 아니다. 네덜란드인도 같은 문제로 고통을 당한다. 네덜란드에서는 (2020년 기준으로) 전 국민이 의료보험에 가입해야 하며, 모든 보험은 연간 최소 385유로의 공제액을 설정하게 되어 있다.[6] 그렇지만 각 가구는 공제액을 최대 500유로까지 높일 수 있다. 대략적으로 말해 공제액을 100유로 늘리면 보험료는 50유로 정도 줄어든다. 확실히 보험 플랜에서의 공제액과 관련해 우리가 제안한 어림짐작의 원칙이 (아직은) 네덜란드에 잘 알려지지 않은 것 같다. 전체 가입자의 약 10퍼센트만이 최소 단계 바로 위 공제액 구조를 선택하기 때문이다.[7] 그러나 버클리대학교와 런던정치경제대학

• 기업은 왜 이런 우월한 보험 플랜을 직원들에게 제공할까? 좋은 질문이다. 이 질문에는 결정적이라고 할 만한 정답이 없다. 미국 대기업 중 대부분은 직원의 전체 의료보험 지출 부담을 회사가 지는 '자가 보험' 방식이며, 돌봄 네트워크를 마련하고 보험금을 청구하는 데만 보험사를 이용한다. 그래서 고용주와 직원의 이해관계가 잘 조정된다. 리우와 시드너는 공제액이 높은 보험료가 쌀 수밖에 없는 이유를 다음과 같이 설명한다. "이 메커니즘은 역선택(사고 발생률이 높은 사람이 보험에 가입하는 것-옮긴이)과 도덕적 해이가 결합할 때는 (보험사의 관점에서 보면) 공제액을 높게 설정한 가입자와 공제액을 낮게 설정한 가입자가 각각 부담하는 평균 비용이, 단순하게 보험 보장 범위를 줄이는 경우에 비해 매우 큰 차이를 드러낼 수 있다. 그러나 기업의 관점에서는 이게 문제가 되지 않는다. 기업은 자신이 제공하는 보험에 포함되는 각각의 플랜에 대해 자신이 부담하는 총 납부금을 대체로 평준화하려는 모습을 보이는데, 이것은 공제액이 높고 낮음에 따라 구조별로 평균비용이 크게 차이가 나도 이 차이를 무시한다는 뜻이다. 결국 공제액이 높은 플랜에 가입하는 직원들은 지속적으로 상당한 액수를 절약할 수 있고, 구조가 다른 보험들 사이에서 나타나는 공제액과 자기 부담금 한도의 차이가 크지 않을 때는 공제액이 높은 보험이 재정적으로 우월한 선택지가 된다.

교의 경제학자들은 대부분이 그렇게 함으로써 이득을 얻을 수 있음을 발견했다.[8] 이것은 선택이 가장 명백할 수밖에 없는 사람들, 최소 공제액보다 더 많이 지출할 가능성이 매우 낮으며, 따라서 보다 많은 비용을 지불해야 하는 위험을 거의 부담하지 않는 사람들에게도 적용된다. 심지어 이 집단 내에서도 단지 15퍼센트가 상대적으로 더 높은 공제액 플랜을 선택하는데, 설령 그들이 이콘이라고 하더라도 모두가 그렇게 하려든다.

미국에서 공제액이 높은 보험을 선택한 가구는 관념적이기만 한 '나 자신의 계좌'보다 더 나은 계좌를 만들 수 있다. 즉 건강저축 계좌HSA라는 세금 감면용 계좌를 만들 수 있다. 많은 고용주는 이 계좌에 일정한 금액을 지원함으로써 직원이 공제액이 높은 보험 플랜을 선택하도록 장려한다. 이 계좌에 들어간 돈이 연말까지 지출되지 않으면 다음 해로 이월되고, 결국 퇴직연금 계좌로 넘어간다. 이런 계좌들이 존재한다는 사실은 공제액이 높은 보험에 가입하는 비율이 왜 그토록 낮을까 하는 수수께끼를 더욱 풀기 어렵게 만든다. 공제액이 높으면 그만큼 돈을 절약할 수 있는데도 도대체 왜 공제액이 높은 보험의 가입률이 낮은 걸까?

그 이유 가운데 하나는 건강저축 계좌가 자신이 원하는 것처럼 슬러지가 없다는 사실을 깨닫지 못했기 때문일 수 있다. 이 계좌는 고용주가 자동으로 개설해주는데, 한 해가 시작되는 1월 1일에 벌써 돈이 입금되는 경우가 많다. 보험 가입자는 이 계좌와 연동된 직불카드를 발급받고, 이 카드로 병원 진료비나 물품 대금을 결제할 수 있다. 이 과정에서 서류 작업이나 사전 승인은 필요 없다. 사람들은 이 계좌를 생긴 지 아주 오래되었으며 (그러나 여전히 존재하는) 앞에서도 언급한 선택적 지출 계좌와 혼동할 수 있다. 이 계좌는 가는 곳마다 슬러지를 안고 있는 성가신 악몽이다. 이 계좌들에 청구서가 날아가도 뚜렷한 이유 없이 거부되는 경우가 많다. 설상가상으로 가입자들은 내년에 의료비로 얼마나 지출하게 될지 예상할 수 없으며, 다음 해 3월 31일까지 계좌에 있는 돈을 다 쓰지 않으면 그 돈을 잃을 수도 있다. 이런 규정 덕분에 안경점이 호황을 누린다. 그 계좌에 잔액이 남은 사람들이 계좌가 언제 만료될지 몰라 그 돈을 서둘러서 쓰려고 하기 때문이다.

현재 가족 단위 의료보험에서는 공제액이 4,000달러 또는 그 이상이 될 수도 있다. 그러므로 좀 더 많은 사람이 높은 공제액을 선택하지 않는 이유를, 단순한 위험 회피 요인을 들어 설명할 수 있다고 생각할지도 모른다. 그러나 우월한 보험 플랜에서는 부담해야 할 위험이 없다. 의료보험으로 아무리 많은 혜택을 받는다고 하더라도 가계 차원에서는 상대적으로 적은 비용을 부담한다! 예를 들어 설정을 단순하게 압축한 다음 사례를 놓고 살펴보자.• 고용주가 1,000달러와 4,000달러라는 두 가지 공제액 플랜을 제시하며, 높은 공제액을 선택하는 직원에게는 건강저축 계좌에 1,000달러를 보조금으로 지원한다고 치자. 공제액이 높은 보험에서는 보험료를 월 300달러(연 3,600달러)씩 적게 낸다. 그런데 이 돈을 모두 건강저축 계좌에 넣고 그것을 '나만의 계좌'로 여긴다고 치자. 그렇다면 연말까지 4,600달러가 이 계좌에 입금되는데, 이 금액은 공제액과 다른 자기 부담금의 지출까지 소화할 수 있는 금액이다.

우리 저자들은 사람들이 가구 단위로 다음과 같은 심리적 회계 방식

• 이 사례에서 우리는 계산을 간편하게 하기 위해, 발생한 손해에 대해 보험사와 책임을 분담할 때 져야 하는 부담금 등 다른 비용은 제외했다. 공제액이 높은 구조가 공제액이 낮은 구조보다 우월한 경우에는 이 단순화가 전체적인 분석에 아무런 영향도 주지 않는다.

을 채택할 것을 제안한다. 의료비를 지출할 때마다 공제액 기준에 미치지 못하면 건강저축 계좌와 함께 따라오는 직불카드로 대금을 결제할 것. 공제액 기준을 넘어서면 보험이 알아서 처리해준다. 연초에 거액의 의료비를 지출한 게 아니라면, 전년도에서 이월된 여분의 돈이 넘어오기 전이 아니라면 그 어떤 비용도 자기 주머니를 털어 지불할 필요가 없다는 점에 주목해야 한다. 빠듯한 예산으로 운영하는 가계에서 갑작스러운 거액의 의료비 지출은 위기를 불러올 수 있다. 그러나 이런 상황도 쉽게 정상으로 돌려놓을 수 있다.

고용주는 직원이 고액 공제금 플랜을 선택하도록 유도하려고 건강저축 계좌에 일정한 금액을 보조금으로 지원한다는 사실을 기억하자. 만약 이렇게 하는 것이 정말로 고용주가 생각하는 목표라면, 우리 저자들은 고용주에게 추가 혜택 장치를 마련하라고 제안하고 싶다. 연초에 거액의 의료비를 지출해야 하는 직원에게는 무이자로 돈을 빌려주는 제도를 시행하라는 것이다. 이런 제도가 제대로만 알려진다면 갑작스럽게 돈이 필요한 상황을 걱정하는 저소득 직원들이 공제금이 높은 보험에 가입하는 비율이 높아질 것이다. 공제금이 높을수록 보험료가 싸기 때문에 여기서 절약되는 돈은 가난한 가구에 큰 도움이 될 것이다.

그런데 여기에 한 가지 중요한 단서가 붙는다. 비록 우리는 보험 가입자가 공제액을 선택할 때 어림짐작의 원칙을 고수해야 한다고 생각하지만, 높은 공제액이 실제로 의료 시스템을 보다 효율적으로 만들 것인가 하는 점에 대해서는 어떤 판단도 내리지 않는다. 보험 가입자는 공제액을 줄이면서 자신이 지출을 줄이는 선택을 했다고 생각하지만, 그 선택이 잘한 것인지 어떤지는 분명하지 않다. 높은 공제금을 지지하는 일반적인 주장은 이른바 '도덕적 해이'를 누그러뜨리자는 것이다. 여기에서 도덕적 해이란 환자가 의료비를 지출하지 않게 되면서 의료 분야에 과소비가 만연하는 현상을 말한다. 도덕적 해이를 지적하는 사람들은 소비자가 자신의 경제 행위에 책임지기를 기대한다. '무한 리필' 식당에서 어떤 일이 벌어지는지 생각해보면 무슨 뜻인지 알 수 있을 것이다. 환자가 자기 주머니에서 돈을 꺼내 진료비를 내야 한다면 진료를 받으러 갈 때 한번 더 생각할 것이다. 그런데 문제는 그들이 과연 줄여야 할 것을 줄였을까 하는 점이다. 그러나 안타깝게도 여러 증거를 보면 그렇지 않은 것 같다.

경제학자들인 캐서린 바이커Katherine Baicker와 샌딜 멀레이너선Sendhil Mullainathan, 그리고 조슈아 슈워츠스타인Joshua Schwartzstein은 의료보험을 설계하는 사람이라면 적어도 '행동적 해이'에 대해서도(이 용어는 그들이 붙인 것이다) 도덕적 해이만큼 염려해야 한다고 주장한다.[9] 여러 의학적 조건이 있지만 극복해야 할 중요한 문제는 의사들이 '집착adherence'이나 '준수compliance'라 부르는 것임을 기억해라. 당뇨, 고혈압, 고콜레스테롤 등의 질병에서는 처방받은 약을 복용하는 것이 건강 유지에 필수이며, 그렇게 하지 않으면 비용이 훨씬 많이 소요되는 응급 상황이 발생할 수 있다. 즉 잘 짜인 의료 시스템에서라면 이런 약의 가격은 환자에게 전혀 부담스럽지 않을 것이다. 처방을 잘 지키는 환자가 보상을 받는다는 뜻이다. 반면 환자들이 약값의 일부 또는 전부를 지불해야 할 때, 일반 감기약처럼 거의 쓸모없는 약에 대한 지출을 줄이는 것만큼 당뇨병에 처방되는 인슐린이나 고혈압에 쓰는 베타 차단제처럼 중요한 약에 대한 지출까지 줄일 가능성이 높다는 증거는 이미 나와 있다.

나이티시 코드리Niteesh Choudhry가 이끄는 의학 연구 팀의 실험은 특히 중요한 사실을 강조한다.[10] 심장마비를 경험한 뒤 퇴원한 환자들이 연구 표본이었는데, 연구자들은 이들을 무작위로 두 집단으로 나누었다. 하나는 통제 집단으로 보통 12달러에서 20달러 사이의 비용이 드는 처방을 받는 의료보험 가입자이고, 다른 하나는 이 환자들에게 효과가 있는 스타틴과 베타 차단제, 그리고 ACE 억제제를 무료로 제공받는 집단이었다. 연구자들은 이 두 집단을 대상으로 1년에 걸쳐 복약률과 임상 결과를 추적했다. 경제 이론이 예상하는 것처럼 의료비 가격이 낮을 때 소비자는 약을 상대적으로 더 많이 사용했다. 이런 행동이 건강에는 어떤 결과를 낳을까?

최근의 어떤 실험은 의료보험에 새로 가입한 사람의 진료 이력을 추적했다.[11] 피보험자 자격이 주어지는 시점의 차이 때문에, 같은 나이라도 연초에(예컨대 2월에) 태어난 사람은 나중에(예컨대 9월에) 태어난 사람보다 연말이 되면 자기 부담금을 낼 가능성이 상대적으로 높다. 약 한 단위당 10달러의 크지 않은 변화였지만, 환자들은 앞에서 살펴본 연구에서와 마찬가지로 약을 줄였다. 그러자 이 경우에 의학계가 예상하는 일이 일어났다. 약을 줄인 환자의 사망 위험이 훨씬 더 높았는데, 무려 33퍼센트나 더 높았다! 게다가 심장마비나 뇌졸중 환자처럼 매우 위중한 환자들은 경제 이론이라는 차원에서 보면 약을 가장 적게 줄여야 할 집단임에도, 약값 부담이 커지자 스타틴과 베타 차단제, 그리고 ACE 억제제처럼 목숨을 지켜주는 약을 줄일 가능성이 **가장 높았다**. 질병 치료 효과가 입증된 약에 지출하는 비용을 해당 환자에게 청구하는 것은 돈뿐 아니라 생명까지 요구하는 것이다. 따라서 환자들에게 의료비를 분담하자고 요구하는 것이 단기적으로는 비용을 줄일지 몰라도, 과연 장기적으로도 비용을 줄이는 방법인지, 그리고 그렇게 하는 것이 바람직한지는 풀어야 할 숙제로 남았다.

이런 점에 비추어 볼 때, 우리가 제안하는 '나 자신의 저축 계좌'라는 이름의 심리적 회계는 두 가지 점에서 도움이 된다. 첫째, 가계가 금전적으로 한층 더 유리한 보험을 선택하는 데 도움이 된다. 공제액을 500달러 줄이면서 보험료를 800달러 더 비싸게 지불하는 것은 바보짓이다. 공제액 기준을 넘어설 때까지 이루어지는 의료비 지출을 '나 자신의 계좌'에 모은 돈으로 '지불'할 때 비로소 다음 단계로 넘어갈 수 있다. 둘째, 우리는 사람들이 자기 부담금이 무서워 꼭 필요한 진료를 놓치는 일이 없기를 바란다. 또 미래에 지출할 의료비나 은퇴 이후의 생활비를 마련하기 위해서라도 건강저축 계좌를 잘 관리해야 한다는 사실을 널리 알려 사람들이 낭비를 줄이길 바란다. 만일 이 장치가 작동한다면 심리적 회계 방식의 넛지가 도움이 될 것이다.

지금까지 살펴본 내용은 특히 미국의 의료보험에 초점을 맞추었지만, 다른 많은 나라에서도 상황은 비슷하다. 따라서 공제액이 가장 크게 설정된 보험을 선택하라는 우리의 조언은 다른 나라에서도 유용하게 적용될 수 있다.

4부

사회

더 나은 세상을 만드는 법

돈이라는 주제를 다룬 3부에서 행한 여러 분석은 주로 개인이나 가계 차원이었다. 비록 개인이나 가족 단위가 아닌 또 다른 존재가 뒤에 웅크리고 있지만(예를 들어 진료를 성실하게 받아야 마땅함에도 그렇게 하지 않아서 결과적으로 다른 사람들의 의료보험 수가를 높인다거나, 병원에서 진료를 기다리는 시간이 길어지게 만든다거나 하는 사람들이 있다) 그런 제3의 존재에는 초점을 맞추지 않았다. 다음에 이어지는 2개의 장에서는 시야를 넓혀 사람들이 같은 사회에 속한 다른 이들을 돕는 행동을 취하도록 자극하고 격려하는 것을 주된 목표로 삼는 두 가지 주제를 다루려고 한다. 코로나19의 비유를 들어서 말하자면, 4부에서 우리 저자들은 군중 속에서는 전염될 수도 있으니 멀리 떨어져 있으라고 권하는 넛지에서 양성반응을 보인 사람과 접촉했다면 밖으로 나가지 말고 집에 머물라고 권하는 넛지로 전환한다.

　첫 번째 주제는 장기 기증이다. 여기서의 목표는 설령 죽은 사람이라고 하더라도 자기 몸에 일어날 일을 스스로 결정할 권리를 존중해야겠지만, 그렇게 하면서도 이식받을 장기가 필요한 사람들에게 돌아갈 장기를 많이 확보하는 것이다. 두 번째 주제는 기후변화다. 우리는 모두 아직 태어나지 않은 사람들을 포함해 인류 전체가 누릴 편익을 위해 희생을 기꺼이 감수해야 한다. 다행스럽게도 선택 설계의 여러 도구는 이 두 가지 문제에 모두 도움이 될 수 있다. 여기서 우리가 나눌 논의와 분석이 장기 기증 및 기후변화와 관련된 여러 문제, 즉 개인의 행동이 다른 사람들에게 좋은 쪽으로든 나쁜 쪽으로든 크게 영향을 줄 수 있는 문제를 해결할 도구를 활용하는 데 한층 폭넓은 교훈이 되면 좋겠다.

13장

장기 기증:
기본 설정 해법에 대한 환상

정책 입안자들이 정책 목표를 달성하기 위해 활용하는 선택 설계는 점점 더 정교해지고 있다. 그러므로 선택 설계와 관련된 세부 사항을 특히 많이 논의한 분야가 실제로는 우리가 생각하기에 잘못된 선택이 많이 이루어진 분야라는 사실은 놀라울 수밖에 없다. 그 분야는 바로 장기 기증이며, 『넛지』 초판에서도 장 하나를 할애해서 다루었다. 이 책에서도 그렇지만 초판에서도 장기 기증과 관련된 내용은 뒷부분에 배치해 읽은 사람이 많지 않을 것이다. 어쩌면 우리가 글을 잘못 써서 그랬을지도 모른다. 혹은 사람들이 우리가 어떤 견해를 가졌는지 잘 안다고 생각해 굳이 그 내용을 읽을 필요가 없다고 판단했을지도 모른다. 그래서 우리 저자들은 골퍼들이 말하는 '멀리건mulligan'의 기회를 활용하려고 한다. 멀리건은 공을 형편없이 잘못 쳤을 때 마치 그런 일이 일어나지 않았던 것처럼 다시 치는 것을 말한다.

『넛지』 초판 원고를 쓸 당시 우리는 우선적으로 다룰 주제를 목록으로 정리했다. 장기 기증은 이 목록에서 상단에 놓여 있었다. 우리는 이것이야말로 우리가 다루기에 좋은 주제라고 생각했다. 우리의 친구인 에릭 존슨Eric Johnson과 대니얼 골드스타인Daniel Goldstein이 함께 한 연구의 결과를 잘 알고 있었기 때문이다.[1] 두 사람이 다룬 문제는 기본 설정을 어떻게 하느냐에 따라 자신이 갑자기 사망할 때 장기를 기증하겠다는 의사 표명이 어떻게 달라지는가 하는 것이었다. 이 연구에서 친구들은 놀라운 사실을 발견했다. 기본 설정을 '장기 기증을 한다'로, 즉 '추정 동의'로 정한 나라에서는 극소수 사람들만이 그 기본 설정을 변경해 장기 기증을 하지 않겠다고 선택했다. 그러나 기본 설정을 '장기 기증을 하지 않는다'로 정해 장기 기증을 약속하려면 능동적으로 특정 행동을 해야만 하는 '사전 동의informed consent' 절차를 거쳐야 하는 나라에서는

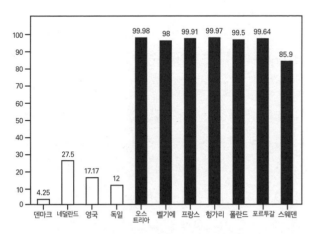

[그림 13-1] 국가별 효과적인 장기 기증 동의율
(출처: Johnson and Goldstein[2013])

4부. 사회 | 더 나은 세상을 만드는 법

대부분 장기 기증 대열에 동참하지 않았다. 두 사람의 논문에는 사회과학계에서 가장 유명하다고 일컬어지는 도표가 담겨 있었다. 바로 [그림 13-1]이다.

여기까지 책을 읽은 사람이라면 별로 놀라지 않겠지만, 그래도 놀라운 일임에는 틀림없다. 독일인은 장기 기증에 12퍼센트만 동의했지만 오스트리아인은 99퍼센트 넘게 '장기를 기증한다'는 기본 설정을 바꾸지 않았다. 놀랍지 않은가?

그러니 자연스럽게 장기 기증을 다루는 장에서 우리가 추정 동의의 규칙을 지지하는 것이 되어버렸다. 그리고 『넛지』라는 책을 소문으로 들어서 아는 사람들, 이 책을 읽은 사람들까지 포함해 대부분은 같은 결론을 내렸다. 그렇지만 놀랍게도 우리가 내린 결론은 그게 아니었다. 우리는 이 주제를 연구한 끝에 이와 다른 정책, 그러니까 우리가 '유도된 선택prompted choice'이라 부르는 방식의 정책을 지지했다.

그런데 실망스럽게도 그 뒤로 웨일스, 영국, 독일 등을 포함한 여러 나라가 장기 기증에 관련된 기본 설정을 추정 동의로 바꾸거나 바꿀 것을 고려했다. 그렇게 해서 관련 법안이 의회를 통과할 때면 사람들이 우리에게 트위터로 축하 메시지를 보내곤 했다! 기본 설정을 어떻게 정하느냐가 특별히 관심의 대상이 되는 장기 기증이라는 주제에서, 여러 나라에서 우리가 잘못되었다고 생각하는 제도를 채택하는 것을 지켜보는 건 정말 괴로운 일이다(우리가 느끼는 괴로움을 강조하기 위해 효과음을 동원할 수 있으면 좋겠다). 어쩌다 일이 이 지경으로 전개되었을까?

한 가지 가능성은 우리가 잘못된 결론에 도달했기 때문일지도 모른다. 그랬기에 이번 파이널 에디션을 준비하면서 연구 조사의 상당 부분을 이 문제를 깊이 파고들어 다양한 정책 대안의 장단점을 신중하게 살피는 작업에 할애했다. 미리 말해두자면, 이 문제와 관련해서는 바람직한 목표를 놓고 사람들 사이에 약간의 혼동이 있었던 것 같다. 단순히 막대그래프의 막대를 최대한 높이는 제도를 선택하는 것이 바람직한 목표가 아니다. 가장 중심이 되는 목표는 한층 많은 장기가 이식될 수 있도록 해서 더 많은 생명을 구하는 것이긴 하지만, 이것이 유일한 목표는 아니다. 이것과 대치될 수도 있는 관심사와 선호와 인권을 따지는 것도 중요하다.

장기 기증 관련 정책에 대해 사람들이 어떻게 생각하는지 명확히 하기 위해서는 우선 사람들을 중요한 세 부류(이 셋은 서로 겹칠 수도 있다)로 구분해야 한다. 첫 번째는 자기 목숨을 구하려면 지금 당장 다른 사람의 건강한 장기가 필요하거나 나중에 필요하게 될 사람들이다. 이 사람들을 환자라고 부르자. 두 번째 부류는 삶의 어느 시점에 죽음을 맞이할 수 있고, 자신의 장기가 다른 사람의 생명을 구하는 데 도움이 될 수 있는 사람들이다. 이들은 기본 설정 규칙이 직접적으로 적용되는 사람들이다. 이 사람들을 잠재적 기증자라고 부르자. 이 범주에는 한 나라의 건강한 성인이 포함되는데, 따라서 정책 논의는 당연히 이 사람들에게 초점을 맞춘다. 한 가지 유용한 사실을 일러주면 다음과 같다. 당신이 장기 이식이 필요한 환자가 될 가능성은 장기 기증자가 될 가능성의 약 3배다.

우리가 생각하는 세 번째 부류는 잠재적 기증자 중 건강한 장기를 가진 채로 사망한 사람의 가족이다. 장기 이식 팀은 보통 기증자에게서 장기를 적출하기 전 기증자의 가족이나 가까운 친척과 대화를 나눈다. 그

4부. 사회 | 더 나은 세상을 만드는 법

런데 장기를 기증할 사람은 대개 갑작스러운 죽음을 맞이한 사람이며, 사망자는 가족의 자녀이거나 배우자이기 때문에 유가족은 감정적으로 극도로 힘든 상태다. 이때 나누는 대화의 성격은 나라마다 크게 다르다. 그런데 우리 저자들은 충격과 슬픔에 휩싸인 유가족의 역할이 정책 논의 과정에서 종종 무시되는 게 아닌가 하고 생각한다.

이 영역에서 설정한 주요 목표는 최대한 많은 환자를 살리는 것이다. 그러나 장기 기증 관련 정책은 잠재적 기증자 및 유가족의 권리와 선호도 존중해야 한다. 여기서 철학자 존 롤스John Rawls의 '무지의 장막veil of ignorance(특정 상황에서 관련 이해당사자들이 서로의 신분이나 사회·경제적 지위, 능력, 신념, 목표 등을 모르는 상황−옮긴이)' 개념을 유용하게 적용할 수 있다. 모든 사람이 잠재적 기증자지만 인생의 어느 시점에서는 환자가 될 수도 있고 장기 기증자의 유가족이 될 수도 있다. 그러므로 누가 어떤 역할을 하게 될지 알기 전에 미리 최선의 정책이 설계되어 있어야 한다.

우리가 이 문제를 자세히 살피는 이유는 이 문제가 그 자체로 중요할 뿐 아니라 기본 설정의 작동 방식과 관련해 몇 가지 일반적인 교훈을 주기 때문이다. 퇴직연금 사례에서 보았듯 연금에 자동으로 가입한 사람들이 스스로 능동적으로 선택해서 가입한 사람들과 반드시 동등한 대우를 받는 것은 아니다. 이와 동일한 차원의 문제가 장기 기증 영역에서도 나타난다. 추정 동의 원칙을 기본 설정으로 채택한 나라에서는, 그 기본 설정을 거부함으로써 잠재적 기증자가 되지 않겠다는 능동적인 선택을 하지 못한 잠재적 기증자가 '명시적 동의explicit consent'가 원칙인 나라에서 장기 기증자로 등록하기로 능동적으로 결정한 사람과 다르게 취급된다. 이런 중요한 차이 때문에 이 문제와 관련된 분석이 사람들이 일반적으로 생각하는 것보다 훨씬 더 복잡하다. 실행 가능한 대안적 제도가 더 많은 생명을 구할 것이라는(따라서 환자를 위한다는 측면에서 우월하다는) 증거가 없고, 유도된 선택이 잠재적 기증자와 유가족의 권익을 존중하는 것이 가장 좋다고 생각하기 때문에, 우리 저자들은 유도된 선택을 기본 설정으로 채택하는 정책을 선호한다. 동시에 유도의 효과를 높이려면 더 많은 넛지와 더 나은 선택 설계가 전제되어야 한다는 것이 우리의 생각이다.

장기 기증을 둘러싼 현실

장기 이식에 처음 성공한 것은 1954년이었다. 당시 한 남자가 자신의 쌍둥이 형제에게 신장을 제공했다. 사망한 기증자의 신장을 환자의 몸에 이식하는 수술이 최초로 성공한 것은 그로부터 8년 뒤였다. 그때부터 본격적인 장기 이식의 역사가 시작되었다.

1988년 이후 지금까지 미국에서 81만 9,000건의 장기 이식이 이루어졌으며, 그 가운데 약 80퍼센트는 사망자의 장기가 이식된 경우다.[2] 그러나 안타깝게도 이식받을 장기를 기다리는 수요는 현실적으로 공급 가능한 수보다 훨씬 더 많다. 이것은 보다 많은 장기가 마련되기만 하면 많은 사람의 생명을 구할 수 있다는 뜻이다. 2020년 11월 기준으로 보면 이식받을 장기(대부분 신장이다)를 기다리는 환자가 미국에서만 10만 8,000명이 넘고 전 세계적으로는 수십만 명이나 된다.[3] 장기 이식을 받겠다고 대기자 명단에 이름을 올린 환자 가운데 대략 60퍼센트는 끝내 장기를 구하지 못해 죽어간다. 비록 최근에는 대기자 숫자가 줄어들고 있긴 하지만 장기 이식의 수요와 공급 격차는 점점 더 커지고 있다. 현재 약 3만 5,000명이 장기 이식 수술을 3년 넘게 기다리고 있다. 하루에 17명이 그렇게 기다리다가 죽어간다고 미국 정부는 추정한다.[4]

기증되는 장기의 주요 원천은 뇌사 판정을 받은 환자다. 뇌사는 환자가 뇌 기능이 회복할 수 없을 정도로 손상되어 인공호흡기에 의존해 일시적으로 생명을 유지하는 상태를 말한다. 미국에서 이 범주에 포함되는 잠재적 기증자가 한 해 약 1만 2,000명에서 1만 5,000명이나 되지만 실제로 장기를 기증하는 사람은 그 가운데 3분의 2가 조금 안 된다. 잠재적인 기증자가 암이나 감염병에 걸려 장기가 이식 수술에 적합하지 않거나 환자 혹은 유가족의 동의를 받지 못했기 때문이다.[5]

살아 있는 사람도 이식될 신장의 또 다른 공급원이 된다. 사람은 신장을 2개씩 가지고 있기 때문이다. 살아 있는 기증자에게 대가로 돈을 지불하는 것은 불법이다(그러나 몇몇 나라에서는 장기 기증 암시장을 암묵적으로 허용하기도 한다). 그럼에도 장기를 기증한 사람이 나중에 다른 장기를 기증받아야 할 때 대기자 목록에서 우선권을 보장받기도 한다. 살아 있는 기증자들은 환자의 가족이나 친척 혹은 친구인 경우가 많다. 그러나 만약 기증자와 환자 사이에 생체 조건이 맞지 않을 때 병원은 이런 문제를 해결하는 시스템을 마련할 수 있다. 가장 단순한 사례를 들자면 혈액형이 A형인 환자에게 B형인 사람이 장기를 기증하려고 할 때, 혈액형이 B형인 환자에게 A형인 사람이 장기를 기증하려 하는 경우를 이 시스템이 찾아준다. 그러면 이 두 쌍의 수술이 동시에 성사될 수 있다. 그러나 이런 매칭 작업은 쉽지 않다. 환자가 희귀 혈액형인 경우에는 더욱 그렇다. 경제학자들, 특히 앨빈 로스Alvin Roth는 기증자와 환자를 연결해주는 한층 정교한 시스템을 만들어 이 문제를 해결하는 데 도움을 주었다.[6] 또 그저 선행을 베푸는 행위가 옳은 일이라는 생각만으로 자기 신장을 남에게 떼어주는 착한 사마리아인도 적지 않다. 하지만 안타깝게도 공급은 여전히 수요를 따라가지 못한다.

수요가 공급을 초과할 때 경제학자들은 보통 가격이라는 장치를 사용해 공급 부족 문제를 해결하라고 추천한다. 예를 들어 게리 베커Gary Becker와 훌리오 호르헤 엘리아스Julio Jorge Ellias는 신장을 매매하는 시장이 마련되어야 한다는 주장을 지지했다.[7] 이런 시장은 우리가 최고급 자동차인 마세라티나 남프랑스의 최고급 휴양지 생트로페의 빌라를 매매하는 것과 같은 방식으로 가장 많은 돈을 기꺼이 지불하겠다는 환자들에게 신장을 공급할 것이다. 환자가 돈을 많이 내겠다고 나설수록 보다 많은 신장이 공급될 것이다. 경제학자들만 이런 생각을 하는 게 아니다. 일부 철학자들도 사람들이 서로 신장을 매매할 수 있어야 한다는 견해를 강력하게 옹호한다.[8]

그럼에도 이 정책을 도입하는 것은 아직 요원한 일이다. 신장을 매매하는 시장을 합법적으로 허용하는 나라가 딱 하나 있는데, 바로 이란이다.[9] 로스가 정확히 지적하듯 사람들은 대부분 이런 시장을 떠올리는 발상 자체가 '혐오스럽다'고 생각한다.[10] 기증자들이 기증한 신장이 금전을 지불하겠다는 환자 측의 의지와 지불 능력에만 전적으로(혹은 부분적으로라도) 근거해서 배분되어서는 안 된다고 생각한다. 명품이 부자들만 누리는 물품이 되는 것은 괜찮을지 모르지만 사람의 목숨이 달린 거래를 그런 식으로 해서는 안 된다고 믿는 것이다. 그래서 각 나라는 환자가 신장을 기다린 시간뿐만 아니라, 환자에게 신장 이식이 얼마나 긴급한

4부. 사회 | 더 나은 세상을 만드는 법

지 혹은 환자의 기대 수명이 얼마나 되는지 등의 의학적 요인을 기준으로 장기 이식 우선순위를 결정해왔다.

이 모든 것을 놓고 보면, 신장(그리고 살아 있는 사람은 기증할 수 없는 심장이나 간 같은 다른 장기들)에 대한 수요를 충족하려면 사망한 기증자의 장기에 의존할 수밖에 없다. 사망한 기증자 한 사람이 8개의 장기를 제공할 수 있으므로, 기증자가 한 사람 늘어난다는 것은 무척 가치 높은 일이다.[11] 잠재적 기증자와 이들의 유가족이 취하는 행동은 얼마나 많은 장기를 확보할 수 있는지 판가름하는 데 결정적인 요소다. 바로 이 지점에 기본 설정 원칙이 적용된다. 잠재적인 장기 기증자가 사망 판정을 받을 때 이 사람의 장기는 어떤 원칙에 따라서 처리되어야 할까? 이때 사람들이 고려할 수 있는 선택지는 다양하다.

상례적 적출: 모든 권리는 정부에 있다

가장 공격적인 접근법은 이른바 '상례적 적출routine removal'이다. 이 제도 아래에서는 사망자나 생존 가망성이 없는 사람의 신체에 대한 권리를 가진 정부가 허락을 받지 않고도 사체에서 장기를 적출할 수 있다. 상례적 적출은 다소 괴기한 발상이긴 하지만, 죽음이 임박한 환자의 생명을 가장 많이 구할 수 있는 제도다. 그러므로 사람의 생명을 구하는 것이 유일한 목표라고 한다면 이 접근법이 가장 좋다. 죽을 수밖에 없는 사람을 살릴 수 있으니 말이다.

미국에서 이 접근법을 채택하는 주는 단 한 곳도 없다. 그러나 몇몇 주에서는 부검을 실시하는 의사가 허락을 받지 않고도 사체의 각막을 적출할 수 있도록 허용한다. 이런 규정이 있는 주에서는 각막 기증률이 급격하게 늘어났다. 예를 들어 조지아주에서 각막 이식 건수는 1978년에 25건이었지만 상례적 적출 규정이 적용된 뒤인 1984년에는 1,000건을 넘었다.[12] 신장의 상례적 적출이 널리 시행된다면 수천 명의 목숨을 구할 수 있을 것이다. 그러나 정부가 사전 동의 없이 장기를 법적으로 소유하고 적출하도록 허용할 경우 수천 명의 조기 사망을 막을 수 있겠지만, 많은 사람이 잠재적 기증자의 권리라고 믿는 것이 짓밟히고 말 것이다. 장기 기증자가 되겠다고 기꺼이 동의한 사람들 가운데서도(사실 우리 두 사람도 동의했다), 비록 장기 기증자가 사망 직전이라 하더라도 정부가 명시적인 동의 없이 신체 일부를 적출하는 것을 허용하는 법에 반대하는 사람이 많을 것이다. 상례적 적출이라는 접근법은 일반적으로 용인되는 원칙, 즉 개인이 자기 몸에 대한 결정권을 가져야 한다는 원칙에 위배된다. 비록 우리 저자들은 상례적 적출의 잠재적 이점을 인정하지만, 이에 대한 반대 의견이 중요하다는 사실 역시 받아들인다.

추정 동의: 진정한 선택이 될 수 있을까

몇몇 나라에서는 '추정 동의'를 기본 설정 원칙으로 채택한다. 이 정책을 엄격하게 적용하면, 모든 시민은 장기를 기증하지 않겠다는 명시적인 의사 표현을 하지 않는 한 기증에 동의한 것으로 여겨진다. 사람들이 능동적인 선택을 통해 거부 의사를 명백하게 표명하는 경우가 실제로는 매우 적다는 것을 우리는 이미 알고 있고, 따라서 이 정책은 상당히 매력적으로 느껴진다. 사람의 목숨을 구한다는 관점에서 보자면 상당한 이

점을 지닌 정책이라고 할 수 있다. 그리고 잠재적 기증자의 권리라는 관점에서 보더라도 상당히 괜찮다고 여겨질 수 있다. 어쨌거나 누구든 기본 설정을 본인 의지에 따라 거부할 수 있으니까 말이다. 이러한 이유로 보자면, 추정 동의는 장기 기증자의 유가족에게도 이익이 되므로 그들이 반대할 이유가 없을 것 같기도 하다.

그러나 조금만 더 생각해보자! 거의 모든 사람이 이 기본 설정에 동의한다는 바로 그 사실은 우리에게 잠시 걸음을 멈추고 어떤 맥락에서든 다시 한번 생각하거나 적어도 이렇게 할 때 정확히 무슨 일이 일어날지 질문하라고 재촉하는 것일 수도 있다. 사람들이 추정 동의의 기본 설정을 거부하지 않는 이유는 그 원칙에 동의하기 때문이 아니라 부주의나 타성 때문일 수도 있다. 기본 설정은 사람들이 실제로 결정을 내릴 때 당연히 고를 선택지가 아닐 수도 있다는 말이다. 만약 사람들이 대부분 선택지를 신중하게 고려하지 않거나 이런 정책의 존재조차 모른다면 어떨까? 사람들이 그 정책에 동의했다는 추정을 그저 안이하게 수용해서는 안 되지 않을까? 사실 우리 저자들은 소수만이 기본 설정 원칙을 명시적으로 거부하는 나라에서, 명시적인 반대 의사를 밝히지 못한 점을 심각하게 받아들이는 것은 이치에 맞지 않는다고 믿는다. 반대 의사를 표명하지 않은 것이 그 사람들의 진정한 신념이라고 할 수 없기 때문이다.

이 문제를 좀 더 깊이 살펴보기 위해 기본 설정 규칙을 선택하는 윤리에 대해 조금 더 생각해보자. 사람들이 해당 쟁점과 관련된 모든 정보를 가지고 있고 행동과 관련된 여러 편향에 사로잡혀 있지 않으며, 사려 깊은 선택을 하기에 충분한 시간이 주어질 때 마땅히 고를 만한 선택지가 있을 것이다. 우리 저자들은 훌륭한 선택 설계자라면 바로 이 선택지를 기본 설정 선택지로 정하기 위해 노력해야 한다고 줄곧 주장해왔다. 설문 조사 결과에 따르면 많은 나라에서 대다수 시민이 장기 기증자가 되고 싶어 하므로 추정 동의가 사람들의 일반적 신념과 대체로 일치하는 것처럼 보인다(그리고 다른 사람들의 생명을 살리는 방법처럼 보인다. '~처럼 보인다seem'는 표현에 대해서는 뒤에서 다시 살펴볼 것이다). 그러나 고려해야 할 또 다른 요소가 있다.

우리는 과연 **명시적인 반대 의사를 표현하지 않은 사람의 선호도를 추정하는 것을 얼마나 강하게 원할까?** 특히 그런 반대 의사 표현 비율이 상당히 낮을 때, 이 수동적인 모습을 설명해줄 수 있는 두 가지 요소는 현저성의 부족(다시 말해 사람들은 자기에게 선택권이 있다는 사실을 알지 못했다)과 슬러지(반대 의사를 표시하는 과정에 비용이 많이 든다)다.

그래서 기본 설정을 거부하지 않는 것이 언제나 명확하게 찬성한다는 신호가 아님을 감안한다면, 어떤 선택지를 기본 설정으로 정할 것인가 하는 문제에 매우 신중해야 한다. 예를 들어 퇴직연금에서 옵트아웃 정책 두 가지를 비교해보자. 하나는 추정 동의에 따른 가입이고 다른 하나는 자동 가입이다. 만약 누군가가 이 연금제도에 기본 설정으로 가입되어 있다면 이 사실을 그 사람에게 명확하게 알리는 것이 중요하다. 본인의 능동적인 선택을 통해 그 연금을 해지할 권리가 존재한다는 사실을 확실히 하려면, 당사자에게 그 사실을 알릴 필요가 있다. 그럼에도 만약 그 사람이 자기가 연금에 가입했다는 사실을 나중에야 알아차리거나 아무런 생각 없이 "예"라고 말하지만 실제로는 그 연금에 가입하는 것을 선호하지 않는다면, 그는 언제든지 연금 납부를 중단하거나 이미 납부한 돈을 모두 인출함으로써 퇴직연금에 가입하지 않겠다는 의사를 분명하게 밝힐 수 있다. 조기 해약에 뒤따르는 벌칙이 있을 수 있지만, 어떤 경우에도 자동 가입자가 받을 수 있는 피해는 매우 제한적이다.

이와는 다르게 죽은 뒤 자기 몸에 어떤 일이 일어나는 데 강하게 반대하는 사람들이 있을 수 있다. 이들은 기본으로 설정된 정책이 무엇인지 알지 못하며, 그 기본 설정을 거부하려면 무엇을 어떻게 해야 하는지조차 모를 수 있다. 해당 사항을 알려주는 것이 이들에게 도움이 될 수 있지만, 그런 알림이 눈에 잘 띄지 않거나 사람들이 오래 미적거릴 수도 있다. 만약 이 사람들이 장기 기증을 원하지 않는다는 의사를 무시해도 될까? 앞에서도 언급했듯 많은 사람이 무시하면 안 된다고 설문 조사에서 응답한다. 유언장은 돈을 비롯한 유언자의 소유물을 상속자들에게 어떻게 분배해야 할지 정하는 법률적인 문서다. 만약 죽은 사람이 자기 돈을 어떻게 사용해야 할지 결정할 권리를 가지는 게 옳다면, 자기 신체에서 일어날 일을 결정할 권리도 가져야 하지 않을까? 마찬가지 맥락에서 우리 저자들은 시한부 삶을 선고받은 환자가 죽음을 맞이할 때까지 받을 치료 방법에 대해 표명하는 의견이나 바람을 존중한다.

이번에는 장기 기증과 관련된 분야에서 세 번째 부류인 유가족의 관심사를 살펴보자. 유가족과 한마디 상의도 없이 사망자의 장기를 적출하는 엄격한 추정 동의 정책을 실제로 시행하는 나라는 거의 없다(나중에 살펴보겠지만, 이 점은 우리의 분석에서 결정적으로 중요한 측면이다). 일반적인 추정 동의 정책에서는 유가족과 협의하는 절차를 거치며, 이때 유가족이 반대하면 장기는 기증되지 않는다. 사실 최근에 추정 동의를 채택한 많은 나라가 자신들의 정책을 명시적으로 '부드러운' 추정 동의라고 부르는데, 언제나 유가족과 먼저 상담해 그들의 바람을 존중하도록 법률적으로 규정되어 있기 때문이다. 우리 저자들이 볼 때 이 정책은 사랑하는 사람의 죽음만으로도 고통스럽기 짝이 없는 유가족에게(이 죽음은 흔히 예고도 없이 갑작스럽게 들이닥치는데, 사실 고속도로 교통사고 같은 우발적인 죽음은 젊고 건강한 장기의 원천이다) 잔인하고 특이한 고통을 안겨준다.

추정 동의 제도가 지닌 문제는 유가족으로서는 고인이 장기 기증에 대해 어떤 생각을 가지고 있었는지 아무런 정보도 가지고 있지 않다는 점이다. 누군가가 기본 설정 정책을 명시적으로 거부하지 않았다는 사실은 충분한 정보가 되지 못할 수 있다. 거의 대다수가 명시적인 거부를 하지 않는다는 점을 감안하면 특히 더욱 그렇다. 추정 동의 제도를 시행하는 나라에서는 장기 기증자가 되겠다고 능동적인 결정을 내린 사람들을 따로 정리해둔 등록부가 없다. 최근 '부드러운' 추정 동의 제도로 전환한 웨일스와 잉글랜드는 기존에 등록된 장기 기증 희망자 명단을 그대로 유지하고 신규 등록도 독려한다는 점에서 예외다. 그럼에도 추정 동의 정책이 시행되고 있으니 장기 기증을 하겠다는 의사가 이미 기본 설정을 통해 등록된 것이라고 사람들이 생각한다면, 그들이 따로 장기 기증 희망자로 등록하려 들지 않을 것이라는 염려가 든다. 자신이 이미 그렇게 하겠다고 추정적으로 동의했는데, 굳이 따로 그 내용을 등록할 이유가 있겠는가 말이다.

언급할 가치가 있는 게 한 가지 더 있다. 만약 어떤 나라가 엄격한 추정 동의 규칙을 채택하고 거의 모든 사람이 이 기본 설정을 따른다면, 상례적 적출과 추정 동의는 거의 동일한 정책이 될 것이다. 너무나 비슷한 두 정책 사이에서 하나는 어쩐지 괴기하고 다른 하나는 사려 깊고 현대적이라고 여겨진다는 것이 당혹스럽다. 물론 그런 상황에서 명시적인

4부. 사회 | 더 나은 세상을 만드는 법

거부 의사 표시가 증가하지 않는다면 추정 동의는 많은 환자의 생명을 구할 수 있을 것이다. 상례적 적출과 달리 추정 동의 제도 아래에서 적어도 이론적으로는 잠재적 기증자가 장기 기증을 거절할 기회를 지니고 있는 것이 사실이다. 만약 이 사람들에게 그런 기회가 확실하게 주어지고 이들이 거절 의사를 쉽게 표시할 수 있다면, 장기 기증에 대해 윤리적으로 반대하는 강도는 훨씬 약화될 것이다.

그런데 퇴직연금 자동 가입과 장기 기증자 자동 등록에는 많은 차이가 있음을 눈여겨봐야 한다. 전자의 목표는 직원의 저축을 돕는 것이고, 후자의 목표는 제3자의 생명을 구하는 것이다. 어떤 사람들은 제3자의 목숨이 좌우되는 경우에는 한층 더 강력한 넛지나 강제성을 띤 명령까지 정당화될 수 있다고 믿는다. 우리 저자들도 그렇게 믿는다! 그러나 우리는 당연하게도 잠재적 기증자는 자기 몸을 자기 바람대로 처리할 수 있는 권리를 가져야 하며, 선택 설계는 이들의 바람을 무시하거나 짓밟지 말아야 한다고 생각한다. 다행스럽게도 이런 것들 말고도 다른 선택지도 있으니 계속해서 살펴보자.

명시적 동의: 타성과 진짜 속마음 사이에서

추정 동의는 옵트아웃(즉 장+기 기증의 기본 설정을 거부하고 장기를 기증하지 않겠다는 능동적인 선택을 하지 않는 한 자동으로 기증에 동의하는) 규칙이다. 이에 대한 확실한 대안은 일종의 옵트인(즉 장기를 기증하겠다는 능동적인 선택을 하는 경우에만 기증을 인정하는) 규칙을 채택하는 것인데, 가장 일반적인 옵트인 규칙이 '명시적(혹은 충분한 정보 하에서의) 동의'다. 즉 장기 기증자가 되겠다고 밝히는 구체적인 일련의 조치가 이루어졌던 동의다. 일반적으로는 인터넷에서 장기 기증 희망자임을 자발적으로 등록하는 것을 뜻한다. 많은 사람이 장기를 기증할 용의가 있다고 말하지만 실제로는 필요한 조치를 취하지 않는다. 이것이 바로 존슨과 골드스타인이 작성한 [표 13-1]이 말하고자 한 요점이다.

예를 들어 갤럽이 최근에 실시한 여론조사에 따르면, 미국인 가운데 90퍼센트 이상이 이식을 위한 장기 기증을 지지하거나 강하게 지지한다고 말했지만, 실제로 기증 희망자로 등록한 사람은 55퍼센트밖에 되지 않았다.[13] 이런 차이가 나타나는 이유를 추정해보면 사람들이 설문조사에서 속마음을 밝히지 않았을 가능성이 있지만, 주의력이 제한되어 있거나 타성에 발목이 잡혀 있거나 미적거릴 가능성도 있다. 또 장기 기증자로 등록하는 데 필요한 구체적인 단계가 기증자 등록을 막는 슬러지로 작용할 가능성도 있다. 만일 그렇다면 해당 질문을 정확하게 이해했는지, 적절한 정보를 제공받았는지, 자발적으로 장기를 기증했을 때 병원에서 제대로 치료받을 것이라는 믿음이 있는지 등의 질문에 잠재적인 기증자가 응답하는 내용을 옵트인 접근법에 반영하지 않을 수 있다. 만일 옵트인 접근법이 '아무런 꾸밈이 없다면(즉 어떤 식으로든 보완되지 않는다면)', 잠재적 기증자의 진정한 선호를 포착한다는 관점에서 이 접근법은 매우 좋지 않다. 어쩌면 넛지가 필요할지도 모르겠다.

유도된 선택: 장기 기증률을 높이는 넛지의 대안들
어떻게 하면 장기 기증자가 되고자 하는 사람들이 자발적으로 등록하도

록 유도할까? 기본 설정 방식으로 그렇게 하는 것이 하나의 방법이긴 하지만 지금까지 살펴본 것처럼 그렇게 하는 데는 몇 가지 문제가 있다. 다행히 기본 설정 방식은 선택 설계자가 사용할 수 있는 유일한 도구가 아니다. 우리 저자들은 우리가 선호하는 설정을 '유도된 선택'이라 부른다. 자발적인 기증자가 등록 기증자가 되도록 유도하기 위해 온갖 노력을 기울임으로써 그들의 명시적 동의 수준을 높이기 때문이다. 유도된 선택의 기본적인 기능은 미적거림과 타성, 그리고 제한된 주의력을 극복하는 것이다.

첫 번째 단계는 일반적인 처방인데, 등록을 쉽게 만드는 것이다. 미국에서는 인터넷으로 불과 몇 분 만에 장기 기증 희망자로 등록할 수 있다. 생명 기부 웹사이트인 donatelife.net을 찾아가면 된다. 누구든 지금 당장 할 수 있다. 한때는 운전면허증 뒷면이나 기증자 카드에 서명하는 방식이 흔했는데, 경우에 따라서는 증인 2명이 서명하도록 하기도 했다. 등록 절차를 쉽게 하는 조치들은 근대성과 합리적인 법률이 그동안 굳건하게 가로막던 장벽, 즉 슬러지를 적절하게 없애버린 사례라고 할 수 있다.

다음 단계는 사람들의 관심을 끄는 것인데 '유도'가 작동하는 부분이기도 하다. 쉽게 가입할 수 있다고 해서 번거로운 가입 절차를 누구나 기꺼이 거칠 것이라고 기대할 수는 없다. 그러니 누구든 관심을 가지는 바로 그 순간을 놓치지 말고 가입해달라고 하면 어떨까? 현재 미국의 모든 주에서는 운전면허증을 갱신할 때 그렇게 하고 있지만, 일부 지역에서는 그런 일이 그리 자주 일어나지 않는다. 장기를 기증하고 싶은 사람은 우선 사진을 찍는다. 그리고 일정한 비용을 지불하고 나면 장기 기증자가 되겠느냐는 확인 질문을 받는다. 이 질문에 그렇다고 대답하면 등록부에 희망자의 이름이 올라가고, 그의 운전면허증에는 '기증자donor'라는 글자가 표시된다.* 그런데 이 작업은 오프라인에서보다 온라인에서 점점 더 많이 이루어진다. 현재 미국에는 약 1억 7,000만 명이 장기 기증자로 등록되어 있는데, 그중 대다수는 운전면허 취득이나 갱신 과정을 통해 등록했다.[14]

마지막 단계는 기증자의 바람이 이루어지도록 하는 것이다. 미국에서는 모든 주가 이를 정확히 요구하는 '당사자 동의법first-person consent law'을 통과시켰다. 개인이 기증자로 등록하면, 그 사람이 사망한 뒤 장기를 기증할 수 있도록 법률적 승인을 받게 된 것이다. 이 법은 법적 권위를 기반으로 행동하는 집단(팀)에 선의의 면책특권을 부여한다. 장기 기증에 반대하는 유가족이 장기 기증 절차를 막아설 수도 있지만, 담당 팀은 사랑하는 사람의 바람이 법률적으로 보장된다는 내용을 유가족에게 전달해 절차를 매끄럽게 진행한다. 이는 유가족에게도 큰 도움이 된다. 높은 불확실성과 정서적 스트레스 속에서 결정을 내려야 하는 상황을 피할 수 있기 때문이다. 장기를 이식받을 환자에게도 좋은 일이다. 미국에서는 장기 기증자로 등록한 사람이 사망했을 때 그의 장기가 의학적으로 이식에 적합한지 따지는 비율인 전환율이 100퍼센트에 육박한다.

그렇지만 여기서도 여전히 우리 저자들은 선택 설계를 개선할 수 있다고 생각한다. 우리는 사람들이 면허증을 갱신할 때마다 장기 기증자

---

* 그런데 고려해야 할 미묘한 사항이 하나 있다. 이 제도를 사용하는 주에서는 지난번에 면허를 갱신하며 기증자가 되기로 동의한 사람에게 이번에도 기증자가 될지 다시 물어봐야 하는가, 아니면 이전에 했던 답변을 그대로 인정해야 하는가의 문제다. 탈러가 가장 최근에 면허증을 갱신할 때 직원은 다음과 같은 질문으로 탈러를 부드럽게 넛지했다. "장기 기증자가 되시겠다는 마음은 지금도 여전하죠?"

가 되고 싶은지 묻는 접근법을 이해한다. 예전에는 거부했지만 지금은 마음을 바꿨을지도 모르는 사람들을 존중하는 이 접근법에 박수를 보낸다. 그러나 지난번에 운전면허증을 갱신하면서 장기 기증자가 되겠다고 대답한 사람에게 다시 그 질문을 해야 하는지는 의문이다. 한번 승낙했으면 그 승낙이 여전히 유효다고 추정하는 게 타당하지 않을까? 또 예전에 승낙했던 사람에게 새삼스럽게 다시 그 질문을 하면, 당사자는 자신의 장기가 더는 사용할 수 없게 되었는지 모른다고 의심한다는 잘못된 신호로 받아들일 수도 있다. 한번 승낙한 사람이라도 얼마든지 마음을 바꿀 수 있어야 한다는 점에는 동의하지만, 어느 정도의 시간 간격을 두고 그들을 유도해야 할지에 대해서는 우리 저자들도 어떤 확신을 가지고 있지 않다.

게다가 자동차를 다루는 행정 부서는 장기 기증 결정을 내리기에 가장 좋은 곳이 아닐 수도 있다. 온라인 공간에서 자기 이름을 기증자 명단에 올리는 것이 가능하므로 장기 기증자를 모집하고 등록하는 일은 어디에서나 가능하다. 이스라엘은 투표장을 활용했는데, 이 기발하고도 혁신적인 발상은 성공을 거두었다. 뉴욕을 비롯한 미국의 일부 주에서는 유권자 등록을 할 때 장기 기증자 등록을 할 수도 있는데, 이 역시 기발한 발상이다.[15] 소득세를 신고할 때도 시도해볼 수 있지 않을까 싶다.

또 스마트 미디어 홍보 등과 같은 다른 방법으로 등록을 유도할 수도 있다. 이런 홍보의 좋은 예는 브라질 축구 팀인 스포르트 헤시프Sport Club do Recife가 보여주었다. 이 팀은 홈경기를 치르면서 팬들이 팀의 로고가 새겨진 기증자 카드에 가입하도록 격려하는 영상을 보여주었다. 인터넷에서 '불멸의 팬들immortal fans'*을 검색하면 이 동영상을 찾아볼 수 있다.

이 영상에서, 새 심장을 이식받은 여자는 자기 심장은 오로지 헤시프만을 위해서 뛸 것이라고 약속한다! 이 영상을 보고 장기 기증자로 등록한 사람이 5만 명이 넘었다는 보고가 나중에 구단 차원에서 나왔다. 다른 스포츠 팀 혹은 전체 리그 차원에서 이런 사례를 따르는 또 하나의 모범 사례가 나오면 얼마나 좋을까.

벨기에 특히 플랑드르는 이런 종류의 장기 기증자 모집에서 선구자였다. 2018년 텔레비전 프로그램 〈벨기에를 다시 위대하게 만들어라 Make Belgium Great Again〉는 장기 기증의 중요성을 다루는 내용에 한 회를 할애해 시청자들에게 명확한 행동을 하길 요구하면서 정서적 차원의 호소를 결합했다. 이 프로그램은 또한 플랑드르 전역의 240개 지방자치단체와 협력해서 작업했는데, 이 지방자치단체들은 방송일 기준으로 다음 주 일요일에 사무실을 열고 장기 기증 신청을 받았다. 그 결과 2만 6,000명이 넘는 사람이 장기 기증자로 등록했는데, 그동안 이 지역의 장기 기증 등록자가 연간 7,000명에서 8,000명 사이였던 점을 고려하면 놀라운 성과였다.[16]

이 프로그램은 또 2020년에 특별편을 편성해 새로 마련된 온라인 등록 방법을 홍보했으며 플랑드르의 도시 코르트리크에서 특별한 홍보 행사를 벌였다. 밤새 자전거도로에는 '일생의 사업을 위해서 전화하자, 0491-75-71-63'이라는 메시지가 스프레이로 쓰였다. 이 번호로 전화를 거는 사람은 해당 지역의 지방자치단체장과 그 프로그램의 진행자에게 장기 기증 온라인 등록을 격려하는 메시지를 받았다. 또 벨기에는 지

● https://youtu.be/E99ijQScSB8. 약간은 신랄한 내용임에도 바로 그렇기 때문에 우리가 좋아하는 또 다른 동영상은 '생명 기부'가 제작한 다음 동영상이다. https://youtu.be/BH04JOjzYu4

4부. 사회 | 더 나은 세상을 만드는 법

방선거 때 시민이 장기 기증을 등록할 수 있도록 허용했다. 벨기에 정부는 '연방 트럭Federal Truck'이라는 제도를 도입했는데, 이것은 2015년부터 2019년까지 트럭이 전국을 순회하며 학생들에게 장기 이식과 관련된 내용을 교육하고 가정에서도 장기 기증에 대한 이야기를 할 수 있도록 유도하는 사업이었다. 이런 노력을 기울인 결과 벨기에에서 2009년 이후 장기 기증자로 등록한 사람이 3배가 넘을 정도로 늘어난 반면 옵트아웃 방식의 등록자는 정체 상태를 유지하고 있다.[17] 벨기에가 기울인 노력을 생각하면 놀라운 일도 아니다.

마지막으로 박수를 받을 만한 선한 넛지의 사례 한 가지만 더 소개하겠다. 애플 창업자 스티브 잡스는 간 이식 수술을 받았다. 미국인은 아이폰을 새로 구입하거나 건강 관련 앱을 최초로 설치할 때 '생명 기부'를 통해 장기 기증자로 등록하라는 메시지를 받는다. 2016년 시작된 이 운동을 통해 장기 기증자로 등록한 건수는 지금까지 600만 건이 넘는다.

강제된 선택: 명령과 넛지가 만났을 때

또 다른 선택지도 있다. 이것은 모든 사람에게 스스로가 장기 기증자가 되고 싶은지 아닌지 공개적으로 선언하라고 요구하는 것이다. 모두에게 이렇게 요구하는 것이 실제로 가능한지는 나라마다 다를 것이다. 미국에서는 모두가 운전면허증이나 여권을 가지고 있는 것은 아니므로 모든 사람에게 접근할 수 있는 확실한 방법은 없다. 그럼에도 운전면허를 신청할 때는 요청 대신 위임장을 사용할 수 있다. 이 방식은 모든 사람이 일정한 기간이 지나면 정기적으로 갱신해야 하는 주민등록증 제도를 운영하는 나라에서 한층 보편적으로 시행할 수 있다. 장기 기증자가 될 것인가 말 것인가 하는 질문은 18세 때 했던 답변을 평생에 걸친 최종 답변으로 볼 수 있는 종류의 질문이 아니기 때문이다. 그런데 만약 사람의 목숨을 구하는 것이 일차적 목표라면, 강제된 선택은 유도된 선택보다 유리할 수 있다. 보다 많은 사람이 일단 어떤 쪽이든 선택할 것이기 때문이다. 또 잠재적 기부자 및 유가족의 권리를 보호한다는 관점에서 보더라도 이 방식이 좋으면 좋지 나쁘지는 않을 것처럼 보인다. 정말 그럴까?

이 질문에 대답하려면 먼저 다른 질문을 할 필요가 있다. '유도된 선택'과 '강제된 선택'의 차이는 무엇인가? 이 둘의 차이는 미묘하다. 또 사실 우리가 유도된 선택이라고 부르는 것은 장기 기증 관련 문건에서 오랫동안 강제된 선택이라는 표현으로 일컬어져왔고, 그 바람에 상당한 혼란을 부르긴 했다. 그러니 확실하게 구분할 필요가 있다. 운전면허 신청을 온라인으로 관리한다고 가정해보자. 장기 기증과 관련된 질문에 어떤 식으로든 답변해야 신청을 완료할 수 있다면, 그 답변을 하지 않는 한 신청은 완료되지 않는다. 이것이 강제된 선택이다. 반면 단순히 유도된 선택이라면, 운전면허 신청자가 장기 기증과 관련된 질문에 '대답하지 않겠음'이라는 선택지를 클릭해도 운전면허 신청은 완료된다.* 이는 그 방식의 장점이다. 등록하지 않는다는 것이 앞으로도 장기 기증을 하지 않겠다는 말이 아니기 때문이다. 이는 최종적인 의사 결정이 아니다. 그 경우 당사자는 장기 기증 문제를 놓고 가족과 의논할 수 있다. 가족이

---

* 뉴욕주에서는 현재 독특한 혼용 방식을 사용한다. 장기 기증 관련 질문에 반드시 대답해야 신청서가 완료되지만, 해당 질문의 선택지 가운데 '건너뛰기'가 포함되어 있다. 이런 방식을 어떤 범주로 분류해야 할지 우리 저자들은 확신이 서지 않는다. 질문에 대한 답변을 건너뛰어도 강제적이라고 할 수 있을까? 강력한 유도나 알림이 가장 적절하지 않을까 싶다.

결정하기를 원하는 사람들이 있는데, 특정한 문화권에서는 이런 경향이 강하다. 만약 장기 기증에 대해 '하겠다'와 '하지 않겠다' 중 하나의 대답만 강요한다면, '하겠다'로 나아가는 두 가지 경로를 허용하는 옵트인 선택 설계의 가장 좋은 면 가운데 하나를 제거하는 셈이다.

강제적인 명령과 은근한 유도, 이 둘 가운데 무엇이 더 나을까? 정확한 답은 없다. 이 질문에 충분히 주의를 기울이지 않는다면 사람들은 명령이 확실한 결과를 보장할 것이라고 생각할 수 있다. 그러나 여기에도 다음과 같은 알림의 넛지, 즉 유도의 요소를 덧붙일 수 있다.

"당신은 장기 기증 질문에 아직 대답하지 않았습니다. 신청을 완료하기 전에 대답하시겠습니까?"

우리 저자들은 자유지상주의적 간섭주의자이므로 강제적인 명령이라는 선택지는 될 수 있으면 수용하고 싶지 않은데, 이 경우에는 반대할 수밖에 없는 몇 가지 근거가 확실하다. 우선 강제된 선택이 역효과를 불러일으킨다는 증거가 있다. 사람의 목숨을 구한다는 관점에서 보더라도 이 방식이 유도된 선택 방식보다 효과가 떨어진다는 것이다. 텍사스 주에서 강제된 선택 방식을 도입하자 전체 시민의 20퍼센트만 장기 기증자가 되겠다고 했다.[18] 버지니아에서도 비슷하게 31퍼센트만 장기 기증자로 등록했다.[19] 경제학자인 저드 케슬러Judd Kessler와 앨빈 로스가 연구 실험을 진행한 끝에, 사람들은 선택을 강요당할 때 오히려 장기 기증자 등록을 덜 하게 된다는 증거를 확인했다. 두 사람이 내린 결론은 '아니오'를 답변으로 채택하지 마라Don't Take 'No' for an Answer'라는 그들 논문의 제목으로 요약될 수 있다.[20]

대부분 주에서 채택해온 유도된 선택이라는 방식을 우리 저자들이 선호하는 또 하나의 이유는 시민들의 반발이다. '질문에 대답하지 않기'라는 선택지를 선택한 사람들은 장기 기증자로 기록되지는 않지만, 이들에게도 운전면허증은 발급된다. 또 이 주들은 옵트아웃을 한 사람들이 아니라 옵트인을 한 사람만 추적해왔다. 이는 기증자의 등록 과정이지 기증 결정이 아니며 이는 중요한 구분이다. 여기서 강제된 선택에 대한 흥미로운 의문이 제기된다. '아니오'라는 대답을 공식적으로 기록해야 할까? 만일 기록하게 된다면 해당 정보는 법률적 거부 의사로 받아들여져 유가족에게도 공유될 것이다. 그런데 기증자가 되기를 원하지 않는 사람들의 명단을 유지할 경우 기증자가 줄어들 것임은 확실하다. 만약 강제된 선택이 생명을 구한다면, 이는 분명 그 방식의 강점이라고 하겠다. 그러나 여러 증거로 볼 때 '강제'보다 '유도'가 더 바람직한 방식이라고 우리 저자들은 생각한다.

이스라엘의 인센티브 정책

이란을 제외한 모든 나라가 살아 있는 사람에게 장기 기증 대가로 돈을 지불하는 행위를 금지한다. 그렇지만 인센티브를 제공하면 어떤 제도든 효과가 강화되는데, 장기 기증이라는 영역에서도 예외는 아니다. 예를 들어 지금도 살아 있는 신장 기증자는 건강 관련 비용 및 장기 기증 때문에 임금이 줄어들 경우, 손실된 임금을 특정 한도까지 보상받는다.[21] 이런 맥락에서 이스라엘은 흥미로운 인센티브 정책을 시행하는데, 여기에서 몇 가지 유용한 교훈을 얻을 수 있다.

이스라엘에는 옵트인 기증자 명단이 있지만 장기 기증에 관련된 최종 결정은 유가족이 하게 되어 있으며, 따라서 유가족의 승낙 여부가 장기 기증을 결정하는 관건이다(즉 이스라엘에는 '당사자 동의법'이 없다). 이런 사실을 깨달은 이스라엘 의회는 2008년, 최소 3년 전에 장기 기증자로 등록한 사람에게는 장기 이식 수술을 받을 대기자 명단에서 우선권을 주는 법률을 제정했다. 또 죽어서 장기를 기증한 사람의 가까운 친척은 장기 이식 수술을 받을 대기자 명단에서 우선권을 보장받을 수 있도록 했다.[•] 이 두 번째 요소는 사망한 가족의 장기 기증에 관련해 최종 결정을 내리는 유가족이 그 기증을 승인함으로써 직접 이익을 얻을 수 있다는 뜻이다. 싱가포르 역시 인센티브를 제공하지만 설득의 틀을 손실에 초점을 맞춰 강조한다. 즉 싱가포르에서는 장기 기증 기본 설정을 능동적으로 거부한 사람들의 명단과 함께 꽤 까다로운 추정 동의 버전을 운영한다. 그러나 장기 기증을 거부한다는 의사를 명시적으로 밝힌 사람은, 나중에 장기 이식 수술을 받아야 할 때 대기자 명단의 맨 아래쪽에 놓일 것이라는 경고성 발언을 듣는다.[••]

이런 이스라엘의 정책이 도움이 되는 것 같다. 정책이 바뀌고 5년 동안 유가족의 승낙률은 45퍼센트에서 55퍼센트로 증가했다.[22] 이 캠페인 덕분에 장기 기증 등록자도 늘어났다. 그러므로 이 방식은 등록자가 적은 나라일수록 채택을 진지하게 고려할 가치가 있는 듯 보인다 (참고로 미국에서는 성인 인구의 약 55퍼센트가 장기 기증자로 등록되어 있다).

• 다른 나라에서도 그렇듯이, 과거에 장기를 기증한 적이 있는 사람에게는 최고 등급의 우선권이 주어진다.

•• 중국은 유가족에게 한층 더 직접적인 인센티브를 제공해 장기 기증을 승낙하도록 유인한다. 그 방법은 현금을 지급하는 것이다. 우리는 이 정책이 어떤 효과를 발휘하며 어떤 평가를 받는지 알지 못하지만, 이런 방법이 미국에서는 불법임을 일러둔다.

추정 동의가 생명을 구한다?

최근 많은 나라가 사전 동의 등 옵트인 방식에서 추정 동의로 전환했고, 미국의 몇몇 주도 이 정책을 고려해왔다. 이러한 변화는 대개 추정 동의 정책이 훨씬 더 많은 생명을 구한다는 것을 근거로 정당화된다. 비록 간단하게 판단할 문제가 아니긴 하지만, 우리 저자들은 그런 결론에 관련된 증거가 설득력이 부족하다고 본다. 게다가 이 장에서 다룬 몇 가지 쟁점에 혼동이 있다는 게 우리 생각이다.

우선 우리는 그 유명한 존슨-골드스타인 그래프에서 사람들이 잘못된 결론을 끌어냈다고 생각한다. 당연히 내려야 할 올바른 결론은 '기본 설정이 사람들의 선호를 이끌어내는 데 커다란 영향을 미친다'다. 우리는 지금까지 책 전반에 걸쳐 이런 결론을 뒷받침하는 증거를 보았고, 존슨-골드스타인 그래프 사례는 그 발견에 대한 최고의 경험적 시금석 가운데 하나로 남았다. 그러나 추정 동의 정책을 채택하고 이 기본 설정을 거부하는 사람들의 비율을 낮게 유지하면 필연적으로 보다 더 많은 생명을 구하게 될 것이라는 추론은 틀렸다.

만약 여러 나라가 유가족과의 협의나 유가족의 동의가 필요 없을 정도로 강력한 추정 동의 규칙을 시행한다면 그 결론은 합리적이라고 할 수 있다. 기증자의 동의는 문자 그대로 추정적이다. 강력한 추정 동의 정책은 시간적으로 급박할 수밖에 없는 절차에서 유가족의 승낙을 받아내려는 시간과 노력을 완전히 제거할 뿐만 아니라, 사망한 기증자의 장기 기증을 유가족이 가로막을 위험도 제거한다. 그러나 우리가 확인한 결과로는 실제로 이 정책을 채택해 시행하는 나라는 거의 없다. 사례를 하나만 들어보면, 추정 동의 정책을 시행한다고 밝히는 이탈리아에서 공식 웹사이트는 유가족의 역할에 대해 다음과 같이 말한다.

"사망자가 자기 신체의 장기 기증과 관련된 진술을 남기지 않았을 때는 친족(배우자, 동반자, 성인 자녀, 부모 순서대로)이 장기 기증에 반대하지 않는 경우에 한해 장기 기증이 허용된다. 사망자가 미성년자일 때 장기 기증 결정은 언제나 부모가 하는데, 두 사람 가운데 한 사람이라도 반대하면 기증은 이루어지지 않는다."[23]

오스트리아나 싱가포르처럼 강력한 추정 동의 규칙을 시행하는 나라에서조차 의사들은 이식할 장기를 적출하기 전에 사망자의 가족과 협의하는 과정을 거친다. 강력한 추정 동의 정책을 시행하는 또 다른 나라인 스웨덴에서도 기증자가 생전에 적극적으로 장기 기증 의사를 밝히지 않았다면 가족이 장기 기증을 거부할 수 있다. 이런 정책은 충분히 이해할 수 있다. 감정적으로 매우 극단적 상황이며 사망자가 생전에 바라던 것이 무엇인지 확실하지 않으므로, 설령 사망자의 장기 적출이 법적으로 문제가 없다고 하더라도 의사들은 유가족에게 쉽사리 장기 기증을 압박하지 못한다. 그렇게 했다가는 장기 기증에 대한 역효과가 대중적으로 퍼지는 위험한 일이 일어날 수도 있다.

최근에 이 정책을 선택한 잉글랜드나 웨일스에서도 이 정책이 법적으로는 '부드러운' 추정 동의로 규정되어 있다. 가족이나 가까운 친구는 장기를 적출하기 전에 담당 팀과 협의 과정을 거치게 되어 있고, 만일 이들과 연락이 되지 않는다면 장기를 적출하지 않고 기다린다. 이런 규칙과 관습을 고려할 때, 추정 동의 정책이 실제로 생명을 얼마나 어떻게 구하는가 하는 점이 썩 명확하다고 할 수는 없다.

이 정책을 명확하게 이해하기 위해 해당 국가에서 시행하는 제도(옵

[표 13-1] 장기 기증에서의 행동 선호와 무행동 선호●

	비표현 선호	표현 선호
옵트아웃 국가 (추정 동의)	A "잘 모르겠는데, 우리 가족에게 물어봐."	B "싫어, 내 장기를 기증하지 마."
옵트인 국가 (명시적 동의)	C "잘 모르겠는데, 우리 가족에게 물어봐."	D "좋아, 내 장기를 기증해."

트인/옵트아웃)와 선호(행동-표현/무행동-비표현)에 따라 사람들을 분류해
보자. 그러면 [표 13-1]에서처럼 네 가지 경우의 수가 나온다.

　네 가지 경우의 수 가운데 A 집단과 D 집단이(이 두 집단은 암묵적으로
든 명시적으로든 장기 기증자가 되겠다고 동의한다) 동일하게 혹은 비슷하게라
도 대우를 받는다면 기본 설정 제도가 매우 중요하지만, 사실 이 두 집단
은 전혀 다른 대우를 받는다. 미국에서 D 집단(등록된 기증자)에 속한 사
람들은 당사자 동의법 때문에 장기 기증에 가장 친화적인 방식으로 대
우받는다. 당사자 동의법은 기증자의 능동적 바람을 지지하기 때문이
다. 그러나 옵트아웃에 실패한 A 집단에 속한 사람들은 기증자로 등록
하지 않은 C 집단에 속한 사람들과 비슷한 대우를 받는다. 여기에는 다

● 눈치 빠른 독자라면 이 단순화된 4분면 표에 이의를 제기할 수도 있다. 여기에는 A*와 C*라
불리는 두 집단이 빠져 있기 때문인데, 이 둘은 기증자가 되겠다고 혹은 되지 않겠다고 능동
적으로 등록할 사람들의 집단이다. 사실 만약 그들이 사는 나라가 기증자와 거부자의 등록을
받고 이들 목록을 관리한다면, 그것도 가능한 일이다. 점점 더 많은 나라가 전국적인 차원의
등록자 목록을 확보하고 있지만 명시적 동의 제도를 채택한 나라는 거부자 목록을 유지할 가
능성이 낮은 반면, 추정 동의 제도를 채택한 나라는 자기 장기를 기꺼이 기증할 의사가 있는
사람을 거의 등록하지 않는다(여기에는 물론 벨기에, 웨일스, 영국, 네덜란드 등과 같은 주목할 만한 예외도 있
다). 이는 각 국가가 기꺼이 기증에 나서는 기증자 명단을 보관하는 것이고, 기부하겠다는 의
사 결정 자체를 보관하지는 않기 때문이다.

376　　　　　　　　　　　　　　　4부. 사회 | 더 나은 세상을 만드는 법

음과 같은 논리가 작동한다. 능동적으로 자기 태도를 표명하지 않은 사람은 제도와 관계없이 동일하게 취급한다. 그리고 우리는 그 유명한 존슨-골드스타인 그래프를 통해 이것이 대부분의 사람에게 적용된다는 것을 알고 있다!

이와 달리 B 집단과 D 집단의 바람은 일반적으로 수용된다. 이들은 능동적인 선택을 하기 때문이다. 옵트인 설계의 장점은 '예'라는 대답에 대한 또 한 번의 기회가 보장되어 있다는 점이다. 즉 만일 어떤 개인이 기증자 등록을 하지 않았을 경우, 그가 죽은 뒤 그의 가족은 장기 기증을 허락해달라는 요청을 받는다. 장기 기증 분야의 전문가 알렉산드라 글래지어Alexandra Glazier는 이것을 '두 번의 기회two bites of the apple'라고 표현한다.[24] 반대로 추정 동의 제도 아래에서는, 특히 그 사람의 이름이 등록된 기증자 명단에 없을 때는 유가족이 '예'라는 말로 승낙할 수 있는 단 한 번의 기회밖에 없다.

이 모든 것은 현실에서 '추정 동의'라는 문구가 오해를 불러일으킴을 뜻한다. 어느 누구의 동의도 추정되지 않는다. 우리 저자들은 사람들이 기본 설정을 바꾸는 것의 의미를 혼동해 추정 동의 제도를 매력적으로 여긴다고 생각한다. 만약 추정 동의가 실행된다면, 명시적인 거부 의사를 능동적으로 밝히지 않은 기증자의 장기가 상례적으로 적출되어 생명을 구할 수 있다. 그러나 줄곧 강조했듯 실제로 이렇게 하는 나라를 우리는 한 곳도 알지 못한다. 설령 오스트리아와 싱가포르에서처럼 법률이 기술적으로 이런 것이 가능하도록 보장한다고 하더라도 말이다.

그러나 그것은 여전히 경험적인 차원의 질문이다. 추정 동의로 바꾼다고 해서 보다 많은 사람의 생명을 구할 수 있을까? 지금까지 많은 연구자가 전 세계에서 이루어진 실제 장기 이식 사례를 비교하며 이 질문에 대한 해답을 얻으려고 시도했다. 그러나 연구자들이 내린 결론은 제각각이다. 이처럼 명확성이 부족할 수밖에 없는 이유 가운데 하나는 연구 대상 국가가 50개국 미만뿐이라서 표본의 크기가 작은 편이고, 또 하나는 연구 대상 국가들은 중요한 여러 측면에서 제각기 달라 이것이 장기 기증에 영향을 미치기 때문이다. 예를 하나만 들어보겠다. 가톨릭 신자들은 장기 기증에 호의적인 경향이 있고, 가톨릭이 중심적인 종교인 나라들은 추정 동의 제도를 채택할 가능성이 상대적으로 높다. 만약 이런 나라에서 장기 기증 비율이 상대적으로 높다면 이것은 종교 때문일까, 아니면 공공 정책 때문일까? 이런 혼란스러움을 다변량분석(여러 현상이나 사건에 대한 측정치를 개별적으로 분석하지 않고 동시에 한 번에 분석하는 통계적 기법−옮긴이)으로 해결하려고 시도할 수 있다. 그러나 바로 이 점이 표본의 크기가 작다는 문제가 크게 부각될 수밖에 없는 이유다.•

경험적 분석이 안고 있는 한층 기본적인 문제는 어떤 나라들이 추정 동의를 채택하는 것으로 분류해야 할지 정하는 판정의 문제다. 장기 기증 분야에서 오랫동안 세계를 선도해온 스페인을 놓고 생각해보자. 스페인은 보통 추정 동의 채택 국가로 분류된다. 이 분야의 선두 국가 가운데 하나로 1979년에 추정 동의법을 제정했기 때문이다. 그러나 그 법은 1년 뒤에 개정되었다. 사망자의 장기 적출을 항상 유가족과 협의해야 한다는 점을 명시하기 위해서였다. 기증자의 동의는 결코 추정되지 않으

• 통계를 중요하게 여기는 사람들을 위해 덧붙이는 말: 많은 논문이 각 나라에서 다양하게 관측한 수치를 분석하지만, 이것은 표본의 크기가 상대적으로 더 큰 것에 대한 착각을 불러일으킬 뿐이다. 단일 국가에 대한 다양한 관측치는 독립적이지 않다. 일단 이 점을 고려하고 나면, 어떤 결론을 도출할 만한 힘이 남아 있지 않다.

며, 기본 설정인 추정 동의를 능동적으로 거부하는 사람들의 등록부도 없다. 그러므로 스페인은 사실상 가족의 동의가 절대적으로 작용하는 옵트인 국가다. 그러니 아주 오래전에 제정된 그 법이 두드러지게 많은 장기 이식 기록과 관련이 있다고 볼 근거는 전혀 없다.

스페인 국립장기이식기구National Transplant Organization의 창설자 라파엘 마테산스Rafael Matesanz와 현재 이 기구의 사무총장인 베아트리스 도밍게스-길Beatriz Domínguez-Gil은 자기들이 거둔 성공의 열쇠는 그 법률이 아니라고 분명히 밝혔다.

"오히려 반대로 인프라, 사망자 장기 적출 및 이식에 이르는 과정을 관장하는 조직, 그리고 지속적인 혁신이 성공을 부른 핵심 열쇠다."[25]

'스페인 모델'의 핵심적 측면은 이 나라에 구축된 3단계 장기 이식 코디네이터 네트워크다. 지역 차원에서 각각의 장기 조달 병원은 장기 기증자를 조기에 발견하고 소개하는 의사를 장기 이식 전담 코디네이터로 임명한다. 장기 이식과 관련된 의료진도 전체 장기 기증 과정에 대해 특별 교육을 받으며, 중환자실 사망자 관련 사항은 내·외부 전문가들에게 정기적인 감사를 받아 장기를 적출할 수 있었던 기증자가 누락되지 않았는지, 그리고 제도를 더욱 효율적으로 운영할 방법은 없는지 등을 분석하고 연구한다. 또 병원이 장기 기증 비용을 충분히 보상받을 수 있도록 함으로써 경제적인 이유로 장기 기증이 줄어드는 일이 없도록 하는 것도 강조 대상이다.[26]

스페인을 옵트아웃 국가로 잘못 분류하는 것은 경험적인 검증을 왜곡할 수 있다. 스페인이 세계에서 국민 1인당 사망 기증자 수가 가장 많기 때문이다. 그러나 더 기본적으로는 실제로 추정 동의를 열심히 실천하는 나라는 거의 없으므로 어떤 나라가 이 범주에 포함된다는 것이 무엇을 의미하는지조차 우리 저자들은 확신할 수 없다. 지금은 지켜지지 않는 법을 오래전에 제정했다는 사실은 이 나라가 장기 기증에 우호적인 태도를 갖고 있었음을 보여주는 신호이지, 뇌사 환자의 가족에게서 장기 적출 승낙을 받는 데 따른 어려움을 극복하게 해주는 법률적 차원의 문제는 아니라고 생각한다.

어떤 나라가 장기 기증과 관련된 정책을 바꿀 때 그 이전과 이후를 비교 분석한 논문들도 있지만 이런 논문들도 확정적인 결론을 내리지 않는다. 브라질은 1997년 추정 동의 정책을 도입했다. 그러나 이때 브라질 정부는 해당 인프라의 다른 부문에 투자하지 않았으며 1년 뒤에는 아예 방향을 뒤집어버렸다. 웨일스에서는 정책이 바뀐 뒤 사망한 기증자의 장기 기증이 늘어났지만, 여기에는 여러 가지 혼란 요인들이 있었다. 웨일스가 옵트아웃 제도를 도입했을 때, 200만 파운드 규모의 미디어 캠페인, 늘어난 직원 교육, 그리고 사람들이 자발적으로 기증자 등록을 하도록 장려하는 지속적인 노력 등을 포함한 많은 다른 활동이 이 변화와 함께 나타났다.* 2016년부터 2020년까지 웨일스에서 장기 기증자로 등록한 사람은 15만 명이 넘었는데, 이는 옵트아웃 제도에서는 1만 7,000명 조금 덜 되었던 것과 크게 비교된다.[27] 이런 다른 요인들 때문에 장기 기증자가 늘어난 원인을 특정한 것 하나로 돌리기 어렵다. 사실 웨일스가 명목상의 정책 변화에 초점을 맞추기보다 이런 다른 활동에 모든 노력을 기울였더라면, 그만큼의 성공 혹은 그보다 더 큰 성공을

---

* 잉글랜드와 웨일스가 여전히 국민이 자기 이름을 장기 기증자 등록부에 올리도록 유도한다는 사실은 이들 나라가 추정 동의를 규정하는 법률만으로는 문제를 해결할 수 없다는 것을 깨달았음을 확실하게 보여준다.

거두었을 것이다.

　어느 한 나라의 장기 기증 과정을 평가하는 간단한 방법은 사망자 1만 명당 기증한 장기가 얼마나 되는지 확인하는 것이다. 이 방법을 채택하려면 일부 국가의 사망률이 다른 국가의 사망률보다 높은 현실적인 문제를 통계적으로 보정하는 작업이 선행되어야 한다. 이 척도를 사용하면 미국은 옵트인 제도 아래에서 세계에서 가장 높은 기증률을 기록하는데, 일부 개별 주는 스페인을 능가할 정도다.[28] 사실 알렉산드라 글래지어와 톰 모네Tom Mone는 미국의 각 주를 하나의 국가로 여기고 분석한 결과, 옵트인 제도를 실시하는 쪽이 옵트아웃 제도를 실시하는 경우보다 기증률이 27퍼센트 더 높다는 실증 결과를 확인했다. 다른 제도로 바꿀 때 누릴 수 있는 잠재적 편익을 검토할 때는 장차 맞닥뜨릴 만한 여러 위험을 평가하는 것이 중요하다. 추정 동의로 정책을 바꾸어 뚜렷한 성공을 거둔 나라들은 미국의 현재 기증률보다 훨씬 낮은 수준에서 시작했다. 또 앞에서 언급한 2019년 갤럽 조사에 따르면, 미국 내 설문 응답자 가운데 무려 37퍼센트가 미국이 추정 동의 제도로 정책을 바꾼다면 장기 기증자가 되지 않겠다는 능동적 선택을 하겠다고 응답했다. 이 수치에는 자신의 선호가 그 어떤 것에 대해서든 추정 대상이 될 경우, 그 추정과 반대로 행동할 수 있다는 뜻을 내비친 사람들의 저항도 포함된 것이다.[29] 만일 이 수치가 정확하다면, 미국이 추정 동의 제도로 정책을 바꿀 때 기증자 등록률이 지금보다 많이 **줄어들** 수 있다.

진정한 목표를 이루기 위하여

지금까지 우리는 기본 설정이 강력한 도구가 될 수 있지만 기본 설정을 변경하는 것이 모든 문제를 해결하는 만병통치약은 아님을 강조했다. 장기 기증이라는 주제는 이런 사실을 잘 보여준다. 잠재적 기부자가 장기 기증이라는 분야에서 유일한 행위자가 아니라는 사실이 결정적인 역할을 한다. 기증자의 가족도 중요한 행위자로 장기 기증이라는 전체 과정의 한 부분이며, 그렇기 때문에 추정 동의는 겉보기보다 훨씬 더 허약한 도구일 수밖에 없다. 지금까지 살펴보았듯 전체 조직화 과정의 다른 여러 측면이 장기 기증 비율을 높이는 과제의 성공과 실패를 가르는 숨겨진 요소다. 스페인은 바로 이런 여러 절차를 잘 관리하고 있다. 그 절차들은 조직의 선택 설계, 그리고 가족에게 접근할 때(가족은 기본 설정의 선택보다 더 중요하다는 사실이 입증된 변수다) 적용하는 잘 설계된 소통 전략을 하나로 묶은 것이다.

미국에서 그런 역할을 담당하는 것은 지역 차원의 58개 장기 이식 관리 센터Organ Procurement Organization, OPO다. 장기 이식 관리 센터는 관할 구역에서 발생한 사망자의 장기 기증 관련 문제를 책임지고 관리하는 기관이다.[30] 예를 들어 필라델피아에 본부를 두고 동부 펜실베이니아와 델라웨어를 담당하는 장기 이식 관리 센터인 '생명의 선물 기증자 프로그램 Gift of Life Donor Program'은 최고의 성과를 올리는 것으로 잘 알려져 있으며, 펜실베이니아와 델라웨어에서의 장기 기증률은 꾸준히 높은 수준을 유지한다. 그런데 안타깝게도 잠재적 기부자의 기본적인 대상 집단pool은 지역마다 다르고, 장기 이식 관리 센터가 운영하는 절차는 (적어도 우리가 보기에는) 다소 불투명하다. 그래서 장기 이식 관리 센터의 특정한 관행이 상대적으로 높은 기증률로 이어지는지 파악하기 어렵다.

이런 맥락에서 우리 저자들이 하고 싶은 말을 정리하면, 환자의 생명을 구하고 잠재적 기증자의 권리를 존중하며 유가족의 이익을 보호하기 위해 할 수 있는 모든 일을 하는 것을 장기 기증의 목표로 삼아야 한다. 이런 목표를 염두에 둘 때 정부가 장기 기증 문제를 다룰 때는 다음두 가지를 우선적으로 실천해야 한다고 생각한다. 첫째, 스페인을 비롯한 모범적인 국가에서 사례를 배울 것. 둘째, 보다 더 많은 사람이 자기이름을 장기 기증자 목록에 올리도록 유도하는 대안적인 방법을 실험할것. 기본으로 설정된 규칙을 바꾸는 일에만 집중하다 보면 이처럼 더욱중요한 일에 소홀해질 수밖에 없다.

14장

기후변화 앞에서
지구 구하기

이리 와라, 모두 모여라

어디를 정처 없이 떠돌든 간에

받아들여라, 자기 주변에서

물이 점점 차오르고 있음을

그리고 인정해라, 머지않아

뼛속까지 물에 젖고 말 것임을

자기에게 주어진 시간이 아깝다면

지금 당장 헤엄쳐나가자

돌처럼 가라앉고 싶진 않겠지

시대가 바뀌고 있잖아

_밥 딜런

세상이 어떻게 돌아가는지 조금이라도 관심을 가지는 사람이라면 누구나 알겠지만, 지금 전 세계는 기후변화라는 위기를 맞고 있다. 지구는 점점 뜨거워지고 기후는 점점 변덕스러워진다. 그래서 공중 보건 및 공공 복지는 엄청난 악영향을 받고 있다. 가난한 나라 사람들이 특히 취약하지만 부유한 나라 사람들도 심각한 위험에 맞닥뜨렸다. 사나운 폭풍과 대규모 화재는 국적을 가리지 않으며 그 누구에게도 온정을 베풀지 않는다.

이는 워낙 커다란 문제여서 여기에 제대로 대응하려면 모든 사람이 힘을 합칠 수밖에 없고, 또 그렇게 해야 한다. 아닌 게 아니라 몇몇 나라는 대담한 계획을 실천으로 옮겨 온실가스 배출량을 줄이려고 막대한 비용을 과감하게 투자한다. 그러나 지금까지 이루어진 진전은 제한적이다. 이렇게 된 이유 중 가장 결정적인 것은 막대한 비용이다. 탄소 배출량의 대규모 감축에 필요한 비용은 결코 적지 않을 것이다.

논의를 단순하게 전개하기 위해 여기서는 탄소 배출량을 줄이는 문제에만 초점을 맞추려 한다. 그러나 안타깝게도 전 세계가 시간이 지날수록 더욱 심각해지는 기후변화의 영향에 대처할 방법을 절박한 심정으로 찾아야 한다는 것은 피할 수 없는 현실이다. 현재의 배출량 증가 속도가 대폭 줄어든다고 하더라도 기온 상승, 해수면 상승, 강력한 폭풍, 대형 산불 등의 문제는 앞으로 수십 년에 걸쳐 계속 늘어나고 심각해지기만 할 것이다. 우리에게는 이런 현상에 적응하는 정책이 필요하며, 이는 선택 설계의 여러 모범 사례 및 수많은 넛지를 아울러야 한다는 뜻이다. 적응은 기본적으로 기후변화의 피해를 줄이기 위한 수단이다. 예를 들어 어떤 식으로든 개입을 많이 할수록 산불은 줄어들 수 있으며, 대규모 산불로 번지는 것을 막을 수 있다. 방조제를 건설하면 해수면이 범람할 위험을 줄일 수 있다. 홍수가 덜 일어나는 곳으로 집을 옮길 수 있다면 더 바람직하다. 더위와 가뭄을 한층 잘 견디는 작물을 개발할 수도 있다. 그러려면 농부들이 대를 이어 재배해온 작물을 포기하고 다른 작물을 재배하도록 넛지할 필요가 있다. 무슨 말인지 잘 알 것이다. 선택 설계를 제대로 이해했다면 지구온난화의 세상에서 나타나는 온갖 피해를 줄일 다양한 개혁에 박차를 가할 수 있다.

퍼펙트 스톰

행동경제학이 제시하는 몇 가지 기본적인 교훈은 왜 여러 국가들이 지금까지 당연히 더 많은 일을 해야 했지만 그렇게 하지 않았는지 설명하는 데 도움을 준다. 슬프게도 우리는 '퍼펙트 스톰'이라 부를 수 있는 문제를 안고 있다. 바로 이 문제가 전 인류 차원에서 총체적인 행동을 실천하기 어렵게 만들고 있다. 이와 관련된 주된 장애 요소 몇 가지를 설명하면 다음과 같다.

1. 현재 중시 편향

지금까지 살펴보았듯 사람은 나중보다 지금을 더 중요하게 여기는 경향이 있다. 과학자들이 수십 년 전부터 기후변화에 따르는 위험을 경고해왔음에도 사람들은 대부분의 심각한 위기를 수십 년 뒤인 먼 미래에나 일어날 일로만 여겼다. 그러나 사람들은 지금 당장 결제해야 할 청구서를 받아 들고 있다! 전 세계 사람들이 기후변화와 관련된 다양한 위기 및 문제를 맞닥뜨렸음은 부인할 수 없는 사실이다. 그러나 여러 중요한 순간에 지도자와 유권자는 기후변화를 미래 세대가 해결할 문제라고만 여기고 이에 적극적으로 대응하지 않았다. 코로나19에 대한 대응과는 크게 대비된다. 코로나19 팬데믹에서는 확진 및 사망이라는 차원에서 사람들이 부담해야 하는 비용이 지금 당장의 문제이자 '나'의 친구와 가족, 정치 지도자가 겪는 문제로 인식된다.

2. 현저성

사람들은 스모그를 눈으로 볼 수 있으며 이를 매우 싫어한다. 오염된 공기와 물은 눈으로 확인할 수 있는 동시에 무시무시하기까지 하다. 미국을 포함한 많은 나라에서 대중은 더욱 깨끗한 공기와 물을 요구해왔다(그리고 자주 깨끗한 공기와 물의 혜택을 누리기도 했다). 하지만 온실가스는 이런 것들과 다르다. 대기 중에 있으면서도 눈에 보이지 않는다. 사람들은 눈으로 확인할 수 없는 위협은 대수롭지 않게 여기는 경향이 있다.

3. 특정해서 지목할 악당이 없음

구체적인 위험이나 위협에서는 악당을 특정할 수 있다. 그럴 때 악당이 저지르는 끔찍한 행동은 사람들의 관심을 받고 지탄의 대상이 된다. 그렇기 때문에 테러리스트와 맞서 싸우기 위해 대중의 관심을 불러일으키고 필요한 자원을 동원하는 일은 그다지 어렵지 않다. 그것이 유명인사가 이끌거나 테러리스트와의 투쟁에 단호하게 나서는 것일 때는 특히더 그렇다. 그런데 기후변화는 얼굴이 없는 악당이다. 기후변화는 수많은 사람이 해온 행동의 결과이기 때문이다. 우리 모두가 아주 오래전부터 해온 행동의 결과인 것이다. 9·11 사건이 발생한 뒤 특정한 악당의 존재, 특히 오사마 빈 라덴의 존재는 테러에 맞서는 공격적인 대응의 연료가 되었다. 기후변화는 인명 손실이라는 측면에서 보더라도 테러보다 훨씬 더 큰 위협이라는 주장을 9·11 사건 당시 제기했고, 지금은 이런 주장이 그때보다 훨씬 더 설득력 있지만, 기후변화는 사람들의 분노가 향할 구체적인 악당으로 지목되지 않는다.

4. 확률적인 차원의 피해

어떤 행동이 피해를 유발한다는 것을 알아보기는 쉽다. 어떤 사람이 다른 사람을 때린다거나 어떤 회사가 유해 물질을 동네에 있는 저수지에 무단으로 버리는 행위가 그렇다. 그런데 기후변화 때문에 발생하는 위해는 흔히 확률적으로만 존재한다. 그렇기 때문에 이런 문제와 관련해 대중의 의견을 하나로 모으기가 상대적으로 어렵다. 어떤 지역에서 허리케인이나 화재, 폭풍 등이 발생하는 건수가 늘어날 때, 이런 것들이 기후변화에서 비롯되었다는 점에 모든 사람이 동의할 수 있을까? 기후의 속성을 다루는 과학은 빠르게 발전하고 있으며,[1] 많은 과학자는 기후변화가 허리케인과 화재의 예상 발생 횟수 및 심각성을 높인다는 사실을 정확하게 강조한다. 하지만 그렇다고 하더라도 특정 사건이 딱 꼬집어 기후변화 때문에 발생했다고 주장하기는 어렵다. 기후변화에 대처하는 운동에 사람들을 동원하려는 활동가들에게는 바로 이 점이 문제다. 그리고 신중한 발언이나 접근조차 기후변화를 실체가 없는 음모라고 주장하거나 인간이 충분히 대처할 수 있는 어렵지 않은 문제라고 보는 사람들에 의해 왜곡되고 악용된다.

5. 손실 회피

앞에서도 언급했지만, 손실 회피는 동일한 가치의 이득과 손실을 경험하더라도 이득에 따르는 만족보다 손실에 따르는 고통을 더 크게 받아들이는 심리 현상이다. 온실가스 배출량을 줄이려는 노력은 지금 당장의 손실을 감수해야 한다. 만약 '기후세'라는 세금이 새로 생기고 모든 사람이 이 세금을 내야 한다면 손실 회피 현상이 나타난다. 기후변화가 손실을 초래한다는 것은 사실이다. 그러나 이 손실이 지닌 최악의 특성은 이것이 미래에 발생하며, 규모가 얼마나 클지 지금으로서는 가늠조차 할 수 없다는 점이다.

이 문제들을 극복할 수 없다는 말이라고 오해하지 마라. 전 세계적으로 기후변화 문제를 해결하려는 활동가와 단체가 젊은 층 말고도 많이 존재하며, 이런 활동이 기후변화와 관련된 규제를 강화하는 데 큰 도움이 되고 있다(이콘이 아닌 인간이더라도 현재 중시 편향을 극복할 수 있다. 이들은 흔히 미래 세대를 배려한다. 기후변화에 따른 손실은 점점 더 현저하게 두드러지고 있으며, 이런 손실 가운데 많은 것을 바로 지금 사람들이 경험하고 있다. 사람들은 보험에 가입해 확률적인 피해를 회피하는 것이 좋다는 사실을 안다. 그리고 우리는 온실가스를 누가 대규모로 배출하는지 찾아낼 수 있다). 그러나 기후변화 문제에, 그리고 더 일반적으로는 환경보호 문제에 두 가지가 추가로 적용된다. 이 두 가지 문제는 기후변화 및 환경보호에 대처하는 일이 어려울 수밖에 없는 이유를 설명하는 데 도움이 된다.

첫째, 사람들은 자기가 한 행동이 환경에 어떤 영향을 주는지 일러주는 명확한 피드백을 받지 못한다. 에너지를 사용하면 공기나 물이 오염

되거나 탄소가 배출되지만, 사람들은 이런 사실을 의식하지 못할 수 있다. 적어도 지속적으로는 의식하지 못한다. 설령 관련성이 있다는 증거를 듣는다 하더라도 이것이 그 사람의 행동에 영향을 주지 않을 수 있다. 냉난방 장치를 조절해 쾌적한 온도를 유지하는 사람들이 자신의 행동이 다른 사람에게 어떤 비용을 발생시키는지 냉난방을 가동할 때마다 혹은 날마다 생각하겠는가? 또 화석연료를 사용하는 자동차를 타는 행위가 기후변화에 어떤 식으로든 영향을 준다는 사실을 안다고 하더라도, 자동차를 덜 타거나 전기 자동차를 사겠는가? 그럴 수도 있지만 아닐 수도 있다. 이와 동일한 맥락의 논점은 어떤 음식을 먹을 것인지, 어떤 재료가 들어간 제품을 사용할 것인지 등 기후변화와 명확하게 연결되지 않는 수많은 결정에도 한층 강력하게 적용된다.

두 번째 문제는 더욱 근본적인 것인데, 바로 무임승차자 문제다. 기후변화에 대한 대응의 성과는 많은 나라와 그 나라의 시민이 하는 행동에 따라 좌우된다. 한 가족이나 대기업 혹은 국가가 탄소 배출량을 줄인다면 이는 분명히 개선이라고 할 수 있다. 그러나 만약 다른 가족이나 기업, 그리고 국가가 탄소 배출량을 늘린다면, 세계는 결국 멸망할 수 있다. 예를 들어 미국의 저명한 지도자들은 이런 생각을 해왔다. 중국과 인도가 탄소 배출량을 줄이지 않는데 왜 우리만 탄소 배출량을 줄여야 하는가? 다른 나라들이 평소와 다름없이 탄소를 펑펑 배출하면서 우리에게 해를 끼치는데, 왜 우리만 많은 돈을 들여 다른 나라들을 도와야 한단 말인가? 한편 중국과 인도의 지도자들은 이런 생각을 하곤 했다. 애초에 이 문제를 일으킨 것은 부유한 나라들인데, 왜 우리가 탄소 배출량을 줄이는 데 적극적으로 나서야 한단 말인가(이 문제에 대해서는 조금 뒤에 다시 살펴보겠다)?

이것이 바로 흔히 말하는 '공유지의 비극'이다. 어떤 마을에 소를 키우는 농가가 여럿 있다. 그런데 모두 소를 더 많이 키우고 싶어 한다. 해당 비용의 극히 일부만 부담하면서 혜택은 더 많이 받을 수 있기 때문이다. 그러나 소를 키우는 농가가 모두 이렇게 생각하고 실제로 그렇게 행동하면, 결국 그 마을의 공동 소유 목초지는 황폐해져 그 어떤 농가도 소를 키울 수 없게 된다. 소를 키우는 농가들은 이 비극을 피할 방법을 찾아야 한다. 이것과 비슷한 문제가 어업 분야에도 만연해 있다. 이 문제들은 대기오염과 기후변화를 설명하는 데 도움이 되는데, 기후변화는 위협 수준이 워낙 심각하고 관련된 사람과 국가가 워낙 많아 흔히 '사악한' 공유지 문제로 묘사된다.[2] 공유지의 비극을 해결하는 표준적 해법은 모든 구성원이 동의하는 강제성이다. 예를 들어 소를 키우는 모든 농가는 개별 농가에서 키우는 소의 마릿수를 제한하는 데 동의하며, 이 약속을 어기는 사람은 처벌받도록 하는 데도 동의할 수 있다. 규범도 도움이 될 수 있으며,[3] 선택 설계자는 이런 규범을 만드는 데 도움을 줄 수 있다. 비록 효과가 나타나기까지 제법 많은 시간이 걸리겠지만 말이다.

혹시 당신은 우리 저자들이 비용이 적게 드는 다양한 넛지를 이용해 이런 문제를 해결할 수 있다면서 획기적인 해결책을 제시할 것이라고 기대하는가? 그렇다면 실망을 안겨줄 수밖에 없으니 미안하다. 지금까지 우리가 여러 번 강조했듯 가벼운 개입만으로 모든 문제를 해결할 수는 없다. 지진이 일어나서 쓰나미를 유발해 거대한 파도가 마을을 향해 빠르게 덮쳐오는 상황을 상상해보자. 이때 우리는 그 파도를 향해, 모든 파도의 99퍼센트는 해변의 끝자락까지 미치지 못하고 돌아설 것이라고 말해야 할까? 아무리 봐도 별로 좋은 생각이 아니다. 그럴 때는 무조건 해일이 닿지 않을 곳을 향해 달려야 한다.

안타깝게도 우리에게는 기후변화에서 도망칠 수 있는 선택지가 없다. 그러나 쓰나미 경우와는 달리 우리에게는 어떤 행동을 할 수 있는 시간이 조금 더 주어져 있다. 그리고 비록 넛지가 이 문제를 해결까지는 하지 못한다고 하더라도 적어도 약간은 도움을 줄 수 있으며, 우리는 확보할 수 있는 모든 도움을 악착같이 모아야 한다. 그들은 도움을 줄 수 있고, 우리는 우리가 얻을 수 있는 모든 도움이 필요하다. 기후변화를 전 세계적 차원의 선택 설계 문제로 생각하는 것도 도움이 된다. 심리학과 행동경제학에서 찾아낸 발견은 어떻게 하면 기후변화 문제를 개선해나갈지 이해하는 데 도움을 줄 수 있다.

협력을 이끌어내라

'공유지의 비극'이라는 표현은 개릿 하딘Garrett Hardin이 1968년에 발표한 유명한 논문에서 처음 사용되었고 그 뒤로 널리 사용되었지만, 사회과학자들은 이 개념을 이미 그 이전부터 알고 있었다.[4] 경제학 분야의 거두인 폴 새뮤얼슨Paul Samuelson은 1954년에 발표한 단 세 쪽짜리 논문에서 자신이 '공공재public goods'라 이름 붙인 주제를 다루었다.[5] 새뮤얼슨은 공공재를 다른 사람이 누리는 기쁨을 손상하지 않으면서도 누구나 사용할 수 있는 것(재화나 서비스)이라고 정의했다. 산에서 누릴 수 있는 신선한 공기가 공공재의 좋은 예다. 산꼭대기에서 아무리 심호흡을 많이 한다 하더라도 다른 모든 사람이 누릴 신선한 공기는 많이 남아 있다.

새뮤얼슨의 분석은 당시의 경제학자들이 일반적으로 수용하던 가설 하나를 기반으로 했는데, 사람들이 이콘처럼, 즉 합리적이면서도 이기적으로 행동한다는 발상이었다.[*] 그것은 바로 사람들은 자신이 어떤 상황에 놓여 있는지 이해하고서는 자기 이외의 모든 사람의 선호를 무시한 채 자기 이득만 극대화하는 방향으로 행동한다는 뜻이다. 이런 가설 아래에서는 공공재가 현실적인 문제를 불러오는데, 공공재를 생산하는 일에는 그 누구도 기여하려 들지 않을 것이기 때문이다. 이런 원리가 개인에게 어떻게 적용되는지는 쉽게 알 수 있다. 예를 하나 들어보자. 당신이 일상에서 어떤 선택을 하든 당신이 창조한 혜택을 다른 모든 사람이 공유한다고 치자. 이런 이유로 당신은 환경친화적인 선택을 하지 **않을까**? 그러나 다행스럽게도 인간은 이콘보다 덜 이기적이다. 그래서 어떤 사람들과 정부는 자발적으로 친환경적인 선택을 한다. 비록 우리 저자들이 기대하는 정도에는 다소 못 미치긴 하지만 말이다.

이 분석은 전 세계 탄소 배출량 중 상당 부분을 차지하는 설비 제조사나 자동차 제조사 같은 대기업에 적용할 때 한층 더 중요하다. 대개 이런 기업의 기본적인 목표는 돈을 버는 것이다. 그런데 기업들이 오염을 줄이면 (소비자가 그들에게 따로 보상을 해주지 않는 한) 그들에게 돌아가는 이익이 줄어들 수 있다. 기업의 고용주와 고용자 모두 기후변화의 영향을 받는다. 그러나 이런 점을 고려하더라도 이익을 극대화하려면 온실가

---

[*] 이 장에서는 우리 저자들이 '합리적인rational'이라는 단어를 사용하지 않겠다는 자발적인 약속을 깨고 이 단어를 사용하고자 한다. 단순히 사람들이 수학을 제대로 잘한다는 점을 나타내기 위해서다. 또 우리는 '이기적인selfish'이라는 단어를 덧붙이는데, 이것은 완전히 다른 개념이기 때문이다. 사람들이 다른 사람의 복지에 관심을 가지는 것이 지극히 합리적일 수 있다. 표준적인 경제 모델은 일반적으로 사람들이 자기 자신과 직계가족 또는 직계가족 전부가 아니더라도 적어도 대부분에 대해 신경 쓴다고 가정한다.

스 배출량을 대폭 줄일 수 없다는 사실은 명백하다. 하지만 많은 기업이 배출량을 줄이려고 큰 비용을 들여가면서 상당한 조치를 취한다는 것을 우리 저자들은 알고 있다. 회사를 운영하는 사람들에게는 양심이라는 것이 있다. 그리고 이들은 직원, 투자자, 고객, 그리고 특히 자녀들에게 넛지를 당할 수 있다. 또 투자자들은 수익에 신경 쓰는데, 바로 이 사실에서 현실적인 문제가 제기될 수 있다.

무임승차자 문제는 세계 각국의 정부 대 정부 차원에서 한층 더 중요한데, 기후변화에 대한 대응이 성과를 올릴 유일한 방법은 세계 모든 나라가 공동 행동을 하는 것이기 때문이다. 각 나라는 각자 키울 수 있는 소의 마릿수를 결정해야 하는 농가와 비슷하다. 중국과 인도와 미국은 자국 내 대중이나 다른 나라들이 보내는 압력에 직면하지 않거나 기후변화 문제를 해결하겠다는 단호한 의지를 가지고 있지 않을 경우, 스스로 많은 것을 줄이려 들지 않을 것이다. 그들에게는 모종의 강제적 합의가 필요할지도 모른다(우리 저자들은 이 세 나라 모두 어떤 시기에는 탄소 배출량을 줄이기 위해 많은 노력을 자발적으로 해왔다는 점을 분명히 지적한다. 그러나 여기에서 우리가 말하고자 하는 점은, 무임승차자 문제 때문에 이 세 나라 또는 전 세계가 당연히 해야 할 일을 하게 만드는 것이 어렵다는 사실이다.).

사회과학자들은 이런 상황을 반영한 게임을 동원해 흥미로운 실험을 고안했는데, 이 게임은 2015년의 파리협약(파리기후변화협약)을 포함한 여러 국제 협약을 온전하게 이해하는 데 도움이 되는 통찰을 제공한다. 이 게임은 '공공재 게임'이라고 불린다. 이것이 어떻게 작동하는지 살펴보기 위해, 당신이 이 실험의 참가자이고 처음 보는 9명과 함께 그 실험에 참가했다고 치자. 당신을 포함한 참가자들에게는 1달러짜리 지폐 5장이 주어진다. 실험 진행자는 그 돈을 나중에 가져갈 수 있다고 말한다. 그러나 당신은 그 돈을 '공공재 항아리'에 익명으로 기부할 수도 있다. 그 판단은 오로지 당신을 포함한 실험 참가자의 몫이다. 또 참가자가 1달러를 기부하면 진행자가 1달러를 보태 2달러가 된다. 이렇게 항아리에 모인 돈은 나중에 실험 참가자 전원에게 골고루 분배된다. 만약 아무도 항아리에 돈을 기부하지 않는다면 참가자들은 5달러만 가져갈 수 있고, 모두가 5달러를 기부하면 10달러를 챙길 수 있다.

자, 당신이라면 얼마를 기부하겠는가? 진지하게 고민할 수 있도록, 당신을 포함한 참가자가 애초에 받는 돈이 5달러가 아니라 500달러나 5,000달러라고 상상해도 된다.

당신이 판단을 잘할 수 있도록 우리가 몇 가지 산수 결과를 알려주겠다. 기부금이 1달러씩 늘어날 때마다 공공재 항아리에는 2달러씩 늘어나고, 이 돈을 당신은 10분의 1로 나누어 배분받는다. 기부를 많이 하는 사람일수록 집으로 가져갈 돈이 줄어든다는 뜻이다. 그렇지만 한 푼도 기부하지 않겠다고 결정하기 전에 알아둬야 할 게 하나 있다. 모든 참가자가 많이 기부할수록, 모든 참가자가 좀 더 많은 돈을 챙겨 갈 수 있다는 사실이다. 모든 참가자가 협력하기만 하면 단 몇 분 만에 가진 돈을 2배로 불릴 수 있다.

자, 이제 결정을 내렸는가? 어떤 결정을 내렸는가? 이기적인 이콘이 되겠는가, 아니면 관대한 인간이 되겠는가? 둘 다 아니면 그 둘 사이 어디쯤에 서겠는가?

이 게임은 다양한 버전으로 수백 번 진행되었고, 사람들은 이콘만을 염두에 두는 경제학자들이 생각하는 것만큼 이기적이지 않다는 것이 밝혀졌다. 모두가 단 한 푼도 기부하지 않을 것이라는 경제학자들의 예측이 빗나간 것이다. 실험 참가자들은 평균적으로 약 절반의 돈을 기부한다. 이는 분명 좋은 소식이다. 그런데 이 게임을 여러 차례 반복하면 나쁜 소식이 날아든다. 기부율은 점차 떨어져 15퍼센트까지 낮아진다. 거칠게 말하면 사람들은 '조건부 협력자'가 된다. 다른 사람들이 공공재에 기부하는 한 자신도 기꺼이 기부한다는 말이다. 그러나 만일 다른 사람이 무임승차자로 변하면 자신도 기부금을 내지 않는다. 이렇게 하다 보면 결국 아무도 기부금을 내지 않게 된다. 그런데 흥미로운 점이 하나 있는데, 참가자들이 기부할지 말지 각자 결정하기 전에 한자리에 모여 대화를 나누면 기부율이 높아진다.[6] 참가자들은 협력을 촉구하거나 기부를 다짐하는 연설을 하곤 하는데, 이런 다짐은 비록 구속력이 없어도(경제학자들은 이런 발언을 '그냥 쉽게 하는 말cheap talk'이라고 부른다) 기여율을 높이며 시간이 지나도 이 기여율을 유지하는 데 도움을 준다.

이 단순한 게임은 기후변화에 맞서는 싸움에서 국제적인 협력을 다지려는 시도가 큰 성과를 거두지 못할 때 그 과정에서 어떤 일이 일어났는지 생생하게 암시한다. 참가자들이 대화를 나눌 수 있도록 설정했던 실험에서처럼, 국가 정상들이 만나 나누는 대화는 협력의 필요성과 공동 생존 방식에 대한 우아하고 이상적인 내용으로 시작한다. 그런 다음 만약 우리가 모두 힘을 합친다면 다음 세대에게 쾌적한 기후에서 편안하게 잘 살아갈 기회를 제공하게 될 것이라는 인류 공동의 소망을 담은 결과를 낳는다. 이런 결과는 기후변화 문제를 해결하는 데 도움이 될 수 있다. 하지만 한자리에 모인 국가들은 나중에 각국이 줄여야 할 탄소 배출량을 두고 논쟁을 벌이고, 그러다 실현 가능성이 높은 장기 계획 및 계

4부. 사회 | 더 나은 세상을 만드는 법

획을 실천할 방안을 논의한다. 파리협약으로 이어졌던 힘든 논의 과정이 보여주듯 이 논쟁은 까다롭게 전개된다. 나라마다 기후변화와 그 해결책을 바라보는 관점이 다르다. **과연 어느 나라가 얼마를 공공재 항아리에 기부할까?**

조금 더 구체화하기 위해 기후변화의 과학을 고도로 단순화해보자. 인류가 지구에 거주한 뒤로 혹은 적어도 불을 발명한 뒤로 인간은 각종 온실가스를 방출해왔다. 온실가스는 대기 속에 오래 머문다. 온실가스 누적 배출 총량 가운데 많은 부분을 북미와 유럽의 부유한 나라들이 배출했다. 전기, 운송, 공장, 냉난방 등 현대적인 발명품이 온실가스를 다량 배출하기 때문이다. 미국은 1751년 이후 전 세계 배출량 가운데 약 4분의 1을 배출했으며, 이 분야의 챔피언 자리를 굳게 지킨다(그렇지만 이 비율은 해마다 조금씩 떨어지고 있다).[7]

한편 중국, 인도, 브라질 등 역사적으로 볼 때 상대적으로 가난했던 나라들은 오랜 세월 뒤처졌다. 국제적 협상에서 이들은 부유한 나라들은 에너지를 많이 사용한 덕분에 부자가 된 게 아니냐고 따지면서 가난한 나라를 상대로 갑자기 온실가스 배출량을 엄격하게 제한하는 것은 불공평하다고 주장했다. 사실 중국은 이미 일찌감치 2006년에 미국을 제치고 세계 최대 탄소 배출국이 되었다.[8] 그럼에도 수백 년 동안 탄소를 더 많이 배출해온 (그러면서 부를 축적해서 부자가 되었던) 나라들에 가하는 제약과 똑같은 제약을 받는 것은 공정한 처사가 아니라고 주장했다.

이 상황에서 공정함이 무엇인지를 놓고 주장을 펼치다간 시간만 낭비할 수 있다. 그러니 그 문제에 대해 합의를 이끌어내기란 무척 어렵다는 말로 일단 정리하고 넘어가자. 그 문제와 관련된 철학적 쟁점은 복잡하기 짝이 없다. 어떤 경우든 사람은 무엇이 공정한지 판단할 때 자기중심적 편견에 사로잡힌다는 사실은 이미 입증되었다.[9] 인간의 이런 모습을 가까이에서 관찰하고 싶다면, 이혼하면서 재산을 나누는 부부를 보면 된다. 기후변화 분야에서는 공정함을 자기중심적으로 판단하는 모습을 국제 협상이 이루어지는 회의장 어디에서든 확인할 수 있는데, 바로 이 문제가 문제 해결의 심각한 장애물로 작용해왔다.

행동경제학 분야의 저작은 이 교착 상태에서 벗어나 앞으로 나아갈 수 있는 한 가지 방법에 대한 발상을 제시한다. 공공재 게임을 하는 사람들은 모두 '조건부 협력자'였음을 기억하고 있는가? 이 사람들은 다른 사람들이 협력하면 자기도 협력한다. 행동경제학자들인 에른스트 페르 Ernst Fehr 와 사이먼 게히터 Simon Gächter 는 일련의 실험을 통해 반복되는 공공재 게임에서 참가자들이 스스로 비용을 부담하면서까지 비협조자를 처벌할 수 있게 허용할 때 협력이 늘어날 수 있음을 보여주었다.[10] 이 게임에서 만약 참가자 A가 참가자 D가 기부금을 내지 않는다는 사실을 알면, A는 D를 처벌할 수 있다. 처벌 방식은 A가 자기 돈 1달러를 써서 D의 돈을 3달러씩 줄어들게 만드는 것이다. A가 이렇게 D를 처벌하면서 직접 얻는 이득은 없다는 사실, 즉 비협조자를 처벌하는 데 필요한 비용을 고스란히 스스로 부담해야 한다는 사실을 주목하라. 결과를 놓고 보자면 이콘은 이 게임에서 절대로 누군가를 처벌하지 않는다. 그러나 선의를 (혹은 악의를) 지닌 인간은 처벌을 하겠다고 나선다! 어떤 이콘도 사용하지 않을 선택지를 도입할 때 협력은 크게 늘어났다. 사실 이런 규칙들이 적용될 때 게임이 반복될수록 협력이 **증가하는데**, 이것은 통상적인 규칙이 적용되는 게임에서 관찰되는 것과는 정반대다.

4부. 사회 | 더 나은 세상을 만드는 법

우리 저자들은 이 발견이 노벨 경제학상을 받은 기후 전문가 윌리엄 노드하우스William Nordhaus의 발상에 유용한 행동적 토대를 제공한다고 믿는다. 노드하우스는 각 국가가 나서서 자신이 '기후 클럽Climate Clubs'이라 이름 붙인 기구를 만들 것을 제안했다.[11] 이것은 테니스 클럽 등 다른 클럽들과 마찬가지로, 참가 회원이라면 클럽이 정한 규칙(예컨대 라켓 던지지 않기, 제때 회비 내기 등)에 동의해야 한다. 규칙을 지키면 다른 회원들과 어울려 테니스를 즐길 수 있지만 그러지 않으면 클럽에서 쫓겨난다. 그러나 기후 클럽이라는 발상의 핵심은 이 클럽에 가입하지 않거나 가입하더라도 규칙을 따르지 않는 나라를 다른 클럽 회원국들이 (어쩌면 관세 등의 방식을 통해) 처벌하는 것이다.

우리로서는 기후 클럽이라는 용어 자체가 조금은 못 미덥다. 어쩐지 장난스럽고 진지하게 느껴지지 않는 것 같기 때문이다. 그러나 이 개념 자체는 지지한다. 국가는 클럽이 아니라 조약이나 협약 같은 것을 좋아한다. 그만큼 겉으로 드러내는 이름이 중요하다는 말이다. 그럼에도 이 개념은 매우 시사적이다. 대중의 관심을 끌 수 있으며 훌륭한 사회과학 연구를 토대로 삼기 때문이다. 사실 이 발상은 2016년에 발효된 파리협약이라는 결과물을 낳으려고 노력하던 과정 중 하나로, 2015년 파리에서 일어난 일과 밀접한 관련이 있다. 파리협약하에서는 전 세계 대부분의 국가가 기후 클럽에 가입한 것과 비슷한 상태가 된다. 이 협약에 서명한 나라들은 '국가별 온실가스 감축 목표NDC'에 동의했으며, 이 목표량은 시간이 지남에 따라 점점 더 늘어날 것으로 기대된다. 2020년 미국 대통령 선거에서 조 바이든이 당선된 뒤 미국은 곧바로 기후변화 분야에서 중요한 역할을 재개했는데, 이 분야에서 진정한 진전이 이뤄지길 기대한다. 행운을 빌자.

하지만 각 국가는 자기가 한 약속을 어떻게 이행해야 할까? 그들은 어떻게 탄소 배출량을 약속한 만큼 줄일 수 있을까? 여기에는 여러 대답이 존재할 수 있다. 이상적으로만 보자면, 그게 가능할 수 있도록 만드는 첫 번째 발걸음에는 인센티브가 포함될 것이다.

보다 나은 인센티브들

인센티브가 잘못 조정되었을 때는 정부가 나서서 그 문제를 바로잡으려고 노력해야 한다. 경제학자들 사이에서 흔히 의견이 갈리지만 인센티브에 관한 한 경제학자들은 만장일치에 가까울 정도로 이 방식을 지지한다. 온실가스나 그 밖의 오염 물질이 과도하게 배출될 경우, 거기에 따른 비용 때문에라도 배출량을 감축해야겠다는 생각을 결정권자들이 하도록 만들어야 한다.[12] 환경 분야에서는 이와 관련해 폭넓은 접근법 두 가지가 제시되어 있다.

첫 번째는 오염 주체에게 세금이나 벌금을 부과하는 방식이다. 온실가스 배출에 세금을 매기는 것이 한 가지 예다. 두 번째 접근법은 배출권 거래제cap-and-trade system다. 이 제도 아래에서는 온실가스를 배출하는 기업이 온실가스 배출 허용량을 할당받아 그 범위 안에서 감축하되, 할당량이 남을 때는 배출권을 다른 기업에 팔 수 있고 반대로 부족할 때는 다른 기업에서 배출권을 구매할 수 있다. 그런데 만일 오염 주체가 정해진 허용량을 넘어 온실가스를 배출할 때는 법을 위반하게 된다. 이 두 가지 접근법 모두 지지자가 있지만, 우리 저자들은 어떤 것이 낫다고 생각하느지 밝히지 않겠다. 이는 매우 어려운 질문이며 합리적인 사람들 사이에서도 의견이 분분하기 때문이다. 이 두 가지 방법은 서로 다른 방향에서 문제에 접근한다.

환경세 green tax

만약 정부가 선택하는 도구가 세금이라면, 정부는 온실가스를 배출하는 주체가 선뜻 배출량을 줄이겠다고 나서도록 만들 적절한 가격을 책정하려고 할 것이다. 이 경우에는 바람직한 변화가 일어나기까지 시간이 많이 걸린다. 만일 내일 당장 휘발유 가격이 4배로 뛰면 어떻게 될까? 많은 사람은 자신이 살고 일하는 곳을 당장 바꿀 수 없다. 출퇴근 방식도 당장 바꾸지 못한다. 그러나 높은 탄소 가격은 필연적으로 사람들의 행동을 바꾸고 기업들이 제품 자체 및 제품 생산 방법을 바꾸도록 유도한다. 유럽인은 미국인에 비해 크기도 작고 연비가 높은 자동차를 사용하는데, 그 이유 가운데 하나는 수십 년 동안 높은 유류세를 내야 했기 때문이다. 인센티브를 제공하는 방법으로 세금을 사용하는 방식은 대침체기와 코로나19 때문에 막대한 재정 적자에 시달리는 정부에 두둑한 세수를 안겨준다는 이점이 있다. 또 탄소세의 특별한 장점 하나를 꼽자면 혁신을 추구하는 동기를 창출한다는 것이다. 예를 들어 탄소를 거의 또는 전혀 배출하지 않는 저렴한 에너지원을 생산하게 하는 것이 그런 혁신이다. 많은 국가에서 세금이라는 장치를 포함한 다양한 인센티브 제도는 태양열과 풍력, 그리고 다른 형태의 녹색 에너지 관련 혁신을 촉진하는 데 도움이 되었고, 전기 자동차의 성장과 확산에 박차를 가했다.

탄소세를 어떻게 구조화할지 혹은 그렇게 확보한 세수를 어떻게 사용할지 등의 문제는 다른 연구자들에게 맡기겠다. 우리 저자들은 탄소세 부담이 가난한 사람들에게 악영향을 주지 않아야 한다는 점만 강조하고자 한다. 진보성을 보장하고 손실 회피 심리를 극복하려면, 저소득층이 (적어도 평균적으로는) 그 세금 때문에 얻는 것보다 잃는 것이 더 많아지는 것을 막기 위해 탄소세에 경제적 지원이 '덤으로' 따라붙어야 한다고 본다. 예를 들어보자. 탄소세를 매기는 것과 이 세금으로 피해를 입는 저소득층을 경제적으로 지원하거나, 이들에게 이득이 되거나, 이들이 좋아하는 정부 프로그램에 대한 예산 지출을 늘리는 것을 연동하는 것도 방법이다. 무료 초고속 인터넷 서비스를 제공하는 것은 어떨까? 부유한 사람들일수록 더 많은 탄소 배출을 초래하는 활동에 참여하기 때문에 이들은 일반적으로 평균보다 많은 탄소세를 내게 될 것이다.

그러나 우리는 여기에 그치지 않고 탄소세 가운데 일부를 누진제로 설정하는 방식을 선호한다. 큰 집에 사는 사람일수록, 배기량이 많은 자동차를 가진 사람일수록 더 많은 세금을 내게 하자는 것이다. 세금이 마이너스가 되는 사람에게는 세금을 징수하지 않고 오히려 보조금을 지급할 수도 있다. 예를 들어 미국에서는 현재 전기 자동차나 가정용 태양광 발전 장치를 살 때 정부가 보조금을 지급한다. 세수가 늘어나면 이 돈을 창의적으로 사용할 기회도 그만큼 늘어난다. 그런데 세금을 부과하는 이 접근법은 가격을 먼저 정한 다음에 시장이 반응하도록 하는 만큼 총 배출량 수준이 어느 정도일지, 즉 배출량이 얼마나 줄어들지 불확실하다. 시간이 지나도 배출량이 적절한 목표에 도달할 만큼 줄어들지 않거나 기후 위기가 한층 더 급박해진다면(슬프지만 이렇게 될 가능성은 매우 높다) 세율을 조정할 수 있다.

일부 환경론자들은 탄소세의 효과에 매우 회의적이다. 그들은 강력하고도 즉각적인 배출량 감소를 원하는데, 환경세로는 그렇게 할 수 없다고 생각한다. 우리 저자들이 보기에 그들의 회의적인 추정은 근거가 없다. 강력하고 즉각적인 배출량 감소를 원한다면 환경세로도 그렇게 할 수 있다. 모든 것은 규모를 어떻게 정하느냐에 달려 있다. 세금이 높을수록 배출량 감소 폭도 커진다. 인류가 해결해야 할 문제의 규모에 비추어 볼 때 낮은 세금 혹은 통상적인 수준의 세금으로는 문제의 심각성을 해소하기 어려울 것이다. 많은 사람과 다수의 국가가 지정된 시점까지 '탄소 중립net zero(탄소 제로)'을 달성하겠다는 목표를 세우고 있지만, 전 세계는 당장 다음 해에 탄소 중립을 달성할 수도 없고, 그러려고 노력해서도 안 된다. 탄소 중립을 당장 달성하려면 지금 당장 운송 수단과 전기 없이 살아야 하는데, 인류는 그럴 준비가 되어 있지 않다. 하지만 점진적으로 엄격해지는 세금을 매기는 제도를 도입하면 앞으로 10~20년 동안 탄소 배출량은 큰 폭으로 줄어들 것이다.

이론적으로 보자면, 그 세금은 탄소 배출량 1톤으로 인한 피해를 포착하기 위해 고안된 수치인 '탄소 배출의 사회적 비용Social Cost of Carbon, SCC'과 같아야 한다. 물론 이성적인 사람들 사이에서도 이 수치를 계산하는 방법을 놓고 합의에 이르지 못하고 있으며, 수많은 가정이(이 가정이 언제나 명확한 증거를 근거로 하는 것은 아니다) 추정치가 나오기 전에 제시되어야 한다. 2016년 미국은 탄소 배출의 사회적 비용을 약 50달러로 정했는데, 이 수치는 다른 여러 나라가 탄소세를 결정하는 데 영향을 주었다. 현재 많은 전문가가 50달러는 너무 낮은 가격이라고 평가하는 한편, 새로 발견되는 과학적 사실들과 지속되는 불확실성, 그리고 언제 닥

칠지 모르는 재앙의 위험성을 고려해 각 나라는 그보다 훨씬 높은 가격
을 매겨야 한다고 생각한다. 이 계산을 깊이 파고들기에 이 책은 적절한
자리가 아닌 것 같다. 그러니 탄소 중립을 달성하고 싶은 날짜를 정하면
그 목표에 도달할 수 있는 일련의 세금 구조를 설계할 수 있다는 점만 정
리하고 다음으로 넘어가자.

스웨덴의 탄소 가격은 현재 1톤당 130달러로 세계에서 가장 높다.[13]
1991년에 약 28달러로 매겨진 뒤 꾸준히 증가해 지금 수준이 되었는데,
이 기간에 실질 GDP는 83퍼센트 증가했고(다른 OECD 회원국들과 비교할
때 비슷한 수준이다) 탄소 배출량은 27퍼센트 감소했다.[14] 탄소세가 휘발
유 가격을 끌어올리지만, 이 세금에 대한 대응은 휘발유 가격 인상만 전
제로 했을 때 예상했던 것보다 훨씬 더 큰 행동 변화를 촉진했다.[15] 바로
여기에 일반적으로 적용할 수 있는 교훈이 담겨 있다. 만약 사람들이 특
정 세금이 어떤 심각한 문제에 대응하는 것으로 이해한다면, 사람들은
이 세금 인상에 대해 순수하게 경제적 차원에서 반응하는 것보다 훨씬
더 적극적으로 반응한다는 것이다. 즉 사람들은 온실가스 배출량을 줄
이는 것이 도움이 된다는 신호를 인식하고, 자신의 경제적 이익에 어긋
난다 할지라도 기꺼이 그 흐름에 동참하려 한다. 이콘이 아닌 인간이기
때문에 그렇다.

아울러 우리 저자들은 스웨덴에서 전개된 이 실천에서 당신이 미처
생각하지 못했을 수도 있는 사실을 강조하고자 한다. 1991년 이후로 스
웨덴의 탄소세는 거의 5배 늘어났다. 처음에는 낮은 가격으로 시작해 시
간이 지남에 따라 점점 높여나간다는 기본적인 생각은 행동경제학적 차
원에서 일리가 있는 접근법인데, 이 방식을 독일을 포함한 여러 나라에

서 채택했거나 진지하게 고려해왔다. 이 정책을 '미래를 위한 보다 더 많은 세금Green More Tomorrow'이라 부를 수도 있겠다. 정책 입안자와 민간 기업은 사람들이 사로잡혀 있을 현재 중시 편향과 손실 혐오를 경계해 당장은 상대적으로 낮은 가격으로 사람들에게 부담을 덜 지우지만, 시간이 지남에 따라 그 가격을 점점 높여나갈 수 있다. 비용을 증가시키기로 약속하면서 현재 또는 조만간 상대적으로 낮은 비용을 부과할 수 있다. 헬가 페르-두다Helga Fehr-Duda와 에른스트 페르는 기후변화에 맞서는 싸움에 행동경제학의 통찰을 활용할 것을 강조하는 명쾌하고도 폭넓은 시야를 보여주는 에세이에서 다음과 같이 말했다.

"오늘 어떤 정책에 전념하지만 이 정책에 따르는 결과를 나중으로 미루는 방식은 정치인들이 사용하는 전형적인 수법이다. 이런 발상은 유권자를 놓치지 않으면서도 정년을 늘리는 것과 마찬가지다."[16]

두 사람은 또 이 방식을 기후변화 정책을 포함한 여러 분야에서 활용할 수 있다고 덧붙였다. 기후변화 관련 세금이라는 발상이 심각한 정치적 반대에 부딪히는 나라, 비효율적인 대안만 인기가 있는 나라에서는 '미래를 위한 보다 더 많은 세금', 즉 점진적인 세금 증대 접근법이 최상의 정책이 될 수 있다.

배출권 거래제

탄소세와 다르게 배출권 거래제는 일단 원하는 수준의 탄소 배출량 한도를 미리 특정하는 것에서 시작한다. 그런 다음 시장이 배출량 허용권(배출권)의 가격을 결정할 수 있도록 한다. 만약 기술이 발전해 깨끗한 에너지를 생산하는 비용이 낮아진다면 그 가격은 떨어질 것이다. 사실 배출권 거래제의 주요 목표는 더욱 깨끗한 에너지 생산에 대한 동기를 만들어내는 것이다.

배출권 거래제에서 가장 중요한 관심사는 맨 처음 이 제도를 도입할 때 각 기업에 배출량 허용권을 얼마나 배당할 것인가 하는 문제다. 오랜 세월 동안 시커먼 연기를 내뿜어온 공장에 배출권을 많이 배정해, 이 공장이 기존 생산 공정을 바꾸어 탄소를 덜 배출함으로써 그 배출권을 시장에서 팔 수 있도록 유도해야 할까?

그런데 한 가지 걱정스러운 점은, 이런 법은 곧바로 통과되지 않기 때문에 탄소를 많이 배출하는 오염 유발자들은 초기 배출권을 많이 배정받기 위해 지금 당장 할 수 있는 개선 작업을 일부러 미루며 미적거릴 수 있다는 것이다. 여기에 대해서는 이런 점만 지적하고 넘어가겠다. 다시 말하지만 우리 저자들이 즉답을 피하는 것은 이 문제들이 중요하지 않아서가 아니라, 너무 복잡하므로 이 책이 다루는 기본적인 초점에서 벗어나고 싶지 않아서다(주의력도 깨끗한 공기와 마찬가지로 희소한 자원이니까 말이다).

여기서 독자가 우리에게 다음과 같은 질문을 던질 수도 있다. 보험금에서 공제액 및 본인 부담금을 통해 의료비 가운데 일부를 환자가 부담하게 할 때 나타날 수 있는 부정적 효과와 관련된 문제를 제기했으면서, 이 분야에서는 경제적인 인센티브를 그토록 강조하는 이유가 무엇인가?

충분히 타당한 질문이다. 의료 소비자가 무분별한 진료와 의약품 남용을 절제하도록 인센티브를 제공하는 것의 중요성에 대한 양면성은 근거를 지니고 있다. 그 근거는 바로 의료 소비자가 이런 거래(즉 의사 진료를 많이 받을 것인가 아니면 절제하면서 인센티브의 혜택을 누릴 것인가 사이의 선택)에 그다지 능숙하지 않음을 보여주는 증거다. 경제학자라면 이런 현상을 놓고 환자들이 자기 건강의 '생산함수'를 알지 못한다고 말할 것이다. 심장마비로 쓰러진 사람이 가까스로 정신을 차리고 일어나서는, 자가용이 이번 달에 고장 나서 수리비로 예상치 않았던 지출을 했고 고혈압 약이 자신에게 어떤 도움을 줄지 알 수 없다는 이유로 의사가 처방하는 약의 복용을 줄이는 것을 우리 저자들은 원하지 않는다.

소비자 차원에서는 에너지 소비와 행동의 관계가 적어도 기업보다는 어느 정도 더 투명하다. 온도조절기 설정 온도를 여름에는 올리고 겨울에는 내리는 것은 확실한 효과를 발휘한다. 그런데 이 효과를 한층 눈에 잘 띄고 투명하게 만들 수 있다(여기에 대해서는 뒤에서 이야기할 것이다). 다른 여러 영역에서는 기후변화와 관련이 적은 듯하고 눈에 잘 띄지 않는 탄소 배출이 소비 과정에서 이루어지고 있다는 신호를 소비자에게 보낼 때 가격이 도움이 될 수 있다. 예를 들어 소고기를 소비하기 위해 소를 키우는 것은 식품 생산에서 온실가스를 가장 많이 만들어내는 주범 가운데 하나다(소의 '탄소 배출'은 환경에 우호적이지 않으며 소를 키울 때 필요한 목초지는 환경에 더 우호적인 다른 용도로 사용될 수 있다). 소고기 가격이 오르면 미국에 사는 인간도 햄버거를 덜 먹게 될 것이다.

우리가 이 문제를 해결하는 방법으로 경제적 인센티브를 선호하는 더 중요한 이유는 바뀌어야 할 행동의 많은 부분이 기업의 몫이기 때문이다. 탄소를 많이 배출하면 매우 많은 비용을 부담해야 한다는 사실을 깨달을 때 비로소 기업은 전기차를 생산하는 것부터 식물성 재료로만 만든 패티를 넣은 햄버거('임파서블 버거')에 이르기까지, 가능한 한 모든 면에서 혁신해야겠다는 동기를 부여받을 것이다(그건 그렇고, 임파서블 버거는 진짜 맛있다. 한번 먹어보시길!).

경제적 인센티브를 모색하면서 세금과 배출권 거래제에 초점을 맞췄지만, 인센티브를 조정하는 다른 방법도 있다. 많은 나라의 정치 지도자들은(그리고 기후 전문가들은) 보조금 제도를 도입해야 한다고 주장해왔는데, 보조금이 어떤 상황에서는 세금과 같은 효과를 내지만 대중의 입맛에 훨씬 더 잘 맞을 수 있다. 보조금은 이득만 제공하지 손실을 유발하지는 않기 때문이다. 미국에서는 전기차에 보조금을 지급하는 반면 휘발유세는 대부분의 나라에 비해 낮은 수준을 유지한다. 그런데 이는 정치적 판단이 반영된 정책이다. 보조금이 적절한 정책 수단으로 설정된 상황은 여러 가지 복잡한 의문을 제기하는데, 여기에 대해서는 이런저런 말을 보태지 않겠다. 우리 저자들은 보조금 제도가 중요한 역할을 할 수 있다고 믿지만, 이는 본질적으로 땜질식 접근법일 뿐이다. 누군가는 대가를 치러야 한다는 사실은 의심할 여지가 없다.

에너지의 역설

경제적 인센티브가 바람직하다는 사실에도, 행동경제학적 발견에 뿌리를 둔 경제적·심리적 연구 저작들은 강제적 규제가 환경문제에 관련해 경제학자들이 오랫동안 생각해온 것보다 훨씬 더 나은 접근법일 수 있다고 말한다. 그리고 미국과 다른 많은 나라에서 실용성과 관련된 문제 때문에 포괄적 탄소세나 배출권 거래제를 규정하는 법률 제정에 소극적이다. 이 때문에 결국 기후변화에 관심을 가지는 규제 기관은 다른 방법을 채택하게 되었다. 대부분의 경제학자들이 이런 방법은 최선책이 아니라 차선책이라고 생각한다. 그럴 수도 있고, 아닐 수도 있다.

어떻게 무딘 규제가 인센티브보다 더 효과적일까? 하나의 출발점은 소비자가 자동차와 가전제품을 구입할 때 연료 효율이 높은 제품의 잠재적 절약량을 적절하게 고려하지 않을 수 있다는 것이다. 이것이 이른바 '에너지의 역설energy paradox'이다.[17] 이콘이 아닌 인간인 소비자는, 100달러라는 추가 비용을 부담해 에너지 효율이 높은 세탁기를 구입하면 100달러보다 훨씬 많은 돈을 몇 년 안에 절약할 수 있는데도 당장 이를 부담하려 들지 않는다.

그러므로 만약 소비자가 연료를 아낄 수 있거나 에너지 효율성이 높아 경제적인 편익을 보장받을 수 있음에도 이를 무시한다면, 강제적인 규제가 외부성 감소만으로 확보되는 편익보다 훨씬 더 큰 경제적 편익을 가져다줄 수 있다.

실제로 많은 연구는 소비자가 그런 혜택에 그다지 신경을 쓰지 않는다고 주장하며, 정부 기관의 일부 분석은 연료 효율과 에너지 효율 의무화로 절약되는 비용은 매우 현실적이며 규모가 크다는 사실을 확인했다. 그렇다면 온실가스 배출량과 다른 대기오염 물질의 배출량 감소에 따른 혜택에 소비자의 금전적 절약 효과를 추가해야 한다. 이렇게 되면 연료의 경제성을 따지는 공격적인 정책과 에너지 효율성 강제 규제(의무화)에 따르는 총 절감액은 전체 비용을 큰 폭으로 줄일 수 있다. 원칙적으로만 보자면, 이럴 때 절감되는 액수는 경제적 인센티브에 따른 이득보다 훨씬 더 클 수 있다. 경제적 인센티브는 외부성과 맞서 싸우지만 소비자 절약까지는 제공하지 못하기 때문이다.

어쩌면 당신은 소비자가 얼마든지 절약할 수 있음에도 그러지 않는다면, 규제가 아니라 넛지로 그 문제를 해결해야 한다고 우리가 말할 것이라 기대할지도 모른다. 많은 나라에서 제품 생산자가 절약을 상기하는 문구를 의무적으로 실행하도록 함으로써 그런 조치를 취해왔다. 이런 조치 가운데 일부는 행동경제학적 통찰을 바탕으로 특히 이콘이 아닌 인간에게 호소하도록 설계되었다. 이런 조치에 박수를 보낸다(그런 것들에 대해 할 말이 더 있긴 하다). 그럼에도 이런 넛지가 도움이 되기는 하지만, 넛지만으로는 소비자가 경제적 절약을 적절히 고려하지 않는 문제를 바로잡지 못한다고 믿는 많은 분석가의 의심에 공감한다. 그렇지만 우리는 이 주장을 강력하게 제기할 생각은 없다. 길고 복잡한 논쟁을 통해 그 문제를 해결해야겠다는 생각은 더더욱 없다.[18] 최소한의 규제가 소비자로 하여금 상당 부분 절약할 수 있게 해주며, 아울러 지구를 보호하기까지 하도록 해줄 가능성을 깨닫는 것은 충분히 가치가 있다는 정도로만 정리하고 넘어가자. 이 주장을 설명하는 데 도움이 되는 예시가 건축 관련 법규다. 만약 주택 건설업자가 에너지 효율이 상대적으로 높은 집에 소비자가 더 많은 돈을 지불하지 않을 것이라 믿는다면, 이들은 단열재 같은 것을 개발하고 시공하는 데 투자하려 들지 않을 것이다. 그래야 자신이 부담할 비용이 대폭 줄어들 테니 말이다.

규제·감독 기관에 종사하는 분들은 이런 사실을 꼭 유념해주시길(그리고 소비자 여러분은 부디 절약할 수 있는 부분을 놓치지 마시길).

피드백과 정보

지금까지 강조했듯 환경문제를 다루는 데 가장 중요한 단계는 가격(즉 인센티브)을 올바르게 설정하는 것이다. 결국 전 세계 모든 나라가 같은 생각을 할 것이라고 기대하지만, 많은 나라에서 그것은 받아들이기 어려운(앞으로도 어려울) 정치적 태도임을 알고 있다. 적어도 미국에서는 역대 대통령 후보들이 휘발유 가격이나 전기·수도 요금을 올리겠다고 공약한 적이 없다. 하지만 조 바이든이 2020년 대통령 선거 유세를 하면서 탄소세를 지지한다고 밝힌 것은 좋은 징조다. 그렇지만 미국을 포함한 많은 나라에서 인센티브 제도를 개선하는 데 방해되는 심각한 장애물은 오염에 소요되는 비용은 숨겨져 있는 반면, 주유소의 휘발유 가격이나 전기·수도 요금은 너무나도 눈에 잘 띈다는 사실이다(현저성의 문제!).

우리가 기후변화에 대해서는 '동원할 수 있는 모든 도구'를 끌어모아야 한다고 주장하는 이유도 바로 여기에 있다. 현명한 규제는 넛지를 훌쩍 뛰어넘어 많은 분야에서 실행될 수 있다. 그러나 환경보호 도구함의 일부가 되어야 하는 넛지로서의 자격을 온전하게 갖춘 온갖 유용한 개입 방식도 널려 있다. 물론 그런 것들만 가지고는 기후변화의 위험을 없앨 수 없다. 그렇지만 적어도 도움이 될 것임은 분명하다. 오바마 전 대통령도 "조금이라도 나은 것이 더 좋다"라는 말을 즐겨 했는데, 커다란 문제에 조금이라도 흠집을 내는 것이 그 문제를 내버려둔 채 가만히 있는 것보다 낫다.

타당한 정책이라면 소비자가 자신이 한 행동의 의미에 대해 한층 나은 정보와 공개(공시)를 통해 받는 피드백을 개선한다. 이런 전략은 시장과 정부의 작동 및 운영을 동시에 개선할 수 있다. 또 비용이 많이 들지 않는 경향이 있다. 확실히 많은 사람이 공개 자체가 비효과적이고 성과를 거의 내지 못할 것이라고 두려워한다. 이 견해가 옳을 때가 종종 있긴 하지만, 때로는 정보가 놀랍도록 강력한 동기부여가 될 수 있다.

의무적인 공개의 특히 중요한 성공 사례가 있다. 인도 보팔에 있는 미국 기업의 공장에서 발생한 산업재해의 여파로 미국 의회가 1986년 제정한 법률인 '비상 계획 및 국민의 알 권리법Emergency Planning and Community Right-to-Know Act, EPCRA '이다.[19] 특별히 강력하지 않아 논란의 여지가 없는 수준으로 여겨지는 이 법을 제정한 것은 미국 환경보호국과 지역사회에 포착되지 않은 채 잠복해 있을 법한 위험 물질의 종류를 알리기 위한 일종의 장부상의 조치였다. 그렇지만 이 법은 결과적으로 한층 더 많은 일을 했다. 실제로 독성 물질 배출량 목록 제도Toxics Release Inventory에서 포착한 공개 의무 규정은 환경 관련 법률을 통틀어 가장 뚜렷한 성공을 거둔 것으로 평가된다.

독성 물질 배출량 목록이 마련되려면 기업과 개인은 저장되어 있거나 방출된 유해 화학물질의 양을 정부에 보고해야 한다. 이 정보를 원하는 사람은 누구나 환경보호국 웹사이트에서 쉽게 확인할 수 있다. 현재 수만 개 시설이 수백 가지 화학물질과 관련된 자세한 정보를 공개하고 있는데, 여기에는 수십억 파운드 분량의 현장 내외 처리 또는 기타 방식으로 방출된 유해 화학물질 정보가 포함된다. 또 유해 화학물질 사용자는 이 물질의 종류 및 양과 저장된 장소의 위치를 지역 소방서에 보고해야 하며, 사람들의 건강에 미칠 수 있는 잠재적인 영향과 관련된 정보를 공개해야 한다.

그런데 놀라운 사실은 이 법이 기업별로 특정한 변경을 강제하지 않고도 유익한 효과를 발휘해 미국 전역에서 독성 물질 방출량을 크게 줄인다는 점이다.[20] 이처럼 예상하지 못했던 결과를 거둔 것은 공개를 의무화하는 것만으로도 때로는 배출량을 큰 폭으로 줄일 수 있다는 뜻이다. 이런 의무적인 공개 조치는 이탈리아의 해양 리조트 청결 문제 및 쓰레기 재활용 문제부터 스웨덴 지방자치단체의 기후 지수에 이르기까지, 수많은 다른 환경 분야 및 많은 나라에서 사용된다.

독성 물질 배출량 목록 제도가 그토록 유익한 효과를 낸 이유는 정확하게 무엇일까? 환경 관련 단체들과 언론계가 일종의 '환경 블랙리스트'를 만들어 환경을 심각하게 오염시키는 개인과 기업으로 사회적 이목을 진지하게 유도했기 때문이다.[21] 독성 물질 배출량 목록에서 자신의 이름이 눈에 띄길 바라는 기업은 거의 없다. 유독한 화학물질과 관련해 평판이 나빠지기라도 하면 주가 하락을 포함한 온갖 피해를 감수해야 하기 때문이다.[22] 더 좋은 것은 모든 기업이 그 명단에 이름을 올려서는 안 된다는 강력한 동기를 부여받는다는 사실이다. 이렇게 해서 선의의 경쟁이 펼쳐진다. 유독한 화학물질을 방출하는 주요 원인 제공자로 지목되지 않기 위해서라도 각 기업은 보다 나은 조치를 마련하려 노력한다. 만약 낮은 비용으로 탄소 배출량을 줄일 수 있다면 기업들은 나쁜 평판과 그에 따른 피해를 입지 않기 위해서라도 그렇게 할 것이다.

온실가스 배출량 공개하기

이 사례를 염두에 둘 때 우리는 기후변화에 대처하기 위해 모든 나라가 반드시 채택해야 할 넛지가 있다고 생각한다. 온실가스 배출 목록Green House Gas Inventory, GGI이다. 정부가 이 목록을 만들어 주요 배출자를 모두 공개해야 한다. 이 제도를 도입하면 사람들은 자신의 지역사회와 다른 곳에서 온실가스를 배출하는 다양한 주체를 확인하고, 이들의 배출량 추이를 추적할 수 있다. 또 정부는 이것을 근거 삼아 입법 조치로 대응할 수 있다. 이럴 때 언론을 포함한 이해집단은 누가 온실가스를 얼마나 배출하는지 관심을 가지고 지켜볼 수밖에 없다. 그러므로 최대 배출국의 언론 구성원을 포함한 이해집단이 관심을 끄는 것은 불가피하다. 이런 종류의 목록이 그 자체로는 커다란 변화를 이끌어내지 못하는 것은 사실이다. 하지만 이런 유형의 넛지는 특별히 비용이 많이 들지 않으면서 확실하게 도움이 된다. 온실가스 배출자에 대한 정보를 종합하는 것도 경제적 인센티브를 마련하는 데 꼭 필요한 전제 조건이다.

이런 정책에 대한 초기 진전은 이미 이루어졌다. 어떤 종류의 GGI는 미국을 포함한 많은 나라에서 의무적이다. 실제로 파리협약은 회원국이 국가적인 차원의 GGI를 제공하도록 요구한다. 그러나 미국 환경보호국은 파리협약이 의무 사항으로 정하기 훨씬 전인 2011년부터 온실가스를 다량 배출하는 주체가 실질적으로 온실가스 배출량을 줄이도록 넛지할 것이라는 기대 아래, 이 제도를 공식적으로 시행했다. 예를 들어 탄소 공개 프로젝트CDP(세계 시가총액 상위 500대 기업을 대상으로 기업의 탄소 배출량 감축에 대한 대응을 평가하는 협의회 성격의 기구-옮긴이)는 투자자, 기업, 도시, 주, 지역 등이 환경 영향을 문서화하고 관리하는 데 사용해온 표준화된 글로벌 공개 플랫폼을 제공한다. CDP만 하더라도 8,400개가 넘는 기업 및 800개가 넘는 도시에 대한 정보를 공개하고 있다.[23]

우리는 GGI가 실제로 어떤 영향을 주는지 세세한 사항까지는 알지 못한다. 적어도 미국에서는 이 공개가 독성 물질 배출량 목록에 커다란 영향을 주는 것 같지는 않다. 그 공개가 대중의 눈에 두드러지게 띄지 않고, 온실가스 배출량이 '독성 물질' 배출량만큼 무섭게 들리지 않기 때문이다. 그러나 앞으로는 바뀔 수 있다. 우리가 이 원고를 쓰는 지금 이 순간 미국 서부의 여러 해안 지역은 끔찍한 산불과 자욱한 공기를 경험하고 있다. 호주도 비슷한 사건을 겪었다. 또 대서양에서는 열대성 폭풍우가 기록적으로 많이 발생했다. 심지어 폭풍 이름을 알파벳순으로 부여하는 기관은 24개 알파벳이 소진되어 그리스 문자를 동원해야 했는데, 결국 아홉 번째 문자인 이오타까지 사용되었다.[24] 극한의 기후 사건이 점점 더 흔해지고 있으며, 어떤 회원국이 문제를 일으키고 어떤 회원국이 해결책을 만들고 있는지 등 탄소 배출과 관련된 추세에 대한 관심을 끌어낼 일은 얼마든지 할 수 있다.

자동적인 친환경

환경을 보다 청정하게 하는 것이 목표라면 친환경 선택지를 자동으로 선택하게 만드는 것을 생각해볼 수 있다. 어떤 것을 정말 쉽게 만들고 싶다면 그것이 자동적으로 이루어지게 만들어야 한다.

많은 나라에서는 일상의 '더러운 기본 설정'을 대체하는 '녹색 기본 설정'이 점점 더 당연한 것으로 자리 잡아간다. 방에 아무도 없을 때 전등을 자동으로 *끄는* 동작 감지기를 생각해보자. 이 기기는 '꺼짐'을 기본 설정값으로 인지한다. 사무실의 냉난방 온도 기본 설정을 겨울에는 조금 더 낮추고 여름에는 조금 더 높이면 경제적 측면에서나 환경적 측면에서 상당한 절감 효과를 기대할 수 있다. 적어도 이 기본 설정값이 너무 낮거나 높아서 사용자가 바꾸지 않는다면 말이다.

정책과 기술 모두 이런 종류의 기본 설정을 쉽게 사용하도록 해준다. 기본 설정은 타성의 힘을 빌리는 것으로 우리는 타성의 힘이 강력하다는 것을 알고 있다. 또 친환경 기본 설정은 일종의 신호여서 무엇을 하는 것이 옳은지 사람들에게 일러준다. 사람들이 이 신호를 무시하거나 거부할 때는 양심의 가책을 느낀다. 이미 확인된 증거를 보면 기본 설정의 그런 기능을 알 수 있다. 바로 여기에 일반적으로 적용할 수 있는 교훈이 하나 있다. 어떤 것을 쉽게 또는 자동으로 만드는 설계상의 해결책은 사람들에게 옳은 일을 하라고 요구하는 것보다 훨씬 더 큰 영향을 줄 수 있다.

자, 이제 훨씬 더 큰 문제를 생각해보자. 즉 그런 선택이 가능한 조건에서 전기·가스·수도 공급업체 혹은 제품 가운데 하나를 선택하는 문제다. 일반적으로 기본 설정은 대개 환경친화적이지 않다. 심지어 화석 연료를 사용하는 것일 수도 있다. 사람들이 태양열이나 풍력 같은 친환경 에너지를 사용하려면 관련 정보를 찾아야 하고 (그것이 선택지 가운데 하나로 포함되어 있다면) 이를 능동적으로 선택해야 한다. 그런데 사람들은 대부분 굳이 그렇게까지 신경 쓰려고 하지 않는다. 그러나 기본 설정을 친환경 방식으로 바꾸어놓을 때, 그래서 사람들이 자동으로 친환경적으로 행동할 수 있을 때 어떤 일이 일어날까? 이 변화에 따른 증거는 이미 존재하며 명백하다. 즉 보다 많은 사람이 친환경 에너지를 사용하더라는 것이다. 이렇게 해서 사람들은 결국 설령 가격이 조금 더 비싸더라도, 그 뒤로는 계속 친환경 에너지를 고집하게 된다.

독일에서 무작위 대조 실험(참가자를 무작위로 실험군과 대조군으로 나누어 비교하는 실험-옮긴이)을 진행했다. 친환경 에너지 사용을 기본 설정으로 할 때 어떤 영향이 발생하는지 검증하는 실험이었고, 여기서 분명한 사실이 발견되었다.[25] 이 실험에는 거의 4만 2,000가구가 4~5주 동안 참가했는데 참가 가구는 2개 집단 가운데 하나에 무작위로 배치되었다. 첫 번째 집단에서는 연구자가 사람들에게 친환경 에너지를 제공하는 업체를 선택할지 여부를 물었고(옵트인 방식), 두 번째 집단에서는 참가 가구가 친환경 에너지를 제공하는 업체에 자동으로 등록하게 한 다음 친환경 선택지를 거부하고 다른 선택을 할지 물었다(옵트아웃 방식). 두 집단에서 모두 친환경 에너지를 사용하는 쪽이 비용은 조금 더 많이 들었다.

아니나 다를까, 기본 설정 방식이 엄청난 효과를 발휘했다. 옵트인 방식에서 친환경 에너지를 선택한 계약은 7.2퍼센트밖에 되지 않았지만, 옵트아웃 방식에서는 69.1퍼센트라는 압도적 다수가 친환경 에너지를 선택했다. 실험에 참가한 가구가 선택하는 계약의 서비스 품질이나 전기의 기준 가격 등을 통제했을 때 이런 효과가 강력했음을 주목할 만하다. 독일에서는 현재 많은 에너지업체가 고객을 친환경 에너지 기본 설정으로 등록한다.[26] 실험이 아니라 (독일과 스위스, 그리고 그 밖의 나라에서) 실제 현실에서 일어나는 일을 기반으로 하는 현장 증거는 넛지가 실제로 효과가 있다는 사실을 보여준다. 대부분의 사람들은 친환경 기본 설정을 깨고 다른 옵션을 능동적으로 선택하지 않는다. 그 결과 공기는 훨씬 더 깨끗하고 온실가스 배출량은 훨씬 더 적다.

규범과 투명성

사람들은 종종 자신이 얼마나 많은 에너지를 사용하는지 모른다. 또 자신이 사용하는 에너지 규모가 이웃 사람들과 비교해 어느 정도인지도 모른다. 현재 오라클Oracle의 자회사 오파워Opower는 요금 고지서에 넛지 하나를 넣었다. 이웃 사람들의 사용량을 비교할 수 있으며 고객이 에너지를 절약하려면 무엇을 할 수 있는지 명확하게 보여주는 일종의 '가정용 에너지 보고서' 형태로 요금 고지서를 만든 것이다.[27] 이 보고서는 현재 널리 사용되고 있으며 효과가 어떤지 확인할 수 있다. 이와 관련된 최고의 논문을 경제학자 헌트 올컷Hunt Allcott이 발표했는데, 그는 이런 고지서를 보내는 것만으로도 전체 소비 중 약 2퍼센트가 줄어들었다고 추정했다.[28] 이것은 많은 수치일까, 적은 수치일까? 2퍼센트라는 수치가 별것 아닌 것처럼 보일지 모르지만 우리가 말했듯 특히 전체 탄소 배출량 가운데 큰 부분을 차지하는 전력 사용에서는(미국에서는 약 20퍼센트를 차지한다) 결코 적은 수치가 아니다.[29] 또 올컷은 이런 소비 감소는 가격을 11~20퍼센트 올릴 때 거두는 효과와 비슷하다는 것을 확인했다. 그런데 중요한 사실은 이 감소 효과가 고객이 받아보는 고지서에 관련 정보를 그저 알려주는 것만으로 발생하므로, 사실상 아무런 비용도 들이지 않고 달성한 효과라는 점이다. 돈이 따로 들지 않는 이런 개입의 넛지가 많아져야 한다.

이와 관련된 아이디어가 하나 있다. 개별적인 소비자가 아니라 크고 작은 회사를 모두 돕기 위해 고안한 자발적 참여 프로그램이다. 이런 프로그램이 있으면 공무원은 그 누구에게도, 그 어떤 것도 요구하지 않는다. 그저 기업과 환경에 바람직한 영향을 미칠 것으로 예상되는 기준을 따를 의향이 있는지 묻기만 할 뿐이다. 자유 시장에서도 기업들이 최신 제품을 쓰지 못하는 경우가 많은데, 때로는 정부가 이런 기업이 오염을 줄이면서도 돈을 벌 수 있도록 돕는다는 것이 기본적인 발상이다.

이 책에서 다룬 여러 문제 가운데서도 기후변화는 가장 심각하고 해결하기 어렵다. 세계가 왜 아직도 이 문제를 풀지 못했는지 우리 나름대로 설명했다. 개인에게 기후변화는 모든 무임승차자 문제의 어머니이며, 이 문제에서는 행동과 관련된 여러 편향이 복합적으로 작용한다. 탄소 배출량의 대규모 감축은 부유한 나라뿐 아니라 가난한 나라에도 필수적인 문제로 대두될 것이며, 이것은 국제 협상 테이블에 앉는 사람들이 풀어야 할 현실적인 과제다. 그런 감축을 이루어내려면 인센티브를 바꿀 필요가 있다. 적어도 기후 문제를 해결할 돌파구를 마련하는 데 필요한 기술 혁신을 자극하려면 말이다. 인센티브는 세금, 보조금, 목표 달성 시점 정하기, 경연 대회 등과 같은 다양한 형태를 띨 수 있다. 그러나 보다 더 나은 선택 설계와 이런저런 넛지 역시 중요한 역할을 할 수 있다. 특히 세계가 점점 더 자동적인 방식으로 친환경적으로 바뀌고 그 과정에서 많은 비극을 예방하게 되기를 우리 저자들은 기대하고 믿는다.

5부

고충 처리

넛지를 향한 비판과 반박

15장

넛지에 대한 이런저런 말들

우리가 『넛지』초판을 발간해줄 출판사를 찾을 때 선뜻 그러자고 나선 곳은 많지 않았다. 대부분의 출판사는 자유지상주의적 간섭주의를 내세운 책을 사볼 사람이 우리 두 사람의 가족 말고 또 누가 있겠느냐고 생각했다. 그런데 많은 사람이 이 책을 찾아주었다. 우리도 놀랐고 우리 책을 낸 출판사도 놀랐다. '넛지'라는 제목이 확실히 도움이 되었다(제목을 이렇게 정하는 게 좋겠다는 의견은 출판 요청을 정중하게 거절한 출판사 가운데 한 곳에서 낸 것이었다). 물론 한층 많은 독자가 이 책을 의심의 눈으로 바라본다. 우리는 경제학, 심리학, 철학, 정치학, 법학 등 여러 분야에서 비판받아왔다. 이 비판은 정치 지형의 왼쪽에서 오른쪽까지 넓게 걸쳐 있다.

정치와 관련해 양극단 모두 우리에게 분노한다는 사실 자체가 우리가 옳은 일을 하고 있음을 뜻한다고 결론 내리고 싶다. 그러나 이런 결론은 자기중심적인 편견이 반영된 것일 뿐이리라. 왼쪽 진영과 오른쪽 진영을 모두 분노하게 만든 이유에 대한 한층 그럴듯한 설명은, 우리 생각이 나쁘거나 사악하거나 분별력이 없거나 혼란스럽게 뒤죽박죽이거나 적어도 서투르게 글로 표현되었다는 것이다! 그래서 우리는 『넛지』에 담긴 부정확한 내용과 표현 몇 가지를 확실하게 바로잡으려고 노력했다. 그러나 이런 노력 자체가 이 장에서 살펴보고자 하는 실질적인 반대 의견에 대한 대답이나 해결책은 되지 않을 것이다. 우리는 우리를 비판하는 사람들에게 많은 것을 배웠고, 『넛지: 파이널 에디션』은 그들이 던진 질문과 의심 덕분에 초판보다 한결 더 나아졌다고 자부하며, 이 점을 강조하고 싶다.

이 책 전체를 넛지에 대한 개념적·윤리적·경험적 차원의 반대 및 그 밖의 다른 반대 주장을 담아 쉽게 쓸 수도 있다. 그러나 우리는 최대한 간략하게 정리하려고 노력한다.[1] 그렇게 하기 위한 방법 중 하나는 수렁에 빠지지 않도록 하는 것이다. 예컨대 '자유지상주의적 간섭주의가 자유지상주의적인가 혹은 간섭주의적인가'를 놓고 따지기 시작하면 수렁에서 도저히 헤어 나오지 못한다. 앞에서도 말했듯 우리는 '자유지상주의적'이라는 단어를 '선택권을 유지한다'는 뜻으로 사용한다. 우리는 현실적으로 기본 설정을 거부하고 능동적으로 다른 선택지를 선택하는 것이 어려울 수 있다고, 특히 슬러지가 존재할 때는 더욱더 어려울 수 있다고 말했다. 또 우리가 생각하는 이상적인 넛지는 다른 선택을 하고자 하는 사람에게는 그가 누구든 간에 최소 비용만 부담시킨다고 말했다. 2007년의 어느 날엔가 우리 저자들은 이 책에 '원클릭 간섭주의One-Click Paternalism'라는 제목을 붙일까 하는 생각을 했다. 비록 그 생각을 접긴 했지만, 이런 사실이 우리가 어떤 목표를 가지고 이 책을 썼는지 짐작하는데 도움이 될 것 같다. 자동차에 부착된 GPS 기기가 가리키는 방향 지시는 우리에게 완벽한 넛지다. 그 공손한 목소리는 우회전하라고 했는데, 우리가 그 말을 따르지 않고 직진을 해도 불평하지 않는다. 물론 모든 넛지 및 넛지를 통해 영감을 받은 정책이 이상적인 바람을 충족시키지는 않는다. 그러나 이런 실패한 넛지를 비용편익분석에 포함시켜야 하는 슬러지의 한 형태로 간주한다.

우리가 '간섭주의'라는 단어를 사용한 데는 이유가 있다. 만약 사람들이 어떤 선택과 관련된 모든 정보를 알고 있으며 다양한 행동적 편향에 사로잡히지 않는다면 올바른 선택을 할 수 있겠지만, 현실에서는 그렇지 않다. 그러므로 우리가 개입해 모든 정보를 알고 모든 편향에서 자유로울 때 사람들이 선택할 수 있는 선택지로 유도함으로써 사람들을 보호하겠다는 것이었다. 이게 그 이유다. 즉 목적에 개입하는 것이 아니라 수단에 개입하는 것이다. 다시 말해 넛지는 일반적으로 사람들이 자기 목적에 맞는 올바른 수단을 찾도록 돕기 위해 설계된다. 우리에게는 사람들을 우리가 선호하는 쪽으로 선택하도록 유도할 의도가 조금도 없다. 우리 두 사람의 의견도 서로 다르다. 이제는 사람들이 다 알겠지만 탈러는 와인을 좋아하고 선스타인은 다이어트 콜라를 선호한다. 탈러는 길고 긴 저녁 식사 파티를 좋아하지만 선스타인은 이런 행사를 두려워한다. 선스타인은 철학적 논쟁을 즐기지만 이런 얘기가 나오면 탈러는 무슨 수를 써서라도 도망친다. 무슨 말인지 독자도 알 것이다. 우리 저자들이 선호하는 것과 좋은 정책을 만드는 것 사이에는 아무런 연관성도 없다.

마지막으로 이 문제를 빨리 정리하기 위해서 하는 말이지만, 우리는 공공 부문에서든 민간 부문에서든 선택 설계자가 항상 똑똑하고 박식하다고는 생각하지 않는다. 그 사람들이 늘 동기부여가 잘되어 있다거나, 자신이 영향을 끼치는 사람들의 이익을 가장 우선시한다고 생각하지도 않는다. 우리는 잘 조직된 이익집단의 힘을 부정하지 않는다. 전문가들도 이런 실수를 한다는 데 우리는 동의한다. 최근 수십 년 동안 세계에서 일어난 일에 대해 우리는 상당한 관심을 기울여왔다. 또 우리는 모든 국가의 지도자가 안정적인 천재가 아니라는 것도 알고 있으며, 전 세계에서 권위주의적인 정부가 염려스러울 정도로 늘어난다는 사실도 알고 있다. 그리고 민간 부문에서는 (이 책에서도 여러 차례 지적했듯) 이기적인 목적으로 많은 넛지가 이루어지고 있다. 금융 서비스 부문의 모든 곳에서 악당이 들끓던 2008년 금융 위기 때도 우리는 그들의 행태에 주목했다. 코로나19 팬데믹 기간에 많은 사람이 실수를 했고, 그들 가운에 상당수는 오로지 자기 잇속만 챙기려 들었다. 그러니 모든 사람이 타인의 행복을 최우선으로 여기지는 않는다는 사실을 분명하게 말할 수 있다. 선택 설계자는 누구라도 얼마든지 실수할 수 있으며 물론 그중에는 악의를 가진 사람도 있다.

그런데 이 명백한 사실에서 어떤 교훈을 얻어야 할까? 선택 설계와 넛지는 우리가 없어지길 바란다고 해서 없어지는 게 아닌 만큼, 이것들이 피할 수 없는 것임을 명심해야 한다. 이 말은 앞에서도 한 적이 있다. 그러나 사람들은 이런 사실을 무시하고, 또 이런 일이 너무나 광범위하게 일어나고 있어 우리 저자들로서는 새삼스럽게 한 번 더 반복한다. 어떤 사람이 담뱃갑 겉면에 암을 경고하는 이미지를 넣는 데 반대할 수 있다. 기본으로 설정된 규칙을 따르기보다 능동적인 선택을 선호할 수도 있고, 식품 포장지에 열량 표시를 하도록 규정하는 발상에 반대할 수도 있으며, GPS 기기 사용 중단을 요구할 수도, 사회적 거리 두기 지침을 거부할 수도 있다. 그러나 넛지에 반대한다는 것은 공기나 물에 반대하는 것이나 마찬가지다. 누구도 넛지를 피하지 못한다. 그리고 넛지가 존재할 수밖에 없는 이유 중 한 가지는, 금지하는 경우와는 다르게 모든 분야의 선택 설계자들이 오류에 빠질 수 있다는 점이다. 사람들이 자기 의지에 따라 스스로 선택지를 고를 수 있다면, 즉 기본 설정에 대해 "고맙지만 사양하겠어"라고 말할 수 있다면, 사람들이 맞닥뜨리게 될 이런저런 위험은 크게 줄어든다. 만일 당신이 공무원이 하는 실수나 동기를 염려한다면 당신이 걱정해야 하는 것은 강압과 명령이지 넛지가 아니다.

그런데 악당들이 이 책을 읽고 사람들을 괴롭힐 한층 새롭고 효과적인 방법을 알아내지 않을까? 우리 저자들도 당연히 이런 걱정을 한다! 앞서 슬러지를 다루면서 말했듯 우리는 그런 일이 일어날까 봐 염려한다. 그러나 악당은 우리 책이 나오기 전부터 존재했다. 그리고 행동에서의 여러 편향에 대한 정교한 이해가 자기 잇속만 차리는 사람들에게 이용될 수 있다는 사실을 인정하지만, 그렇다고 해서 우리 책이 사람들에게 해를 끼치는 악당이나 사기꾼의 손에 넘어갈 위험이 사람들의 걱정거리 목록의 윗자리에 놓일 것이라고는 생각하지 않는다. 아무래도 기후변화를 더 많이 걱정하지 않을까?

이런 덜 중요한 문제는 제쳐두고 가장 눈에 띄는 비판으로 눈을 돌려보자. 그 가운데 일부는 주로 우파 진영의 비평가에게서 나왔는데, 대부분은 자유지상주의자가 하는 주장이다. 그들은 자유를 좋아하는데 (우리 저자들의 생각과 다르게) 넛지가 자유를 훼손한다고 생각한다. 이 사람들이 하는 염려 가운데 일부는 중요하다. 그러나 자유지상주의자들이 우리를 비판하는 것은, 우리가 그들이 사용하는 용어를 허락 없이 가져다 썼을 뿐만 아니라 이 단어를 자신들이 싫어하는 다른 단어와 하나로 묶어 '자유지상주의적 간섭주의'라는 표현을 사용하기 때문이 아닐까 생각한다. 우리 모습이 어쩌면 야구를 좋아한다는 아이들이 크리켓 공을 빌려 야구를 하는 것과 비슷하지 않을까 싶다. 야구를 정말로 좋아한다고 생각하는 아이들이 보기에 우리는 신성모독 죄를 저질렀다. 자유지상주의적 간섭주의라는 표현이 애초에 부조화의 조화를 의도한 것임은 인정한다. 그러나 이제는 많은 세월이 지났으니 자유지상주의 친구들에게 이렇게 말하고 싶다. 할 만큼 했으니까 이제는 그만들 하는 게 어때요?

많은 사람이 우리가 넛지보다 더 멀리 나가야 한다고 말하기도 한다. 넛지를 단순한 '옆구리 슬쩍 찌르기' 정도로만 생각하는 그들은 큰 변화를 바라지만 넛지만으로는 이런 변화를 이끌어낼 수 없다고 생각한다. 넛지는 그저 주의를 산만하게 할 뿐이라고 생각한다. 그들 가운데 다수는 경제적 불평등, 노동자의 권리, 독점, 공권력, 인종과 성별에 따른 차별 등에 관심을 가지고 이런 것들을 염려한다. 그러나 우리도 마찬가지다. 이 책을 여기까지 읽은 사람이라면 잘 알겠지만, 잘 계획된 선택 설계는 많은 것을 이룰 수 있다. 그런 선택 설계는 단순히 이런저런 수정사항을 모아놓은 차원이 아니다. 전 세계적인 차원으로 볼 때 소위 '넛지 유닛Nudge Unit'에서 일하는 사람들을 포함해 공무원들은 큰 성과를 거뒀다. 그럼에도 대체로 선택의 자유를 사랑하는 사람들에게조차 규제와 금지와 경제적 인센티브가 때로 매우 효과적이라는 사실은 따로 강조할 필요가 있을 것 같다.

미끄러운 비탈길

제법 많은 사람이 여러 가지 이상한 공포증을 가지고 있고 이 공포증에는 저마다 이름이 붙어 있다. 예를 들어 그림자를 무서워하는 공포증, 입천장에 땅콩버터가 달라붙을까 봐 무서워하는 공포증이 있다. 그런데 자유지상주의 법학자들 사이에서 자주 볼 수 있는 희귀한 공포증이 있다. 바로 계단 공포증이다. 비탈길에서 미끄러지거나 계단에서 떨어질까 봐 무서워하는 공포증이다. 우리는 이 공포증이 '미끄러운 비탈길'에 대한 집착을 낳는 게 아닐까 추측한다.

눈보라가 몰아친 다음에 스키 선수들만 사용하는 스키 슬로프 등 진짜로 미끄러운 비탈길에서 조심하는 것은 결코 어리석은 짓이 아님은 분명하다. 미끄럽기도 하고 가파르기도 한 비탈길에는 경고 표지판의 넛지가 분명 필요하다. 극단적인 경우 금지 조치('이 산책로는 추후 공지가 있을 때까지 폐쇄합니다')가 필요할 수도 있다. 우리가 지나치게 많은 관심을 받는다고 생각하는 미끄러운 비탈길은 본질적으로 물리적인 의미의 비탈길이 아니다. 이것은 어디까지나 비유이며, 특정한 유형의 논증에서 사용된다.

미끄러운 비탈길 논증은 다음과 같은 식으로 진행된다. 만약 어떤 것을 X라고 부른다고 치자. 그런데 X가 어떤 유행을 불러일으킬 정도로 심각한 위험이 있고, Y나 Z와 같은 다른 것들로 이어진다고 치자. 그런데 X는 그 자체는 괜찮고 게다가 매우 좋은 발상일지라도, Y와 Z는 매우 무서운 일일 수도 있다. 이럴 때 미끄러운 비탈길 논증에서는 과연 어떻게 결론이 날까? Z를 기꺼이 받아들일 의향이 없다면 X를 해서는 안 된다.

미끄러운 비탈길 논증은 미국에서 총기 규제에 반대하는 사람들 사이에서 흔하다. 이 경우에 X는 총기를 소유할 수 있는 개인의 권리를 제한하는 것이며, Z는 정부가 스테이크 나이프와 물총 등 무기로 보이는 모든 것을 압수하는 것이다. 극단적인 과장이긴 하지만 이것이 무슨 뜻인지는 다들 알 것이다.

대부분의 미끄러운 비탈길 논증에서 문제가 되는 것은 실제 비탈길, 즉 X를 하는 것이 Y와 Z의 가능성을 (필연적이라고까지는 말할 수 없더라도) 높이는 것이라고 믿는 이유에 대한 증거를 제시하지 않는다는 것이다. 그래서 석연치 않은 주장이 버젓이 횡행하게 된다. 예를 들어 의료보험 가입을 헌법상의 의무로 정할 수 있느냐가 쟁점이었던 건강보험개혁법 Affordable Care Act에 대한 대법원 내 논쟁이 있었다. 앤터닌 스칼리아 판사는 만약 이 요건이 법률적으로 유효하다면 미래의 정부가 사람들에게 브로콜리를 먹으라고 강제로 명령하는 것을 그 어떤 것도 막지 못할 것이라는 유명한 주장을 했다.[2] 공포 분위기를 조성하지 말라는 말이다!

정치권에서 이루어졌던 미끄러운 비탈길 예측이 꼭 멋지기만 했던 게 아니다. 여성 참정권에 반대하던 어떤 사람은 여성에게 투표권을 주면 '남성적인 여성과 여성적인 남성이라는 새로운 인종이 나타나고, 이들끼리 짝짓기를 하면 퇴행적인 인종이 탄생할 것'이라고 예측했다.[3] 또 다른 여성 참정권 반대자는 여성이 인구의 절반 이상을 대표한다는 점을 들어 이들이 여성 후보자에게 투표할 것이고, 그러면 결국 모든 정치 지도자가 여성이 되는 결과가 빚어질 것이라고 예측했다.[4] 참고로 2021년 기준 여성 의원은 전체 의원 가운데 26퍼센트밖에 되지 않는다.[5] 이런 점을 놓고 보자면 그 비탈길이 조금 더 미끄러웠으면 좋았겠다는 생각이 든다.

우리가 미끄러운 비탈길 논증을 들고 나온 것은 우리를 비판하는 사람들이 넛지와 자유지상주의적 간섭주의를 비판하는 데 이 논증 방식을 사용했기 때문이다. 예컨대 "처음에는 슬쩍 옆구리를 찌르고(즉 넛지하고), 나중에는 거칠게 밀치고, 그다음에는 총으로 쏘는 것이다"라고 말했던 것이다(그러나 이런 논지는 도무지 말이 되지 않는다. 넛지를 하는 것은 총으로 쏘는 것은 말할 것도 없거니와 거칠게 밀치는 상황을 피하고자 함이기 때문이다.). 그런데 그 사람들이 하는 주장 가운데 몇몇에서는 어떤 행동 편향이 이론적인 토대로 제시되기까지 했다. 예를 들어서 글렌 휘트먼Glen Whitman 은 '극단 회피extremeness aversion' 심리를 다룬 연구 결과를 바탕으로, 사람들은 양극단의 이쪽도 아니고 저쪽도 아닌 가운데 위치하는 선택지를 선호하는 경향이 있다고 주장한다.

예를 하나 들어보자. 의무적으로 가입하도록 법률로 강제하는 (해지의 선택권이 있는) 연금저축은 지금 당장은 중간 위치에 있는 것처럼 보인다. 그러나 일단 표준이 되고 나면 그것은 자유방임적laissez faire인 위치를 차지하게 된다. 그러면 (해지의 선택권이 있는) '미래를 위한 보다 더 많은 저축' 정책이 새롭게 중간 위치를 차지한다. 그런데 이 제도가 채택되고 나면, 역시 시들해지고 그 대신 투자를 스스로 선택할 자유가 보장되지만 해지할 선택지가 없는 자동 가입 방식의 제도가 새롭게

중간 위치를 차지한다. 이런 식으로 일련의 사소한 단계는 결국 선택
지가 별로 없이 의무적으로 가입해야 하는 것이 되고, 그러면 능동적
으로 선택해서 기본 설정을 해지하는 선택지가 없는 것이 '합리적인
중간'처럼 보이게 된다.[6]

정말 그럴까?

참고로, 『넛지』가 처음 출간된 뒤로 12년 동안 자동 가입 정책과 '미래
를 위한 보다 더 많은 저축' 정책이 모두 전 세계적으로 한층 더 많이, 그
리고 일상적으로 채택된 것은 맞다. 그러나 옵트아웃 할 권리를 점차 없
애는 추세라는 이야기는 금시초문이다. 어떤 선택지가 합리적인 중간
의견처럼 보인다면, 극단적인 것으로 인식되는 것과는 다르게 더 널리
사용될 가능성은 분명히 있다. 그렇다면 비탈길의 경사가 크게 가파르
지 않다고 봐야 하지 않을까?

사회적인 추세는 예측할 수 없다. 미국에서는 알코올 판매를 금지하
기 위해 헌법 개정안을 비준했다(사실 헌법 개정 과정에는 슬러지가 극단적으
로 많다). 그런데 이것이 흡연이나 폭식 등의 활동을 금지하는 것으로 이
어졌는가? 아니다. 오히려 몇 년 뒤에 미국은 그 정책이 잘못되었음을
깨닫고 폐지했다. 현재 미국의 여러 주 정부는 대마초 판매를 합법화하
는 법을 빠르게 통과시키고 있다. 그런데 이 비탈길의 결과가 어떨지는
예상하기 어려운 듯하다.

우리는 특히 넛지가 만연함에 따라 빚어질 결과를 걱정할 이유가 없
다고 본다. 다시 말하지만 넛지는 불가피한 것이며, 넛지라는 뜻 자체가
선택의 자유를 유지하는 것이다. 우리가 넛지의 경계선을 받아들인다

면, 강제적인 규제에 맞서 현상을 유지할 수 없다고 생각할 이유가 없다. 적어도 그 어떤 일이 자기가 하고자 하는 일이라면 말이다. 당신은 새우 성분이 함유된 식품 판매를 금지하지 않고서도 (선스타인처럼 갑각류 알레르기가 있는 사람들을 위해) 어떤 식품에 새우 성분이 함유되어 있다는 경고를 받을 수 있다. 단면 인쇄로 전환하는 것을 금지하지 않고서도 기본 설정을 통해 프린터를 양면 인쇄로 설정할 수 있다. 넛지가 하나의 정책으로서 일종의 절충안을 찾기 때문에 호소력이 있다는 이유로 죄를 추궁한다면, 우리는 기꺼이 그 죄를 인정하겠다. 그러나 계단 공포증의 증상일 수도 있는 가상의 위험성을 근거로 평가하지 말고 넛지의 장점을 놓고 평가하자.

자유, 그리고 능동적인 선택

자유를 사랑하는 일부 비판자들은 우리를 겨냥하는 또 다른 화살을 가지고 있는데, 그 화살에는 우리 저자들도 어느 정도 공감한다. 그들은 복지보다는 자유와 자유로운 선택에 관심이 있고, 우리가 복지를 측정하거나 평가할 수 있다는 점을 회의적으로 바라본다. 이런 이유로 그들은 잘 설계된 기본 설정보다 능동적인 선택을 더욱더 선호한다. 하지만 그들이 할 수 있는 것이라고는, 관련 정보를 충분히 확보한 후 거기에 입각해 선택할 수 있도록 사람들에게 해당 정보를 제공하고 스스로 선택하라고 말하는 것이다. 이런 방식은 스웨덴 정부가 시민들이 직접 투자 포트폴리오를 선택하도록 하는 정책에 반영되었는데, 우리가 앞에서 살펴보았듯 몇 가지 단점을 안고 있다.

능동적 선택은 선택 설계의 한 형태이며, 사람들은 능동적 선택을 하도록 넛지될 수 있다. 때때로 이것이 좋은 발상이라는 점에 우리 저자들도 동의한다. 그러나 다음과 같은 질문이 앞을 가로막는다. 과연 사람들에게 어떤 선택을 하도록 요구해야 마땅할까? 요구해야 한다면, 대체로 그렇게 요구해야 할까, 아니면 늘 그렇게 요구해야 할까?

우리 저자들은 능동적인 선택을 요구하는 것은 옵트아웃으로 할 것인지 옵트인을 할 것인지와 같이 선택이 단순할 때 가장 적합하다고 생각한다. 수백 개의 뮤추얼 펀드로 구성된 메뉴에서 자신만의 포트폴리오를 선택해야 하는 것처럼 한층 복잡한 상황에서 사람들에게 선택을 강요하는 것은 효과가 의심스러울 수밖에 없는 접근법이다. 또 이 방식은 상당히 무책임하다. 그러므로 이것보다는 차라리 사람들에게 잘 고안된 기본 설정의 선택지를 제공하면서 그 대신 다른 선택지를 고를 자유를 주는 게 더 낫지 않을까? 사람들은 흔히 '무선택'을 선택하는데, 이런 선택을 존중해야 한다. 스웨덴에서 지난 10년 동안 노동시장에 뛰어든 사람들 가운데 압도적인 다수가 자신의 투자 포트폴리오를 직접 구성하는 것을 포기했다. 우리는 사람들이 어떤 선택을 할 때마다 모두 투자 전문가나 의료 전문가가 될 수 있으리라고 기대하지 않는다. 그 일을 훨씬 더 잘할 수 있고 사람들이 자유롭게 의지할 믿을 만한 전문가들이 있는데, 이런 전문가들만이 올바르게 내릴 수 있는 복잡한 결정을 일반인에게 요구해야 한단 말인가? 그리고 우리는 '믿을 만한'이나 '전문가'라는 단어는 조언을 해주는 사람에 대해 추측할 수 있는 모호한 수식어가 아님을 알고 있으며 그렇게 말해왔다.

장기 기증이라는 영역에서는 능동적인 선택 모델과 비슷한 것을 지지한다. 사람들이 어떤 질문에 반드시 대답해야 한다고 요구받을 때 이 말에 부정적으로 반응할 수 있다. 우리 저자들은 이런 사실을 알기 때문에, 선택을 요구하며 사람들을 압박하기보다는 특정 선택으로 그들을 유도하는 방식을 선호한다. 또 우리도 장기 기증이라는 영역에서는 사람들이 당연히 거기에 동의한다고 가정한다는 발상이 지나치다고 본다.

사람들에게 선택을 요구하는 것은 자유를 침해하는 것일 뿐만 아니라 여러 조건에서 비현실적이다. 식당에 가서 음식을 주문할 때 그 음식에 넣는 모든 식재료를 스스로 선택하겠는가? 자동차를 새로 구입한다고 치자. 이때 헤드라이트가 어두우면 자동으로 켜지고 밝으면 자동으로 꺼지도록 기본 설정이 되어 있는 편이 더 낫지 않은가? 만일 헤드라이트 조작을 수동으로 설정해둬야 한다고(즉 사람들이 보다 많은 자유를 누리게 해야 한다고!) 고집한다면, 어두울 때 출근하는 사람들이 불편해하지 않을까? 또 날이 밝을 때 퇴근해 주차를 해둔다면 헤드라이트를 켜놓는 바람에 배터리가 방전될 가능성이 매우 높다. 그런데 이런 설정이 자동차 하나에만 수백 가지 존재한다. 자동차를 새로 산 구매자가 계기판 밝기를 설정하는 데 1시간을 허비하도록 하는 게 과연 옳은 걸까? 이런 여러 설정은 애초에 잘 계산된 기본 설정으로 정해두는 게 더 낫지 않을까? 물론 의자 위치나 백미러 각도 등은 단일한 기본 설정값이 모든 고객에게 맞지는 않으므로 추가 설정으로 자신에게 맞게 바꾸면 된다.

능동적인 선택을 하도록 만드는 것은 좋은 생각이긴 하지만 언제나 그렇지는 않다. 많은 영역에서 큐레이션과 잘 설정된 기본값은 축복이 된다. 이런 것들이 사라진다는 것은 상상도 할 수 없다.

넛지하지 말고 가르쳐라?

자유로운 사회에서는 틀릴 권리가 있다고 강조하는 이들이 있다. 사람은 실수를 통해 배우기 때문에 실수가 도움이 될 수 있다. 이 점에는 진심으로 동의한다. 바로 이런 이유로 우리는 사람들이 다른 이들에게 해를 끼치지 않는 한, 옵트아웃 권리를 지지한다. 만약 사람들이 정말로 자기 퇴직금 중 대부분을 루마니아의 첨단 기술 종목에 투자하기를 원한다면, 우리는 이 선택을 강제로 금지하고 싶은 마음이 없다. 그러나 경험이 별로 없는 선택자들에게는 그들이 걸어가는 길을 따라 경고 표지판을 설치하는 일이 그다지 해롭지 않다. 우리는 스키 초보자와 중급자가 참고할 다음과 같은 경고 표지판이 도움이 된다고 생각한다. '전문가가 아니라면 이쪽으로 내려갈 생각은 꿈도 꾸지 마십시오.'

일부 비평가들은 넛지 대신 교육을 강력하게 선호한다. 이들의 관점에서는 민간 기업이나 공공 기관은 선택 설계 개념을 도입하는 것보다 사람들을 가르치거나 그들의 역량을 높이는 것이 훨씬 중요하다.[7] 이런 주장 가운데서도 가장 밉상은 한 독일 출신 심리학자의 주장이다. "교육과 대립되는 개념의 넛지에 대한 관심은, 넛지가 나타났던 특정한 정치적 배경을 함께 알아야 온전하게 이해할 수 있다. 미국 공교육 체계가 전반적으로 실패했다는 사실은 일반적인 평가다. 그래서 미국 정부는 문맹인 대중 다수를 조종하고 유도할 방법을 찾으려고 노력한다. 그러나 이런 상황이 언제나 올바르지는 않다."[8]

미국인으로서 우리 저자들이 할 수 있는 '국뽕' 차원의 욕설 섞인 대응은 물론 자제할 것이다. 대신 넛지보다는 개인의 역량 증진에 집중하는 게 과연 옳을까 하는 실질적인 문제를 살펴보겠다. 우리가 보일 만한

5부. 고충 처리 | 넛지를 향한 비판과 반박

첫 번째 반응은 다음과 같다. "왜 둘 가운데 하나를 꼭 선택해야 하는가?"

우리 두 사람에게 여러 비난이 쏟아질 수 있다. 그러나 교육에 반대한다는 비난은 적절한 것은 아니다. 우리도 역량 증진을 좋아하며, 몇몇 경우에는 이것이 효과적일 수 있다는 점에 동의한다. 우리는 둘 다 남을 가르치는 일을 직업으로 삼고 있다. 많은 넛지가 가르치는 일을 시도한다. 정보 공개, 경고, 알림 등은 모두 사람들에게 무언가를 가르치고 알리기 위한 것이다. 그럼에도 우리는 여전히, 우리가 선택할 수 있도록 잘 조정되어 제시되는 선택지, 그리고 우리가 원하기만 하면 얼마든 거부할 수 있는 기본 설정 선택지를(이 기본 설정값은 전문가들이 심사숙고한 끝에 마련된 것이다) 제공받는 것에 감사한다. 될 수 있으면 세계 속에서 번창하는 데 필요한 기술과 지식을 갖춘 시민을 만들기 위해 노력하자. 사람들의 역량을 높이고 능력을 발휘하도록 돕는 것은 가치 있고 중요한 일이다. 역량 증진을 좋아하는 사람들이 강조하는 통계와 관련된 소양과 능력은 특히 중요하다. 하지만 우리는 현실적일 필요가 있다. 아무리 독일에서 최고로 손꼽히는 고등학교라고 하더라도 금융경제학 박사 학위에 해당되는 교육 내용을 학생들에게 가르치지는 않을 것이다.

그 사람들이 우리에게 보내는 비판은 인간 본성을 바라보는 우리 관점을 근본적으로 오해한다. 우리는 사람들이 멍청하다고 생각하지 않는다. 다만 세상이 어렵다고 생각할 뿐이다! 이용할 수 있는 모든 주택 담보대출 상품 목록에서 최상의 주택 담보대출을 선택하거나 은퇴 이후의 삶을 건강하게 보내기 위해 스스로의 형편에 맞추어 다달이 얼마를 저축해야 할지 정확하게 계산할 수 있다고 자신하는 경제학자가 있을까? 이런 사람이 있다는 말을 들어본 적이 없다. 또 우리 저자들은 의료보험에 가입하면서 보험료-보험금의 구조를 잘못 선택한 사람을 개인적으로 많이 알고 있다. 개인 맞춤형의 기본 설정, 비교하기 쉬운 선택지, 스마트 정보 공개 및 제대로 작동하는 선택 엔진…. 이런 것들이 존재하는 세상에서 산다면 인생이 한층 더 편해지고 개선되지 않을까? 넛지와 교육, 이 둘 가운데 하나를 선택하는 것이 되어서는 안 된다. 둘 다 해야 한다! 넛지는 선택의 자유를 보존하기 때문에, 사람들이 선택과 관련된 정보에 입각해 자유를 행사할 수 있도록 돕는 것은 특히 가치 있는 일이다.

많은 사람이 고등학생들이 경제 관련 소양을 보다 더 충실하게 갖추도록 교육하는 데 열성적이다. 우리 역시 이를 지지한다. 만일 우리에게 고등학교 교육과정을 짜라고 한다면 삼각함수 대신 통계와 가계 재정으로 대체하겠다. 물론 복리와 현재가치는 사인이나 코사인보다 더 유용한 개념이다. 가계의 예산과 신용카드 부채의 위험성을 관리하는 법을 사람들에게 가르치는 것이 더욱 기본이다. 교육은 도움이 되며 때로 매우 큰 도움이 된다. 그러나 상식에 비추어보든 경험에 비추어보든 간에, 교육의 유익한 효과를 지나치게 확신해서는 안 된다는 것을 알 수 있다. 상식적으로 생각해보자. 당신은 고등학교 화학 시간에 배운 내용을 얼마나 많이 기억하는가? 또 삼각함수에 대해 얼마나 많이 알고 있는가? 복리 계산법을 이해하는 것이 훨씬 더 까다롭고 힘들다고 생각하는가?

경험적 결과는 머릿속 실험을 통해 얻은 통찰이 올바르다고 지지한다. 경제 및 금융 관련 소양 교육의 효율성을 따져본 어떤 중요한 메타분석 논문은 세 가지 중요한 결과를 제시한다.[9] 첫째, 교육 기간이 길수록 성과가 커진다. 24시간 교육과정은 12시간 교육과정보다 효과가 크다. 둘째, 효과가 미미하다. 아무리 그런 교육을 한다고 해도 재무 분야의 마법사를 빠르게 양성할 수 없다. 셋째, 이것이 가장 중요한데, 아무리 유익한 효과가 나타나도 시간이 지나면 사라지며 2년 만에 모든 효과가 완전히 사라진다. 그래서 이 논문의 저자들은 '적시just in time' 개념의 교육, 즉 필요할 때마다 즉각적으로 이루어지는 교육이 가장 효과적이라고 결론을 내린다. 그러니까 고등학교 2학년 및 3학년 학생에게는 대학교에 진학하면 어떤 점이 좋은지, 학자금 대출 신청을 어떻게 하는지, 신용카드를 어떻게 사용해야 하는지 등을 가르치라는 말이다. 그러면 학생들은 배운 것을 곧바로 써먹을 수 있을 것이다.

그러나 이 학생들에게 고정 금리와 변동 금리를 가르친다고 해서, 이런 내용이 그들이 10년 뒤에 보다 더 나은 주택 담보대출 상품을 선택하는 데 도움이 된다고는 생각하지 마라. 그들이 주택을 구입하려고 할 때 구입 과정에서 저지를 수 있는 이런저런 실수를 다루는 무료 강좌를 열어라. 아울러 몇 가지 단순한 넛지도 함께 제공할 것을 권한다.

넛지는 속임수인가

어떤 사람들은 강제적인 규제와 금지, 그리고 세금이 넛지보다 훨씬 낫다고 주장한다. 사람들은 자신이 어떤 상황에 놓였는지 잘 알고 있으며, 누가 뭐라고 한다고 해서 쉽게 넘어가지 않는다는 것이다. 이들은 넛지는 은밀하며, 어떤 점에서 보자면 사람을 조종하는 일종의 속임수라고 말한다.[10] 넛지는 사람들이 알지도 못하는 사이에 그들에게 영향을 준다는 것이다.

대부분의 넛지를 놓고 볼 때 넛지에 반대하는 이러한 주장은 도무지 이해하기 어렵다. 제품 겉면에 부착한 안내 문구, 경고 표지판, 알림 문자 등은 보이지 않게 숨어 있는 게 아니다. 만일 보이지 않는다면 아예 작동하지 않아 효과도 없다. 기본으로 설정된 규칙은 완전히 투명해야 하며 대개는 투명하다. 만약 에너지를 소비하는 가구가 에너지업체에 등록할 때 자동으로 녹색 에너지를 선택하도록 기본 설정이 되어 있다면, 이 가구는 이런 사실을 당연히 고지받아야 한다. 마찬가지로 어떤 기업에서 고용주가 신입 직원을 자동으로 옵트아웃 방식의 퇴직연금제도에 가입시킬 때도 그 직원이 알지 못하도록 숨기는 것은 없다. 만약 그 직원이 모르는 게 있다면 거기에는 슬러지가 존재하는 것이다. 그 직원이 그 연금을 해지하거나 다른 능동적인 선택을 할 수 있는 단계가 명확해야 하며, 그 직원이 단 한 번의 클릭만으로 선택할 수 있도록 하는 것이 좋다.

물론 어떤 넛지들은 그에 영향을 받는 사람이 거기 집중하지 않거나, 그것을 생각조차 하지 않아도 효과를 발휘하는 게 사실이다. 구내식당의 음식 배열이 그렇다. 건강에 좋은 음식을 눈에 잘 띄고 접근하기 쉬운 위치에 두는 것 말이다. 이 경우 사람들은 자기가 넛지를 당하는 줄도 모른 채 영향을 받는다. 이런 상황에서는 넛지의 설계 그 자체는 감춰진 게 아니라 오히려 잘 보인다. 그러나 설계를 한 **이유**는 분명하게 드러나지 않을 수 있다. 넛지만 그런 것이 아니다. 맥주 광고만 보더라도 그렇다. '옷을 벗다 만 것 같은 모델이 등장하는 것은 시청자의 관심을 끌어 해당 맥주를 사도록 유도하는 의도적인 설계'라는 경고는 광고에 포함되지 않는다. 정치인의 유세도 마찬가지다. 정치인이 외치는 구호가 사실은 유권자가 자신을 지지할 가능성을 극대화하기 위해 정교하게 만들어졌

5부. 고충 처리 | 넛지를 향한 비판과 반박

다는 사실은 굳이 공개하지 않는다. 그러나 광고가 상품을 판매할 목적으로 설계되었고 정치인의 연설이 유권자의 환심을 살 목적으로 구성되었다는 것을 모르는 순진한 사람이 있을까? 학교 구내식당이 순전히 상업적인 목적을 지닌 시설은 아니지만, 음식 배열에는 특정 설계가 녹아들어 있다. 당연히 이 설계에는 의도적인 목적이 들어 있다.

만약 학교 구내식당의 음식 배열이 건강한 식사를 장려하는 식으로 설계되었거나 사람들이 자동으로 연금이나 보험에 가입하도록 설계되어 있다면 민간 기업, 그리고 특히 공공 기관은 이 사실을 당사자에게 숨기면 안 된다. 이때 넛지의 목적까지 밝힌다면 더욱 좋다. 이 점에 대해서는 뒤에서 다시 언급하겠다.

다소 색다른 주장이 있는데, 넛지를 당하는 사람이 이런 사실을 알지 못할 때만 넛지 효과가 나타난다는 것이다. 이 주장은 다양한 상황과 맥락에서 검증되었고, 이것이 사실이 아님은 여러 차례 반복해서 확인되었다. 여러 논문이 넛지가 제시되고 있음을 사람들에게 밝힌다고 해도 넛지의 영향은 전혀 줄어들지 않았다는 것을 확인해주고 있다.[11] 오히려 그 반대 효과가 쉽게 작동한다. 직원은 연금이나 보험에 자동으로 가입되며 그가 납부할 보험료나 연금에 고용주가 매달 보조금을 지급한다거나, 직원이 세금 우대 혜택을 받을 수 있다는 사실을 고용주가 알릴 때 해당 연금이나 보험의 가입률이 높아지는 경향이 있다. 건강을 개선하기 위해 구내식당의 음식 배열 설계에 사람들이 관심을 가지게 만들면, 설계 효과가 한층 더 커질 수 있다. 이렇게 함으로써 가치 있는 정보가 전달되기 때문이다.[12]

넛지는 사람들을 대상화하고 조작할까? 이 질문에 대답하려면 먼저 조작이라는 표현을 정의할 필요가 있다. 간단히 말하면, 철학자들과 그 밖의 분야 사람들은 일반적으로 인간의 이성적 사고 역량을 존중하지 않는 행동이 곧 사람을 대상화해 조작하는 행동이라는 데 동의한다.[13] 이 기준을 놓고 보자면 대부분의 넛지는 사람을 조작하지 않는다.[14] 만약 어떤 사람에게 돌아오는 목요일에 진료 예약이 되어 있다는 사실을 상기시킨다고 하자. 이를 그 사람의 행동을 조작하는 행동이라고 말하지는 않을 것이다. 어떤 음식의 열량 정보를 제공한다거나 특정 음식에 조개류나 견과류가 포함되어 있다는 경고를 하는 것, 혹은 어떤 약을 권장량보다 많이 먹으면 탈이 날 수 있다고 경고하는 것도 마찬가지다. 반대로 어떤 기본 설정된 규칙이 있음을 사람들에게 이야기해주지 않는다거나 사람들이 기본 설정을 거부하고 다른 선택지를 고르는 것을 어렵게 한다면, 이것이야말로 조작이라는 범주로 묶을 수 있을 것이다. 우리는 이것을 슬러지라고 부르며, 슬러지는 사람들을 행위자의 의도대로 조작하는 도구가 될 수 있다.

한계 설정과 공개의 원칙

아주 오래전 일이다. 선스타인은 롤라팔루자에 딸을 데리고 갔다. 롤라팔루자는 록 음악 축제로, 시카고에서 한여름에 사흘 동안 열렸다. 금요일 밤이었고 거대한 전광 안내판은 다양한 행사 일정을 알려주었는데, '물을 조금 더 마셔요Drink more water'라는 안내 메시지가 중간중간에 들어갔다. 글자는 무척 컸고, 이 메시지 뒤에는 '더워서 땀이 많이 흐르고 여러분은 수분을 잃고 있습니다You sweat in the heat: You lose water'라는 메시지가 따라붙었다.

이 메시지의 요지는 무엇일까? 시카고에서는 지독한 폭염이 이어지고 있었고, 축제 운영자들은 탈수 현상과 관련된 건강상의 문제를 예방하려고 노력했다. 바로 그 안내 메시지가 일종의 넛지였다. 물을 반드시 마셔야 한다는 강요가 아니었다. 그런 강요를 받은 사람은 아무도 없었다. 그러나 이런 안내문을 만든 사람은 축제에 참석한 사람들이 어떻게 생각할지를 두고 세심하게 대응했다. 특히 '물을 조금 더more water'라는 표현은 탁월했다. 이 표현은 '물을 충분히 마셔요'나 '물을 마셔요'보다 훨씬 효과적이었던 것 같다. '수분을 잃고 있습니다'는 표현은 손실 회피 심리를 자극했다(선스타인이 그 안내문을 조금 더 일찍 봤다면 갈증으로 고생하지 않아 무척 좋았을 것이다. 공연이 한창 진행되고 있을 때 선스타인은 심한 갈증을 느꼈지만, 사람들이 너무 빽빽하게 모여 있어서 도저히 물을 구할 수 없었다.).

자, 그렇다면 다른 방안과 비교해보자. 눈에 확 띄는 '물을 조금 더 마셔요'라는 안내문 대신 행사 일정을 소개하는 내용 중간중간 눈에 잘 띄지 않는 무의식적인 메시지, 즉 사람들이 의식하지는 못하지만 생각이나 행동을 바꾸기에 충분한 메시지를 짧게 삽입한다고 생각해보자. 예를 들면 다음과 같은 메시지들이다. '물을 조금 더 마셔요', '목이 마르지 않나요?', '음주운전을 하지 맙시다', '마약은 목숨을 노린다', '대통령을 지지하라', '낙태는 살인이다', 『넛지: 파이널 에디션』을 꼭 사라'. 유료 광고를 포함한 메시지들을 자유지상주의적 간섭주의의 한 가지 형태로 볼 수 있을까? 물론 이런 것들이 사람들의 선택을 유도하지만 그들 대신 최종 결정을 내리지는 않는다.

우리는 무의식적인 메시지를 수용하지 않으며, 그것을 자유지상주의적 간섭주의로 여기지 않는다. 설령 그 메시지가 바람직한 목적을 위해 사용된다 해도 마찬가지다. 자유지상주의적 간섭주의나 특정한 종류의 넛지를 뭉뚱그려서 모두 반대하는 근거는 이런 것들이 교활하다는 것이다. 즉 사람들이 정부가 바라는 방향으로 움직이도록 조종할 수 있게 하며, 동시에 이런 일을 수행하는 효과적인 도구를 공무원의 손에 쥐어주기 때문이라는 것이다. 무의식을 자극하는 광고와 교활하고 음흉한 광고를 비교해보라. 당신이 바라는 게 사람들이 살을 빼는 것이라고 치자. 당신의 바람을 실현할 수 있는 효과적인 전략은 식당에 거울을 설치하는 것이다. 사람들은 거울에 비치는 자신의 모습이 뚱뚱하다면 음식을 조금이라도 덜 먹을 것이다. 이건 괜찮을까? 만약 거울을 식당에 설치하는 게 허용된다면, 사람을 실제보다 더 뚱뚱해 보이게 하는 거울을 설치하는 것도 괜찮을까(이런 거울이 해마다 늘어나는 것 같다)? 이런 거울을 학교 구내식당 책임자인 캐롤린이 받아들일 수 있을까? 만약 그렇다면, 패스트푸드점에서 실제보다 더 날씬해 보이게 해주는 거울을 매장에 설치하는 것에 대해서는 어떻게 생각해야 할까?

매우 중요한 질문이다. 어쩌면 우리 두 사람 가운데 한 명은 이 주제를 다루는 책을 한두 권 썼을지도 모른다.[15] 이 문제에 대해서는 우리가 중요하게 여기는 기본적인 원칙 가운데 하나인 투명성을 우선적으로 생각해야 한다. 이런 맥락에서 철학자 존 롤스가 '공개의 원칙publicity principle'이라고 부른 것을 지지한다.[16] 공공 부문에서든 민간 부문에서든 모든 선택 설계자는 스스로가 정당성을 공개적으로 설명하거나 방어할 수 있으면서 기꺼이 그렇게 할 수 있는 정책만 채택해야 한다는 원칙이다. 우리는 두 가지 이유로 이 원칙을 좋아한다. 첫째, 실용적이라서 좋아 한다. 기업이나 정부가 공개적으로 쉽게 정당성을 설명하거나 방어할 수 없는 정책을 채택하면 나중에 당혹스러운 상황을 맞이하게 마련이다. 해당 정책과 근거가 공개될 때 이 당혹스러움은 한층 심각해질 수 있다. 그러므로 우리는 학계 동료들과 학생들이 개인적 차원에서든 직업적 차원에서든 중요한 선택을 할 때, 반드시 이 원칙을 견지하길 바란다. 두 번째 이유는 좀 더 중요한데, 존중이라는 개념이 녹아 있기 때문이다. 어떤 형태의 조직이든 구성원을 존중해야 한다. 그런데 어떤 조직이 대중 앞에서 정당성을 설명하고 방어할 수도 없으며 그럴 생각도 없는 정책을 채택한다면, 구성원을 향한 존중을 포기하는 것이다. 이때 그 조직은 구성원을 그저 착취나 조작을 위한 도구로밖에 여기지 않는 셈이다.

공공 부문과 민간 부문 모두에서 공개의 원칙은 넛지를 제약하고 실행할 훌륭한 지침이라고 생각한다. 일반적으로 미국에서 규제 사항은 최종 확정되기 전에 의견 수렴 및 검토를 위해 대중에게 제시되는데, 그 가운데 많은 것이 넛지의 범주를 포함한다. 예를 들면 연비 표시, 영양 정보 표시, 담뱃갑 겉면에 표시하는 경고 이미지 등이 그렇다. 이런 넛지들은 투명하며 이런 것들을 뒷받침하는 이유도 마찬가지다.

동일한 결론은 법률적 차원의 기본 설정에도 적용된다. 예를 들어 정부가 장기 기증이나 환경보호를 장려하기 위해 혹은 나이에 따른 차별을 줄이기 위해 규정을 바꾼다면, 정부는 스스로가 하는 일을 비밀에 부쳐서는 안 된다. 정부는 스스로의 행동을 공개하고 설명해야 한다. 아울러 대중이 사전에 의견을 제시할 수 있도록 최대한 허용해야 한다. 유용한 넛지를 제공하기 위해 행동경제학적 통찰을 제시하는 교육적 차원의 홍보 활동의 경우도 마찬가지다. 만약 공무원들이 쓰레기를 줄이거나 도둑질을 예방하거나 장기 기증자 등록을 장려하기 위해 영리하게 선정된 표현을 동원한 표지판을 사용한다면, 자신이 수행하는 방법과 동기를 기꺼이 밝혀야 한다. 오래전에 나왔던 미국의 공익 광고 하나를 보자. 뜨거운 프라이팬에서 달걀이 익어가는 모습 위로 "이것은 마약에 절어 있는 당신의 뇌입니다"라는 목소리가 나오는 광고인데, 이 생생한 이미지는 사람들이 마약 복용을 두려워하도록 하기 위해 고안된 것이다. 이 광고가 사람들의 마음을 조작하는 것이든 아니든 이 광고는 공개의 원칙을 어기지 않았다.

확실히 해두자. 우리는 넛지와 관련해서는 권리장전을 지지하며 그에 따라 무의식적인 차원의 광고는 금지되어야 한다고 본다.[17]

명령과 금지 그리고 넛지 사이에서

자유지상주의자들은 우리 저자들이 넛지로 시작해서 계속 이것을 밀고 나가리라고 걱정하는데, 우리는 이런 사실을 잘 알고 있다. 반면 한층 진보적인 쪽에 서 있는 비판자들은 우리를 바라보며 반대 의미로 걱정한다. 즉 훨씬 더 강력한 조치가 필요할 때는 우리가 넛지에 머물러 있을까봐 걱정한다. 어떤 사람들은 심지어 정부가 넛지를 할 경우 그것이 충분치 않음이 밝혀져도 정부는 한 걸음도 더 나가지 않을 것이라고 생각한다. 다시 말해 규제 당국이 기후변화 문제를 심각하게 받아들이는 대신 에너지 등급 표시에 만족하지 않겠느냐는 것이다!

만약 우리 저자들이 (또는 우리 외에 그 누구든) 전 세계가 안고 있는 문제 중 대부분을 아주 가벼운 개입만으로 완전히 해결할 수 있다고 생각한다면, 이는 심각한 걱정거리임에 틀림없다. 살인, 강간, 폭행, 절도 등은 형사상의 범죄이며 강제성을 동원할 충분한 이유가 된다. 오염 같은 몇몇 문제는 사람들이 다른 이에게 해를 끼치기 때문이다. 우리가 줄곧 강조했듯, 이런 문제들에는 넛지가 적절한 접근법이 아니다. 물론 이런 경우에도 넛지는 없는 것보다 있는 게 낫다. 휘발유에 세금을 부과하면서도 넛지를 통해 사람들이 연비 높은 자동차를 사도록 장려할 수 있다. 외부성을 줄이는 넛지가 많이 있다. 그러나 넛지 하나만 가지고서는 외부성을 제어하지 못한다.

넛지를 스위스 군용 칼과 같은 것으로 생각할 수도 있다. 이런 종류의 칼은 다목적으로 설계되었으며 캔을 열거나 나사를 조여야 하는 상황에서 매우 효과적이다. 적절한 상황에서라면 넛지 역시 매우 낮은 비용으로 꽤 많은 것을 이룰 수 있다. 그러나 지금까지 우리가 반복해서 강조했듯 세금, 보조금, 강제적인 규제나 명령, 금지 등도 역시 자신만이 할 수 있는 역할이 있다. 담뱃갑 겉면에 이미지 경고를 넣는 것만으로는 흡연을 줄이려는 다른 모든 노력이 거둘 수 있는 성과를 보장하지 못한다. 장기 기증과 관련된 기본 설정 규칙을 바꾼다고 해서 장기 이식에 필요한 장기가 부족하다는 문제가 해결되지 않는다. 그리고 기후변화 문제를 이야기할 때 우리는 주머니칼이 아니라 잭해머와 불도저 같은 중장비가 필요할 수밖에 없는 이유를 강조하는 데 하나의 장을 온전하게 할애했다.

넛지를 사용한다고 해서 공무원들이 더욱 강력한 조치를 취할 마음이 사라질까? 그런 걱정은 하지 않아도 된다(선스타인은 4년 동안 미국 정부의 의뢰를 받아서 일했는데, 그는 이런 일이 일어나는 것을 본 적이 없다. 단 한 번도 그런 적이 없었다.). 국가는 술에 무거운 세금을 매기고 넛지해서 사람들의 음주운전을 막는다. 그런데도 음주운전을 하다 적발된 사람에게는 무거운 벌금을 매겨 대가를 톡톡히 치르게 할 수 있다. 스칸디나비아 국가들은 이 세 가지를 모두 시행한다. 또 휘발유에 무거운 세금을 매기거나 전기차에 보조금을 지급하는 방식으로 연비 높은 자동차를 구매하도록 유도할 수 있지만, 자동차 연비 표시를 의무화함으로써 연비 높은 자동차 구매를 넛지할 수 있다. 특정 약물을 사용하는 것을 범죄로 규정할 수도 있지만, 그 약물을 사용하지 않도록 사람들을 넛지할 수도 있다. 넛지의 가능성이 한층 공격적인 접근법을 단념시킬 수 있다는 주장은 일리가 있어 보인다. 하지만 그렇지 않다. 세계사에서 그런 일이 있었을지 모르지만, 현실적으로 우리는 한 토론자의 논점을 놓고 이야기하고 있다.

그럼에도 이성적인 사람들은 '언제 넛지에서 강제적인 명령이나 금지 조치로 (혹은 반대 방향으로) 전환해야 할 것인가'에 관련해 우리와 다른 의견을 제시할 수 있다. 예를 들면 우리 두 저자의 친구이자 동료 데이비드 라비손은 탈러와 함께 어떤 재단의 퇴직연금저축을 설계하는 작업에 참여했다. 이 연금제도는 잘 설계된 저렴한 기본 설정 및 소수의 투자 선택지를 갖추었다. 그런데 라비손과 탈러가 약간의 이견을 드러낸 문제가 있었다. 이 연금제도에 반드시 가입하고자 하는 사람들이 이른바 '뮤추얼 펀드 윈도'에 접근할 수 있도록 허락할 것인가 말 것인가 하는 문제였다. 뮤추얼 펀드 윈도는 해당 연금 가입자가 다른 여러 펀드에 접근해 투자할 수 있는 링크 도구다. 그런데 이 선택지를 사용한 직원들은 규모 큰 투자 결정을 하지 않는 경향이 있으며, 평균적으로 보면 기본 설정을 따르는 사람들에 비해 장기적인 수익이 나쁠 것이라는(물론 위 두 사람이 판단했을 때 그렇다는 말이다) 데는 두 사람이 의견이 일치했다. 두 사람은 또 (다른 여러 설정에 대한 경험적인 증거를 토대로 해서) 소수의 가입자만이 선택지를 사용할 것이라는 데 동의했다. 특히 경고 표시와 같이 그 도구에 접근하는 데 약간의 슬러지가 있을 경우에는 더욱더 그럴 것이라는 데 동의했다. 라비손은 그 선택지를 배제하려 했고 탈러는 반대로 그 선택지를 허용하려 했지만, 두 사람 모두 자기가 옳다고 확신하지는 않는다(이 점에 관해서 선스타인은 라비손의 의견에 동의한다. 그렇다면 다수결 원칙이 적용될까?).

이것은 한층 일반적인 딜레마의 예시다. 특히 잘못된 선택의 위험을 염려하는 열정적인 간섭주의자들은 강제적인 명령이나 금지 조치를 추진하고 싶을 수도 있다. 만약 이콘이 아닌 인간이 정말로 실수를 한다면, 은근한 넛지가 아니라 강제적인 조치로 이들이 실수하지 않도록 막아서 보호하는 게 옳지 않을까?

그런데 문제는 고정불변의 기준이 없다는 데 있다. 우리 저자들은 자유지상주의적 간섭주의를 '옵트아웃을 행사함으로써 쉽게 피할 수 있는 행동과 규칙, 그리고 넛지를 포함하는 것'으로 정의했다. 우리는 '쉽게 피한다'는 개념에 대해 명확한 정의를 가지고 있지 않다. 그러나 우리는 원 클릭 간섭주의 혹은 단 한 번의 클릭은 아니라고 하더라도 현존하는 최고의 기술을 동원해 이것과 최대한 비슷한 수준으로 개입하는 것을 지지한다(미래에는 '단 한 번의 생각' 혹은 '단 한 번의 눈 깜박임'만으로 선택할 수 있는 기술이 나타날 것이라고 기대한다). 많은 영역에서 사람들이 가장 저렴한 비용으로 자기 길을 찾아갈 수 있도록 하는 것이 가장 좋다. 확실히 우리가 지지해온 정책 가운데 몇몇은 한 번의 클릭보다 더 높은 비용을 들여야 한다. 자동 가입 연금제도를 해지하려면 여러 종류의 서류를 작성해야 할 수 있다(비용이 많이 든다고 할 수는 없어도, 클릭을 단 한 번 하는 것보다는 확실히 번거롭다). 비용이 특정 수준 이상으로 높으면 어떤 정책이 가망이 없다고 규정하는 융통성 없는 규칙을 제시하는 것은 자유지상주의자로서는 어쩐지 격에 맞지 않고 우스꽝스럽기도 하다. 그러나 어쨌든 그 정확성 기준 설정은 중요하지 않다. 그냥 뭉뚱그려서 그런 비용들이 낮으면 좋겠다는 정도로만 정리하고 넘어가자. 진짜 중요한 문제는 사람들의 복지를 개선한다는 측면에서 이런 사소하지 않은 (때로는 엄청나게 클 수도 있는) 비용을 언제 사람들에게 부과할 것인가 하는 것이다.

'냉각 기간'을 요구하는 규정을 살펴보자. 이런 규정이 필요한 근본적인 이유는 소비자가 순간적인 열기 속에서 잘못 생각하거나 즉흥적인 결정을 내릴 수 있다는 것이다. 자제력과 관련된 문제가 근본적인 걱정거리다. 미국 연방거래위원회가 1972년에 방문판매에서는 의무적인 냉각 기간이 필요하다고 결정한 것도 바로 이런 점을 고려했기 때문이다.[18] 이 위원회의 규정에 따르면 방문판매는 거래 후 3일 이내에 구매자에게 구매를 취소할 권리가 있음을 알리는 문서를 제공해야 한다. 이 조치를 규정한 법률은 고압적인 판매 기법 및 깨알처럼 작은 글자로 써놓은 계약서 세부 사항에 대한 불만 때문에 생겨났다. 즉 도움을 받는 사람들이 얻는 혜택과 그렇지 않은 사람들이 부담하는 비용을 살피는 비용편익분석은 그런 법률이 과연 필요할지 결정하는 데 사용할 수 있다. 감독 당국은 이런 분석을 통해 주문한 제품을 받기까지 며칠씩 기다려야 하는 사람들이 부담하는 비용이 얼마나 큰지, 구매자들은 마음을 얼마나 자주

5부. 고충 처리 | 넛지를 향한 비판과 반박

바꾸기를 원하는지 등을 고려하고자 할 것이다. 그 비용이 적고(심지어 위키피디아가 온라인으로 서비스를 제공하기 전에도, 어떤 백과사전을 구매하는 과정을 빠르게 끝낼 필요가 있는 사람이 과연 있었을까?) 구매자의 변덕이 매우 심할 때 심경의 변화가 빈번하게 일어나는데, 그런 법률적 규제는 확실히 일리가 있다.

매우 중요하지만 흔히 충동적으로 이루어지곤 하는 몇몇 의사 결정에 대해서도 냉각 기간과 비슷한 전략이 최고의 선택이 될 수 있다. 미국의 몇몇 주에서는 부부가 최종적으로 이혼을 결정하기 전에 숙려 기간을 거치도록 법률로 정하고 있다.[19] 인생에서 중대한 문제를 놓고 어떤 식으로든 결정을 내리기 전에 잠시 생각해보라는 것은 이치에 맞는 것 같다. 그리고 매우 극단적인 상황을 제외하고 보자면, 어떤 사람이 자신의 결혼 생활을 지금 당장 그만두어야만 할 이유를 떠올리기 쉽지 않다 (결혼한 사람들이 때로는 서로를 극도로 싫어하지만, 이혼이라는 과정이 완결되기 전까지 조금만 더 기다린다는 것이 그렇게나 끔찍할까?). 결혼을 하겠다는 의사 결정에도 이와 비슷한 제한 규정을 둘 수 있지 않겠느냐는 상상을 쉽게 할 수 있다. 미국의 몇몇 주에서는 이런 규정을 법률적 차원에서 마련했다.[20] 감독 당국은 사람들이 후회할 행동을 얼마든지 할 수 있음을 잘 알기에, 비록 선택을 차단하지는 않지만 냉정하게 성찰할 기간을 강제적으로 규정한다. 이런 점에서 다음 두 가지 조건이 충족될 때 자신의 현재 상태를 냉정하게 돌아볼 기간을 두는 것은 매우 타당하다. (1)사람들은 관련 결정을 자주 하지 않으며, 따라서 해당 경험이 부족하다. (2)감정이 격렬하게 고조되어 있을 가능성이 높다. 이런 조건에서 사람들은 특히 나중에 후회할 선택을 하기 쉽다.*

냉각 기간 설정은 상대적으로 부드러운 개입이다. 사회가 강제적인 명령과 금지를 내려야 할 때는 언제일까? 다시 말하지만 이성적인 사람이라고 하더라도 한계를 정하는 기준은 얼마든 달라질 수 있다. 합리적인 사람들 사이에서도 그 개념을 이해하는 방법이 제각기 다름을 염두에 둘 때, 우리가 기준으로 삼아야 할 기본적인 원칙은 인간적인 복지다. 예를 들어 동료 행동과학자들인 닉 채터Nick Chater와 조지 로웬스타인은 우리가 이 책에서 살펴본 확정기여형 연금제도가 너무도 많은 오류를 불러올 가능성을 지니고 있다면서, 납입률이 고정된 의무적인 저축 제도로 대체해야 한다고 주장했다.[21] 이 두 사람은 호주의 퇴직연금제도를 칭찬하는데, 이 제도는 퇴직연금에 가입한 사람이 자신의 저축액을 담보로 하는 대출을 허용하지 않기 때문이다.

이제 강제적인 규제 제도는 적어도 공식적인 경제권에서 고용된 사람들에게는 (강제적 규제이니만큼 당연히) 100퍼센트 준수될 것이다. 이와 비교할 수 있는 영국의 네스트 연금제도는 자동 등록을 사용하며 90퍼센트가 넘는 높은 가입률을 기록하고 있다. 그런데 강제적인 제도가 더 나쁘다는 사실은 명백한 것인가? 이 질문에 대한 대답은 선택의 자유를 얼마나 높이 평가하는가, 그리고 기본 설정을 거부하고 다른 선택을 하

• 물론 의무적인 냉각 기간의 장점에 대해 사람들의 의견이 다를 수도 있다. 낙태와 관련된 결정을 할 때가 그렇다. 낙태는 감정적으로나 신념적으로 너무도 큰 문제이기 때문에 냉각 기간이라는 정책의 장점을 가려내기가 무척 어렵다. 낙태 찬성론자들은 냉각 기간을 설정하는 규정을 슬러지로 여기는데, 이 경우에는 이런 강제적인 요구에 뒤따르는 비용은 높을 수밖에 없다. 또 낙태 수술을 해주는 병원을 찾아 멀리 가야 하는 여성에게 3박 4일의 여행 비용은 경제적으로나 사생활 침해 가능성으로나 무척 클 수 있다. 이런 상황을 가정하자면 낙태 관련 해당 규정이 비록 좋은 의도에서 비롯된 것이라고 하더라도 우리 저자들은 반대하겠다. 그런데 언제나 그렇듯이 세부적인 사항이 중요할 것 같다. 하지만 우리는 이 문제를 놓고 더는 위험을 감수하지 않겠다. 어떤 의견을 냈다가 예상하지 못했던 오해와 공격을 받고 싶지 않다는 말이다.

겠다고(즉 옵트아웃을 하겠다고) 결심한 사람에게 얼마나 큰 피해가 가는가에 따라 달라질 수밖에 없다. 적어도 사람들이 옵트아웃을 결정할 때는 그만한 이유가 있을 수 있는데, 일부 증거는 이런 추정을 뒷받침한다.[22] 예를 들어 사람들은 지금 당장 정말로 돈이 필요하거나 자신만의 은퇴 후 계획이 따로 마련되어 있을 수 있다. 그러므로 이들이 기본 설정의 선택지가 아닌 자신만의 또 다른 길을 가게 하는 것도 때로는 좋은 생각일 수 있다.

강제적인 규제와 금지는 어떤 상황에서는 확실히 정당화된다. 만약 누군가의 선택이 다른 이에게 해를 끼친다면, 금지 조치(폭행죄나 절도죄를 생각해보라) 또는 교정적 조세corrective tax(예컨대 온실가스 배출권)를 당연히 고려해야 한다고 앞에서도 말한 바 있다. 그러나 심지어 이런 상황에서도 넛지는 중요한 역할을 수행할 수 있다.

만약 사람들이 어리석거나 근시안적이거나 스스로를 망가뜨리는 결정을 내린다면, 우리는 강제적인 명령을 포기하지 않을 것이다.[23] 사회 보장 프로그램, 트랜스지방 사용 금지, 에너지 효율 명령, 오토바이 운전자 안전모 착용 및 자동차 승객 안전벨트 착용을 명령하는 법률, 또는 팬데믹 상황에서 사람들에게 마스크를 착용하도록 요구하는 법률 제정 등에 반대하지 않는다. 만약 사람들이 하는 선택이 미래의 자신에게 심각한 해를 끼친다면(예를 들면 흡연이 있다), 우리는 단순한 넛지를 넘어 담뱃세와 식당 내 금연을 지지할 수 있다. 다만 세금이나 강제적인 명령, 금지 조치 등이 여러 가지 문제와 걱정거리를 유발한다는 사실을 지적하고 싶다. 사람들이 인생을 어떻게 살 것인가에 관련해 충분한 정보를 가지고 어떤 결정을 내린다면, 우리는 겸손함과 존중으로 그 결정을 대할 것이다. 즉 선택의 자유라는 전제에 기꺼이 손을 들 것이라는 말이다. 물론 그 전제는 당신이 우리에게 동의하지 않을 권리도 함께 보장한다.

'선한 넛지'가 실현되는 세상을 위하여

우리가 『넛지』 원고를 쓸 때 세계는 글로벌 금융 위기에 막 진입하고 있었다. 그리고 지금 우리는 세계적인 팬데믹 상황에서 『넛지: 파이널 에디션』을 내놓는다. 그 사이에 세상에는 많은 일이 일어났다. 우리는 민간 부문에서 엄청난 창의력이 발휘되는 것을 지켜보았으며, 이 창의력이 전례 없는 규모와 힘을 지닌 거대 기업(구글, 애플, 페이스북, 아마존 등)의 성장으로 이어지는 것을 목격했다. 여러 나라가 놀라고 당황해서 허둥대는 가운데 몇몇 나라가 (예외적으로 똑똑한 여러 넛지를 사용하면서) 코로나19 위기를 매우 성공적으로 극복하는 모습도 지켜보았다. 어떤 선거들은 우리를 희망에 들뜨게 만들었고, 어떤 선거들은 우리를 절망의 늪으로 밀어 넣었다. 우리가 응원하는 팀과 선수는 이기기도 했지만 지기도 했다. 사실 라파엘 나달은 예외지만 그들은 보통 큰 게임에서 진다. 또 빙하가 녹고 대규모 산불이 나고 있음에도 전 세계는 기후변화와의 싸움에서 너무나 미미한 진전을 이루었을 뿐이다. 그러나 우리 두 저자는 낙천적이다. 우리에게는 술잔에서 술이 얼마나 줄어들었는지보다는 술이 얼마나 남았는지가 더 중요하다. 이것은 우리 성격을 반영하는 것일 수도 있고 행동 편향일 수도 있다(우리 두 사람의 배우자들은 후자가 맞을 것이라고 말한다). 그럼에도 우리는 현실적이려고 노력하면서 희망적으로 이 책을 끝내고 싶다.

행동과학의 여러 도구를 세계가 안고 있는 가장 큰 몇몇 문제에 적용할 가능성에서는 엄청난 진전이 있었다. 이와 관련된 사례는 미국, 영국, 아일랜드, 덴마크, 호주, 뉴질랜드, 인도, 카타르, 아랍에미리트, 네덜란드, 일본, 프랑스, 독일을 포함한 여러 국가에서 찾아볼 수 있다. 아울러 관련된 많은 일을 유엔, 세계보건기구, 그리고 유럽연합집행위원회가 수행하고 있다. 어떤 문제가 코로나19 팬데믹, 기후변화, 테러, 금연, 경제성장, 성 평등 혹은 직업 안전 중 어느 것과 관련이 있든 간에 행동과학은 정기적으로, 심지어 당연한 것으로 활용되고 있다. 한때 급진적으로 보였던 발상은 세월이 흐른 뒤에는 멋지고 세련된 것에서 일상적으로 유행하는 것 혹은 이미 유행이 지난 것으로 바뀌었다. 어떻게 보면 바람직한 현상이다. 탈러는 경제학자들이 이콘만이 아닌 인간도 그들의 분석에 적절한 수준으로 포함할 것이기 때문에, 행동경제학 분야가 더는 존재하지 않는 날이 오고야 말리라는 말을 오래전부터 해왔다.

행동과학을 공공 정책이나 경영 등의 분야에 적용하는 발상은, 표준적인 비용편익분석을 한다거나 사업계획서를 작성하는 것처럼 일상적인 활동으로 자리 잡기 시작했다. 이런 발상이 넛지를 전문적으로 다루는 단체나 조직에만 국한되지 않는다는 사실이 우리 저자들에게는 무척 고맙고 반갑다.

흔히 가장 중요한 일은 정부 고위 부처나 대통령 혹은 총리 집무실에서 이루어진다. 전 세계 지도자는 행동과학 및 넛지를 잘 알고 있으며 이 분야의 전문 지식을 갖추고 있기도 하다. 모든 제품에 어떤 식으로든 설계가 필요한 것과 마찬가지로, 모든 정책에는 어느 식으로든 선택 설계가 필요하다는 사실을 우리는 이 책에서 일관되게 강조했다. 굳이 스티브 잡스가 아니더라도 탁월한 설계를 마련할 수 있다. 그저 몇 가지만 잘하면 된다. 먼저 사용자 경험을 가장 먼저 신경 써야 한다. 어떤 사람들이 제품이나 서비스의 외관만 책임지고 다른 사람들은 작동만 책임질 경우, 밀고 들어가야 할 문에 잡아당기는 손잡이를 다는 꼴이 되고 만다. 한마디로 슬러지의 늪에 빠져버리고 만다.

좋은 선택 설계를 하는 것이야말로 모든 정책 분석과 기업 의사 결정의 핵심이라고 생각할 때 성공 가능성은 한층 더 커진다. '스웨덴 프리미엄 연금제도'를 만든 사람들은 연금 가입자가 수백 개 펀드를 비교하며 직접 투자 포트폴리오를 구성하는 제도를 만들려고 하지 않았다. 그들은 단지 그 펀드들을 큐레이션하는 업무를 다른 사람에게 위임하기만 했을 뿐이다. 이 작업을 하는 큐레이터는 바로 유럽연합의 감독 당국자들이었다. 이들이 적절한 유형의 뮤추얼 펀드를 운용하는 규칙과 함께, 연금 가입자들이 선택할 수 있는 목록에 어떤 펀드를 넣거나 뺄지 결정했다. 이 과정에서 연금 가입자가 선택할 수 있는 수백 개의 펀드가 설계된 다음에는 그 결과를 놓고 다시 생각해보자고 하기에는 너무 늦어버리고 말았다.

정책 설계자는 전지전능하다거나 그래야 한다고 말하려는 것이 아니다. 하지만 적어도 정책 설계자라면 이콘이 아닌 인간은 무엇을 할 수 있을지, 무엇을 하게 될지 한발 앞서 생각할 필요가 있다. 그리고 한층 더 중요한 것은, 정책 설계자는 일이 어떻게 돌아가는지 살핀 다음에는 그 정책을 기꺼이 수정해 개선하겠다는 마음가짐을 가져야 한다는 사실이다. 그렇지만 안타깝게도 정책 설계자의 발목을 잡는 것이 있다. 바로 타성이다. 타성의 힘은 너무도 강하다.

우리 두 사람 다 행동과학을 정책에 통합하려고 노력했던 경험이 있다. 이 경험과 해당 분야에서 점점 늘어나는 연구 저작을 토대로 판단하건대, 새로운 정책을 마련하는 과정의 초기 단계에서 선택 설계를(아울러 행동과학의 다른 구성 요소를) 통합할 때, 돌파구가 열리는 커다란 기회가 나타날 것이라고 믿는다. 다른 분야의 설계에서 나온 한 가지 사례가 우리의 믿음을 증명한다. 이를 뒷받침할 사례를 소개하면 다음과 같다.

시카고대학교 부스경영대학원은 새로운 건물 한 동을 세우기로 결정한 다음, 유명 건축가들이 참가하는 콘셉트 제안 경연 대회를 열었다. 우승자는 우루과이 건축가 라파엘 비뇰리Rafael Viñoly가 이끄는 저명한 건축 회사였다. 비뇰리와 그의 팀은 우승자로 선정된 뒤 신축 건물의 세부 사항을 설계하는 작업으로 곧장 넘어가지 않았다. 그 대신 학생들과 교직원들이 새 건물에서 어떻게 시간을 보낼지, 새 건물에 어떤 것을 기대하는지 등을 더 많이 알아내기 위해 이들과 대화하며 며칠을 보냈다. 이런 과정을 거친 끝에 물리적으로 아름다울 뿐만 아니라, 프랭크 로이드 라이트가 설계한 길 건너편 건물에 경의를 표하는 새로운 건축물이 탄생했다.

좀 더 구체적으로 설명하면 이렇다. 교수들과의 대화를 통해 비놀리는 그들이 서로 우연히 만나는 기회를 소중하게 여긴다는 사실을 알았다. 적어도 교수들이 학생들과 우연히 만나는 것 이상으로 그 경험을 소중하게 여긴다는 사실은 분명하다. 또 학장 사무실에서 근무하는 직원들과의 만남보다 동료 교수와의 만남을 더 소중하게 여긴다. 교수 연구실은 그 건물에서 가장 높은 3개 층에 있는데, 그곳은 열린 계단으로 연결되어 교수들 사이의 우연한 만남을 유도한다. 학장이나 교직원 및 학생의 동선은 낮은 층에서만 이루어지도록 함으로써 이들과 교수들이 우연히 마주칠 수 있는 공간은 구내식당으로 제한했다. 이 식당도 햄버거를 사려는 사람은 반드시 샐러드 바 앞을 지나가도록 설계했다.

공공 정책을 설계하는 데도 이와 비슷한 것을 적용할 수 있다. 도로와 직장에서 공공의 안전성을 높이는 것이 목표라면, 정책 입안자는 가장 안전한 선택이 가장 쉬운 선택이 되도록 정책을 만들 것이다. 또 빈곤을 줄이는 것이 목표라면 입법자는 사람들이 실제로 어떻게 생각하고 행동하는지 고려한 다음, 교육과 고용으로 이어지도록(그리고 슬러지를 제거하도록) 그들을 넛지하는 제도를 만들 것이다. 만약 학생, 교사, 발명가, 기업가, 망명 신청자가 와서 잠시 머물도록 하는 것이 목표라면, 이들이 한층 더 쉽게 그렇게 할 수 있도록 만들면 된다. 또 방역과 예방접종을 장려해 팬데믹을 종식하는 것이 목표라면, 정책 입안자는 편의성과 잘 설계된 경고 문구가 얼마나 중요한지, 그리고 사회적인 규범이 발휘하는 힘이 얼마나 강력한지 깊이 생각해야 한다.

이 모든 것이 누군가에게는 허황된 꿈처럼 들릴지도 모른다. 하지만 그렇지 않다. 이미 시작되었다. 특히 현실에서 정책을 실행하고 통제하는 사람들 사이에서는 더욱 그렇다. 갑작스럽게 두각을 나타낸 거대 기업들이 (그 무엇보다도 특히!) 선택 설계에 능하다는 사실은 결코 우연이 아니다. 그러나 법률과 규정이 제정되는 방식에서 (종종 암묵적으로만 내재된) 선택 설계를 개선하기 위해 더 많은 것들이 이루어질 수 있다.

이런 노력을 기울이는 조용한 영웅들은 배경을 조사하고 문구를 다듬으며 손보는 사람들이다. 만약 이런 사람이 당신 곁에 있다면, 당신이 다 읽은 이 책을 건네주길 바란다. 속표지에는 우리 저자들을 대신해 간절한 소망을 담아 '선한 넛지 Nudge for Good!'라고 써주면 더욱 좋겠다. 지금 그 소망은 전 세계에서 개발되고, 또 실행되고 있는 수많은 개혁을 묘사하는 표현으로 자리잡아가고 있다.

감사의 말

『넛지: 파이널 에디션』 작업은 우리에게 단거리 전력 질주와 비슷했는데, 지난 몇 달 동안 우리와 함께 달린 많은 분에게 감사드린다. 리아 아타네오, 더스틴 파이어, 로히트 고얄, 엘리 나흐마니, 루커스 로스를 포함해 연구 조사 작업을 수행했던 사람들에게 특별히 고마운 마음을 전한다. 온갖 다양한 일을 도맡아서 했던 준 루커스와 마지막 단계에서 영웅적인 일을 한 리아에게는 한번 더 감사를 표시하고 싶다. 두 사람이 없었으면 우리는 이 책을 마지막까지 잘해내지 못했을 것이다. 사실 이 말이 틀린 건 아니지만 이 말만으로는 두 사람의 도움을 충분하게 담아내지 못한다.

여러 친구가 이 책의 초고를 읽고 논평을 해줬다. 롭 거트너, 데이비드 할핀, 알렉스 이마스와 이매뉴얼 로먼을 비롯한 친구들은 우리에게 보물이나 다름없다. 장기 기증에 대해 유익한 토론을 해준 알렉산드라 글래지어와 에릭 존슨은 특히 고맙다. 세라 칼판트는 지혜 그 자체였으며, 존 시칠리아노는 탁월한 편집자였다. 그리고 수많은 『넛지』 독자가 누구보다도 고맙다. 그들의 논평과 열정과 우려와 이견 덕분에 『넛지: 파이널 에디션』이 한층 더 나은 모습으로 세상에 나올 수 있었다.

참고 문헌

최종판 서문

1. Tara Golshan, "Donald Trump Has Supported Hillary Clinton for Longer Than He's Opposed Her", Vox, August 16, 2016, https://www.vox.com/2016/8/16/12452806/ trump-praise-hillary-clinton-history.

초판 인트로

1. "Adult Obesity Facts", Centers for Disease Control and Prevention, https:// www.cdc.gov/ obesity/ data/ adult.html.
2. "Obesity and Overweight", Centers for Disease Control and Prevention, https:// www.cdc. gov/nchs/fastats/obesity-overweight.htm.
3. 예를 들어 다음을 참조하라. OECD, "Obesity Update 2017"(2017), https:// www.oecd.org/ els/ health-systems/Obesity-Update-2017.pdf; Ben Tracy, "Battling American Samoa's 75_ percent Obesity Rate", CBS News, July 7, 2013, https://www.cbsnews.com/news/ battling-american-samoas_75_percent-obesity-rate.

1장. 편향과 실수

1. Roger Shepard, Mind Sights: Original Visual Illusions, Ambiguities, and Other Anomalies, with a Commentary on the Play of Mind in Perception and Art(New York: W. H. Freeman and Co., 1990).
2. Fritz Strack, Leonard L. Martin, and Norbert Schwarz, "Priming and Communication: Social Determinants of Information Use in Judgments of Life Satisfaction", European Journal of Social Psychology 18, no. 5(1988): 429~442.
3. Kareem Haggag and Giovanni Paci, "Default Tips", American Economic Journal: Applied Economics 6, no. 3(2014): 1~19.
4. Paul Slovic, Howard Kunreuther, and Gilbert White, "Decision Processes, Rationality and Adjustment to Natural Hazards", in Natural Hazards: Local, National and Global, ed. Gilbert White(New York: Oxford University Press, 1974), 187~205.

5. Howard Kunreuther et al., Disaster Insurance Protection: Public Policy Lessons (New York: John Wiley & Sons, 1978); 아울러 다음을 참조하라. Howard Kunreuther et al., "Flood Risk and the U.S. Housing Market"(working paper, Penn Institute for Urban Research and Wharton Risk Center, October 2018), https://riskcenter.wharton.upenn.edu/ wp-content/ uploads/2018/11/Flood_Risk_and_the_U.S_.Housing_Market_10-30_pdf.

6. Amos Tversky and Daniel Kahneman, "Extensional Versus Intuitive Rea\-soning: The Conjunction Fallacy in Probability Judgment", Psychological Review 90, no. 4(1983) 293~315.

7. Stephen Jay Gould, "The Streak of Streaks", New York Review, August 18, 1988, https://www.nybooks.com/articles/1988/ 08/ 18/ the-streak_of_streaks.

8. Paul C. Price, "Are You as Good a Teacher as You Think?", Thought & Action, Fall 2006, http://ftp.arizonaea.org/assets/img/PubThoughtAndAction/TAA_06_02.pdf.

9. Heather Mahar, "Why Are There So Few Prenuptial Agreements?"(John M. Olin Center for Law, Economics, and Business discussion paper no. 436, September 2003), http:// www.law.harvard.edu/programs/olin_center/papers/pdf/436.pdf.

10. Arnold C. Cooper, Carolyn Y. Woo, and William C. Dunkelberg, "Entrepreneurs' Perceived Chances for Success", Journal of Business Venturing 3, no. 2(1988): 97~108.

11. 이 문단에서 제시하는 중심적인 발견에 대해서는 다음을 참조하라. Cass R. Sunstein, Christine M. Jolls, and Richard H. Thaler, "A Behavioral Approach to Law and Economics", Stanford Law Review 50, no. 5(1998): 1471~1550.

12. Daniel Kahneman, Jack L. Knetsch, and Richard H. Thaler, "Anomalies: The Endowment Effect, Loss Aversion, and Status Quo Bias", Journal of Economic Perspectives 5, no. 1 (1991): 193~206.

13. Tatiana A. Homonoff, "Can Small Incentives Have Large Effects? The Impact of Taxes Versus Bonuses on Disposable Bag Use", American Economic Journal: Economic Policy 10, no. 4(2018): 177~210.

14. William Samuelson and Richard Zeckhauser, "Status Quo Bias in Decision Making", Journal of Risk and Uncertainty 1, no. 1(1988): 7~59.

15. Samuelson and Zeckhauser, "Status Quo Bias in Decision Making."

16. Amos Tversky and Daniel Kahneman, "The Framing of Decisions and the Psychology of Choice", Science 211, no. 4481(1981): 453~458.

17. Daniel Kahneman, Thinking, Fast and Slow(New York: Farrar, Straus and Giroux, 2013).

18. Philip Lieberman, Human Language and Our Reptilian Brain(Cambridge, MA: Harvard University Press, 2002); Joseph LeDoux, "The Emotional Brain, Fear, and the Amygdala", Cellular and Molecular Neurobiology 23, no. 4~5(2003): 727~738.

19. Drew Westen, The Political Brain(New York: PublicAffairs, 2007).

20. Alexander Todorov, Anesu N. Mandisodza, Amir Goren, and Crystal C. Hall, "Inferences of Competence from Faces Predict Election Outcomes", Science 308, no. 5728(2005): 1623~1626; Daniel Benjamin and Jesse Shapiro, "Thin-Slice Forecasts of Gubernatorial Elections", Review of Economics and Statistics 91, no. 3(2009): 523~536.

21. Shane Frederick, "Cognitive Reflection and Decision Making", Journal of Economic Perspectives 19, no. 4(2005): 25~42.

2장. 유혹에 저항하기

1. 다음을 참조하라: Colin F. Camerer, "Neuroeconomics: Using Neuroscience to Make Economic Predictions", Economic Journal 117, no. 519(2007): 26; Samuel M. McClure et al., "Neural Correlates of Behavioral Preference for Culturally Familiar Drinks", Neuron 44, no. 2(2004): 379~387.

2. Nina Semczuk, "Should You Open a Christmas Account?", SmartAsset, https:// smartasset. com/checking-account/christmas-club-accounts.

3. 이 유명한 대화는 다음 동영상에서 볼 수 있다. http://www.youtube.com/watch?v=t96LNX6t-k0U.

4. Richard H. Thaler and Eric J. Johnson, "Gambling with the House Money and Trying to Break Even: The Effects of Prior Outcomes on Risky Choice", Management Science 36, no. 6(1990): 643~660.

3장. 인간은 떼 지어 몰려다닌다

1. Chad R. Mortensen et al., "Trending Norms: A Lever for Encouraging Be\-haviors Performed by the Minority", Social Psychological and Personality Sci\-ence 10, no. 2(2019): 201~210.

2. George A. Akerlof, Janet L. Yellen, and Michael L. Katz, "An Analysis of Out_of_Wedlock Childbearing in the United States", Quarterly Journal of Economics 111, no. 2(1996): 277~317.

3. Harold H. Gardner, Nathan L. Kleinman, and Richard J. Butler, "Workers' Compensation and Family and Medical Leave Act Claim Contagion", Journal of Risk and Uncertainty 20, no. 1(2000): 89~112.

4. Robert Kennedy, "Strategy Fads and Strategic Positioning: An Empirical Test for Herd Behavior in Prime-Time Television Programming", Journal of Industrial Economics 50(2002): 57~84.

5. 예를 들어 다음을 참조하라. Bruce L. Sacerdote, "Peer Effects with Random Assignment: Results for Dartmouth Roommates", Quarterly Journal of Economics 116, no. 2(2001): 681~704; David J. Zimmerman, "Peer Effects in Academic Outcomes: Evidence from a Natural Experiment", Review of Economics and Statistics 85, no. 1(2003): 9~23; Nirav Mehta, Ralph Stinebrickner, and Todd Stinebrickner, "Time-Use and Academic Peer Effects in College", Economic Inquiry 57, no. 1(2019): 162~171.

6. 다음을 참조하라. Akerlof, Yellen, and Katz, "An Analysis of Out of Wedlock Childbearing in the United States" [teenage pregnancy]; Nicholas A. Christakis and James H. Fowler, "The Spread of Obesity in a Large Social Network over 32 Years", New England Journal of Medicine 357, no. 4(2007): 370~379 [obesity]; Sacerdote, "Peer Effects with Random Assignment" [college roommate assignment]; and Cass R. Sunstein et al., Are Judges Political? An Empirical Analysis of the Federal Judiciary(Washington, DC: Brookings Institution Press, 2006) [judicial voting patterns].

7. Solomon E. Asch, "Studies of Independence and Conformity: I. A Minority of One Against a Unanimous Majority", Psychological Monographs: General and Applied 70, no. 9(1956): 1~70.

8. Rod Bond and Peter Smith, "Culture and Conformity: A Meta-Analysis of Studies Using Asch's Line Judgment Task", Psychological Bulletin 119(1996): 111~37. 문화적인 차이 일반에 대한 강조, 특히 획일성과 관련해서는 다음을 참조하라. Joseph Heinrich, The Weirdest People in the World(New York: Farrar, Straus & Giroux, 2020), 198~204.

9. Micah Edelson et al., "Following the Crowd: Brain Substrates of Long-Term Memory Conformity", Science 333, no. 6038(2011): 108~111.

10. Cass R. Sunstein, Conformity: The Power of Social Influences(New York: New York University Press, 2019).

11. Muzafer Sherif, "An Experimental Approach to the Study of Attitudes", Sociometry 1, no. 1/2(1937): 90~98.

12. Lee Ross and Richard E. Nisbett, The Person and the Situation: Perspectives of Social Psychology(New York: McGraw-Hill, 1991): 29~30.

13. Robert C. Jacobs and Donald T. Campbell, "The Perpetuation of an Arbitrary Tradition Through Several Generations of a Laboratory Microculture", Journal of Abnormal and Social Psychology 62(1961): 649~658.

14. Lindsey C. Levitan and Brad Verhulst, "Conformity in Groups: The Effects of Others' Views on Expressed Attitudes and Attitude Change", Political Behavior 38, no. 2(2015): 277~315; Jing Chen et al., "ERP Correlates of Social Conformity in a Line Judgment", BMC Neuroscience 13(2012): 43; Charity Brown and Alexandre Schaefer, "The Effects of

Conformity on Recognition Judgements for Emotional Stimuli", Acta Psychologica 133, no. 1 (2010): 38~44.

15. H. Wesley Perkins, "Sober Lemmings", New Republic, April 13, 2003, https:// newrepublic. com/article/64811/sober-lemmings.

16. Matthew J. Salganik, Peter Sheridan Dodds, and Duncan J. Watts, "Experimental Study of Inequality and Unpredictability in an Artificial Cultural Market", Science 311, no. 5762 (2006): 854~856.

17. Michael Macy et al., "Opinion Cascades and the Unpredictability of Partisan Polarization", Science Advances 5, no. 8 (2019): eaax0754.

18. Linton Weeks, "The Windshield- Pitting Mystery of 1954", National Public Radio, May 28, 2015, https://www.npr.org/sections/npr-history-dept/2015/05/28/410085713/the-windshield-pitting-mystery-of-1954.

19. Clarissa Simas et al., "HPV Vaccine Confidence and Cases of Mass Psychogenic Illness Following Immunization in Carmen De Bolivar, Colombia", Human Vaccines and Immunotherapeutics 15, no. 1 (2019): 163~166.

20. Katie Nodjimbadem, "The Trashy Beginnings of 'Don't Mess with Texas,'" Smithsonian Magazine, March 10, 2017, https://www.smithsonianmag.com/history/trashy- beginnings- dont-mess-texas-180962490.

21. Timur Kuran, "Ethnic Norms and Their Transformation Through Reputational Cascades", Journal of Legal Studies 27, no. S2 (1998): 623~659.

22. Leonardo Bursztyn, Alessandra L. González, and David Yanagizawa-Drott, "Misperceived Social Norms: Women Working Outside the Home in Saudi Arabia", American Economic Review 110, no 10 (2020): 2997~3029, https://www.aeaweb.org/articles?id=10.1257%2Fa er.20180975.

23. Stephen Coleman, The Minnesota Income Tax Compliance Experiment: State Tax Results (Munich Personal RePEc Archive, paper 4827, 1996).

24. Michael Hallsworth et al., "The Behavioralist as Tax Collector: Using Natural Field Experiments to Enhance Tax Compliance", Journal of Public Economics 148 (2017): 14~31.

25. Noah J. Goldstein, Robert B. Cialdini, and Vladas Griskevicius, "A Room with a Viewpoint: Using Social Norms to Motivate Environmental Conservation in Hotels", Journal of Consumer Research 35, no. 3 (2008): 472~482.

26. Josh Earnest, "President Obama Supports Same-Sex Marriage", The White House President Obama[blog], May 10, 2012, https://obamawhitehouse.archives.gov/blog/ 2012/05/10/obama-supports-same-sex-marriage.

27. Obergefell v. Hodges, 135 S. Ct. 2071(2015).

28. "Same-Sex Marriage Around the World", Pew Research Center, October 28, 2019, https://www.pewforum.org/fact-sheet/gay-marriage-around-the-world.

29. Adam Liptak, "Exhibit A for a Major Shift: Justices' Gay Clerks", New York Times, June 8, 2013, https://www.nytimes.com/2013/06/09/us/exhibit_a_for_a_major-shift- justices-gay-clerks.html.

30. Mortensen et al., "Trending Norms."

4장. 넛지가 필요한 순간

1. Colin F. Camerer, Samuel Issacharoff, George Loewenstein, Ted O'Donoghue, and Matthew Rabin, "Regulation for Conservatives: Behavioral Economics and the Case for 'Asymmetric Paternalism,'" University of Pennsylvania Law Review 151, no. 3(2003): 1211~1254.

2. Colin F. Camerer and Robin M. Hogarth, "The Effects of Financial Incentives in Experiments: A Review and Capital-Labor-Production Framework", Journal of Risk and Uncertainty 19, no. 1(1999): 7~42.

5장. 선택 설계의 세계

1. J. Ridley Stroop, "Studies of Interference in Serial Verbal Relations", Journal of Experimental Psychology 18(1935): 643~662.

2. Kurt Lewin, Field Theory in Social Science: Selected Theoretical Papers, ed. Dorwin Cartwright(New York: Harper and Brothers, 1951).

3. Howard Leventhal, Robert Singer, and Susan Jones, "Effects of Fear and Specificity of Recommendation upon Attitudes and Behavior", Journal of Personality and Social Psychology 2, no. 1(1965): 20~29.

4. Joel Gunter, "The Greek Referendum Question Makes [Almost] No Sense", BBC News, June 29, 2015, https://www.bbc.com/news/world-europe-33311422.

5. Zachary Brown et al., "Testing the Effects of Defaults on the Thermostat Settings of OECD Employees", Energy Economics 39(2013): 128~134.

6. Gabriel Carroll et al., "Optimal Defaults and Active Decisions", Quarterly Journal of Economics 124, no. 4(2009): 1639~1674.

7. Michael D. Byrne and Susan Bovair, "A Working Memory Model of a Common Procedural Error", Cognitive Science 21, no. 1(1997): 31~61.

8. Jeffrey B. Cooper et al., "Preventable Anesthesia Mishaps: A Study of Human Factors", Anesthesiology 49, no. 6(1978): 399~406.

9. Michael O. Schroeder, "Death by Prescription", U.S. News & World Report, September 27, 2016, https://health.usnews.com/health-news/patient-advice/articles/2016-09-27/the-danger-in-taking-prescribed-medications.

10. John M. Jachimowicz et al., "Making Medications Stick: Improving Medication Adherence by Highlighting the Personal Health Costs of NonCompliance", Behavioural Public Policy (2019), 1~21.

11. "Gmail Will Now Remind You to Respond", Google Workspace Updates, May 14, 2018, https://gsuiteupdates.googleblog.com/2018/05/gmail-remind-respond.html.

12. Steven B. Zeliadt et al., "Why Do Men Choose One Treatment over Another? A Review of Patient Decision Making for Localized Prostate Cancer", Cancer 106, no. 9(2006): 1865~1874.

13. Samuli Reijula and Ralph Hertwig, "Self-Nudging and the Citizen Choice Architect", Behavioural Public Policy(2020), 1~31.

14. Raj Chetty et al., "Active vs. Passive Decisions and Crowd-Out in Retirement Savings Accounts: Evidence from Denmark", Quarterly Journal of Economics 129, no. 3(2014): 1141~1219.

15. Whitney Afonso, "The Challenge of Transparency in Taxation", Mercatus Center, https://www.mercatus.org/publications/government-spending/challenge-transparency-taxation.

16. "Governor Ronald Reagan Opposes Withholding of State Income Tax", Seth Kaller Inc., https://www.sethkaller.com/item/1567-24387-Governor-Ronald-Reagan-Opposes-Withholding-of-State-Income-Tax.

6장. 기다려라, 더 많은 것이 있다

1. Maria Yagoda, "Singapore Hawker Stands with Michelin Stars", Food & Wine, August 20, 2018, https://www.foodandwine.com/travel/singapore-hawker-stands-michelin-stars-where.

2. "Volunteer and Job Opportunities", Mark Twain Boyhood Home and Museum, https://marktwainmuseum.org/volunteer-employment.

3. "Speed Reduction Measures Carrot or Stick?", ITS International, https://www.itsinternational.com/its2/feature/speed-reduction-measures-carrot or-stick.

4. Richard H. Thaler, "Making Good Citizenship Fun", New York Times, February 13, 2012, https://www.nytimes.com/2012/02/14/opinion/making-good-citizenship-fun.html.

5. Emily Haisley et al., "The Impact of Alternative Incentive Schemes on Completion of Health Risk Assessments", American Journal of Health Promotion 26, no. 3(2012): 184~188.

6. Thaler, "Making Good Citizenship Fun."

7장. 스마트 공개

1. Edna Ullmann-Margalit, Normal Rationality: Decisions and Social Order, ed. Avishai Margalit and Cass R. Sunstein (Oxford: Oxford University Press, 2017).

2. Richard P. Larrick and Jack B. Soll, "The MPG Illusion", Science 320, no. 5883 (2008): 1593~1594.

3. Memorandum from Cass R. Sunstein, Administrator, Office of Information and Regulatory Affairs, Office of Management and Budget, "Informing Consumers Through Smart Disclosure", to Heads of Executive Departments and Agencies, September 8, 2011, https://obamawhitehouse.archives.gov/sites/default/files/omb/inforeg/for-agencies/ informing-consumers-through-smart-disclosure.pdf.

4. Sebastien Bradley and Naomi E. Feldman, "Hidden Baggage: Behavioral Responses to Changes in Airline Ticket Tax Disclosure", American Economic Journal: Economic Policy 12, no. 4 (2020): 58~87.

5. "Food Allergies: What You Need to Know", FDA, https://www.fda.gov/food/buy-store-serve-safe-food/food-allergies-what-you-need-know.

8장. #슬러지

1. Oxford Dictionary, s.v. "sludge", accessed November 12, 2020, https:// en.oxforddictionaries.com/definition/sludge.

2. Cait Lamberton and Benjamin Castleman, "Nudging in a Sludge-Filled World", Huffington Post, September 30, 2016, https://www.huffpost.com/entry/nudging-in-a-sludgefilled_b_12087688?guccounter=1&guce_referrer=aHR0cHM6Ly93d3cuZ29vZ2xlLmNvbS88&guce_referrer_sig=AQAAAMYs-ouJGASCdY_xY8PGX3Ni2BfUI9Zvr5dx8gDkgOle0h-BZ3HlhYnpX6-lbZvflXt8CucilXVeGpfLFNN9DakYYw6vHYrbwOVhte7AoFVZTb-m42GbvPjHxZjSo-sVwARNkU9hpCe4d0fptGvmevun9LW9Okl0MdgFRZrRS-hpAe.

3. Cal. Bus. & Prof. Code § 17602(a); N.Y. Gen. Bus. Law § 527 (McKinney 2020).

4. Joshua Tasoff and Robert Letzler, "Everyone Believes in Redemption: Nudges and Overoptimism in Costly Task Completion", Journal of Economic Behavior and Organization 107 (2014): 107~122.

5. Xavier Gabaix and David Laibson, "Shrouded Attributes, Consumer Myopia, and Information Suppression in Competitive Markets", Quarterly Journal of Economics 121, no. 2 (2006): 505~540.

6. David M. Cutler and Dan P. Ly, "The [Paper] Work of Medicine: Understanding International Medical Costs", Journal of Economic Perspectives 25, no. 2 (2011): 3~25.

7. Reed Hastings and Erin Meyer, No Rules Rules (New York: Penguin Press, 2020).

8. Hastings and Meyer, No Rules Rules, 70.

9. Susan Dynarski et al., "Closing the Gap: The Effect of a Targeted, Tuition-Free Promise on College Choices of High-Achieving, Low-Income Students" (National Bureau of Economic Research working paper no. 25349, 2018).

10. "Admissions Decisions", University of Texas at Austin Office of Admissions, https:// admissions.utexas.edu/apply/decisions.

11. Cass R. Sunstein, "Automatic Enrollment in College Helps Fight Inequality", Bloomberg, June 19, 2020, https://www.bloomberg.com/opinion/articles/2020-06-19/college- automatic-enrollment-addresses-inequality.

12. Bart Jansen, "TSA Gets Boost in Funding, Including Testing 3D Scanners, Without Fee Hike Trump Proposed", USA Today, March 21, 2018, https://www.usatoday.com/story/ news/2018/03/21/tsa-spending-3-d-scanners/447410002.

13. Christine Utz et al., "[Un]informed Consent: Studying GDPR Consent Notices in the Field", in 2019 ACM SIGSAC Conference on Computer and Communications Security (CCS '19), November 11~15, 2019, London, U.K. (2019), https://arxiv.org/pdf/ 1909.02638.pdf.

14. "1040 and 1040_SR Instructions: Tax Year 2019", Internal Revenue Service (2020), https:// www.irs.gov/pub/irs-pdf/i1040gi.pdf; Demian Brady, "Tax Complexity 2016: The Increasing Compliance Burdens of the Tax Code", National Taxpayers Union Foundation, https:// perma.cc/BT3X-VHFY.

15. Glenn Kessler, "Claims About the Cost and Time It Takes to File Taxes", Washington Post, April 15, 2013, https://perma.cc/C7FJ-L7LM; Brady, "Tax Complexity 2016." 참고: 13시간 은 모든 납세자에게 해당된다. 비기업 신고자의 경우에는 8시간이다. 그리고 이 수치들은 기록 보 관, 절세 계획, 신고 양식서 기입하기 등을 포함하는 미국 국세청 추정치다.

16. T. R. Reid, A Fine Mess (New York: Penguin Press, 2017).

17. Austan Goolsbee, "The Simple Return: Reducing America's Tax Burden Through Return- Free Filing", Brookings Institution, https://www.brookings.edu/research/the-simple- return-reducing-americas-tax-burden-through-return-free-filing.

18. Scott Eastman, "How Many Taxpayers Itemize Under Current Law?", Tax Foundation, https://taxfoundation.org/standard-deduction-itemized-deductions-current-law-2019.

19. John Paul Tasker, "Feds Promise Free, Automatic Tax Returns_A Change That Could Send Benefits to Thousands", CBC, September 27, 2020, https://www.cbc.ca/news/ politics/free-

automatic-tax-returns-benefits-1 5739678.

20. "Earned Income Tax Credit Overview", National Conference of State Legislatures, https://www.ncsl.org/research/labor-and-employment/earned-income-tax-credits-for- working-families.aspx.

21. "Wealth Tax TL;DR", Warren Democrats, https://elizabethwarren.com/wealth-gap.

22. Elizabeth Aubrey, "The World's Last Remaining Blockbuster Store Still Open Despite Coronavirus Pandemic", NME, May 14, 2020, https://www.nme.com/news/the-worlds-last-remaining-blockbuster-store-still-open-despite-coronavirus-pandemic-2668617.

9장. 저축을 늘리는 넛지들

1. "Otto von Bismarck", Social Security, https://www.ssa.gov/history/ottob.html.

2. James Choi et al., "Defined Contribution Pensions: Plan Rules, Participant Choices, and the Path of Least Resistance", Tax Policy and the Economy 16, no. 1(2002): 67.

3. Richard H. Thaler, "Psychology and Savings Policies", American Economic Review 84, no. 2 (1994): 186~192.

4. Sana Siwolop, "When Saving for Retirement Comes with the Job", New York Times, May 18, 1997, https://www.nytimes.com/1997/05/18/business/when-saving-for-retirement-comes-with-the-job.html.

5. 예를 들어 다음을 참조하라. IRS Revenue Ruling 98-30; IRS Revenue Ruling 2000-8; IRS Revenue Ruling 2000-35; IRS Revenue Ruling 2000-33; and IRS Announcement 2000-60.

6. Brigitte C. Madrian and Dennis F. Shea, "The Power of Suggestion: Inertia in 401(k) Participation and Savings Behavior", Quarterly Journal of Economics 116, no. 4(2001): 1149~1187.

7. Jeffrey W. Clark and Jean A. Young, Automatic Enrollment: The Power of the Default(Valley Forge, PA: Vanguard Research, 2018).

8. Richard H. Thaler and Shlomo Benartzi, "Save More Tomorrow™: Using Behavioral Economics to Increase Employee Saving", Journal of Political Economy 112, no. S1(2004): S164.

9. U.S. Department of Labor Employee Benefits Security Administration, "Regulation Relating to Qualified Default Investment Alternatives in Participant-Directed Individual Account Plans", https://www.dol.gov/sites/dolgov/files/EBSA/about-ebsa/our-activities/resource- center/fact-sheets/final-rule-qdia-in-participant-directed-account-plans.pdf.

10. Raj Chetty et al., "Active vs. Passive Decisions and Crowd-Out in Retirement Savings Accounts: Evidence from Denmark", Quarterly Journal of Economics 129, no. 3(2014): 1141~1219.

11. John Beshears et al., "Borrowing to Save? The Impact of Automatic Enrollment on Debt", Journal of Finance [forthcoming], https:// www.nber.org/ papers/ w25876.

12. 예를 들어 다음을 참조하라. "Americans Without a Retirement Plan, by State", AARP, https://www.aarp.org/politics-society/advocacy/financial-security/info-2014/americans-without-retirement-plan.html.

13. Chris Arnold, "Why Is It So Hard to Save? U.K. Shows It Doesn't Have to Be", NPR, October 23, 2015, https://www.npr.org/2015/10/23/445337261/ why-is-it-so-hard-to-save-uk-shows-it-doesnt-have-to-be.

10장. 넛지는 영원히 계속될까

1. 요구되는 능동적 선택에 대한 논의에 대해서는 다음을 참조하라. Gabriel Carroll et al., "Optimal Defaults and Active Decisions", Quarterly Journal of Economics 124, no. 4(2009): 1639~1674.

2. Kenneth R. French and James M. Poterba, "Investor Diversification and International Equity Markets", American Economic Review 81, no. 2(1991): 222~226.

3. Shlomo Benartzi, Richard H. Thaler, Stephen P. Utkus, and Cass R. Sunstein, "The Law and Economics of Company Stock in 401(k) Plans", Journal of Law and Economics 50, no. 1 (2007): 45~79.

4. Henrik Cronqvist, "Advertising and Portfolio Choice"(Ph.D. diss., University of Chicago Graduate School of Business, 2006), https://citeseerx.ist.psu.edu/viewdoc/download?doi= 10.1.1.423.3760&rep=rep1&type=pdf.

5. Hunt Allcott and Todd Rogers, "The Short-Run and Long-Run Effects of Behavioral Interventions: Experimental Evidence from Energy Conservation", American Economic Review 104, no. 10(2014): 3003~3037.

6. William Samuelson and Richard Zeckhauser, "Status Quo Bias in Decision Making", Journal of Risk and Uncertainty 1, no. 1(1988): 7~59.

7. Henrik Cronqvist, Richard H. Thaler, and Frank Yu, "When Nudges Are Forever: Inertia in the Swedish Premium Pension Plan", AEA Papers and Proceedings 108(2018): 153~158.

8. Anders Anderson and David T. Robinson, "Who Feels the Nudge? Knowledge, Self-Awareness and Retirement Savings Decisions"(National Bureau of Economic Research working paper no. 25061, 2018), https://ideas.repec.org/p/nbr/nberwo/25061.html.

11장. 오늘 더 많은 돈을 빌려라: 담보대출과 신용카드

1. Kathleen Howley, "U.S. Mortgage Debt Hits a Record $15.8 Trillion", HousingWire, Janu-

ary 9, 2020, https://www.housingwire.com/articles/u-s-mortgage-debt-hits-a-record158-trillion.

2. Xavier Gabaix and David Laibson, "Shrouded Attributes, Consumer Myopia, and Information Suppression in Competitive Markets", Quarterly Journal of Economics 121, no. 2 (2006): 505~540.

3. Susan E. Woodward, A Study of Closing Costs for FHA Mortgages(Washington, DC: Urban Institute, 2008).

4. Hamilton Project, "An Opt-Out Home Mortgage System"(policy brief no. 2008-14, 2008), https://www.hamiltonproject.org/assets/legacy/files/downloads_and_links/An_Opt-Out_Home_Mortgage_System_Brief.pdf.

5. Fiona Scott Morton, Florian Zettelmeyer, and Jorge Silva- Risso, "Consumer Information and Discrimination: Does the Internet Affect the Pricing of New Cars to Women and Minorities?", Quantitative Marketing and Economics 1(2003): 65~92.

6. Bureau of Consumer Financial Protection, The Consumer Credit Card Market(2019), https://files.consumerfinance.gov/f/documents/cfpb_consumer-credit-card-market-report_2019.pdf.

7. Drazen Prelec and Duncan Simester, "Always Leave Home Without It: A Further Investigation of the Credit-Card Effect on Willingness to Pay", Marketing Letters 12, no. 1(2001): 5~12.

8. Sumit Agarwal et al., "Regulating Consumer Financial Products: Evidence from Credit Cards", Quarterly Journal of Economics 130, no. 1(2015): 111~164.

9. Lauren E. Willis, "When Nudges Fail: Slippery Defaults", University of Chicago Law Review 80(2013): 1155.

10. John Gathergood et al., "How Do Individuals Repay Their Debt? The Balance-Matching Heuristic", American Economic Review 109, no. 3(2019): 844~875.

11. David B. Gross and Nicholas Souleles, "Do Liquidity Constraints and Interest Rates Matter for Consumer Behavior? Evidence from Credit Card Data", Quarterly Journal of Economics 117, no. 1(2002): 149~185.

12. Bureau of Consumer Financial Protection, The Consumer Credit Card Market, 51.

13. Tally, http://www.meettally.com.

14. Bureau of Consumer Financial Protection, The Consumer Credit Card Market, 68.

12장. 사소한 것에 목숨 걸지 마라: 보험

1. Solomon Huebner, "The Development and Present Status of Marine Insurance in the

United States", Annals of the American Academy of Political and Social Science 26(1905): 241~272.

2. James Read, "How the Great Fire of London Created Insurance", Museum of London, https://www.museumoflondon.org.uk/discover/how-great-fire-london-created-insurance.

3. Justin Sydnor, "(Over)insuring Modest Risks", American Economic Journal: Applied Economics 2, no. 4(2010): 177~199.

4. Saurabh Bhargava, George Loewenstein, and Justin Sydnor, "Choose to Lose: Health Plan Choices from a Menu with Dominated Option", Quarterly Journal of Economics 132, no. 3 (2017): 1319~1372.

5. Chenyuan Liu and Justin R. Sydnor, "Dominated Options in Health-Insurance Plans"(National Bureau of Econonic Research working paper no. 24392, 2018), https://www.nber.org/papers/w24392.

6. "Health Insurance Deductible: How It Works", CZ, https://www.cz.nl/en/health- insurance/deductible.

7. Benjamin R. Handel et al., "The Social Determinants of Choice Quality: Evidence from Health Insurance in the Netherlands"(National Bureau of Econonic Research working paper no. 27785, 2020), https://www.nber.org/papers/w27785.

8. Handel et al., "The Social Determinants of Choice Quality."

9. Katherine Baicker, Sendhil Mullainathan, and Joshua Schwartzstein, "Behavioral Hazard in Health Insurance"(National Bureau of Econonic Research working paper no. 18468, 2012), https://www.nber.org/papers/w18468.

10. Niteesh K. Choudhry et al., "Full Coverage for Preventive Medications After Myocardial Infarction", New England Journal of Medicine 365 no. 22(2011): 2088~2097.

11. Amitabh Chandra, Evan Flack and Ziad Obermeyer, "The Health Costs of Cost- Sharing", (National Bureau of Economic Research working paper no. 28439), https:// www.nber.org/papers/w28439.

13장. 장기 기증: 기본 설정 해법에 대한 환상

1. Eric J. Johnson and Daniel G. Goldstein, "Defaults and Donation Decisions", Transplantation 78, no. 12(2004): 1713~1716.

2. "National Data: Transplants by Donor Type(January 1, 1988-July 31, 2020)", Organ Procurement and Transplantation Network, https://optn.transplant.hrsa.gov/data/view- data-reports/national-data/#.

3. "National Data: Overall by Organ, Current U.S. Waiting List", Organ Procurement and

Transplantation Network, https://optn.transplant.hrsa.gov/data/view-data-reports/ national-data/#.

4. "Organ Donation Statistics", Health Resources and Services Administration, https:// www.organdonor.gov/statistics-stories/statistics.html.

5. Ali Seifi, John V. Lacci, and Daniel Godoy, "Incidence of Brain Death in the United States", Clinical Neurology and Neurosurgery 195(2020): 105885.

6. Alvin E. Roth, Tayfun Sönmez, and M. Utku Ünverd, "Pairwise Kidney Exchange", Journal of Economic Theory 125, no.(2005): 151~188; see also Scott Simon, "Opinion: Kidney Transplant Chain Is a Touching Act of Kindness", National Public Radio, October 31, 2020, https://www.npr.org/2020/10/31/929802669/opinion-kidney-transplant- chain-is-a-touching-act-of-kindness.

7. Gary S. Becker and Julio Jorge Elías, "Introducing Incentives in the Market for Live and Cadaveric Organ Donations", Journal of Economic Perspectives 21, no. 3(2007): 3~24.

8. Janet Radcliffe Richards, The Ethics of Transplants(New York: Oxford University Press, 2012).

9. Shashank Bengali and Ramin Mostaghim, "'Kidney for Sale': Iran Has a Legal Market for the Organs, but the System Doesn't Always Work", Los Angeles Times, October 15, 2017, https://www.latimes.com/world/middleeast/la-fg-iran-kidney-20171015-story.html.

10. Alvin E. Roth, "Repugnance as a Constraint on Markets", Journal of Economic Perspectives 21, no. 3(2007): 37~58.

11. "Organ Donation Statistics", Health Resources and Services Administration, https:// www.organdonor.gov/statistics-stories/statistics.html#:~:text=One%20Donor%20Can%20Save%20Eight,up%20to%208%20lifesaving%20organs.

12. James F. Childress and Catharyn T. Liverman, eds., Organ Donation: Opportunities for Action(Washington, DC: National Academies Press, 2006), 241.

13. Health Resources and Services Administration, National Survey of Organ Donation Attitudes and Practices, 2019(Rockville, MD: U.S. Department of Health and Human Services, 2020).

14. Donate Life America, "Stronger Together: 2020 Annual Update"(2020).

15. "Become an Organ Donor", New York State, https://www.ny.gov/services/become- organ-donor.

16. Daimy Van den Eede, "Gigantisch Succes: Meer Dan 26,000 Registraties voor Orgaandonatie in heel Vlaanderen"(Gigantic Success: More Than 26,000 Registrations for Organ Donation in Flanders), Het Laatste Nieuws, October 27, 2018, https:// www.hln.be/nieu-

ws/binnenland/gigantisch-succes-meer-dan-26-000-registraties-voor- orgaandonatie-in-heel-vlaanderen~af353bba.

17. Section Belgian Transplant Coordinators, "Donor & Transplant Statistics 2018"(2018), https://www.transplant.be/assets/bts_-_donor_and_transplant_statistics_2018.

18. Gina Kolata, "Families Are Barriers to Many Organ Donations, Study Finds," New York Times, July 7, 1995, https://www.nytimes.com/1995/07/07/us/families-are- barriers-to-many-organ-donations-study-finds.html.

19. Ann C. Klassen and David K. Klassen, "Who Are the Donors in Organ Donation? The Family's Perspective in Mandated Choice," Annals of Internal Medicine 125, no. 1(1996): 70~73.

20. Judd B. Kessler and Alvin E. Roth, "Don't Take 'No' for an Answer: An Experiment with Actual Organ Donor Registrations"(National Bureau of Economic Research working paper no. w20378, 2014), https://ssrn.com/abstract=2482141.

21. "How We Help and Support Donors," Donor Care Network, https://www.donorcarenet.org/support-and-protections.

22. Jacob Lavee et al., "Preliminary Marked Increase in the National Organ Donation Rate in Israel Following Implementation of a New Organ Transplantation Law," American Journal of Transplantation 13, no. 3(2012): 780~785.

23. "Donazione dopo la Morte" [Donation After Death], Ministero Della Salute [Ministry of Health], http://www.trapianti.salute.gov.it/trapianti/dettaglioContenutiCnt.jsp?lingua= italiano&area=cnt&menu=cittadini&sottomenu=diventare&id=245.

24. Alexandra K. Glazier, "Organ Donation and the Principles of Gift Law," Clinical Journal of the American Society of Nephrology 13, no. 8(2018): 1283~1284.

25. Rafael Matesanz and Beatriz Domínguez-Gil, "Opt-Out Legislations: The Mysterious Viability of the False", Kidney International 95, no. 6(2019): 1301~1303.

26. Rafael Matesanz et al., "Spanish Experience as a Leading Country: What Kind of Measures Were Taken?", Transplant International 24, no. 4(2011): 333~343; Rafael Matesanz, "A Decade of Continuous Improvement in Cadaveric Organ Donation: The Spanish Model," Nefrología 21, no. S5(2001): 59.

27. "Statistics About Organ Donation," NHS, https://www.organdonation.nhs.uk/helping-you-to-decide/about-organ-donation/statistics-about-organ-donation.

28. Alexandra Glazier and Thomas Mone, "Success of Opt-in Organ Donation Policy in the United States", JAMA 322, no. 8(2019): 719~720.

29. Health Resources and Services Administration, National Survey of Organ Donation At-

titudes and Practices, 2019.

30. "Find Your Local Organ Procurement Organization", Health Resources and Services Administration, https://www.organdonor.gov/awareness/organizations/local-opo.html.

14장. 기후변화 앞에서 지구 구하기

1. Michael Burger, Jessica Wentz, and Radley Horton, "The Law and Science of Climate Change Attribution", Columbia Journal of Environmental Law 45(2020): 57; 또 다음을 참조하라. Rebecca Hersher, "Climate Change Was the Engine That Powered Hurricane Maria's Devastating Rains", National Public Radio, April 17, 2019, https://www.npr.org/2019/04/17/714098828/climate-change-was-the-engine-that-powered-hurricane-marias-devastating-rains.

2. Richard J. Lazarus, "Super Wicked Problems and Climate Change: Restraining the Present to Liberate the Future", Cornell Law Review 94, no. 5(2009): 1153~1234.

3. Edna Ullmann-Margalit, The Emergence of Norms(Oxford: Clarendon Press, 1977).

4. Garrett Hardin, "The Tragedy of the Commons", Science 162, no. 3859(1968): 1243~1248.

5. Paul A. Samuelson, "The Pure Theory of Public Expenditure", Review of Economics and Statistics 36, no. 4(1954): 387~389.

6. Robyn M. Dawes, Jeanne McTavish, and Harriet Shaklee, "Behavior, Communication, and Assumptions About Other People's Behavior in a Commons Dilemma Situation", Journal of Personality and Social Psychology 35, no. 1(1977): 1~11; R. Mark Isaac and James M. Walker, "Communication and Free-Riding Behavior: The Voluntary Contribution Mechanism", Economic Inquiry 26, no. 4(1988): 585~608.

7. James Hansen et al., "Assessing 'Dangerous Climate Change': Required Reduction of Carbon Emissions to Protect Young People, Future Generations and Nature", PloS One 8, no. 12 (2013): e81648.

8. "China's Environmental Abuses Fact Sheet", U.S. Embassy and Consulates in Brazil, https://br.usembassy.gov/chinas-environmental-abuses-fact-sheet.

9. Linda Babcock and George Loewenstein, "Explaining Bargaining Impasse: The Role of Self-Serving Biases", Journal of Economic Perspectives 11, no. 1(1997): 109~126.

10. Ernst Fehr and Simon Gächter, "Cooperation and Punishment in Public Goods Experiments", American Economic Review 90, no. 4(2000): 980~994.

11. William Nordhaus, "Climate Clubs: Overcoming Free-Riding in International Climate Policy", American Economic Review 105, no. 4(2015): 1339~1370.

12. "Carbon Taxes II", Initiative on Global Markets, http://www.igmchicago.org/surveys/

carbon-taxes-ii.

13. "Carbon Taxation in Sweden", Government Offices of Sweden, Ministry of Finance (2020), https://www.government.se/government-policy/taxes-and-tariffs/swedens-carbon-tax.

14. "Carbon Taxation in Sweden", Government Offices of Sweden.

15. Julius Andersson, "Cars, Carbon Taxes and CO2 Emissions" (Centre for Climate Change Economics and Policy working paper no. 238, Grantham Research Institute on Climate Change and the Environment working paper no. 212, 2017), https://www.cccep.ac.uk/ wp-content/uploads/2017/03/Working-paper-212-Andersson_update_March2017.pdf.

16. Helga Fehr-Duda and Ernst Fehr, "Sustainability: Game Human Nature", Nature 530 (2016): 413~415.

17. Robert N. Stavins, "Assessing the Energy Paradox", Environmental Forum 32 (2015): 14, https://scholar.harvard.edu/files/stavins/files/column_67.pdf.

18. Hunt Allcott and Michael Greenstone, "Is There an Energy Efficiency Gap?", Journal of Economic Perspectives 26, no. 1 (2012): 3~28; Hunt Allcott and Cass R. Sunstein, "Regulating Internalities", Journal of Policy Analysis and Management 34, no. 3 (2015): 698~705; Renate Schubert and Marcel Stadelmann, "Energy-Using Durables-Why Consumers Refrain from Economically Optimal Choices", Frontiers in Energy Research 3 (2015), https://www.frontiersin.org/articles/10.3389/fenrg.2015.00007/full.

19. Congressional Budget Office, "Homeland Security and the Private Sector" (2004), https://www.cbo.gov/sites/default/files/108th-congress-2003-2004/reports/ 12-20-homelandsecurity.pdf.

20. "EPCRA Milestones Through the Years", United States Environmental Protection Agency, https://www.epa.gov/epcra/epcra-milestones-through-years.

21. Archon Fung and Dara O'Rourke, "Reinventing Environmental Regulation from the Grassroots Up: Explaining and Expanding the Success of the Toxics Release Inventory", Environmental Management 25 (2000): 115~127.

22. James T. Hamilton, Regulation Through Revelation (New York: Cambridge University Press, 2005).

23. "What We Do", CDP, https://www.cdp.net/en/info/about-us/what-we-do.

24. "With #Alpha, 2020 Atlantic Tropical Storm Names Go Greek", National Oceanic and Atmospheric Administration, https://www.noaa.gov/news/with-alpha-2020-atlantic-tropical-storm-names-go-greek#:~:text Having 20reached%20the%20end%20of,by% 20the%20World%20Meteorological%20Organization.

25. Felix Ebeling and Sebastian Lotz, "Domestic Uptake of Green Energy Promoted by Opt-

Out Tariffs", Nature Climate Change 5(2015): 868~871.

26. Micha Kaiser et al., "The Power of Green Defaults: The Impact of Regional Variation of Opt-Out Tariffs on Green Energy Demand in Germany", Ecological Economics 174 (2020): 106685.

27. Robert Walton, "Home Energy Reports: Still the 'Biggest, Baddest Way' to Drive Customer Behavior", Utility Dive, July 10, 2019, https://www.utilitydive.com/news/home-energy-reports-still-the-biggest-baddest-way-to-drive-customer-beh/558166.

28. Hunt Allcott and Todd Rogers, "The Short-Run and Long-Run Effects of Behavioral Interventions: Experimental Evidence from Energy Conservation", American Economic Review 104, no. 10(2014): 3003~3037.

29. Benjamin Goldstein, Dimitrios Gounaridis, and Joshua P. Newell, "The Carbon Footprint of Household Energy Use in the United States", Proceedings of the National Academy of Sciences 117, no. 32(2020): 19122~19130.

15장. 넛지에 대한 이런저런 말들

1. 이런 비판들 가운데 몇몇에 대해서는 다음 책에서 다루고 있다. Richard H. Thaler, Misbehaving(2015); Cass R. Sunstein, Why Nudge?(2014); and Cass R. Sunstein, How Change Happens(2019).

2. James B. Stewart, "How Broccoli Landed on Supreme Court Menu", New York Times, June 13, 2012, https://www.nytimes.com/2012/06/14/business/how-broccoli- became-a-symbol-in-the-health-care-debate.html.

3. Richard H. Thaler, "Slippery-Slope Logic, Applied to Health Care", New York Times, May 12, 2012, https://www.nytimes.com/2012/05/13/business/economy/slippery-slope- logic-vs-health-care-law-economic-view.html; see also Henry L. Tischler, Introduction to Sociology, 11th ed.(Boston: Cengage Learning, 2013), 261.

4. Thaler, "Slippery-Slope Logic, Applied to Health Care."

5. "Women in the U.S. Congress 2020", Center for American Women and Politics, https://cawp.rutgers.edu/women-us-congress-2020.

6. Glen Whitman, "The Rise of the New Paternalism", Cato Unbound, https://www.cato- unbound.org/2010/04/05/glen-whitman/rise-new-paternalism.

7. Ralph Hertwig and Till Grüne-Yanoff, "Nudging and Boosting: Steering or Empowering Good Decisions", Perspectives on Psychology Science 12, no. 6(2017): 973~986.

8. Gerd Gigerenzer, "On the Supposed Evidence for Libertarian Paternalism", Review of Philosophy and Psychology 6, no. 3(2015): 361~383.

9. Daniel Fernandes, John G. Lynch, and Richard G. Netemeyer, "Financial Literacy, Financial Education, and Downstream Financial Behaviors", Management Science 60, no. 8(2014): 1861.

10. Edward Glaeser, "Paternalism and Psychology", University of Chicago Law Review 73, no. 1(2006): 133~156.

11. Hendrik Bruns et al., "Can Nudges Be Transparent and Yet Effective?", Journal of Economic Psychology 65(2018): 41~59, https://papers.ssrn.com/sol3/papers.cfm? abstract_id=2816227; George Loewenstein et al., "Warning: You Are About to Be Nudged", Behavioral Science and Policy Association 1, no. 1(2015): 35~42.

12. Craig R. M. McKenzie, Michael J. Liersch, and Stacey R. Finkelstein, "Recommendations Implicit in Policy Defaults", Psychological Science 17, no. 5(2006): 414~420.

13. Anne Barnhill, "What Is Manipulation?" in Manipulation: Theory and Practice, ed. Christian Coons and Michael Weber(New York: Oxford University Press, 2014): 51~72. Barnhill's own account is more subtle.

14. Cass R. Sunstein, The Ethics of Influence(New York: Cambridge University Press, 2016).

15. 다음을 참조하라. Cass R. Sunstein, The Ethics of Influence; and Cass R. Sunstein and Lucia Reisch, Trusting Nudges(New York: Routledge, 2019).

16. John Rawls, A Theory of Justice(Cambridge, MA: Harvard University Press, 1971).

17. 다음을 참조하라. Sunstein and Reisch, Trusting Nudges.

18. Cooling-Off Period for Door-to-Door Sales, 37 Fed. Reg. 22934(October 26, 1972; to be codified at 16 CFR 425).

19. 예를 들어 다음을 참조하라. Cal. Fam. Code §2339비(이혼이 최종적으로 선언되기까지 여섯 달을 기다리도록 요구한다); Conn. Gen. Stat. §46b-67비(법원이 이혼 소송을 진행하기 전에 90일이라는 기간을 요구한다) 일반적인 논의를 알고 싶다면 다음을 참조하라. Elizabeth S. Scott, "Rational Decision Making About Marriage and Divorce", Virginia Law Review 76(1992): 9~94.

20. Camerer et al., "Regulation for Conservatives."

21. George Loewenstein and Nick Chater, "Putting Nudges in Perspective", Behavioural Public Policy 1, no. 1(2017): 26~53.

22. John Chalmers, Olivia S. Mitchell, Jonathan Reuter, and Mingli Zhong, "Auto-Enrollment Retirement Plans for the People: Choices and Outcomes in OregonSaves"(National Bureau of Economic Research working paper no. w28469, 2021), https://www.nber.org/ papers/w28469.

23. One of us discusses these issues in detail in Cass R. Sunstein, "Behavioral Welfare Economics", Journal of Benefit-Cost Analysis 11, no. 2(2020): 196~220.

찾아보기

지은이

리처드 탈러 Richard H. Thaler

시카고대학교 부스경영대학원 행동과학 및 경제학 교수. 경제학과 심리학의 가교를 이어 비이성적 인간 행동의 비밀을 밝혀낸 공으로 2017년 노벨경제학상을 수상했다. 이론 연구에만 그치지 않고 일상에서 넛지를 활용한 다양한 정책을 제시해 사회문제를 해결하는 데도 크게 기여했다. 특히 탈러가 설계한 저축 플랜은 빚더미에 앉은 미국을 구했다는 평가를 받는다. 2015년 미국경제학회 회장을 역임했으며 현재 미국 국립과학아카데미 및 미국 예술과학아카데미 회원이다. 다른 저서로 『행동경제학』, 『승자의 저주』 등이 있다.

캐스 선스타인 Cass R. Sunstein

하버드대학교 법학대학원 교수. 오바마 정부의 규제정보국 국장으로 일하며 행동경제학을 정부 정책에 적극 활용했다. 이후 하버드대에서 '행동경제학 및 공공 정책 프로그램'을 설립했고 세계보건기구 '행동 통찰과 건강을 위한 기술 자문단' 의장을 역임했다. 2021년에는 국토안보부의 선임 고문 및 규제 정책 책임자로 바이든 행정부에 합류했다. 인문·사회과학·법학·신학 분야에서 탁월한 업적을 세운 학자에게 수여하는 홀베르그상을 수상한 바 있으며 저서로는 『노이즈(공저)』, 『와이 넛지?』, 『와이저』 등이 있다.

감수

최정규

경북대학교 경제통상학부 교수. 경제학·정치학·생물학·인류학 등 다양한 분야를 넘나들며 제도와 인간 행동, 진화를 규명하는 연구를 진행해왔다. 『이타적 인간의 출현』, 『게임이론과 진화 다이내믹스』, 『도덕경제학(공역)』 등의 책을 쓰고 옮겼다.

옮긴이 이경식

서울대학교 경영학과와 경희대학교 대학원 국문학과를 졸업했다. 옮긴 책으로 『무엇이 옳은가』,
『초가치』, 『씽크 어게인』, 『신호와 소음』, 『스노볼』, 『댄 애리얼리 부의 감각』 등 다수가 있다. 저서로
는 에세이집 『치맥과 양아치』, 『1960년생 이경식』, 소설 『상인의 전쟁』 등이 있다.

넛지: 파이널 에디션

초판   1쇄 발행 2009년 4월 20일
전면 개정판   1쇄 발행 2022년 6월 27일
전면 개정판   13쇄 발행 2024년 9월 9일

지은이 리처드 탈러 · 캐스 선스타인
감수 최정규 옮긴이 이경식

발행인 이봉주 단행본사업본부장 신동해
편집장 김예원 책임편집 김보람
표지 디자인 오필민 본문 디자인 김은정
조판 데시그 교정교열 이정현
마케팅 최혜진 백미숙 홍보 반여진 허지호 송임선
국제업무 김은정 김지민 제작 정석훈

브랜드 리더스북 주소 경기도 파주시 회동길 20
문의전화 031-956-7352(편집) 031-956-7129(마케팅)
홈페이지 www.wjbooks.co.kr
인스타그램 www.instagram.com/woongjin_readers
페이스북 https://www.facebook.com/woongjinreaders
블로그 blog.naver.com/wj_booking

발행처 ㈜웅진씽크빅
출판신고 1980년 3월 29일 제406-2007-000046호

한국어판 출판권 ⓒ㈜웅진씽크빅, 2009, 2022
ISBN 978-89-01-26067-9 03320

* 리더스북은 ㈜웅진씽크빅 단행본사업본부의 브랜드입니다.

* 책값은 뒤표지에 있습니다.
* 잘못된 책은 구입하신 곳에서 바꿔드립니다.